U0107469

天喜文化

聆听音刻文字，分享人类智慧

1.亨利七世在战场上加冕

2. 亨利八世与他的第二任妻子安妮·博林

3.爱德华六世肖像

4. "九日女王"简·格雷

5.玛丽一世肖像

6.伊丽莎白一世肖像

7.英国政治家罗伯特·达德利肖像

8. 1588年，英国击败西班牙"无敌舰队"，在复仇号上接受投降

都铎王朝

［英］

琳达·德·莱尔

著

李可欣

译

TUD🌹R

1427 ← 1603

Leanda de Lisle

天地出版社 | TIANDI PRESS

图书在版编目（CIP）数据

都铎王朝 / （英）琳达·德·莱尔著；李可欣译
. —成都：天地出版社，2023.5
书名原文：Tudor
ISBN 978-7-5455-7144-8

Ⅰ.①都… Ⅱ.①琳…②李… Ⅲ.①都铎王朝—历
史 Ⅳ.①K561.33

中国版本图书馆CIP数据核字（2022）第102028号

Tudor : The Family Story
Copyright © 2013 by Leanda de Lisle
Published by arrangement with Georgina Capel Associates Ltd., through The Grayhawk
Agency Ltd.
Simplified Chinese edition copyright © 2023 by Tiandi Press
All rights Reserved.

著作权登记号 图字：21-2021-29

DUDUO WANGCHAO
都铎王朝

出 品 人	陈小雨 杨 政	
作 者	［英］琳达·德·莱尔	
译 者	李可欣	
责任编辑	董曦阳 刘一冰	
责任校对	马志侠	
封面设计	左左工作室	
责任印制	王学锋	

出版发行 天地出版社
（成都市锦江区三色路238号 邮政编码：610023）
（北京市方庄芳群园3区3号 邮政编码：100078）
网 址 http://www.tiandiph.com
电子邮箱 tianditg@163.com
经 销 新华文轩出版传媒股份有限公司

印 刷 北京文昌阁彩色印刷有限责任公司
版 次 2023年5月第1版
印 次 2023年10月第3次印刷
开 本 880mm×1230mm 1/32
印 张 19
插 页 8P
字 数 375千字
定 价 98.00元
书 号 ISBN 978-7-5455-7144-8

目 录

引　言

看在老天的分上，咱们就地坐下吧，

讲讲那些凄惨的故事，那些王的死；

他们有的被废，有的战死，

还有的废了王，却被废王的魂灵纠缠。

——威廉·莎士比亚，《理查二世》第三幕第二场

在15世纪的法兰西，人们相信英格兰人身带该隐的记号，因为他们惯于杀王。[1] 1485年，在博斯沃思（Bosworth）战场上，理查三世战死，都铎家族夺位；此前已有一连串英王被废，而后他们或死去，或神秘消失。

1399年，理查二世成为第一个被推翻的君主，此事给这一君主国埋下不稳定的种子。那时，都铎家族的父系先祖是北威尔士的普通地主。翌年，就连这一地位也不保。1400年，都铎家族

参与威尔士的一场叛乱，反抗理查二世的继承人，篡位者亨利四世，即兰开斯特（Lancaster）家族的第一位国王。叛乱遭镇压后，都铎家族也被打垮，但后来家中小儿子的一个孩子带着自己的儿子离开威尔士，前往英格兰闯荡。此人便是欧文·都铎（Owen Tudor），都铎王朝之名便自他而来。

回顾往事，欧文可谓度过了现代意义上的英雄的一生：他是个普通人，但又不守成规，常常嘲弄权威，死得也相当"英勇"——因一个玩笑了结自己的生命。然而，太多关于都铎王朝的历史记录都是从1485年的博斯沃思战役讲起的，于是欧文就在家族故事中缺席了。同样缺席的还有欧文的儿媳妇玛格丽特·博福特夫人（Lady Margaret Beaufort），她是兰开斯特家族之后，这成了其子亨利·都铎称王的基础。事实上，多数历史记录对亨利·都铎（亨利七世）也着墨寥寥——我们被一路赶着进入亨利八世及他同阿拉贡的凯瑟琳（Katherine of Aragon）"离婚"的故事。宗教改革之后的人们所写的历史把宗教改革变成"真正的"都铎家族的故事起点，但都铎家族诞生于一个更早的时期，他们的许多信仰与神话都植根于那段过去。

众所周知，1483年两位王子在伦敦塔中神秘消失，使得亨利·都铎在一夜之间从一个无依无靠的异乡人变成理查三世的对手。如果根据15世纪的文化和信仰背景来看，王子消失之谜便不那么神秘。同样，一旦我们重新调整自己的视角，玛格丽特·博

福特的一生便显得更令人同情，亨利八世及其子女的行为也变得更易于理解。一直到都铎王朝晚期，新教在英格兰都并非主导，塑造人们思维习惯的仍然是在英格兰悠久的（也包括近期的）天主教历史。同理，人们常常认为都铎家族和西班牙有世仇，但这也属于以后见之明写就的历史——伊丽莎白女王登基三十多年后，无敌舰队才成立。真正令人记忆深刻的是与法兰西的百年战争。战争因爱德华三世要求继承法兰西王位而起，虽已于1453年结束（先于博斯沃思战役三十多年），但依旧长久地影响英格兰的政治特性。

英格兰人当时并不需要法兰西的土地，因为黑死病造成当地人口稀少。历任英王不得不力劝民众与自己合作，好实现自己对法兰西王位的野心。由此带来的结果是，服兵役在英格兰是自愿而非强制的，而王室的收入要靠谈判而非简单征税。英王实际上依赖人们自愿的服从，而这样的服从不是白来的。英王有义务履行某些职责，如维护和平、繁荣、和谐与正义（如果是从人们预期的继承人或现任君主手中夺位，让百姓感到君王有能力恢复国家和谐便尤为重要），而且英王也应当维护乃至扩大世袭土地。英格兰在法兰西境内的土地面积在亨利四世之子亨利五世在位时达到顶峰。亨利五世之子亨利六世加冕时年纪尚小，他既是英格兰国王，又是法兰西国王。但后来他失去了继承来的国家。即便是在一个世纪之后，英格兰也没有完全从1453年最终败给法兰西的耻辱中恢复过来，这就是失去加来（Calais）导致都铎家族遭受重创的原因——加来是这个昔日强盛国家最后的一点残余。

1453年失去法兰西后，约克家族与亨利六世和兰开斯特家族争夺霸权，斗争在英格兰持续十八年，虽然断断续续，但是相当血腥。第一任都铎王亨利七世正是生于这一时期。直到亨利七世的孙子在位时，人们回忆起那段"贵族也好，普通人也好，都分成两派，兵荒马乱，民不聊生"的时期还心有余悸。[2]承诺和平、治愈旧伤正是都铎王朝存在的意义。1486年，亨利七世与约克的伊丽莎白（Elizabeth of York）成婚，得到教宗本人的赞扬，称联姻标志着两大家族的和解。红白双色（红色代表亨利七世和兰开斯特家族，白色代表约克家族）结合的玫瑰则成为和解的象征。尽管亨利七世不认为自己通过婚姻得到王权，而且还要继续面对来自约克家族的反对，但双色玫瑰仍然成了16世纪艺术家和诗人极度热衷表现的一个意象。

兰开斯特和约克两大家族的王室血统相当关键，其悠久的历史远远先于亨利七世，且与非王室的都铎先祖无关。因而最近有人主张，都铎王朝的历代国王和王后根本不认为自己是都铎人——他们各个都自以为诞生自古老的王室，而使用"都铎时代"这类术语只不过是给假想的中世纪制造一重虚假的分裂罢了。[3]这提醒人们，都铎家族并非存在于时间的泡沫中，但这种主张也有其片面之处。斯图亚特王朝形成自先前家族的分裂在1603年就已是不争的事实，虽然亨利七世及其后裔并不真以"王朝"自居——当时这一术语还未用于描述英格兰王室——但他们对这一王室无疑有着真切的家族感。[4]威斯敏斯特修道院中圣母堂（Lady Chapel at Westminster Abbey）里的亨利七世墓地（他与其母、其妻以及三个加冕过的都铎孙辈安葬于此）表现这种家族感，霍尔拜因（Holbein）的壁画（受亨利八世的委托而作，表现其本人、其双亲以及其儿子已故的母亲）也一样。都铎家族的成员相信自己是在过去的基础上进行着某种不同的、更好的建设，即便方法各异。

亨利七世及其后裔为保卫继承秩序所进行的斗争，还有众继承人的希望、爱和失落——这主导并塑造了都铎家族及其时代的历史——是本书的焦点。而都铎王朝的魅力同样在于这一系列家族故事：爱子的母亲、杀妻的夫君、彼此背叛的手足、鲁莽的风流、相争的亲戚，以及一位被继承人盼着早日死去的"老处女"。"我可是理查二世，"都铎家族的最后一人——伊丽莎白·都铎曾如此苦涩地打趣道，"你们不知道吗？"[5]

第一部分

都铎王朝的到来：一位母亲的爱

亨利·都铎，埃德蒙·都铎（Edmund Tudor）之子，欧文·都铎之后。他野心勃勃，贪得无厌，靠侵占和篡夺登上王位。他与英格兰这片王室产业本来毫无关涉，毫无瓜葛。他无权，无势，无衔，无徽，不配得位，这本是尽人皆知的。

———1485年6月23日，理查三世宣言

第一章

一介凡夫

1437年2月8日，一支王室葬仪队伍穿过伦敦的街道。队伍的中央是用马拉着的灵车，车上载着一位王后的棺木。灵车盖着金缕红布，布上绣着金花，上面放着她的木制雕像，覆着紫缎斗篷。[1]瓦卢瓦的凯瑟琳（Catherine of Valois）头枕天鹅绒垫，戴一顶镀金银冠，红唇碧眼的妆容同她在世时一样美好。漂亮的双耳上方，淡棕色的头发梳得整整齐齐，双臂在身前交叠，护住一支杖——这是她皇室地位的象征。

到达威斯敏斯特修道院，棺木被抬进院中，随行的黑绒华盖上挂着的铃铛一路叮当作响。[2]在安魂弥撒的乐声里，凯瑟琳被葬在圣母堂中——之所以叫圣母堂，是因为这座礼拜堂是献给圣母马利亚的。王后的墓穴靠近她的首任夫君亨利五世——阿金库尔（Agincourt）战役的伟大胜者。其光辉战绩后来被编成歌曲，写成骑士传奇，流传数代之久。1420年，他征服法兰西，得到凯瑟琳之父（法王查理六世）的承认，成为其继承人，他的婚姻成就了盟约，实现了王室的合并。尽管婚姻美满，但二人的幸福并不长久，而和平也同样短暂。瓦卢瓦的凯瑟琳成为英格兰的王后才十八个月，亨利五世就在法兰西战场上牺牲。年仅20岁的瓦卢瓦的凯瑟琳成了寡妇，而其子亨利六世当时不过8个月大。

凯瑟琳的棺木入土时，亨利五世墓上的雕像——头、身皆为银制，着银甲——在烛光中闪闪发亮。[3]这一幕中没有任何迹象暗示凯瑟琳还留下一个悲痛欲绝的鳏夫——她的第二任丈夫，就算他在场，也只不过是混在人群中看着她下葬罢了。

我们无法确定王后是何时及如何遇到欧文·都铎这名卑微的威尔士乡绅的。我们了解到的信息表明，大约在1427年，他于凯瑟琳的宫中谋得一份差事。[4]当时，寡居的王后26岁，其子6岁——人们认为到这岁数已经能跟男性学习治国这项男性事务了。由于不再需要王后终日在朝，人们为她置办了一处新宫。

欧文的祖父在参与1400年发生在威尔士的一次叛乱后被打垮（叛乱针对的是亨利五世之父亨利四世），此后欧文便到英格兰闯荡。欧文的威尔士名字叫欧万·押·马雷杜·押·都铎（Owain ap Maredudd ap Tudur），意思是"都铎之后，梅雷迪斯之子欧文"，但这对英格兰人来说太拗口，于是他成了欧文·都铎。如果当年这个名字用的是另一种英化方案，今天我们谈的可能就是梅雷迪斯王朝了——这并不是说欧文可能开启一个王朝。然而，他确实遇到一桩好姻缘。

凯瑟琳孤寂而怨愤：儿子尚未成年，由亨利五世指派的摄政委员会摄政，而他们禁止她再婚——至少要等到亨利六世成年，能够批准婚姻时再议。此禁令还得到一项《议会法案》（Act of Parliament，原文如此。——编者注）的支持：无视此禁令者，即便是皇亲国戚也要被罚没地产。[5] 从来没人想过凯瑟琳会嫁给一个在宫里当差的人。后来有人猜测，凯瑟琳选择嫁给欧文是否恰恰因为他是个"穷汉"，对国王及王室贵族不构成威胁，因而摄政委员会"不大可能名正言顺地在他身上报复"。[6] 但欧文也可能对凯瑟琳有更直接的吸引力。虽然研究早期都铎历史的学者波利多尔·弗吉尔（Polydore Vergil）声称欧文"形貌头脑都极富天资"，但几乎没有其他人谈到他的头脑如何。[7] 其他报告都仅仅提到其外表的吸引力。有记录描述王后在见到欧文裸泳后爱上他。[8] 但我们最常听到，也是最有事实根据的故事是，欧文在凯瑟琳宫中举办的一场宴会上以极富戏剧性的方式引起她的注意。[9] 凯瑟琳正观看着众仆从伴着乐曲跳舞，这时候欧文跃出一大步，结果失去平衡，直接落在她的腿上。正如伊丽莎白一世年间一位诗人所言："任谁都会说这是命运的无上恩典：他必得摔倒，却是摔到这样一处。"[10] 不久后，凯瑟琳和她英俊的仆人成婚。一篇写于16世纪的文章颇有微词地写道，当二人云雨时，王后意乱情迷，忘形尖叫。

大约在1430年，凯瑟琳和欧文有了第一个孩子，男孩，名叫埃德蒙。[11] 次子贾斯珀（Jasper）紧随其后出生。在七年里，夫妇二人便有了 4 个儿女。这不大可能瞒得过摄政委员会。正如一位 17 世纪的历史学家所言："不应当认为肚子大了 4 次，朝臣们还看不见。"[12] 事实上，可能早在埃德蒙出世前顾问们便已知晓二人的婚事，因为从来无人对这些孩子的婚生地位表示怀疑。但是摄政委员会做出决定：在亨利六世足以决定如何处置之前，二人的婚事不得公开。而这一婚事即便作为事实被接受，也并未受到人们的欢迎。

当时，女子的德行是与控制性冲动的能力紧密联系在一起的。[13] 堂堂英格兰王后竟然"无法控制自己的肉欲"，而且恋上的还是一个"既无出身又无资本的男人"，这简直骇人听闻。[14] 凯瑟琳极力为自己申辩，称虽然来自威尔士的欧文一家与她语言不通，但这家人是"她见过的最讨人喜欢的'哑巴人儿'"。[15] 在 15 世纪，外表和行为都很重要，而她坚信欧文一家人如此俊美，必然血统高贵。[16] 但圭迪尔的约翰·温爵士（Sir John Wynn of Gwydir）曾尖锐地指出，"法兰西女人凯瑟琳王后"无法理解英格兰人和威尔士人之间存在种族差异，也不明白欧文的"家人和家乡都被视为极度卑劣与野蛮而遭人非议"。[17]

夫妇二人为避开朝臣们不满的目光，在伦敦附近低调地生活数年。1436 年，"久病"的凯瑟琳退居索斯沃克（Southwark）的伯蒙德赛修道院（Bermondsey Abbey），并于 1437 年 1 月 3 日在此过世。[18] 亨利六世当时 15 岁，少年老成却极为拘谨，此刻他不得不接受一连串的新闻：母亲过世，她嫁给一介凡夫，自己还有4个同母异父、以奇怪的"都铎"为姓氏的弟弟妹妹。不难理解，欧文相当紧张，人们也不知国王对此局面会有何反应。因为一介凡夫娶了英格兰王后是旷古未有的事，他也可能被判处监禁，甚至更糟，最好的选择似乎就是溜之大吉回到北威尔士。欧文确信几个子女会得到精心照料，毕竟他们是国王的一母同胞——不论背负"都铎"这个姓氏是多么有失颜面。

欧文把他最好的家当尽数打包：镀金盏、高脚杯、珐琅盐瓶，还有银制的水壶、烛台和酒壶，许多都是王后的馈赠。他急着要走，忙乱中还打碎一些器具。[19]欧文策马西行，而国王的使者已经出发追赶他了。欧文因马匹负重而行不快，在北安普敦郡的达文特里（Daventry in Northamptonshire）被使者赶上，然后收到一封威斯敏斯特王宫的诏书。欧文要求先得到一份书面承诺，保证他可以自由通行，且事后可以离开伦敦。拿到承诺书后，他才调头返回。

威斯敏斯特区是英格兰政治和法律事务的中心，几个世纪以来，它与伦敦以贸易为中心的其他区域截然不同。特区的主体是王宫和与之相邻的修道院，约有3000名常住人口，由修道院院长而非伦敦市市长管辖。然而特区边缘正在出现社会和经济的融合发展——居于伦敦每天乘船去威斯敏斯特工作的人不少。一名书写员后来回忆道，在威斯敏斯特，他白天伏案抄写，晚上寻花问柳，品尝美酒与芳泽，最后总是独自（而且极度沮丧地）乘船回到位于斯特兰德（Strand）的家中。[20]欧文在那儿有些好朋友，其中一人警告他，摄政委员会一直在给年轻国王的怒气火上浇油。欧文听后的直接反应又是逃——这次是逃到威斯敏斯特修道院的圣所中。

任何人都能进修道院寻求庇护，免受当权者的伤害，威斯敏斯特修道院和其他修道院一样可以提供庇护，四面院墙围成了一大片圣所。欧文在此处躲起来，和他一道躲藏的还有一窝罪犯：有逃债的，还有卖违禁品的小贩（带着一个个打成包的货摊）。过了好几天，他仍然"拒不走出来"，虽然"不少人向他表示过友善，鼓励他走出来"。[21]欧文甚至可能混在人群中观看了凯瑟琳的葬礼，后来还看过她的雕像——像高5英尺4英寸*，身披王室长袍，袍下是漆成红色的筒裙，和众女圣徒像一样立在壁龛中。[22]最终，人们说服欧文，让他相信自己这样做不过是在把事情变得更糟，于是他站起来，挤过修道院门口等着修士救济的人群，踏上泥泞的街道，向王宫走去。

一走进与修道院相邻的王宫，便来到宽敞的主厅。主厅壮观的托臂梁屋顶是理查二世委托设计的，到1399年他退位时才完工——其堂兄兼继位者亨利·博林布罗克（Henry Bolingbroke）曾谴责他在"因缺少治理、良法尽废而即将毁于一旦的关头"抛弃

---

* 英制度量单位，1 英尺 =12 英寸 =0.3048 米。——编者注

王国。[23] 理查二世未能见到新顶竣工，而博林布罗克却在此加冕，成了亨利四世——在翌年的威尔士大叛乱中打垮欧文家族的国王便是他。吊诡的是，欧文却尴尬地成了亨利四世之孙亨利六世的继父。

亨利六世的摄政委员会成员们正在靠大厅东墙的一个房间里等候欧文。国王此时已经成年，这些人成了其首要顾问。欧文一来到众人面前，便辩称"可能触怒国王或令其不悦的事情他一件都没做过"。[24] 然而在众人看来，一桩如此高攀的婚事已经打破严格的社会规范。欧文仅仅是因为先前拿到安全通行的承诺，才获准返回威尔士。回乡后他很快被逮捕，人们捏造证据指控他违反作为承诺条件的法规——他胆敢要求书面承诺，他的这一放肆行为遭到巧妙的回击。

欧文从王后的枕边人沦为伦敦纽盖特（Newgate）监狱的阶下囚。这座被用作监狱的建筑已有300年历史，不久前刚进行过修复重建，有新铺设的净水管供他喝水，有通风良好的中庭作为他吃饭的场所。[25] 狱中有些可怕的地牢，里边的囚徒被铁链锁在墙边，但欧文不仅得到一个仆人，还有自己的专属神父，关押他的房间属于条件较好的一类——茅厕、烟囱皆备，在塔楼中的房间还可上到楼顶，以便获得新鲜空气。尽管如此，失去自由仍然令欧文恼火，而且纽盖特监狱的伙食不仅仅是令人倒胃口那么简单——和其他囚徒一样，他还不得不为此掏钱——照着监狱人员确定的高价购买食物。[26]

1438年2月初，受够了的欧文计划越狱，带着自己的神父和仆人一道逃离纽盖特监狱。他们对守卫发动攻击，守卫知道放走欧文自己会被扣钱，所以奋力阻拦，但最终没有拦住。欧文等人逃跑后，摄政委员会用数周时间才查到欧文的下落，并将其逮捕。欧文再次入狱，这次被关在温莎（Windsor），罪名是"违规伤害守卫"。如果欧文得罪的是其他国王，他可能就完了，但亨利六世宽宏大量，翌年便赦免欧文。风度和忠诚从此成了他的优势，1444年，亨利六世甚至称他为"我们可爱的地主老爷"。

与此同时，欧文和凯瑟琳的子女得到国王的照护，进入巴金修道院（Barking Abbey）念书。根据16世纪编年史学家爱德华·霍尔（Edward Hall）的说法，二人子女中年幼的两个——欧文和凯瑟琳——后来加入教会，欧文成了威斯敏斯特修道院的修士，凯瑟琳当了修女——可能是在巴金修道院。[27]然而，年长的两个——埃德蒙和贾斯珀——却被培养过着宫廷生活，二人早在1442年便入宫，当时埃德蒙大约12岁。他们见到自己同母异父的哥哥：20岁的国王高高瘦瘦，长着一张娃娃脸，有些神经质。[28]他还不到1岁就继承了法兰西和英格兰的王位，从没见过地位比自己还高或者同自己一样的人。毫不出奇，他深知自己的尊贵，因而决意不能让家族中再出现不被认可的婚事。他亲自照看埃德蒙和贾斯珀，确保他们不受性的诱惑，"透过他房间的暗窗严加监视，以免哪个女人冒失地闯进家里，留下了种"。[29] 1453年，亨利六世甚至已经开始把20岁出头的二人当作潜在的得力助手。当年冬天，国王封埃德蒙为里士满伯爵（Earl of Richmond），封贾斯珀为彭布罗克伯爵（Earl of Pembroke），给二人的名分仅次于公爵而高于其他所有权贵。[30] 他还暗暗为埃德蒙选定一位具有王室血统的新娘——自己的堂妹玛格丽特·博福特。[31] 而这桩婚事的后果是欧文做梦也不曾想到的。

第二章

小小新娘

亨利六世的堂妹玛格丽特·博福特接到国王的诏书时年方9岁，母亲带着她去了伦敦，等候面圣。玛格丽特尚在襁褓之中时，父亲萨默塞特公爵约翰·博福特（John Beaufort, Duke of Somerset）便过世了。[1]她虽是父亲的独女，却拥有一个温暖的大家庭：她有许多一母同胞的兄弟姐妹，继父一边原也有些儿女，她一直忠于自己的大家庭。正准备踏上国家舞台、迈出第一步的就是这样一个集万千宠爱于一身的小姑娘。[2]

来伦敦的朝臣们多数都有各自常去的地方。有些人会待在威斯敏斯特的一众小酒馆里，而许多大贵族还有专属"客栈"——大片带内院的房舍，侍从也能入住其中。玛格丽特的母亲在伦敦城现如今是纹章院（College of Arms）的位置有一栋名为雷亚尔（Le Ryall）的塔楼。母女二人便在此等候国王召见。[3]

玛格丽特知道自己被召入宫是因为国王为她和"自己同母异

父的弟弟埃德蒙·都铎筹划"婚事。然而要到几年后，她才能明白国王做出这一决定的完整背景。玛格丽特和国王同为冈特的约翰（John of Gaunt）的后裔，此人是亨利四世的父亲，也是兰开斯特家族的创立者。[4]博福特一支的一个重要不同是他们并非正统后裔，而是冈特与情妇凯瑟琳·斯温福德（Katherine Swynford）所生，故而无权继位。[5]尽管如此，与玛格丽特·博福特成婚意味着埃德蒙·都铎能获得一笔财富，进而得权。玛格丽特继承的份额不小，据估计每年可继承博福特1000英镑*的遗产。[6]更重要的是，法兰西—威尔士血统的埃德蒙所生的子女将获得英格兰王室血统，而这些子女是兰开斯特家族急需的支持。

亨利六世至今无儿无女，而其堂兄兼继承人，精瘦黑发的约克公爵理查·金雀花（Richard Plantagenet）已经是几个儿子的父亲。因此，约克家族代表着未来，而且对国王构成威胁。正如都铎王朝最后一位君主——女王伊丽莎白一世所言："初升的太阳总比西沉的太阳让更多人朝拜。"

国王的计划只存在一个小小的阻碍。玛格丽特在6岁时已经许配给一名重要顾问的儿子。[7]好在这样的娃娃亲要到女方12岁后才有约束力，而召玛格丽特入宫就是为了在公开仪式上宣布她的

---

* 英国国家货币和货币单位名称。——编者注

婚约作废。

　　玛格丽特收到诏书时正值圣灰星期三（Ash Wednesday）前的欢宴期*，2月14日，她已在宫中。[8]王宫分为两大区域：一楼操办饮食等日常所需，由宫内大臣（Lord Steward）上管；此外是国王的房间，即寝宫，由宫务大臣（Lord Chamberlain）主管。宫务大臣负责筹办公共仪式，还要为国王提供贴身服务。确定谁可以、谁不可以接近国王，既是出于实际考虑，也有更深远的意义。"除了在国王本人身上、在国王的朝廷上、在国王的摄政会议上，孕育这一英格兰伟大公共机构的'子宫'还能在何处？"当时的一名主教如此宣称。[9]对有些人而言，能够向神的神圣代理人进言意义重大。但对玛格丽特而言，就连看国王一眼都是莫大的幸福，亨利六世给这位年幼的姑娘留下了深刻的印象。

　　亨利六世彼时已经31岁，他虔敬又博学，那不食人间烟火的翩翩气质更为他增添不少帝王风范。亨利总是站在御座边接待到访使节，曳地的长袍华美异常。美丽和丰富是神圣的象征，国王"衣着理应比其他人都华贵，如此方可配得其尊贵"。[10]22岁的王后、安茹的玛格丽特（Margaret of Anjou）"俊秀过人，只是肤色略深"，她的珠宝华服给宫中名媛定下极高的标准。[11]玛格丽特·博

---

*　因教会规定大斋期间禁止食肉和娱乐，人们趁封斋期开始前举行各种欢宴、舞会，尽情作乐。大斋首日（圣灰星期三）是由复活节往前推算的，历史上在2月4日至3月10日间均有出现。——译者注

福特后来得到100马克*置办丝绸和天鹅绒，好让她也配得上他们的标准。[12]

虽然9岁的玛格丽特事实上无力自主，但当她在年迈时回首往事，记起的却是另一番情景。她说服自己相信人们给她两个郎君让她选择。她回忆道，自己"犹疑不决，不知如何是好"，于是向一位"她极敬爱又信任的年长的贵妇人"寻求建议。妇人建议她向未婚姑娘的主保圣人圣尼古拉（St Nicholas）祷告。[13]当晚，玛格丽特遵命祈祷，半梦半醒间，圣尼古拉"身着主教华服"出现在她面前。他告诉她要选埃德蒙·都铎，而她后来相信这便是自己翌日如此选择的原因。[14]这让她自己和其他人都安心：这桩婚事及随之而来的一切都是神的计划，而她是这计划中的主角。[15]

3月，国王将玛格丽特的监护权转予都铎兄弟，为这桩婚事扫清障碍：待玛格丽特年满12岁，埃德蒙便可迎娶她。4月，因为要举行嘉德贺仪（Garter ceremony），玛格丽特仍在宫中，这时传出一则喜讯：苦等八年之后，王后终于怀孕。国王喜得贵子，后继有人，值得举国欢庆。但很快，法兰西发生一系列事件，给喜庆蒙上阴影，也直接影响了订婚不久的玛格丽特和埃德蒙，并改变了他们的人生轨迹。

这场后来人称"百年战争"的冲突始自亨利六世的高祖爱德

---

* 马克，古代欧洲货币单位，1马克相当于当时的13先令4便士。——译者注

华三世，缘起是爱德华要求继承法兰西王位。英格兰和法兰西的王位继承法则并不那么简单直接。理想状态虽然是长子继位，但一旦婚生子缺位，便会出现不确定性：王位既可能经国王的女儿传给其子，也可能必须完全由男性成员传承。爱德华三世要求继承法兰西王位的依据是自己的母亲是卡佩王朝（Capetian dynasty）末代君王之女。[16]法兰西贵族则表示反对，他们称，根据古老的"萨利克"（Salic）律法*，王权不能经女性传递。贵族们支持的是瓦卢瓦家族。

1420年，亨利五世打败瓦卢瓦家族后签订了《特鲁瓦条约》（*Treaty of Troyes*），根据条约，亨利六世继承了外祖父查理六世的法兰西王位。许多法兰西人接受他的统治，或是因为他们承认当年英王的继位要求，或是因为这给了他们更多的政治稳定。但也有一些人——绝大多数来自卢瓦尔河（river Loire）以南地区——认为签订条约是出卖王太子（查理六世之子）。自那之后，他们一直针锋相对，导致了一系列武装冲突，直到1453年7月亨利六世在多尔多涅河（Dordogne river）畔的卡斯蒂永（Castillon）战败才告终。英格兰在法兰西的统治范围一度覆盖整个法兰西北部，且包括了加斯科涅（Gascony），如今只剩以加来为中心的一小块区域，人们称之为"栅栏区"（Pale，又译"英统区"）。这堪称奇

---

* 萨利克法兰克人起源于下莱茵地区，曾征服高卢，486年建立法兰克王国。《萨利克法典》是反映萨利克法兰克人征服高卢后社会制度的重要文献。——译者注

耻大辱，亨利六世的精神崩溃了。

国王最初是突然"发狂"，接着便既动不了也说不出话。他"神志皆丧"，不得不靠人喂饭续命。这些症状表明国王可能患上了严重的抑郁症，但也有研究认为他患的是畸张型精神分裂症乃至卟啉症。他有可能从母亲那里继承了一种易发精神疾病的禀性[17]。她父亲查理六世在世的最后30年间曾多次出现间歇性精神失常，还一度坚信自己是玻璃铸的。到10月儿子出世时，亨利六世甚至已经认不出他。[18]在这危急关头，亨利的堂兄约克公爵理查·金雀花出任护国公（Protector），其任务既包括护国，又包括保护君主本人。而国王康复后，理查却不愿卸任。

长期以来，约克公爵一直反对国王所偏爱的众顾问，声称自己代表善政——他并不希望见到这些顾问回来。1455年5月22日，距玛格丽特·博福特至关重要的12岁生日还有九天，在伦敦以北22英里*的圣奥尔本斯（St Albans），约克公爵的数千名家臣向国王及其随从发动攻击。当地的修道院院长看到一个人摔得"脑浆迸裂，一个人的手臂被打折，一个人的喉咙被割开，一个人的胸膛被刺穿"。[19]屠杀结束时，国王被箭擦伤，而四周尽是他忠诚的随从和护卫的尸体。至此，被19世纪小说家沃尔特·司各特爵士（Sir Walter Scott）浪漫但欠精确地称为"玫瑰战争"的时期开始了。[20]

---

* 英制长度单位，1英里约合1.6千米——编者注

玫瑰纹章简单的五瓣图案的设计灵感来自英格兰灌木篱上常见的野生犬玫瑰。长久以来与玫瑰的符号联系在一起的是圣母马利亚——有时被称作"天堂的玄义玫瑰"。尽管国王的祖父亨利四世曾在一次比武中用红玫瑰装点过自己的帐篷，但在都铎王朝之前，将红玫瑰用作兰开斯特王室徽章却并不常见。[21] 同样，白玫瑰与约克家族的紧密联系也有待建立。[22] 拥护兰开斯特家族的人有时甚至会戴着白玫瑰徽章。[23] 然而，不论"玫瑰战争"这一说法从何而来，接下来在两位王室堂亲之间上演的一系列争战都非常血腥和真切。

玛格丽特已满12岁，她得赶在约克公爵干涉前与埃德蒙·都铎成婚，不可拖延。新娘如果年幼，通常会与父母或监护人同住，直到身体发育成熟——至少要到十五六岁。然而玛格丽特婚后不会被送回娘家，而且她还被告知自己得同埃德蒙一道离开英格兰。埃德蒙奉命要往威尔士去，巩固这些不安定地区的王权，而为了婚事能完全生效，二人需得圆房。而玛格丽特如能怀孕，还能确保埃德蒙得到她产业的收入。

认为当时的孩子们比现在的更"成熟"是错误的。在生理方面，他们远远不及今天的人。玛格丽特的分娩因而将会极为危险。尽管如此，她在翌年8月末已有三个月的身孕。这并未给埃德蒙·都铎带来什么好处——当月他被约克公爵的拥护者俘虏，囚禁在卡马森城堡（Carmarthen Castle）中。虽然短短几周后便获释，但他的健康受损，而因为虚弱，他未能挺过当时正在镇上流行的瘟疫。一个世纪之前，威尔士诗人卢埃林·费尚（Llywelyn Fychan）曾为自己死于瘟疫的4个女儿写下悼诗，提到她们的尸体遍布脓疱，仿佛"碎煤屑"。[24]虽然先前的十年间时不时地有传染病流行，但在11月1日丈夫死时，玛格丽特仍然被吓得魂不附体。[25]她的余生都是守着介绍预防这种疾病的方法的书度过的。

在卡马森的灰衣修士教堂（Greyfriars）高高的神坛前匆匆安葬了埃德蒙后，玛格丽特不得不开始思考接下来怎么办。[26]她年仅13岁，又有孕在身，且孤身一人在陌生的威尔士，她无疑曾想过回家。但当时冻雨频繁，雨后不过几小时大路就会变成一摊稀泥，而她距生产已不足两个月，无法前往英格兰中部地区投奔母亲。于是，玛格丽特一恢复了些精力，便立即动身赶往彭布罗克城堡——自己的小叔和监护人贾斯珀·都铎的封地。玛格丽特吓坏了，生怕自己也染上要了埃德蒙性命的瘟疫。[27]幸好并没有。有城堡高墙的保护，她安全了，贾斯珀一获准离开国王身边，便赶来同她会合。

1月，在临产前最后一周，玛格丽特躲到可以俯瞰河流的塔楼中——这是分娩前一段传统的供待产母亲静养的闭门期。她临盆时遭遇的疼痛十分骇人。她后来的朋友兼告解神父罗切斯特主教约翰·费希尔（John Fisher, Bishop of Rochester）回忆说，玛格丽特向来"身量不高"，而且"那时她还要矮小许多"。1457年1月

28日，儿子出世，而她尚未发育成熟的身体因生产严重受损，此后再也无法生育。儿子的名字没有随都铎家族，而是随兰开斯特家族——和她的国王堂兄一样，也叫亨利。[28]

玛格丽特产下幼子后不过一个月出头，贾斯珀便带着她动身去格温特（Gwent），他们要去见白金汉公爵汉弗莱·斯塔福德（Humphrey Stafford, Duke of Buckingham）。圣奥尔本斯战役过去还不到两年，他就要为她筹划第二桩婚事了。白金汉公爵以脾气火暴著称。众所周知，1431年圣女贞德受审时，他曾试图用刀捅死圣女贞德。但在英格兰，他是唯一能和约克公爵分庭抗礼的人，而其次子亨利·斯塔福德（Henry Stafford）尚未娶妻。很快，贾斯珀和白金汉公爵协商一致。尽管斯塔福德并非兰开斯特家族的后裔，但因为先祖是冈特的约翰最小的弟弟伍德斯托克的托马斯（Thomas of Woodstock），所以仍有王室血统。[29]1458年1月，玛格丽特在儿子1岁大时与斯塔福德订婚，二人的婚姻虽带有政治目的，却也十分美满。

亨利·斯塔福德爵士深深爱上了自己的少妻。一位朋友后来回忆说，玛格丽特"极为平易近人"。人们对她的任何一点善举、帮她的任何一个小忙，她都会记在心上。她相当好学，博览群书，勤奋地管理自己的产业，而且效率极高。她发现自己对那些"能让她得利的、重要而实在的"事情，有着过人的"精明头脑"，而且相当果决。她的朋友后来谈道，她从不放过任何一个有利机会，"不管付出多少代价，历经多少艰辛"。[30]

玛格丽特的财富使全家得以生活得极尽豪华，正如15世纪的《贵族孩子的贵族书》（*Noble Babees Noble Book*）曾教导孩子们的那样，气派是贵族的一项义务。锦衣玉食并非为了个人享受，而是为了表明贵族有多少意愿帮助其"附庸"——那些指望他们保护、依靠他们晋升的家族。事实上，人们认为贵族应当效法基督的自我牺牲。玛格丽特热衷于铺张待客，但不论摆设多么丰盛的筵席，她自己吃喝的从来不多。[31]她也乐意"开开心"，"听那些真心实意想让她高兴的人讲讲故事"，但一阵逗乐后，她总会读一会儿基督的生平，然后把谈话转到更为严肃的属灵之事上。随着年龄渐长，玛格丽特越发虔敬，甚至时不时地会在华服之下着麻衣*，好提醒自己基督为人受的难和自己的责任。

同贵族阶级的其他许多成员一样，对玛格丽特而言，自己家中似乎常有基督的肉身临在。弥撒几乎日日可见，因为她会在私人教堂做圣事，而天主教相信在祝圣的那一刻，面饼与葡萄酒会转化成真实的圣体圣血——这一奇迹被称为"圣餐变体"（transubstantiation）。如果说基督的存在立时可感，那么不幸的是，撒旦似乎同样近在眼前。据说撒旦曾是身居高位的天使，但当神

---

* 此处的麻衣是马尾毛织物缝制的，粗硬不贴身。自《旧约》时代开始，着（粗）麻衣一直代表悔罪和哀恸。《旧约》中多有君王为国家之罪而着麻衣。——译者注

显明他的儿子基督会降世成人时，傲慢的撒旦难以容忍区区凡人高过自己，于是造了神的反，要毁灭一切和平与融洽。[32]撒旦利用人的软弱挑起争战：人们对此深有体会，满心恐惧。然而，这样的争战很快就在英格兰发生了。

1455年圣奥尔本斯血战后，臣民怀怨，吵嚷不休，亨利六世费了很大力气予以安抚。但复仇的欲望预示着他终将失败。一名编年史学家写道："死者的后嗣将永怀怨怒。"[33]因为渴望复仇，拥护国王众顾问的一方和敌对的约克一方都不愿维持和平。这进而影响到了一众"附庸"，一旦受召，他们便须上阵为主人杀敌。对法兰西的世纪之战意味着所有男孩从小接受的训练都是为了"手拿钝剑大棒，以盾开路，在街上横冲直撞"地战斗，就连女孩们也都是熟练的弓箭手。[34]很快，一支军队就能组建起来。

亨利·都铎3岁了，长着一双蓝眼睛。1460年7月的北安普敦战役让他失去继祖父白金汉公爵。在接下来的几个月间，屠杀还会继续上演，仿佛一场飓风，裹挟着家族宿仇的全部凶残，在他的四围肆虐。

第三章

得到体面抚育的囚徒

一顶纸糊的王冠在风中颤动——约克城南门上钉着一排头颅，王冠就戴在其中一颗头颅之上。直到1460年9月为止，争斗的焦点还是亨利六世该选谁做顾问。但自此以后，约克公爵开始要求得到王位，称自己有着更高贵的血统，是经母系承自爱德华三世，因而自己的先祖罗杰·莫蒂默（Roger Mortimer）才是理查二世的合法继承人，而兰开斯特家族则是篡位者。[1]但这是不得人心的一步棋，很快便无人再提，而今神也已经进行了审判。公爵已死——死于12月30日的韦克菲尔德战役（Battle of Wakefield）。"约克望着约克呢。"兰开斯特家族的人一面戏谑，一面把他的头颅高高钉在城门上，纸糊的王冠嘲讽着他先时的野心。与他的头颅同样被钉在那里的还有公爵年仅17岁的儿子及年少的内兄。很快，战局便会扭转。

仅仅几周之后，在1461年2月初，贾斯珀和欧文·都铎的兰开斯特军队来到赫里福德郡（Herefordshire）的莫蒂默十字路

（Mortimer's Cross），迎战已故公爵的长子和继承人约克的爱德华。爱德华一头金发，生得俊美，身长6英尺3英寸，年仅19岁的他不像贾斯珀和欧文·都铎那般身经百战。但那个冰冷的清晨异乎寻常——这样的黎明从未有人见过。迎着刺目的曙光，交战的两军望到天上赫然显出三轮日头。这一现象即为幻日（parhelion），是由光线穿过大气中的冰晶折射而形成的。天生的领袖爱德华抓住这一机会，告诉惊恐的士兵们，三重日头代表圣父、圣子和圣灵，阳光是在为他们的事业献上祝福。他的军队士气大振，"他骁勇果敢地迎敌而上，打得他们落荒而逃，并击杀3000人"。[2]

关于这场战役细节的记录存留不多，但我们知道贾斯珀逃脱了，而且在路上惊闻父亲欧文·都铎被俘。欧文住得离贾斯珀的彭布罗克城堡不远，而且同亨利六世也一直很亲近，"鉴于他（上一年）的优秀战绩"，国王给了欧文管理北威尔士诸庄园的美差。[3]虽然年事已高，但欧文依然时刻准备为他的继子亨利国王而战——但这是最后一次。爱德华下令处死欧文，一同受死的还有其他8名兰开斯特指挥官。在他被俘的赫里福德郡，一个拥护约克家族的士兵伸手抓住他红色紧身上衣的领口，撕掉衣领将其脖子露出来，而这时欧文仍然以为自己会被赎回去。直到被带到充当垫头木的粗原木跟前时，他才明白自己的命运。他尖刻地打趣说，没想到"枕过凯瑟琳王后大腿的头要枕断头台"了。斧头落下，他因一次舞会上的失足而开始的非凡一生结束了。

欧文的头颅被放在市场十字路口最高一级的台阶上，有个妇人来"为他梳头，又洗去他脸上的血污"，然后在他周围点上蜡烛。[4]无人猜测她是谁。看着她弯着腰小心翼翼地点燃100支小小的蜡烛，围观的人群认定她疯了。然而，这悲痛欲绝的妇人无疑便是欧文的私生子大卫的母亲——大卫已经快2岁了。虽然已经50多岁，但老迈的欧文似乎仍有能力赢得女人的芳心。[5]

对于祖父的一生，4岁的亨利·都铎心中仅剩一个空位。欧文曾是彭布罗克的常客，但5月亨利随母亲和继父来城堡时已经见不到他。亨利出世前，玛格丽特·博福特就是来这里寻求贾斯珀的保护的。但贾斯珀也不在：他还在逃亡。莫蒂默十字路战役已过去三个月，其间约克的爱德华重提父亲称王的要求，指控亨利六世为"伪王"，并于3月4日在伦敦宣称自己为爱德华四世。有二十五天的时间，英格兰两王并存。3月29日，在约克郡的陶顿（Towton）发生的一场决定性战役终结了这一局面。此战令亨利家族和英格兰的许多人都遭受重创。

玛格丽特·博福特的丈夫亨利·斯塔福德爵士和她的继父韦尔斯勋爵（Lord Welles）加入兰开斯特军队，与此同时，亨利六世与他们比邻而居，终日祷告。当时正值棕枝主日（Palm Sunday），本是春天，但异常寒冷，田间和篱笆上的野花都被冻坏，天空显得低沉而阴暗。英格兰有史以来最大的两支军队——总人数很可能超过3万，而当时全国总人口不过300万——正要决一死战。[6]军队各自开旗，喊出"片甲不留"（guerre mortelle）的口号——这是中世纪最无情的武力交锋形式：不向"伪王"的拥护者让哪怕一步。

士兵们穿盔戴甲时起了几阵裹着雪花的风。上午10点，暴风雪已经迎面直击兰开斯特军。约克军徒步前行，走进白色的风暴中。雪令人目盲，又是逆风，兰开斯特弓箭手射出的箭没能命中目标。约克军捡起箭来悉数奉还：铺天盖地射向兰开斯特军的箭每分钟有数千支之多，令其除了迎敌别无选择。两军迎头相击，兰开斯特一方以多敌寡，逼得约克军后退，但是有爱德华四世及其表兄（"高贵的骑士和阳刚之气的典范"沃里克伯爵）理查·内维尔（Richard Neville, Earl of Warwick）在前阵领兵，约克军并未轻易让步。

过了一个又一个小时，兰开斯特军和约克军的交战仍在继续。当成堆尸体的阻碍使人无法厮杀时，双方约定休战片刻，搬开尸体后继续战斗。临近傍晚时，诺福克公爵（Duke of Norfolk）带兵前来增援约克军；到黄昏时，兰开斯特军终于支撑不住。附近河上的桥梁都已被逃亡的人踏坏。有些人落入冰冷刺骨的水中，因身披重甲而溺死。另一些人为了在逃跑时能喘得上气而丢掉头盔，更是成了靶子，被杀红眼的约克军打得脑袋开花。[7]兰开斯特军向北溃逃，在塔德卡斯特小镇（town of Tadcaster）进行最后的反抗。然后一切结束了，只剩一些未能脱逃的人还在陆续被处死。在一块面积至少为（6×4）平方英里的地方尸横遍野，其中也有韦尔斯勋爵——玛格丽特的继父，也是她唯一一认得的父亲。

玛格丽特与母亲一道为韦尔斯勋爵服了几周丧，二人悲痛欲绝，但欣慰地得知斯塔福德还活着。与此同时，亨利六世已经与王后、王子一道逃往苏格兰。此时，幸存的兰开斯特拥护者中的多数人认为，明智的做法是承认爱德华国王。贾斯珀不在其列，但他很快也将踏上与同母异父的兄长一样的逃亡之路。不过，彭布罗克城堡留下了卫戍军，有充足的粮草和兵马，经得起长期围困，而玛格丽特·博福特便在此等待爱德华国王的下一步动作。她相当紧张，不知道他会如何处置自己的儿子，"伪王"亨利的外甥亨利·都铎。

整个夏天，玛格丽特让自己的儿子多多少少过上了正常的生活。[8]欧文的儿子大卫后来曾得到亨利·都铎赏赐的财富，还受封为骑士。因为二人住得很近且年龄相仿，大卫可能还曾是亨利·都铎的玩伴。[9]亨利·都铎也已经到了识字的年龄，而教育幼子是母亲的任务。"教女识字的圣安娜（圣母马利亚的母亲）"是中世纪人们最喜爱的形象之一。玛格丽特从母亲那里继承的一本祷告书中也有一幅类似的画，画的是圣安娜和圣母马利亚教基督识字。祷告书是当时最受欢迎的读物，仿照修士的"日课"，也即每日祈祷计划，分为8个部分。贵族的祷告书配有精美的插图，对他们有特殊的意义，人们发挥想象力，给书添上五花八门的宗教故事和祷词。玛格丽特生命中的一些大事件，包括后来的战争结果都被她记入这本书中。

威尔士已经能感受到陶顿战役的余震。爱德华国王已经下令夺取贾斯珀·都铎的产业，并把这项任务交给其主要拥护者之一的赫伯特勋爵（Lord Herbert）威廉。[10] 9 月 30 日，赫伯特勋爵率大军来到彭布罗克城堡门口的双塔下。贾斯珀安排的总管[11]在得到赦免承诺后投降，赫伯特勋爵兵不血刃便拿下城堡。接着，玛格丽特被简单地告知爱德华对她儿子的计划：她得将儿子交给赫伯特勋爵监护。爱德华国王打算在适当的时候让亨利·都铎加入约克家族的事业，他还曾向赫伯特勋爵暗示，亨利若是忠诚，最终便能继承父亲埃德蒙·都铎的土地和爵位，成为里士满伯爵。得知国王的这一打算，赫伯特勋爵花了千余英镑以确保自己的监护权，还计划将女儿莫德（Maud）许配给亨利。玛格丽特若想再见儿子，就必须甘愿接受这一安排，因此人们没费什么力气便让这位伤心的母亲告别了自己的孩子——当时是 1462 年 2 月，亨利·都铎才刚过完 5 岁生日。

亨利·都铎常常往来于中部地区和彭布罗克城堡两处家族产业之间。[12]他已经习惯了到处奔走：坐在马上，由一个仆人扶稳，后面跟着长长的一串人和车。而这次既没有他熟悉的仆从，也没有家人，他要去一个新的目的地：威尔士东南部的拉格伦城堡（Raglan Castle）。他离家太过突然，再见母亲已是许多年后。

从村子往拉格伦城堡走，首先映入眼帘的是六棱形的砂岩塔楼，接着看到的便是位于矮丘上的整座堡垒。城堡入口的门房是新的，通往一座铺着鹅卵石的宽敞庭院，周围是"100个房间，装满为节日准备的食物"。[13]亨利·都铎在这里度过了童年，后来他回忆道，自己"像个囚犯，不过得到了体面的抚育"。他用餐的巨厅高13米，横梁是用爱尔兰橡木做的，还有安置奏乐乐手的回廊。家中供他祷告的小教堂同样宏伟，长12米，镶着亮黄色的饰砖。城堡外有果园、鱼塘和鹿园，延伸至地平线，化为动人的威尔士荒原和陡峻的群山之巅。

亨利·都铎最初由赫伯特勋爵的妻子照料，与她的幼子幼女同住，但到了7岁，他便进入整个大家庭。赫伯特勋爵家中人丁多达200人，其中可能有一些服侍其妻子的女性，但下等仆人是与其共同生活的，而且睡在一处，因此多数都是单身男性。仆从当中也有许多出身名门：上流子弟年少时在家族朋友或保护者等贵族家中待上一段时间是相当常见的。他们的任务是伺候主人用餐和梳妆，磨炼自己的行为举止并学习主人不负善仆的道理。在这样的家庭中，就连幼小的孩子们也要努力为自己的家族争取好处。[14]

不同寻常的是，亨利·都铎的全部知识都来自拉格伦，赫伯特勋爵尽自己所能给他最好的教育。他跟着牛津大学的毕业生学习文法，还学习成为骑士所必需的许多实用技艺，包括骑术和箭术，以及如何持木剑战斗。他要等到10岁过后才能接受真枪实弹的训练。重4磅*、最长可达43英寸的长剑是一种需用双手操作的兵器，挥剑不仅需要技巧，也需要相当的力量——常见的战斧也一样。在亨利·都铎的玩伴中有一个比他年长的男孩，名叫亨利·珀西（Henry Percy），他也受赫伯特勋爵监护，父亲是拥护兰开斯特家族的诺森伯兰伯爵（Earl of Northumberland），已在陶顿战役中牺牲。珀西同样须凭借对爱德华四世的忠心赢回爵位。

虽然亨利·都铎见不到母亲，但母亲获准写信给他。她想方设法恢复儿子里士满伯爵的地位，这对她来说既是义务也是愿望。为此，她鼓励他尽心服侍赫伯特勋爵，而她则在宫中尽自己所能巴结新王。玛格丽特不得不适应一种迥异的宫廷文化。亨利六世最喜爱的是宗教性的庄重形象，而爱德华四世热衷的则是骑士美学。玛格丽特还记得自己9岁那年第一次观看嘉德贺仪，当时兰开斯特王后安茹的玛格丽特身着一袭血红色的新袍子出席。嘉德勋位由爱德华三世设立，其灵感源自传说中的亚瑟王（King Arthur）圆桌众骑士。对亨利六世而言，重点在于典礼上的宗教仪式；对爱德华四世而言，重点则在于以宫廷气派展现尚武精神。其他方面也变了：安静、博学、克己的亨利六世已不复存在，取而代之的是一个纵情声色、精力充沛的年轻武士。一个外国访客曾说，爱德华四世是个"相当年轻、相当俊美的君主，是世上最

---

* 英制质量单位，1磅=0.4536千克。——编者注

俊美的人之一"，但"从来没有人如此沉迷于女色、飨宴、欢饮和田猎"。爱德华四世似乎相当和蔼可亲，"他接待人时极为友好，如果有新来者被他的外表和君王气派吓呆，他甚至会把手放在这人的肩膀上，鼓励他说话"。在他和蔼可亲的外表之下是残暴的本性，但是为了维护和平他必须争取盟友。而爱德华四世有的并不仅仅是魅力，只要他愿意，他还能变成天才宣传家。

约克家族自称高级王族，还为推广这一说法制作了家谱——有手写的、有印制的——在宫廷中流传。[15] 每份家谱都饰有各种精美的爱德华式徽章，这些符号在仆役制服和旗帜上也处处可见，还被镌刻于王宫的石头上。在一个习惯于以视觉获取信息的时代，就连文盲也能读出其意义。著名的灿日（Sun in Splendour）徽章令人想起莫蒂默十字路的三个太阳，同时也是对理查二世太阳徽章的袭用。它提醒人们，神曾在战场上祝福过爱德华四世，暗含着他才是理查二世真正继承人的意义。有时与灿日并列的还有另一个徽章，即著名的白玫瑰徽章。[16] 人们认为这是爱德华四世的先祖罗杰·莫蒂默的徽记，此人是理查二世的"真正"继承人，但后来被亨利四世"篡位"。[17]

年复一年，亨利·都铎年龄渐长，兰开斯特家族也时运日下。亨利六世离开苏格兰，去英格兰北部躲藏，并于1465年被俘。一名德意志商人描述道，他被人带着"穿过齐普塞街（Cheapside）进了伦敦塔，骑着一匹小马，头戴草帽，身上拴着一根绳子——

拴在两胁的位置，好让人抓紧"。[18]国王应当有国王的样子，如此羞辱亨利六世是有意为之，以便破坏他受膏君主的神圣地位。商人写道："没人敢向他请安，老老少少既不敢跪也不敢做别的什么事，怕害了他的性命。"然而，正如威廉·莎士比亚笔下的理查二世夸口所言，"任凭海水汹涌狂暴，也洗不落王所受的膏"；只要亨利六世还活着，就仍然可能聚集反对力量。1400年1月，面对动乱，亨利四世宣告理查二世已经"死"于狱中，而且据称是绝食而死。亨利六世的命运也相当类似，其死亡神秘而突然，同样是因为哀恸或受辱。他还活在世上仅仅是因为杀他没有意义，因为其子平安无事：兰开斯特家族的爱德华王子正与母亲安茹的玛格丽特一道待在法兰西东部。然而，男孩一旦有什么三长两短，这位废王也就时日无多了。

兰开斯特家族已经陷入绝境，在这一背景下，玛格丽特·博福特可以说是幸运的，她的努力讨好得到了意外的助力。爱德华国王做出一个非同寻常的决定：迎娶一个兰开斯特骑士的遗孀。根据一些编年史的记录，他曾在路边树林偶遇美貌的伊丽莎白·伍德维尔（Elizabeth Woodville），而且立即爱上她。虽然有时很难从这一时期的画像上看出人们为何认为某位妇女貌美，但伊丽莎白·伍德维尔的情况并不一样：她颧骨高高，嘴唇线条优美。不过，国王与她的真实情事与言情小说有些出入。爱德华在宫中已经认识她，还曾想让她在宫中做自己的情妇。这一打算落空后（据说她拿匕首逼退他），他娶了她，成了第一个娶民女为妻的英王。如此一来，伊丽莎白·伍德维尔的亲戚们都盼着和名门攀亲，其中就包括其妹凯瑟琳，她嫁给玛格丽特的外甥，11 岁大的白金汉公爵亨利，这大大增加了玛格丽特赢得国王好感的能力。1467 年，她终于得以在阔别五年后重见儿子，母子俩在拉格伦团聚，度过整整一周。[19]

母子重逢时，亨利·都铎已经是个精瘦聪慧的 10 岁少年，他比一般男孩高，喜欢斜着自己的一双蓝眼睛。看到儿子平平安安，玛格丽特对和平充满感激——虽然这是约克家族的和平。第二年，玛格丽特在位于吉尔福德（Guildford）附近的丈夫的狩猎小屋迎接爱德华国王。为了招待国王，她从伦敦买了一套锡制餐具，摆上各样美味佳肴：半条大康吉鳗、13 条七鳃鳗[20]，还有数百只牡蛎，所有这些全就着 5 桶麦芽酒被送下肚。爱德华的俳优在会众前载歌载舞，当时玛格丽特应该感到相当称心。身着以天鹅绒和细羊毛制成的新礼服的她坐在国王的一侧，她的丈夫坐在另一侧，国王则坐在象征权力的紫色华盖下方。对玛格丽特和儿子来说，未来似乎充满希望。

第四章

命运之轮

  站在自己的有利位置上，12岁的亨利·都铎能清楚地看到威廉·赫伯特（William Herbert）正在布阵。对亨利·都铎而言，见识即将打响的这场战役是他战争教育的一部分。在班伯里（Banbury）东北方向6英里开外的艾吉柯沼泽（Edgecote Moor），赫伯特调动"其全部军力"，而他的手下是"威尔士最精锐的部队"。[1] 开拔迎敌前，一场盛宴在拉格伦举行。要迎击的敌人幸而并非兰开斯特军。反叛的首领来自约克家族内部：爱德华四世的表兄，野心勃勃、聪颖过人的沃里克伯爵理查·内维尔。1469年7月26日拂晓，沃里克伯爵的军队还在路上，赫伯特计划赶在敌人会师前将其击败。他希望以胜利给在自己监护下的亨利·都铎上一课。

  铠甲和刀剑撞击的响声越来越大，叛军在轰鸣声中呐喊着冲上来。赫伯特被击得退过河，但他坚决防守。他的副指挥官带领的威尔士弓箭手离他只有几英里，最后消息终于传来：弓箭手正在飞速赶来。[2]接着，突然之间，沃里克军的先头部队出现了，他们的红衫上以银线绣着独特的沃里克标记：丫杖。[3]光是听到沃里克伯爵的名字便足以令赫伯特的军队丧胆。赫伯特的士兵怕沃里克军已经不远，军心涣散，纷纷溃逃。最终，2000名威尔士士兵被杀。然而，沃里克伯爵还想要捉活的，他命令手下对那些他认为有价值的人展开追捕。亨利·都铎第一堂战争课的内容变成了感受死亡的恐惧：他也逃了，跟在一个向导身后。

在萨里（Surrey）的玛格丽特·博福特一收到战败的消息，便立即派出8个最能干的手下，在全境各处寻找儿子的下落。最终收到的音信有惊有慰：儿子在赫里福德附近韦布利城堡（Weobley Castle）赫伯特的亲家处，但赫伯特已经被俘，而且被处决。[4]亨利·都铎的这位监护人在其生命中占有举足轻重的地位，玛格丽特命仆役策马赶往韦布利，给儿子捎去置办弓箭"供他消遣"的钱：他刚刚经历创伤，需要以此来分散注意力。[5]然而，玛格丽特要再等上一年多才能再次见到儿子，因为政治局势相当不稳定。

沃里克伯爵背叛表弟的渊源可追溯至国王和伊丽莎白·伍德维尔惹人非议的婚事。沃里克伯爵比爱德华年长14岁，其建议一贯得到重视，当时他正为爱德华和一位法兰西公主谋划婚事。欧洲局势正日趋紧张，对峙双方，一方是法王路易十一，另一方是勃艮第公爵（Duke of Burgundy）和布列塔尼公爵（Duke of Brittany）：路易十一企图控制二人的独立公爵领地。与法兰西公主的婚事及与之相伴的外交政策将实现与路易十一的结盟，但在爱德华表明自己娶了个英格兰新妇后，计划只得作罢。接着，爱德华又表现出与勃艮第结盟的意愿。1468年2月，国王的妹妹约克的玛格丽特（Margaret of York）与勃艮第公爵大胆的查理（Charles the Bold）成婚，爱德华的意愿成了事实。

国王日益增长的自主性令沃里克伯爵很恼火，不过直到女儿伊莎贝尔·内维尔（Isabel Neville）和爱德华的仲弟克拉伦斯公爵（Duke of Clarence）乔治的婚事遭到国王的阻挠时，沃里克伯爵的怨愤才达到爆发点。[6]造反时，沃里克伯爵曾希望扶立克拉伦斯公爵为王，不过直到1470年10月与兰开斯特王后安茹的玛格丽特结盟后，他才获得了足以击败爱德华的资源。败北的爱德华被流放到勃艮第，而绰号"造王家"的沃里克伯爵绝非浪得虚名，病中的亨利六世立即从伦敦塔中被释放，重新坐上王位。两家定了亲：兰开斯特王子爱德华要迎娶沃里克伯爵的次女安妮·内维尔（Anne Neville）。亨利·都铎获得自由，得以离开韦布利。当月，刚刚结束在法兰西流亡生涯的贾斯珀·都铎护送侄子离开赫里福德，去伦敦与母亲团聚。

4岁之后，亨利·都铎再没见过贾斯珀，但在赫伯特家中、在韦布利，贾斯珀的事无人不知无人不晓。关于贾斯珀突袭威尔士的故事数不胜数，人们说他像鬼火般地在乡间穿行，以亨利六世之名坐堂断案（如此一来，任谁都能明白谁才是真正的国王），然后又带着手下消失。1468年，赫伯特的军队攻下兰开斯特家族的边区村落哈勒赫（Harlech），贾斯珀险些遭俘，但他乔装成农民，背着一捆豌豆秆子逃脱了，然后乘船去了布列塔尼[7]。传说这一路的航行与其说靠的是水手，不如说是靠他本人的技巧。[8]去往伦敦的旅途标志着叔侄二人亲密关系的开端：在接下来的十五年间，神气的贾斯珀·都铎和他的侄子很少分别太久。

亨利·都铎来到一座与众不同的城市：伦敦有超过4万名的居民，建筑很高，屋檐很大，挡住了天光，似乎也强化了人的感官。一条条街道上布满了商店、民房和客栈。货摊上的金银器和绸缎闪闪发亮，空气里满是啤酒、热的肉馅饼和奶酪果馅饼的气味。神父和修士随处可见，他们衣着独特，头顶的发或是剃光，或是剪短。受过良好教育的神职人员显然是富人聘来当秘书和管理者的上佳人选，而其中来伦敦的那些人往往更有抱负——同其他人一样，吸引他们的是首府的大量机会。[9]权贵们的大房子和花园随处可见。有一处尤为引人注目：为向亨利六世示忠，杂货公会（Grocers Company）拔掉了先前种下的白玫瑰，并以红玫瑰取而代之。[10]

母子团圆，皆大欢喜。10月27日，亨利·都铎和家人一道乘驳船来到威斯敏斯特王宫。亨利六世重归正位，但对见过其昔日风姿的玛格丽特·博福特而言，5年的牢狱生活和精神疾病在国王身上留下的痕迹令她震惊。1453年，亨利六世曾一度不得不靠人喂饭续命，此后再未完全康复。近些年被监禁在伦敦塔又令他更衰弱，他变得异常顺服：人们说他相当"单纯"。望着镇定自若的年轻的亨利·都铎，虚弱的国王宣告："这人必然是受人顺服的——我们跟我们的敌人都要顺服于他，还要将王国交给他。"[11]如此奇谈怪论令气氛一时尴尬起来。这句话暗示着火炬由一位君王传给另一位。但亨利六世故意如此预言的可能性微乎其微。国王17岁的儿子兰开斯特的爱德华王子很快便会与母亲一道离开法兰西赶赴英格兰，没有理由不认为未来某天他会继承父位。有可能国王只是糊涂了，把亨利·都铎当成五年未见的儿子。

离开伦敦，亨利·都铎继续赶往萨里，来到他母亲位于瓦伊河（river Wye）的沃金（Woking）的庄园。庄园相当漂亮，园子里栽满果树，树荫下蜿蜒着一条清澈的小河。玛格丽特终于得到机会弥补儿子，将她在儿子幼年时未能给予的无限关爱倾注在他身上。但母子相聚的时日并不长久。11月11日，爱德华国王已经离开勃艮第，率军乘船返乡，得到妹夫（大胆的查理）增援的他要来夺回王位。亨利向亲友道别，打包好行李，带着母亲的馈赠——一条精美的马鞍褥——出发去与贾斯珀会合。二人要到南威尔士招兵买马——先前赫伯特的军队也出自这片土地。

沃里克伯爵匆忙重整大军以迎战爱德华。与此同时，这位约克国王爱德华攻占了伦敦。亨利六世再度被关进伦敦塔，他"屡受困厄的震撼，已是极度麻木"。[12]无怪乎当时的人着迷于命运之轮的意象：它今天把人高举，明天便任人跌落。在有些人看来，世界已经"转得让人恶心反胃"了。

1471年4月13日，亨利六世已经被关进伦敦塔，沃里克伯爵和爱德华四世这两位约克家族的表兄弟率领各自的军队来到赫特福德郡的巴尼特（Barnet at Hertfordshire）。玛格丽特·博福特的丈夫斯塔福德决定，全家要做两手打算。14岁的亨利·都铎要留在西部和贾斯珀待在一起，而斯塔福德则开始预备上阵——他要加入爱德华四世的阵营。他担心自己会性命难保——这将是一场"片甲不留"的交锋，他对十年前陶顿战役的惨状仍记忆犹新。交战前夕，他写下一份遗嘱，指定他"无比深爱的妻子"为自己的遗嘱执行人，至于遗体的处置，则简单交代道："神令我死在何处，便葬我在何处。"[13]

玛格丽特收到首批乱七八糟的战事报告：因为14号清晨起大雾，两军几乎是闭着眼厮杀的。在一片混乱中，兰开斯特军的弓箭手向着自家人射起箭来，幸存者大喊："反了！反了！"很快，兰开斯特家族战败。有一份报告称，沃里克伯爵一直战斗到最后一口气，"孤军奋战，砍杀敌人"，直到"被刺穿而死"。[14]另一份报告却说他"跳上马背朝一片树林逃去"，指望来日再战，但一个约克士兵"追上他，把他杀了，还将其扒了个精光"。[15]战场指挥官通常会试图逃生，但被困在树林中的这位"造王家"明白，被活捉意味着战后被处死——他本人就曾如此对待亨利·都铎的前监护人威廉·赫伯特。他情愿战斗至死。

斯塔福德仍无音信，玛格丽特派手下人继续去巴尼特探寻丈夫的下落，与此同时，两军的幸存者陆续进入伦敦。许多人受重伤。他们虽有铠甲护住躯干，但髋以下和面部多处被刀剑所伤。有许多人的鼻子被削掉，这些可怜人为逃避公众无情的注目躲进朋友家中。[16]斯塔福德也在伤员之列。无法跟随爱德华四世继续西行的他躲过最后一战。兰开斯特军原计划与安茹的玛格丽特的军队会合，一起打这最后一场仗，但爱德华四世在格洛斯特郡的蒂克斯伯里（Tewkesbury in Gloucestershire）截住王后的军队。1471 年 5 月 4 日，王后 17 岁的儿子兰开斯特的爱德华王子在此"活活战死"。[17]

两个半星期后，凯旋的爱德华四世骑行穿过伦敦的街道，还带着安茹的玛格丽特，她坐在一辆双轮战车上，仿佛古罗马时代的囚徒。他开始计划剿除兰开斯特的残余势力。安茹的玛格丽特被关进伦敦塔，人们不许她与丈夫相见，二人从此永别。1471 年 5 月 21 日子时，亨利六世遇害。[18]约克家族对外宣称，在听说儿子的死讯后，亨利六世"深感受辱，极度怨愤，其不悦和哀愁终致其死亡"。没有多少人会相信这套说辞。不过，当时英格兰还没有杀死王后的传统。安茹的玛格丽特后来被赎出，最终被送回法兰西。1482 年她去世时已是一贫如洗，以至于路易十一认为她的几条狗是其唯一有保留价值的财产。[19]

兰开斯特家族正系已绝，约克家族中有人称"出自这一血统的人再没有谁能要求得到王位"。[20]尽管如此，爱德华四世仍不愿冒险留下亨利·都铎这个兰开斯特旧党可能效忠的对象。他下令追捕亨利·都铎和贾斯珀·都铎，而且派1461年领命处决欧文·都铎的人带队[21]，这一事实也表明爱德华四世的意图。然而，贾斯珀已经是个逃亡高手，带着侄子逃入北威尔士后，他反败为胜，俘虏了追捕自己的人。那人求他饶命，贾斯珀却说"那人当年怎样关照自己的父亲欧文，今日就会怎样被关照"，于是"叫人砍了他的脑袋"。[22]正如一个法兰西人所总结的："英格兰的贵族手刃仇敌，日后仇敌的儿女总会回来复仇。"[23]

爱德华四世既与勃艮第人结盟，路易十一便支持起兰开斯特家族来。贾斯珀和侄子最终抵达滕比港（port of Tenby），然后起航开往法兰西，但因起了风暴，船偏离航道，把二人送到独立的布列塔尼公国。幸而（布列塔尼）公爵弗朗西斯二世之母珍妮（Jeanne）和瓦卢瓦的凯瑟琳是姐妹，公爵"像接待亲兄弟一样"接待自己的两位表亲。贾斯珀和侄子暂时安全了，但二人能安全多久呢？尽管公爵表现得相当友善，但他们毕竟成了一对棋子，被布列塔尼用来对抗法兰西以争取独立。爱德华四世必然会给公爵送人送钱，要他将二人送回英格兰，二人没有理由相信公爵会永远拒绝被收买，即便都铎家的人是他的亲戚。

玛格丽特·博福特得知儿子和贾斯珀安全逃脱时已是9月末。虽是喜讯，却不逢佳期。巴尼特战役已经过去5个月，参战负伤后，她的丈夫一直卧病在床。14岁（正是她儿子现在的年纪）那年与亨利·斯塔福德爵士成婚后，她一路的成长都有丈夫相伴，每年他们都会庆祝结婚纪念日，作为二人爱的标志。今后他们再也不能这样做了。1471年10月4日，斯塔福德过世。

玛格丽特悲痛欲绝，她回到母亲的雷亚尔塔楼，思考接下来该怎么办。[24] 在玛格丽特看来，长久保全儿子性命的唯一办法就是得到爱德华四世的宽恕，但是要重新获得国王的信任相当困难——人们会认为她一介女流，必然与夫君同忠，至少也会为其所辖制。想要重获信任，最快捷的办法是嫁给爱德华身边的某个人。

玛格丽特28岁了，仍然相当年轻，又极为富有，而且有王室血统，任何贵族娶她都是增光添彩。很快，她引起了新任国王的家庭管家（Steward of the King's Household）斯坦利勋爵（Lord Stanley）托马斯的注意。托马斯比玛格丽特年长8岁，常年出席爱德华的摄政会议，与王后的伍德维尔家族也颇有交情。[25] 他本人的势力同样相当可观，是西北部首屈一指的贵族，而且老谋深算。在过去的13年间，他一直避免派自己的侍从们参战，好几场大战都未令其损兵折将。[26] 1472年6月，玛格丽特与托马斯成婚，此时距斯塔福德过世不过八个月。她明白，如果还想要儿子回归故乡，她便不能感情用事。

第五章

理查三世登场

玛格丽特·博福特和斯坦利勋爵托马斯的结合很有成效。在林肯郡的莱瑟姆城堡（Lathom Castle in Lincolnshire），玛格丽特协助丈夫进行地方仲裁裁决。在宫中，她帮他管理楼下事务，即本属国王的家庭管家一职分内事的食物、酒水、照明、柴火之类的日常俗务。而他则确保她能参与各大仪式——她甚至出席了爱德华四世几个孩子的洗礼仪式。二人对彼此的尊重和爱一年年增加。托马斯喜欢为她置办昂贵的布料和礼服——有华丽的绿绸子，有高雅的条纹黑缎。[1]她则时不时地回赠以价值不菲的书籍，包括一本祷告书，里面特别的祷词可保夫君免遭刀剑、瘟疫之害——她的前两任丈夫正是因此而丧命。但对玛格丽特而言，这桩婚事的首要意义在于为儿子获得国王青睐创造可能性。她翘首盼望获得国王的宽恕，然而这条路途漫长得令人痛苦。

亨利六世"回来"了，这大大打击了玛格丽特的计划：这位温和的疯子国王化身为一个大众圣徒，纠缠起爱德华四世来。爱德华四世一度宣称，由于篡了理查二世的位，兰开斯特家族受到诅咒，而这便是他们不复存在的原因。但已故的国王后来却赢得尊敬，人们不论贫富，都认为他是个清白人，而他所受的磨难令他们能对众人各自的艰辛感同身受。国王被简单葬在萨里的彻特西修道院（Chertsey Abbey），据称那里出现许多神迹。有个农民声称，亨利六世甚至屈尊降贵向其伸出过援手：当时他耳朵里进了一粒豆子，他向先王祷告过后，豆子就蹦出来。人们把献给亨利六世的祷词写进自己的祷告书中，又在教堂里画上他的像，爱德华四世试图制止这类日益狂热的迷信活动，但失败了。

在其他方面，爱德华四世的宫廷对玛格丽特而言也不是个舒心的地方。这个昔日的"基督教世界中……最华丽的宫廷"开始走向衰败。[2]年轻时一度英俊出众的爱德华四世此时已经发福，后来有人称国王不仅食量巨大，还常常喜欢"服上一剂催吐药，好再享受一次饕餮之乐"。同一份（不友好的）记录还称，爱德华在男女之事方面同样缺乏自制力，他包养情妇，不论婚否均"一视同仁"。[3]情妇当然存在，廷臣之间也每每恶言相争（有时还是为了女人），而爱德华四世残暴的本性更给王室带来血光之灾。

1475年，亨利四世姐妹的后人埃克塞特公爵亨利·霍兰（Henry Holland, Duke of Exeter）在乘一艘英格兰船穿过英吉利海峡时"落"水溺死，据说这是国王下的令。[4]翌年，爱德华四世假意要为布列塔尼公爵弗朗西斯二世筹划一桩王室婚事，借此哄劝他交出亨利·都铎。国王几乎已经成功，但公爵被一个布列塔尼的朋友说服，相信亨利·都铎仍然需要自己的保护，而且作为棋子的他仍然相当有用，亨利·都铎这才保住性命。1478年，最令人震惊的事件发生了：国王下令处死自己的亲兄弟，娶了"造王家"沃里克伯爵长女的克拉伦斯公爵乔治。这位公爵后来被威廉·莎士比亚赋予不朽的形象——"虚伪、轻飘、爱发假誓的克拉伦斯公爵"。他巧舌如簧，在巴尼特战役前，他与爱德华四世本已讲和，但之后兄弟二人又起争执。经过一场闹剧般的审判，"叛国贼"克拉伦斯公爵被押至伦敦塔行刑。酗酒成性的国王大约还以为自己相当体贴——他让人把克拉伦斯公爵扔进盛满马姆齐甜酒的大缸，溺死了他。[5]

玛格丽特继续尽一切可能取悦爱德华四世，又过去4年，亨利·都铎已经25岁，而她的不懈努力终于为儿子换来国王的一纸赦免草案。[6]草案最终会不会签发则是另一回事。亨利·都铎的继父斯坦利勋爵后来声称，爱德华四世已经开始真心实意地考虑把自己的一个女儿许配给继子。但此事并没有证据。相反，爱德华四世同年向布列塔尼公爵弗朗西斯二世开出用4000名弓箭手换回贾斯珀·都铎叔侄二人的条件。

因此，当1483年4月9日国王过世时，亨利·都铎的未来仍然相当不确定。爱德华四世死时年仅40岁，一段时间以来，他时不时都会发"寒症"，狂饮无度的恶果也显露出来。因为身子弱，一次外出钓鱼时偶感的风寒便令他丧命。[7]于是玛格丽特·博福特与约克家族建立友谊的努力不得不从头来过。但是在空等十几年后，很可能会出现某个真正能助儿子一臂之力的机会，玛格丽特下定决心，一旦机会出现，不论它来自哪个角落，自己都会牢牢抓住。

国王过世翌日，斯坦利勋爵和爱德华四世的其他顾问们确定由国王12岁的长子继位，称爱德华五世。得到消息时，新王正在拉德洛（Ludlow）和舅父里弗斯勋爵安东尼·伍德维尔（Anthony Woodville, Lord Rivers）在一处。他还被告知加冕礼定在5月4日。因为爱德华五世年幼，一些人认为应当指派一名护国公，以国王之名统治英格兰直至其成年。但立即加冕却意味着爱德华五世将在摄政委员会的辅佐下亲自统治。他一直与伍德维尔氏外戚一同生活，这些人很可能会在相当大的程度上影响摄政委员会的人选，伍德维尔家族的仇敌们立即意识到这一点，并且感到相当愤慨。

伍德维尔家族十分幸运：护国公的第一人选，爱德华四世尚在世的弟弟格洛斯特公爵（Duke of Gloucester）理查接受了给爱德华加冕的决定。虔敬的理查一直忠于先王，正待在约克大本营的他立即发誓效忠侄儿。他也同意到伦敦去，在路上与爱德华五世会合，然后陪同他正式入城。因此，在4月30日那天，理查如约出现在会合点斯托尼斯特拉特福（Stony Stratford），因为飞跑赶路，他的马还在冒汗。[8]

理查身上一点儿也没有其兄弟花天酒地的做派。30岁的理查是个军人，身长5英尺8英寸，精瘦结实，四肢修长，骨架很小，黑眼棕发。[9] 15世纪后期的人们说他的右肩明显高过左肩，而2012年莱斯特（Leicester）出土的理查遗体也确实显示出严重的脊柱侧凸（脊柱为S形）。威廉·莎士比亚关于"驼背理查"的传说可能就是由此而来，而这必然对其身高造成相当大的影响。但值得一提的是，16世纪的都铎王朝的国王爱德华六世也是一肩高过另一肩，而人们并不认为这是什么严重的畸形。[10]

与理查一道骑马而来的还有第二任白金汉公爵亨利·斯塔福德：他身材高大，仪表堂堂，带着大队人马。他是冈特的约翰的季弟托马斯·伍德斯托克的后裔，也是王国除理查以外唯一的成年王室男性。[11] 舅父里弗斯勋爵前一晚去了北安普敦——爱德华五世知道他是去与理查和白金汉公爵共进晚餐，令人惊讶的是，此刻舅父并没同二人一道出现。但很快就会有解释了。

理查和白金汉公爵下了马，在爱德华五世这个12岁的金发男孩面前跪下，神情"悲痛"地向他请安。二人向他表示深切哀悼。但令男孩震惊的是，他们接着开始愤愤不平地讲起摄政委员会那些腐败的顾问如何违背他父亲的遗嘱——根据二人的说法，遗嘱指定理查为护国公。他们还指控众顾问对他父亲的死负有责任，因为这些人助长他父亲的荒淫。最后，二人警告年轻的国王：他的生命和理查的生命都面临着危险。

爱德华五世——其主教之一称其有"远超其年龄的成熟的领

悟力"——坚称众顾问是父亲为他指定的，并称自己完全信任他们，也完全信任"众贵族和王后"。听到伊丽莎白·伍德维尔的名字，白金汉公爵发飙了："统治王国不是女人的事，而是男人的事，所以不论国王对她抱有什么信心，都最好放下。"[12]

11岁时，白金汉公爵被安排与伊丽莎白·伍德维尔出身低微的众姐妹中的一位成婚，据说他一度因此相当怨愤，也明确表示伍德维尔在自己眼中不过是个暴发户。因为担心这家人得权，他一早就和理查取得联络。但联络理查的不止他一个，还有爱德华四世的挚友黑斯廷斯勋爵（Lord Hastings）威廉，后者先前与伍德维尔家族成员起过争执。二人致理查的信今已不存，但他们很可能暗示过理查他有生命危险，这也是理查后来的说法。爱德华四世、亨利六世和理查二世都曾受到过来自各自的成年男性继承人的威胁。伍德维尔家族有理由把理查看成爱德华五世的潜在威胁，理查则想到兄长克拉伦斯公爵之死。既然可以如此轻易地除掉一个王族公爵，再除掉一个也不会太难。伍德维尔大权独握至少威胁到他的王族公爵地位，因而不难理解理查想要出任护国公，而且任期要足够长，以便打垮伍德维尔家族并获得国王的信任。

理查控制了爱德华五世，而里弗斯勋爵则遭到逮捕，罪名是叛国。消息传来，伦敦陷入震惊。然而，理查的这一行动似乎仅仅是针对伍德维尔家族的，人们没有理由认为爱德华五世的加冕礼会不照计划举行。5月4日，400名穿着深紫礼服的市民恭迎圣驾入城，国王身穿蓝色天鹅绒袍，被人护送到圣保罗教堂富丽堂皇的主教宫下榻。理查则住在附近的主教门街（Bishopsgate Street），他身着"粗黑布衣"，是为兄长服丧的标志。[13]

伊丽莎白·伍德维尔已经带着自己最小的儿子和5个女儿躲进威斯敏斯特修道院的圣所，然而形势仍然相当紧张。理查发布了一份安民告示，把加冕礼的日期改到6月22日星期日。然而，事态的发展却超出理查的预期。爱德华五世显然并不接受理查从一众邪恶顾问之手中救出自己的说法。伍德维尔家族此刻要与理查清算陈年旧账，等到国王长大后，他们就有机会了。说得过分些，理查9岁儿子的未来又能有多稳妥呢？甚至也不妨猜测：相比由伍德维尔暴发户的傀儡娃娃统辖，英格兰在一名经验丰富的成年王室成员手中说不定会更好。但是，要想废掉爱德华五世，理查首先得吓退或者说除掉死心塌地忠于国王的任何人。

6月10日，理查往约克城送了一封密信，召集自己北部的众拥护者。他称王后及其追随者正计划要"杀害并彻底毁灭"他和白金汉公爵——"这片大地上的古老王室血脉"。[14]接着，他通知顾问们于13日星期五到伦敦塔开会，表面上是要讨论加冕礼事宜。出席会议的包括玛格丽特·博福特的丈夫斯坦利勋爵和爱德华四世的至交黑斯廷斯勋爵。一份都铎家族的记录写道，斯坦利勋爵前一晚睡得很不好。他告诉黑斯廷斯勋爵自己做了个噩梦，梦里有一头野猪不住地拱他们，他们伤了脸，血流如注，湿了肩膀。

众所周知，理查的徽章图案就是一头白色的野猪。黑斯廷斯勋爵建议他打消恐惧。[15]但会议开始没多久便演变成一场暴行。全心全意效忠国王的黑斯廷斯勋爵被理查的手下逮捕，然后被拉到伦敦塔外的草地上斩首。斯坦利勋爵弯腰往桌下躲避时碰破额头，他也被逮捕，但很快获释。

斯坦利勋爵惊恐万状地回了家，与此同时，理查命伊丽莎白·伍德维尔交出国王的弟弟约克公爵。他声称国王的加冕礼需要男孩作陪——他仍然坚持表示加冕礼会照计划举行。躲在修道院高墙内的伊丽莎白·伍德维尔别无他法，只得屈从。6月16日，两位王子被安置到伦敦塔，住进王室套房。这不是监禁——至少不是正式意义上的监禁。伦敦塔既是王室府邸，又是一座堡垒，而且按照传统，历代君王也都是在伦敦塔等候加冕的。但爱德华五世和幼弟的前景似乎越来越不妙。理查正身披帝王的紫袍在首府穿街过巷笼络人心，还陆续邀请有影响力的市民共进晚餐。

6月22日，星期日，没有加冕礼。[16]而在25日，年轻国王的舅父里弗斯勋爵和他同母异父的兄长理查·格雷（Richard Grey，伊丽莎白·伍德维尔上一段婚姻与兰开斯特骑士所得的儿子）被处决。翌日，一群贵族和显要由白金汉公爵带头，向理查呈上一份请愿书，怂恿他接受王位。巴斯主教（The Bishop of Bath）站出来做证，称爱德华四世在与伊丽莎白·伍德维尔成婚前已经与另一个女人订婚。[17]在犯下重婚罪后，据说爱德华四世又一步步在罪孽里陷得更深，"天下法理无一不被颠倒：神的法则、神的教会，还有自然的法则和英格兰的法则"。[18]

随着与伊丽莎白·伍德维尔的婚事"真相"大白，爱德华四世的儿女们失去了正统地位。下一位继承者是8岁的沃里克伯爵爱德华·金雀花，他是已被处死的理查的兄长克拉伦斯公爵的儿子。[19]但人们认为这个男孩无权继位，因为其父犯了叛国罪：被剥夺财产和公民权利（attainder）或者"血统败坏"会令叛国贼的后代无权直接或间接继承产业。假意推辞一番后，格洛斯特公爵理查接受请愿，成为理查三世。[20]爱德华五世的加冕礼被永久取消，他的仆从也都被打发走。

最后一批离开的仆从包括废王的医生，他报告称爱德华五世此时"仿佛一件祭品，已经准备好献祭自己……因为他相信死神就在眼前"。[21]这一百年间被废掉的君主——理查二世和亨利六世——的命运已经预示了两位王子的前景。尽管如此，9岁的约克公爵对情况之危险仍然一无所知。在勃艮第有一则故事提到，他"又快活又机智"，随时准备着"嬉戏跳舞"。[22]可能就是在小公爵的劝说下，兄长与他一道在伦敦塔的花园里玩耍起来——人们看见二人在园中拉弓射箭。街上的人们为两位王子悲泣，因为"能透过围栏与窗户望见他们的时候一天比一天少，直到最后他们完全不再出现"。[23]

新的加冕礼定在7月6日，没人再起来反对理查三世。北部的人们响应他的召唤，此时伦敦城外的芬斯伯里（Finsbury Field）已有数千人扎营。[24]但是仅靠威慑还不能保证理查三世稳坐王位，他还需要得到政治精英们的支持，其中便包括手握重权的斯坦利勋爵。加冕前夕，斯坦利勋爵受邀携妻子玛格丽特·博福特与国王会面。玛格丽特的母亲曾与理查三世有些财务纠纷，她迫切地想面见国王，将此事化解。国王也迫切地想要讨好她，因为她的丈夫控制了北部的大片土地。然而相当说明问题的是，没人提到亨利·都铎。

一份稍晚的报告称，玛格丽特曾为儿子得赦一事找过白金汉公爵，并提醒他其父亲和祖父都曾为兰开斯特家族而战。她和白金汉公爵是旧相识：她的先夫亨利·斯塔福德爵士是他的叔父。他甚至还见过年幼的亨利·都铎。白金汉公爵与理查交好，她希望他借此说服国王最终接纳她的儿子。但即使报告属实，她的这一指望也落了空，一些更晚的报告称，玛格丽特还曾希望说服理查三世从爱德华四世此时已失去正统地位的女儿们中选一个许配给自己的儿子，这也毫无道理。理查三世怎么可能愿意让他们同兰开斯特家族的残余血脉联姻，然后令两方都势力大增呢？这么做对他并没有好处，而玛格丽特也心知肚明。

在翌日举行的加冕礼上，玛格丽特成了带头人——同她先前在爱德华国王的大小仪式上的角色一样。她的礼服用了6码*猩

---

* 码，英制长度单位，1 码≈0.9144 米。——编者注

红色的天鹅绒，又用金布包边。她领着王后安妮·内维尔的仪队——兰开斯特的爱德华的这位遗孀后来嫁给理查三世，此时她要与夫君一道受冕。[25]当晚有加冕宴，玛格丽特换了装，身着点缀绯红金布的蓝色天鹅绒，由6名身穿猩红色制服的随从陪伴赴宴。筵席极为丰盛，汇聚了英格兰全境各地的美味：尾羽轻曳的雄鸡、佐以茴香的鲟鱼、具有异国风味的烤橙，还有以玫瑰和茉莉调味的馅饼。菜肴很可能在之前计划为爱德华五世加冕时就订下，而这些美味佳肴也令赴宴的许多人感到难以下咽。虽然之前为爱德华四世效力的人多数保住了位置，但是理查三世的篡位依然令人们极度愤怒。玛格丽特很快就会发现，这一愤怒甚至大到足以令流亡异国无权无势的亨利·都铎成为领袖，以振兴垂死的兰开斯特家族。

第六章

塔中王子

亨利·都铎法语流利，身材修长，长长的棕发微微卷曲，面容生动，在布列塔尼公爵宫廷里的人眼中是个极为"讨喜、优雅的人"。[1]但这个26岁的年轻人已经学会用魅力的面具掩饰自己的真情实感。自14岁起便一直被爱德华四世追捕的他十二年来一直生活在恐惧当中——担心生性软弱的公爵终有一天会把他交出去受死。亨利·都铎渴望能有机会结束自己身无分文、无权无势的流亡生涯。1483年6月，一阵顺风带来了他翘首以待的良机：两艘英格兰船停靠在布列塔尼岸边。船被粉刷成金、红、蓝三色，船长是伊丽莎白·伍德维尔的兄弟爱德华·伍德维尔爵士。[2]即使当时不知道英格兰发生了怎样的戏剧性事件，亨利·都铎很快就会知晓。

在接下来的一个月里，又有更多英格兰船抵达布列塔尼，旌旗飘飘的船只带来爱德华·伍德维尔爵士的追捕者，即新近加冕的理查三世的众使者。尽管这些人主要是领命前来劝说公爵交出爱德华爵士及其手下的，但讨要贾斯珀叔侄二人也是目的之一。[3]至少在这一点上，理查三世沿袭兄弟的政策。与伍德维尔家联手，帮助爱德华五世复位似乎是亨利·都铎改变自己的危急处境的最好机会，因为一旦成功，随之而来的必然是获赦和得宠。亨利·都铎已经在与母亲通信，根据伊丽莎白一世在位期间的古董商斯托（Stow）的说法，很快他便会与那些计划营救塔中王子的人们取得联系。所有的信息显示，在7月末的某天，有人试图救出王子，但出了点问题。这些人在被捕之后被处决。

与此同时，理查三世正在各地巡幸，他一路到访温莎、牛津和格洛斯特，又继续去往沃里克，接着到约克。巡幸之旅点缀着各种各样的仪式庆典，目的是笼络民心。6月那份怂恿理查接受王位的请愿书控诉爱德华四世统治下的英格兰一度"听命于任性和享乐，受制于担忧同惧怕……一切公正与法理尽遭鄙弃"。[4]巡幸是理查三世展示自己令善治回归的良机，而他也充分利用这一机会。人们"举办各种仪式恭迎"国王，国王令"其一众贵族和推事在各处坐堂，穷人们有冤申冤，违法犯罪者都得到应有的惩罚"。[5]他行经一个个城镇，一路分发1.3万枚制服徽章，上面都印着他的白色野猪纹。[6]与此同时，他还以铁腕手段秘密处理许多反抗其统治的人。

7月29日，理查三世给自己的大臣写信，交代处置某项"活动"的罪犯，这一"活动"可能便是指有人试图营救两位王子。[7]很明显，宣称两位王子没有正统地位并未化解他们构成的威胁，正如爱德华四世虽宣称亨利六世为"伪王"，却未能真正将其打成伪王一样。[8]根据一份16世纪初的记录，仅仅四天之后的8月2日，理查在格洛斯特做出决定：塔中的两位王子必须得死。[9]然而，关于两位王子的命运，我们所知道的仅仅是在那个夏天，二人消失了。[10]

两名王室子弟死于谁手至今仍然是历史上一大未解之谜（如果两人真的遇害）。[11]理查三世本人相当虔敬，是个出色的国王，因此许多人认为他绝不会下令让人杀掉自己的侄子。但事实很可能恰恰相反。确保法制、维护和平与睦邻友好是理查三世的神圣职责，他要实现神圣秩序——对任何君主而言，这都是最重要的义务。有人曾奉爱德华四世之命杀死亨利六世，据说亨利六世死时，如今的国王理查三世也在伦敦塔中。而此时，很可能也是受某个亲近之人的鼓动，理查三世开始相信杀死两位王子能维护更大的利益。

纹章学院保存着一份1512年前后的简短手稿，手稿称两位王子"在伦敦塔中被害，是白金汉公爵（建议或安排的）"。[12]支持这一说法的还有另一份文献：菲利普·德科米纳（Philippe de Commynes）的回忆录。此人是理查三世统治期间路易十一宫中的一名重要顾问，其回忆录记录了理查三世如何"派人杀死自己的两个侄子并登上王位"，但是之后又说"理查国王在位并不长久，杀害两个孩子的白金汉公爵也一样"。[13]但白金汉公爵不大可能亲自动手。看守两名王室囚徒的伦敦塔中尉理查·布拉肯伯里（Richard

Brackenbury）只听命于国王，而且至死都忠于理查三世。但白金汉公爵——波利多尔·弗吉尔称其"满腹怨气，手段强硬"——当时也同理查三世一道在格洛斯特。

理查三世的巡幸队伍继续去往沃里克和约克，白金汉公爵则启程回到位于威尔士中部布雷肯（Brecon）的自家城堡。值得注意的是，很快白金汉公爵的效忠方向便会出现戏剧性的转变。弗吉尔指出，虽然白金汉公爵和理查三世表面上相处融洽，但在某件事的触动下，公爵改变心意，很快便开始谋划造国王的反。如果白金汉公爵相信两位王子还活着，那么他可能希望装出营救过他们的样子。然而他没有理由认为自己的忠心在爱德华五世那里得到的回报会大过理查三世，毕竟爱德华五世一母同胞的兄弟理查·格雷的被捕和受死都与白金汉公爵有牵连。另一方面，如果他相信两位王子已死——或命不久矣——那么其倒戈必然有其他原因。这个原因必然就是在玫瑰战争之前和之中无数次上演的两大母题：野心和复仇。

正如玛格丽特·博福特提醒白金汉公爵的那样，公爵家族始终拥护兰开斯特王室，直至王室被爱德华四世灭门。如果塔中的王子遇害，约克家族也会面临绝后的命运：理查三世将是家族最后一名成年男性。杀死国王能为公爵家族报仇雪恨：他的祖父和外祖父都是为兰开斯特家族战死的，他的父亲则在战争中负伤，最终久治不愈而亡。这也能为亨利·都铎统领下的"兰开斯特王朝"复辟清除障碍——也可能是为白金汉公爵称王清障，毕竟他是爱德华三世的幼子伍德斯托克的托马斯的后人中年长的那个，母亲又是博福特家族之人（虽然与亨利·都铎相比位次稍后）。

到了布雷肯，白金汉公爵把自己照管的一名俘虏纳入造反计划。此人即伊利主教约翰·莫顿（John Morton, Bishop of Ely），是先王爱德华四世的宫里人，先前曾拥护过兰开斯特家族。[14] "足智多谋，大胆无畏"的莫顿立即明白不论是兰开斯特人还是约克人都不大可能支持白金汉公爵：前者倾向于立亨利·都铎为王，后者则不会轻易忘记白金汉公爵在拥立理查三世时扮演的角色。[15] 不过白金汉公爵自己虽不具备称王的条件，却无疑可以成为一位"造王家"，为亨利·都铎称王提供强有力的支持。白金汉公爵遵循莫顿的建议联络玛格丽特·博福特，并立即得到后者的回应。她同母异父的兄弟约翰·韦尔斯（John Welles）于8月初时被打为反贼，此时已经逃往布列塔尼，而通过一名威尔士医生，她一直在秘密联络威斯敏斯特修道院圣所中的伊丽莎白·伍德维尔。[16]

如果玛格丽特认为两位王子还活着，她大概不过就是希望看到儿子恢复里士满伯爵的地位。但如果王子已死，那么"兰开斯特王朝"复辟便会成为可能——这一点任谁都能看得出来，玛格丽特也不例外。她决心为儿子抓住这一良机，这是他最好的求生机会。此刻她打算改变联络的重点，与伊丽莎白·伍德维尔商议儿女的婚事：她有意让儿子迎娶伍德维尔的长女约克的伊丽莎白。这桩婚事不仅能让儿子获得兰开斯特家族的拥护，而且还能赢得约克人的效忠，从而大大稳固其地位，而伊丽莎白·伍德维尔也可以借此为两个儿子复仇。只有在儿子已死的情况下，伊丽莎白·伍德维尔才会考虑这桩婚事；可能正是因为认识到这一点，后来都铎阵营中才流传出一些关于这桩婚事的说法，称爱德华四世一度如此考虑过或玛格丽特曾试图与理查三世如此商议云云。[17]但这又引发一个问题：伊丽莎白·伍德维尔何以坚信儿子已死？她又是如何得知死讯的？爱德华四世为宣告亨利六世已死，曾将其尸首示众。而理查三世并未就两位王子发表过任何类似的通告，也没有举办葬礼或公开埋葬二人。事实上，王子消失事件中最引人注目的谜团在于他们为什么消失。何以要偏离先前篡位者屡试不爽的一贯做法——杀害废王，并称其为自然死亡或死于情绪崩溃？

尽管历史学家尚未就王子的消失给出令人满意的解释，但答案可能相当简单：理查三世担心公开葬礼会把两位王子神化，让民众像崇拜亨利六世一样崇拜他们。理查三世深知这一迷信的强大力量——在他的家乡约克城就有众多亨利六世的信徒，约克大教堂的圣坛屏下还立起一尊"圣徒亨利"的塑像。[18]他不会希望两位死去的王子引发这种宗教狂热，而这种狂热出现的概率很高。王室本来便与宗教特质紧密联系在一起，而王子的年幼又为之添加了纯洁与无辜的色彩。如果还有什么迹象显示王子是被残杀的，那么理查三世的处境就会更危险。

12世纪发生过一个著名的迷信事件，起因是在诺里奇（Norwich）附近有一个普普通通的当地男孩遭人杀害。位于萨福克郡艾伊（Eye in Suffolk）的村教堂里今天还保留着这位"小圣威廉"的一幅雕像，就在亨利六世的雕像旁边。人们认为这个孩子是被当地的犹太人所杀，这成了中世纪最初的"血祭诽谤"之一：他们把孩童的被害说成是犹太人的某种宗教仪式的一部分。犹太人从此被逐出英格兰，但残杀孩童还与《圣经》中的一幕有着特别的联系。一年一度的神秘剧（在基督圣体节前后上演的一系列改编自《圣经》故事的剧目，约克的神秘剧演出极尽铺张）会演出希律王屠杀无辜孩童的故事*——理查三世明显相当符合这一角色。[19]对理查而言，让王子消失相当于"少说为妙"，因为没有坟墓，迷信就无从生根，而不留尸骨和遗物，也就不会有圣骨同圣物。

尽管如此，理查三世仍然需要让伊丽莎白·伍德维尔——还有其他人——知道两位王子已死，因为二人之死的全部意义便在于预防有人打着他们的名号密谋造反。由于认为白金汉公爵完全可以信赖，理查三世很可能选他作为信使。8月28日，白金汉公爵领命到伦敦地区调查通敌者，因此他不久后便在首府现身。白金汉公爵的夫人凯瑟琳·伍德维尔无疑认定两个孩子是理查三世

---

* 耶稣出世后，希律王欲除之而未遂："希律见自己被博士愚弄，就大大发怒，差人将伯利恒城里并四境所有的男孩，照着他向博士仔细查问的时候，凡两岁以下的都杀了。"参见《马太福音》第2章。——译者注

下令杀死的。丈夫造反的消息泄露后，她一度为藏匿自己的几个幼子而大费周章。[20]如果王子遇害的细节是白金汉公爵告知伊丽莎白·伍德维尔的，那么人们认为他参与其中便不足为奇，否则他又如何能知道得如此详细呢？

围绕两位王子之死后来出现了许多骇人的故事，或者叫传说。故事中两个孩子的死法五花八门：或是被扔进护城河中，或是被毒死，或是被人放血至死。有几份记录提到二人是被人用垫子捂死的。其中一份写道，当兄长被人捂死时，约克公爵藏在床下，但随后便被拖出去割喉。但最意味深长的一个版本则称，二人是被溺死在马齐姆甜酒里的，算是报了他们父亲杀害兄弟克拉伦斯公爵的仇。[21] 15世纪，人们认为宇宙有理有序，事情总有前因后果。两位王子的结局如此悲惨必然有其原因，正如《圣经》也为该隐的结局提供了可能的解释：由于杀害自己的兄弟亚伯，该隐为神所诅咒，其后代因此灭绝于大洪水之中。

根据波利多尔·弗吉尔的记录，伊丽莎白·伍德维尔在得知两个儿子的死讯后昏厥过去。苏醒过来后，"她哀哭号叫，撕心裂肺的喊声响彻整栋房子；她捶胸扯发，又剪短头发"。她还呼吁要复仇。当玛格丽特得知伍德维尔愿意将女儿约克的伊丽莎白许配给自己的儿子，还同意向爱德华四世的朋友和先时的仆役发出号召，要他们拥护自己的儿子时，她知道此刻可以派人南下寻求援助——向支持爱德华国王的约克人，也向任何对北方人主导的理查三世权力集团不满的人。她还派另一名信使赶往布列塔尼：带着好几封信，还有一大笔她在伦敦举债筹得的钱。玛格丽特劝儿子尽快组建起一支军队。接下来，亨利·都铎要去威尔士贾斯珀·都铎先前的土地上征兵，并同白金汉的军队联合。[22]

困在布列塔尼的亨利·都铎意识到自己终于不再是棋子而成为棋手了，他"欣喜万分"，迫不及待地抓住这一机会。布列塔尼的船只屡屡遭到英格兰海盗的袭击，公爵因此对理查相当恼火，在被亨利·都铎说服，相信其"取得英格兰的土地十拿九稳"后，他便许诺出人出钱支持亨利·都铎。英格兰这边则已经做好计划，10月18日东南各地会全面爆发起义。与此同时，肯特郡（Kent）方面会虚张声势佯攻伦敦。他们希望如此一来可以分散国王的注意力，白金汉公爵便能率军从威尔士到英格兰西部同亨利·都铎和公爵的布列塔尼军会合。然而，巡访过林肯郡正在南下途中的理查在10月8日时就已经知道出事了——白金汉公爵接到诏书。但公爵回禀称自己胃部不适。理查三世坚持要他应召，对此公爵不予理会。

此时，两位王子在伦敦塔中惨死的传言正如野火一般在伦敦和英格兰南部爱德华派势力的中心地区蔓延。[23] 一个同时代的伦敦人后来回忆道，人们"因为国王杀害无辜而怒不可遏，甚至情愿当法兰西人也不要当他的臣民"——对当时的英格兰人而言，没什么比当法兰西人更糟的。[24] 10月10日，肯特郡爆发起义。翌日，理查三世得知白金汉公爵正在将其大军集结在威尔士的布雷肯城堡附近。但征兵比白金汉公爵预料的更难。他不是个受人爱戴的领主，接下来的十天内，当倾盆大雨浇湿他的队伍，他招募的人也灰了心。到10月末亨利·都铎赶往英格兰时，白金汉公爵的军队已经分崩离析。而亨利·都铎对此还一无所知，他正在力保自己的性命：他的15艘船在驶向英格兰途中遭遇风浪，船不敌浪，布列塔尼人开始向圣阿梅尔（St Armel）——一个屠过龙的布列塔尼王子祷告。英格兰人也纷纷效仿。与此同时，有些船漂去诺曼底，另一些则返回布列塔尼。最后，亨利·都铎的船和其他零星几艘船终于在普利茅斯（Plymouth）下锚，他的手下如蒙大赦，后来甚至还在英格兰为圣阿梅尔筑了多个圣坛。

岸上，一群士兵正挥着手向狼狈不堪的舰队致意，亨利·都铎派出一只小船前去打探情况。士兵们劝他的手下赶紧登陆，并自称是白金汉公爵派来的。亨利·都铎却选择等待舰队的其他船只抵达。亨利·都铎当了二十多年的观察者，生命时时受到威胁，观望是其一贯的做法。就在他等待时传来消息：白金汉公爵遭到一名手下的背叛，已被俘虏并处死。南部的起义俱已失败，岸上的士兵实则是理查三世的人。国王已经在德文（Devon）的丘陵地设下埋伏，但亨利·都铎——他的最后这名敌手已经掉头驶回布列塔尼，准备来日再战。

第七章

亡命人

    1483年初冬，四五百名英格兰人流亡来到布列塔尼南部的海滨小镇瓦纳（Vannes）。[1] 这些人多数在25～30岁——和亨利·都铎是同代人。他们有些是兰开斯特人，先前曾拥护亨利六世，另一些曾是爱德华四世的手下或伍德维尔家族的人。其中包括多塞特侯爵托马斯·格雷（Thomas Grey, Marquess of Dorset）。他是伊丽莎白·伍德维尔与第一任丈夫兰开斯特家族的格罗比的约翰·格雷爵士（Sir John Grey of Groby）所生，也是她唯一还活着的儿子。[2] 镇上的搬运工总是乐于给这些新来的人指路。这些人见到亨利·都铎时，他通常正与其他两三个贵族坐在一起。他是个身材修长的男子，一身黑衣相当考究，窄窄的面孔上表情丰富，脸上唯一的斑点是下颌上方的一颗小小红痣。[3]

    显然，亨利讲法语比讲英语更自在——在布列塔尼长大成人的他为这一方的文化所浸透。他很有魅力，甚至有种感召力，他立即开始在这些流亡者中培养使命感。但与此同时，亨利·都铎不得不亲自适应自己的这一全新角色。他年幼时的追求一度是恢复自己应有的权力，重新坐上英格兰里士满伯爵之位，此刻这一愿望被一个更高的目标取代，而在他看来，这必然是神在指引自己的命运。区区一介威尔士乡绅的孙子竟能坐上王位，唯一的解释便是神意如此。他的王族母亲相信，是圣尼古拉引导自己选择了他姓都铎的父亲。亨利·都铎也回忆起自己1470年面圣的经历，伯父亨利六世说，年轻的亨利·都铎就是"我们跟我们的敌人都要顺服于他，还要将王国交给他"的人。国王的话在当时可能不过像胡言乱语，但亨利六世既已被当作圣徒，这些话也就明显是预言了。

因为相信存在神意，亨利·都铎漫长而艰辛的流亡岁月便有了意义和目的——此刻已经显明，一切都是为着预备将来之事：他要推翻伪王理查三世。[4]他有责任完成这一神圣的使命，为此他需要神的帮助。后来人们回忆说他"日日都参与圣事，极为虔敬"。亨利·都铎在布列塔尼所信奉的圣人后来成了他一生的信仰和依靠：圣徒樊尚·费雷尔（Vincent Ferrer），其圣坛坐落于瓦纳当地的大教堂中。[5]这位15世纪早期多明我会修士著有一系列供人自我灵修的指导手册——劝人每日认罪，请求神帮助自己对罪行有切实的哀恸，并且要为重犯曾向神父告解过的罪而认错。亨利·都铎也常常向圣母马利亚祷告，他后来称她为自己"永恒的避难所"。他在瓦纳留下的仅有的档案记录的全是圣母诸节期间他在大教堂大弥撒上所做的奉献。[6]

1483年圣诞节，万事俱备，亨利·都铎带着流亡者们来到重兵把守的布列塔尼的雷恩（Rennes）。他们在城里的大教堂办了一场圣事，流亡者们宣誓效忠，亨利·都铎则郑重起誓将娶约克的伊丽莎白为妻，以联合兰开斯特和约克两家。理查三世称王时许诺的和平与和睦已为10月的一系列起义所摇撼，而亨利·都铎与伊丽莎白的结合则会实现理查三世未能实现的愿望。但对亨利·都铎而言，布列塔尼正变得越发危险。公爵日益年迈，理查三世加冕周年将近时，国王已经觅得一个盟友——布列塔尼的财务长官皮埃尔·朗代（Pierre Landais）。1484年夏天，理查三世宫中的线人传来警报，令亨利·都铎得以及时争取到法兰西的保护。[7]接着，他便不得不计划逃亡。

9月末，也可能是10月初，贾斯珀·都铎带着一小队英格兰贵族从瓦纳出发，假称要到雷恩办事，中途却越过边境线偷偷进入邻国法兰西。几天之后，亨利·都铎如法炮制，同样带着一小批随从，装作去附近一座庄园拜访朋友的样子。出镇子走了5英里远，他进了一片树林，换上仆役的衣服。接着，亨利·都铎跟在一个扮成主人的向导身后，策马直奔安茹，一路上只停下来饮过几次马。但瓦纳的人几乎是立刻发现他逃走了，当他越过边境线时，追捕他的人离他只有不到一小时的路程了。[8]

亨利·都铎相当幸运，他不仅成功逃脱，而且获得14岁的法王查理八世（Charles Ⅷ）及其姐姐摄政王博热的安妮（Anne of Beaujeu）的支持。[9]但是理查三世仍然手握英格兰的人力和财力资源，而且许多方面也表明他是一位杰出的国王。他的各项行动和告示均强调秉公执法，不延宕不偏颇；他建立保释制度，使清白人在等候审判期间得以免受虐待；他废除国王强行借贷制度，鼓励新生印刷业和图书贸易，对教会也表现出善意并施以保护。然而，尽管他做了所有这些善事，人们却仍然感到深深的不安。

1483年6月，理查三世处死爱德华四世的挚友黑斯廷斯勋爵，10月，他又杀掉白金汉公爵。两位前盟友死后，一度支持理查三世登上王位的小集团缩水了。这迫使他更多地依赖北部大本营的支持。然而，重金维护南部秩序却令他在当地更加不得民心。更令人不安的是，国王没能得到神的祝福。1484年4月，理查三世年幼的儿子死去，这仿佛是在惩罚他篡夺爱德华五世之位。王后安妮·内维尔悲痛欲绝，于1485年3月步独子的后尘离世。这时，亨利·都铎的朋友们开始散布谣言，称王后是理查三世下毒所杀，因为国王想要迎娶约克的伊丽莎白——就连理查三世的朋友当中也有些人信以为真，认为国王真的在谋划一桩同外甥女的乱伦亲事。

伊丽莎白公主与母亲和姐妹一道出了威斯敏斯特修道院圣所——理查三世已经做出书面承诺，保证少女们不会受到"有违其意愿的凌辱玷污"，也不会遭到囚禁。[10]自那以后，理查三世待她们一直不错。约克的伊丽莎白参加过宫中的圣诞舞会，衣着与王后同样华美。而此刻，这不过助长了他想要娶她的谣言，他不得不公开发布宣言否认。但理查三世必然已经决定与伍德维尔家和好，亨利·都铎也惊讶地发现了理查三世的意图——当时多塞特侯爵托马斯·格雷离开巴黎，正要前往佛兰德（Flanders），在路上被亨利·都铎的手下逮住。原来伊丽莎白·伍德维尔曾送信给格雷，称理查三世同意赦免他，他便准备背弃亨利·都铎。格雷被捕，自己出兵的计划不会被透露给理查三世，亨利·都铎松了一口气。但后来他又听到理查三世要迎娶约克的伊丽莎白的传言，"亨利·都铎的心沉了一下"。要是她嫁给理查而不是自己，亨利·都铎便无法宣称他能实现两大王室的联合了。

兰开斯特的流亡者们安慰亨利·都铎，称娶约克家族的人的好处被夸大。他们坚信他单靠自己，作为兰开斯特家族的人也能取得王位。[11]而他下一步便计划夺位。亨利·都铎做出另一个关键的决定——一个月后，1485年8月，他便会发动攻击。他不想再出什么意外。

第八章

博斯沃思

　　1485年6月22日，理查三世召集军民力量以保卫自己的王国。翌日，他发布一篇宣言，在其中向全境发出警告，称英格兰面临一个入侵者，顶着一个怪姓，"一个名叫亨利·都铎的，埃德蒙·都铎之子，欧文·都铎之后，他野心勃勃，贪得无厌，靠侵占和篡夺上位，他与英格兰的王室产业本来毫无瓜葛，他无权，无势，无衔，无徽，不配得位，这本是尽人皆知的；因为无论在父在母，他都是私生子之后"。[1]无疑，玛格丽特·博福特的家族是私生子之后，而正是靠她一人，亨利·都铎才有了英格兰王室血统。而称其在父亲一边也是私生子之后——认为欧文·都铎是康韦（Conway）一个旅店老板的儿子——可能并无根据。但"都铎"这个姓氏提醒着人们，亨利的父亲是仆人和王后不成体统的结合所得。正如一首15世纪民谣所言：

　　　　人们叫他亨利·都铎，真正是笑话他，

又说在英格兰，他没有冠冕戴。[2]

　　亨利·都铎一直以其头衔里士满为人所知，而他也惯于以花体字母"R"作为签名。这个字母指代的可能是里士满，但也可以理解为拉丁语里的"王"（Rex）。这一双关无疑是有意为之，因为如果亨利·都铎是英格兰"正当"的国王，那么他便已经是国王了。亨利·都铎仍然需要一种能服众的说法支持自己称王，为此，他效仿爱德华四世，到12世纪蒙茅斯的杰弗里（Geoffrey of Monmouth）的《不列颠诸王史》（*History of the kings of Britain*）的诸多传说中搜寻素材。这些传说故事广为人知，其中最重要的是关于巫师默林（Merlin）、亚瑟王和最后的不列颠王的几则故事，而正是这位最后的不列颠王卡德瓦拉德（Cadwaladr）成了约克家族的先祖——后者自称经由莫蒂默继承其血统。[3]这当中有一则故事讲道，5世纪的不列颠王沃蒂甘（Vortigan）在建筑堡垒时发现了一处水潭，潭里睡着两条龙，一条红，一条白。默林告诉王，红龙代表不列颠的人民，白龙代表萨克森的入侵者——某天不列颠人会攻打他们并得胜。[4]在另一则故事中，一个天使在卡德瓦拉德面前预言说，他的后人中会出一位打败萨克森人的王子。约克一派的宣传将两则古老的神话糅合在一起，把兰开斯特家族和入侵者联系起来。天使对卡德瓦拉德所说的预言从而应验在"红龙"（Draco Rubius）身上，而人们认为爱德华四世就是红龙。[5]亨利·都铎将这一解读反转，于是他成了红龙，理查三世则成了局外人——当时，在仍然说"不列颠"语的威尔士，这种解释已经相当流行。

正是在威尔士的民众间，都铎这个姓氏相当有影响力，而威尔士的兰开斯特势力中心从来没有完全接受约克家族自称是卡德瓦拉德后裔的说法。都铎家族一直与威尔士的游吟诗人相交，此时这些诗人开始大量传播预言，称亨利·都铎终将得胜，其中每每提及卡德瓦拉德和红龙的神话。贾斯珀·都铎的徽章上就有一条龙，而亨利·都铎此刻也以"骇人红龙"（Red Dragon Dreadful）作为自己的标志。由此，他继承了流行的骑士文学中"无名才俊"（fair unknown）式主人公的衣钵：一个真正的君王之后，默默无闻地长大，有一天却以真命天子的形象出现并坐上王位，就像亚瑟王一样。如果神果真为亨利·都铎选择了这一命运，那么他进攻英格兰便是发动一次圣战。

在英格兰，7月的最后一天，书商威廉·卡克斯顿（William Caxton）出版了托马斯·马洛里爵士（Sir Thomas Malory）的《亚瑟王之死》（*Le Morte d'Arthur*）。这是一本上古神话新编，书中讲述亚瑟王做了一个梦，梦里有一条龙和一头野猪在天上交战。一位贤哲告诉他，得胜的龙便是他，而野猪则代表"某个欺压民众的暴君"。[6]翌日清晨，晴空万里，亨利·都铎的舰队从塞纳河口的翁弗勒尔（Honfleur）起航，在柔和的南风中出海。他的军中有将近400名英格兰人，还有800多名苏格兰人——是从一位常居法兰西的苏格兰贵族那里征来的。此外还有1500人是法兰西人和布列塔尼人。军中既有经验丰富的士兵，也有为非作歹的不法之徒，"都是些渣滓中的渣滓"——一个法兰西人记录道。[7]在亨利·都铎军队的指挥官当中有一位真正的要人——牛津伯爵约翰·德维尔（John de Vere）。在加来附近的阿姆城堡（Hammes Castle）被关押十年后，这位兰开斯特家族曾经的重要捍卫者越狱了，加入兰开斯特家族这项最新事业。

在海上过了六天后，沿着彭布罗克郡崎岖的海岸线，舰队在代尔半岛的弥尔湾（Mill Bay on the Dale peninsula）安全靠岸。等在岸上的人当中有欧文·都铎的私生子——26岁的大卫·欧文。亨利·都铎的祖父把自己的许多财产留给大卫，而大卫还珍藏着自己父亲的行军床：黑天鹅绒和黄褐色绸缎的褥子上以金线绣着燕子和狼，还有和他名字谐音的两个字母"O""N"。他还保留着一张华丽的挂毯——必然是曾经属于瓦卢瓦的凯瑟琳的，上面绘有亨利五世及其兄弟并儿子的画像。"在海外，在海上"，大卫·欧文一直忠心耿耿地为亨利·都铎效力，而此刻，日头将斜，亨利·都铎册封自己的叔父为骑士，一起受封的还有其他响应号召加入他的人们。[8]红龙旗在和风中招展，而亨利·都铎则跪下诵唱："神啊，求你申我的冤，向不虔诚的国为我辩屈。"*

---

* 《诗篇》43：1。原书用字与各通用英文译本有出入。——译者注

亨利·都铎计划取道彭布罗克郡北部，争取威尔士西部和北部拥护兰开斯特的诸伯爵的支持。为了给此行铺路，他给"我们忠诚的朋友们和信实的臣民们"致信，在信中将理查三世描述为"我们的权力"的篡位者。他表示，信仰和依靠"全能之神"的帮助，显明其进攻的圣战属性。[9]亨利·都铎还希望能从柴郡（Cheshire）获得援助——其继父斯坦利勋爵是该地颇有权势的地主。但理查三世也为得到斯坦利勋爵的效忠而花费不少精力。1483年10月起义爆发时，斯坦利勋爵正随理查三世一道巡幸，他不得不帮助镇压。这赢得理查三世的感激，也救了玛格丽特·博福特的性命。1484年1月，"国王的大敌，反贼里士满伯爵亨利·都铎之母"被判"共商、共谋、共犯叛国罪"，成了斯坦利勋爵的囚徒——也成了他的责任。[10]此后，理查三世命令斯坦利勋爵防备妻子与儿子联系，斯坦利勋爵却无视王命。但亨利·都铎与理查三世都无法完全信任这个老谋深算的贵族，毕竟这20年来，他一直避免派自己的侍从们上阵，侍从们从没实实在在地参战。

亨利·都铎登陆的消息4天后传到理查三世的主军营诺丁汉城堡（Nottingham Castle）。同一天，理查三世向各郡长官和警官发出命令，命其各自点兵点将，数百名独立贵族和富绅也接到命令，要召集各自的亲族。斯坦利勋爵和兄弟威廉·斯坦利爵士也在其中，理查三世命二人组织北威尔士的军力准备迎敌。[11]几天后，理查三世得知，虽然自己有令在先，亨利·都铎却如入无人之境——他长驱直入，甚至还征到一些兵员。理查三世要斯坦利勋爵向他做出解释。不祥的是，与1483年的白金汉公爵一样，斯坦利勋爵也称病没有应召。理查三世继而打出一张王牌。他派人送信给斯坦利勋爵，称已经囚禁其子斯特兰奇勋爵（Lord Strange）。这个男孩现在成了人质，其性命取决于斯坦利勋爵在接下来这场斗争中是否忠心。要是他背叛，其子就要被处死。斯坦利勋爵必须做出选择：是要帮继子呢，还是要保全亲骨肉的性命？

8月17日，亨利·都铎抵达西米德兰兹（West Midlands）的什鲁斯伯里（Shrewsbury）。这座威尔士城市把他关在城门外，还向其他城市发出信号，称他率领的是敌军。好在威廉·斯坦利爵士的一名使者到来，说服市长开门，亨利·都铎大大地松了一口气，领着自己一班形形色色的外国兵进了城。玛格丽特·博福特和丈夫斯坦利勋爵托使者送来信和钱，但亨利·都铎真正需要的是人：他在威尔士额外征召的兵员仅有约500名。此时在红龙旗之外，他又添两面战旗：一面是圣乔治十字旗——乔治是英格兰的主保圣徒；另一面是棕母牛旗，这一图案在当地和内维尔家族有联系。[12]亨利在这一区域的众盟友一直在继续利用理查三世杀害妻子安妮·内维尔的谣言，挂棕母牛旗能使他们更加顺利地在内维尔家亲族中征兵。

8月19日，在斯塔福德以北7英里的斯通（Stone），威廉·斯坦利爵士与亨利·都铎相遇。亨利·都铎正是在此处得知理查三世将斯坦利勋爵之子扣作人质的坏消息。亨利·都铎担忧起来：恐怕就连威廉·斯坦利爵士的支持都将无法保证。理查三世正在向莱斯特进发，他本来便有人数上的优势，而且又长年征战，经验丰富。亨利·都铎的军队向着英格兰心脏地带的塔姆沃思（Tamworth）行进，主力部队出发时他落在后面，身边只有20多个值得信任的人。翌日赶上大部队后，他称自己迷了路。亨利·都铎真的在计划临阵脱逃吗？贾斯珀·都铎的名字从没在博斯沃思战役的相关记录中出现过。他很可能正忙于寻找一条合适的路线。亨利·都铎之前曾多次同贾斯珀一道死里逃生，要完成这一任务，没有比他更可信赖的人选了。

当日稍晚，亨利·都铎终于在阿瑟斯通（Atherstone）见到自己的继父斯坦利勋爵。二人握了手，又讨论了作战计划，尽管计划是否能实施还不确定。与此同时，理查三世当天一早已经离开莱斯特古城，他策马领军行经城中狭窄的街道，走过一栋栋木结构的房屋，"耀武扬威，排场十足"。[13]一面面王旗上华丽的红色和蓝色、国王炫目的冠冕、激昂的号声，这般大场面是这个镇子前所未见的。虽然理查三世的军队先前出现了一些逃兵，但凭着这一壮观的表演，他又获得不少拥护者。从莱斯特出发，理查三世一路行进到"一个叫博斯沃思的村子"，他的先头部队沿着崖顶排成一列，大军在几英里外都能望见，"人多势众，甚是可怖"。[14]接着，国王扎营过夜。

《伦敦大编年史》（*Great Chronicle of London*）中记录道，翌日"两军在附近的战场相会".[15]战场具体在什么位置，长久以来众说纷纭。最早的一些文献指出，战场是在雷德莫尔（Redemore）而非博斯沃思。按照这一说法，两军是在萨顿切尼（Sutton Cheney）附近的安比恩山（Ambion Hill）交战的，但现在人们普遍认为雷德莫尔指的是靠近达灵顿（Dadlington）和斯托克戈尔丁（Stoke Golding）这两座小村庄的一片沼泽地，位置就在博斯沃思以南。最近的考古学研究在此地发现大量炮弹，其数量之多超过在所有中世纪欧洲战场发现的数量，此外还发现22枚手持枪械发射的铅弹。出土的个人用具则包括皮带扣和马刺，但时隔500年重见天日的物件中最富戏剧性的（也是确定战役性质的）却是一枚镀金银徽章，直径1.5英寸，是一头白野猪的形状：这是理查三世的徽记，是其骑士佩戴的。

理查三世军中的普通士兵已经习惯体力劳动，而且多数吃得不错。年龄上他们从17岁到50多岁不等。一位到访英格兰的意大利人称他们体格魁梧，"双臂如同铁铸"，弓比"别国用的更粗更长，正如他们的身体也更壮一样"。虽然士兵们不像骑士们有定做的铠甲，而是穿着带内衬的短衣，但他们表示这更合他们的意，因为短衣更轻便舒适。不过多数士兵都戴着头盔，人人有弓有箭，有剑有盾。[16]然而，尽管身强体壮又受过训练，博斯沃思的英格兰兵却不是欧洲大陆上的那种专业兵。亨利·都铎十分幸运：他从法兰西带来一些专业的兵。尽管如此，数量上的劣势仍然相当明显。亨利·都铎望向斯坦利的军队，想要寻求一分安慰，却惊恐地看到继父正将自己的手下安置在与两军等距的地方。他差人给继父送信，要他按照他们先前的约定重新部署手下。得到的回复是"伯爵（指里士满伯爵，即亨利·都铎）应当管好自己的人"。不难理解，这一回复令亨利·都铎大为"恼火"与"惊骇"，他不得不"因军力缩水而压缩先头部队的规模"。[17]

理查三世的军队占据高地，站在山顶俯瞰，国王望见亨利·都铎的人正绕过沼泽地。理查三世的身影相当引人注目：外套上绘着王室的纹章，头盔之上还戴着战冕。但他面色凝重。他前一晚上睡得很不好，弥撒也延迟了，因为"神父备好一样东西过后总会发现又缺一样，有葡萄酒，又没有面饼"。[18]他没时间吃早饭，而且和敌人一样，他也害怕遭到背叛。一份16世纪的文献（在威廉·莎士比亚的《理查三世》中仅仅略有改动）记录了理查三世的盟友诺福克公爵约翰醒来，发现自家门上钉了一张纸条，上面是一首打油诗："诺福克的小杰克（Jack of Norfolk），莫要为迪康（Dickon）太拼命/你主子被买了，又被卖了。"[19]谁有可能把理查三世卖给亨利·都铎呢？斯坦利一家明显靠不住，对诺森伯兰伯爵亨利·珀西也要打个问号。这位伯爵先前也受威廉·赫伯特的监护，是同亨利·都铎一道长大的，亨利·都铎流亡后他娶了莫德·赫伯特（Maude Herbert）——这姑娘是曾经定下来要许配给亨利·都铎的。[20]伯爵一直对爱德华四世忠心耿耿，但在为理查三世组织北部征兵一事上却故意拖延。不到一周前，约克城那些忠于国王的市民还在恳请他告知国王的征兵计划。

一场箭雨拉开战斗的序幕。接着，理查三世命令诺福克公爵发动进攻，于是：

> 两军相交惨且烈，
>
> 箭手拉弓放利镞，
>
> 枪弹袭人死伤众，
>
> 紫杉大弓弯，
>
> 弹石纷纷飞。[21]

亨利·都铎的将军牛津伯爵将手下布成楔形阵，以抵抗诺福克公爵的进攻。一场激烈的肉搏开始了，其间诺福克公爵阵亡，可能是当场毙命，也可能是被俘后不久即被处死。同样很可能是在此时丧命的还有阿什韦尔索普的托马斯·朗格（Thomas Longe of Ashwellthorpe），和许多普通士兵一样，他先前写下一份遗嘱，作为上阵前的准备。离家时他还宣称，自己"作为教会的孩子，情愿在这一天、这一刻为报效国王上阵赴死"。[22]

理查三世仍然拥有数量上的优势，在杀敌缓慢的中世纪战争中，这相当重要，但变节的危险仍然存在。斯坦利和诺森伯兰伯爵还没有加入战斗，但此刻，站在山顶俯瞰的理查三世找到一个制敌的方法，不仅能够迅速终结战争，而且还能令他得胜。此时亨利·都铎正骑在马上，战旗在他头顶飘扬，而他身边只有不多的护卫。理查三世意识到，只要他能靠近并杀死亨利·都铎，战斗就会结束。按自己一贯的风格，他决定抓住这一机会，于是对手下的一名指挥官说："今天我要么像个国王一样战死，要么得胜。"[23]

理查三世的骑兵呐喊着冲下山坡，战旗招展，亨利·都铎抬起头来，望见戴着战冕的国王手持战斧，正策马扬鞭向他冲来，"仿佛一头饥饿的狮子"。[24]亨利·都铎下了马，他的护卫随即将他团团围住，他的专业长矛兵和其他步兵则在他前方组成一个防御阵形。理查三世猛冲上前，其威力大到长矛刺穿了亨利·都铎的旗手威廉·布兰登爵士（Sir William Brandon）的身体，然后长矛断成两截。龙旗落地，但亨利·都铎的长矛兵坚守阵地，他们的兵器刺伤了冲上来的战马。理查三世和一群亲信下马，开始往亨利·都铎的方向突进，要杀出一条路来。肉搏开始，长柄钩矛刀、战斧和剑取代长矛。双方人马互相劈砍，但与此同时，他们开始听到越来越大的隆隆声：有更多的骑兵在往他们这边冲过来。亨利·都铎的护卫已经濒临绝望，却忽然瞥见一抹红色，于是他们知道威廉·斯坦利爵士的"大个子"们来了。斯坦利也决定要抓住机会结束战斗，但他想的是杀死理查三世。逃离战场来日再战成了国王唯一的希望。

根据一份勃艮第的文献，理查三世的战马陷进沼泽。在威廉·莎士比亚笔下，理查三世高喊："一匹马！一匹马！我的王国就毁于一匹马！"但是文献证明，插翅难飞的国王决意不投降，他高喊着"反了！反了！反了！"继续一路朝自己的敌人杀过去。[25]亨利·都铎的护卫约翰·切恩爵士（Sir John Cheyne）朝理查三世扑上去，但被撞到一边，而国王继续一路挥刀前进。与此同时，威廉·斯坦利爵士的手下正在砍杀理查的护卫。高举王旗的珀西瓦尔·瑟尔沃尔（Percival Thirlwall）的双腿被砍断，国王的人一个接一个地倒下。白色野猪徽章是在大沼洼（Fen Hole）的泥潭里发现的，位置在今天的沼泽街农场（Fen Lane Farm）背后。最终，理查三世"在一众敌人的包围下奋勇作战，而后战死"。[26]这位勃艮第的文献作者称，取理查国王性命的是一名拿戟（一种带斧的长矛）的威尔士人。[27]其他人也一哄而上，砍刺国王的尸体，打砸其头，"直到脑浆和着血迸出"。[28]人们在莱斯特发现的理查三世尸体的颅骨有一处大型创伤，很像戟造成的伤口，脑浆可能便是由此迸出的。

理查三世已死的消息传开来，诺福克公爵的人纷纷逃跑，斯坦利则穷追不舍。诺森伯兰伯爵的手下从头到尾没有参战，此刻径直上马离开。[29]亨利·都铎"满心欢喜"，骑马登上最近的山顶。士兵和贵族聚集到他周围，他感谢让他得胜的神，又感谢为他杀敌的众人，"许诺说他会记住各人应得的好处"。众人则高呼道："神佑亨利王！神佑亨利王！"这呼声让威廉·斯坦利心生一念，取来理查三世的战冕——不过冠冕并非如现在传说的那样挂在一丛山楂树间。都铎纹章上的山楂树图案是一个源自《圣经》的古老符号，象征着新生，亨利·都铎以此代表兰开斯特家族和卡德瓦拉德的重生。[30]最后一位约克王的冠冕是从散落在地上的各样"战利品"中被找到的。威廉·斯坦利爵士一面把冠冕戴在亨利·都铎的头上，一面说："阁下，我立你为英格兰王。"

人们继续搜刮这最后一位金雀花国王的遗物，直到"他被剥得衣不蔽体，除了一块遮羞布，周身什么都不剩"。然后，人们把他捆在马背上，像捆"一头猪或其他什么肮脏的畜生"一样。就这样，披头散发的理查三世被一名叫诺里（Norrey）的侍从官"牵"着带回莱斯特。一位编年史学家记录道："他早晨出镇子时有多荣耀，傍晚被带回镇子时就有多不体面。"[31]在莱斯特，理查三世的遗体上发现的另一处创伤表明，他的臀部曾被刺穿，一直刺入骨盆，极有可能是被捆在马背上时所刺。他的尸体糊满烂泥血污，将要被示众两天，尸体腰部以下用一块"劣质黑布"遮住。[32]值得注意的是，他的面孔几乎没有损伤和脏污。

在玫瑰战争的杀戮中，无人能保全尊严。对理查三世之死的描述与"造王家"沃里克伯爵相似：在敌人的重重包围下奋战，似乎无路可逃，而尸首都被剥得精光。理查三世死后尸体还被砍被刺，这一做法在当时也相当典型。1461年陶顿战役阵亡士兵的出土遗骨也展示了同等程度的暴行：在一场暴力狂欢中，死者的头盖骨被砸碎，四肢被砍断。理查三世被葬在灰衣修士教堂里，没有举行仪式。2012年，此地出土了其尸骨。瓜分理查三世的遗物时，威廉·斯坦利选了国王帐篷中的几块挂毯。亨利·都铎的选择则更为个人化，他要走理查三世精美的祷告书，准备送给母亲。已故的国王修改了15世纪初的一句祷词，求基督"救您的仆人理查国王出一切患难、困苦和哀愁——就是我身在其中的——并救我出我敌人的一切罗网"。[33] 看来，神已经抛弃理查三世。但亨利·都铎的地位远未稳固。

在北部首府约克，人们为理查三世哀悼：他"被戮惨死，令阖城大恸"。考文垂的城市年鉴中也以憎恶的笔调记录了"理查国王"如何"耻辱地被驮回莱斯特"。[34] 尽管如此，这些人当晚却不得不开门迎接亨利·都铎。他住在市长家中，而市长要确保城里的商人给他上贡100英镑，还要确保其手下得到所要求的必需品。亨利·都铎的军队举行了一系列庆功会，其间消耗的红酒超过100加仑，但麦芽酒只消耗了4加仑半，这相当引人注目。亨利·都铎已经养成对红葡萄酒的偏好，随行的许多外国兵也一样：他们对英格兰啤酒兴趣有限。在这个国家，他是个陌生人，带领着一支侵略军，而且没有任何统治经验——他甚至不曾管理过贵族产业，更别说治理他此刻拥有的王国。

第九章

玫瑰与受难

泰晤士河畔，一台台巨大的木制起重机在为抵达的船只卸货；伦敦的大街小巷上，各个阶层的人们熙来攘往。[1]有人将英格兰的首府描述为一座长着锐目银舌，几乎压不住暴行的城市。[2]博斯沃思战役发生的两天后，理查三世的死讯传到伦敦。市长担心这会刺激民众恣意妄为，各算旧账，于是立即实施宵禁，并发布公告称对违令者或犯其他罪行者一律即刻拘留。官方也开始制订一系列欢迎英格兰新君主正式入城的计划。

经过二十五年的动荡，伦敦人已经习惯了准备欢迎仪式来迎接最近一次争斗的得胜者，不论这人是谁。然而，从来没有哪个得胜者如此不为人知。一位定期造访英格兰的但泽（Danzig）商人得知，此君人称"里士满国王"，而且跟亨利六世（原文为Harry Ⅵ，疑误。——编者注）有点什么关系。[3]另一些人知道他姓都铎，原因仅仅是理查三世曾说这人是"叫欧文·都铎的那个私生子"的孙子。然而，不为人知也不无益处。亨利·都铎自称兰开斯特家族之后，这一说法不大站得住脚，而他进攻英格兰又得到神憎鬼厌的法兰西人的帮助：这些事要是被人知道难免尴尬。少年的冒险生涯已告一段落，他即将着手稳固江山，要处理这项艰难事务，他并不希望暴露这类细节。

亨利·都铎的母亲给他捎来与他正式入城相宜的天鹅绒和丝绸。9月初率军抵达伦敦北部的肖迪奇（Shoreditch）时，他衣着相当华美，恰如两年前入城时的爱德华五世。[4]同当年一样，也有数百名伦敦的官员代表在恭候，他们华美的礼服有的是猩红色，有的是黄褐色与"桑葚色"——一种明艳的紫红色。城里的西班牙商人报告称，艰辛的流亡生涯已经在亨利·都铎的脸上刻下印记，28岁的他看上去比实际年龄老得多。尽管如此，人们仍然认为他"容貌和体格都相当讨人喜欢"。[5]亨利·都铎听着念诗声——是拉丁文的诗，在庆贺他回归——回到13岁那年一别至今的城市。念诗的是个法兰西人，很可能是特意为这一任务挑选的：亨利·都铎仍然不喜欢"惊喜"。接着，等候的官员们向亨利·都铎献上一袋金子，是从地方税收中获取的。他向他们道过谢，继续率军前行，号声响起，战利品也被一件件示众。来到雄伟的中世纪圣保罗教堂，他走上圣坛，献上自己的三面战旗：圣乔治十字旗、骇人红龙旗，还有棕母牛旗。他为自己的得胜感谢神和圣母，而人们则唱起祝谢的圣歌《赞美颂》（Te Deum）：

诸天和天使，并天上一切掌权的

都大声赞美主。

基路伯和撒拉弗

时常高歌称颂主：

圣哉，圣哉，圣哉，

万军之耶和华神。

耶和华的荣耀威严

充满天地。

　　亨利·都铎下榻在伦敦主教家中，自儿子5岁后仅与他共度几周的母亲终于与儿子团圆了。[6]但他们不会在首府待太久。理查三世惨死后，一种不安的情绪弥漫开来，正当此时又流行起一种新的致命疾病，这更加剧了人们的惶恐。疾病在亨利·都铎入城短短两周后便暴发，而且很可能是其军队带入的。此病后来人称"汗热病"（sweating sickness）。和1918年席卷世界的西班牙流感一样，这种"汗热病"在一天之内便可以令一个健康的成年人丧命。染病者会出现寒战、头晕、头痛、肩颈部及四肢剧烈疼痛等症状。之后便开始发热出汗、头痛、谵妄，并伴有脉搏加速和极度口渴。最后病人发生心悸和心痛，并耗竭而死。亨利·都铎入城不过一个月，市长便被汗热病夺去性命，而一周之后，继任市长也一命呜呼。[7]

　　玛格丽特母子离开伦敦，赶往沃金的庄园，这是亨利·都铎流亡前二人最后一次相聚的地方。亨利·都铎喜欢那里的花园和果园，但那年9月没什么时间供他沉思和放松。他需要采取切实措施以巩固自己的地位，而面对一个自己所知甚少的王国，他需要母亲的指点。亨利·都铎的第一步行动包括把伦敦的冷湾（Coldharbour）府邸赐给玛格丽特。她要在此照料已被处死的克拉伦斯公爵10岁的儿子沃里克伯爵爱德华·金雀花。早在离开米德兰兹来到伦敦之前，亨利·都铎便做出安排，确保金雀花家族最后的男丁被妥妥地关在伦敦塔里。小小的爱德华·金雀花一定曾担忧自己性命难保。不仅他的父亲死于伦敦塔中（众所周知，是在一大缸马姆齐甜酒里溺死的），两位王子也曾在此失踪——这事至今仍是个谜，而很明显，亨利·都铎并不急于解开它。

亨利·都铎可能担心，对两位王子的失踪展开调查会令人们注意到他的前盟友白金汉公爵或别的某个拥护自己的人在其中扮演的角色。然而可以肯定的是，和理查三世一样，他有充分的理由阻止人们对两位王子的迷信崇拜。这位都铎国王想要鼓励人们崇拜亨利六世，而让约克王室的两个圣徒与之竞争绝非明智之举。任何对两位王子的关注都难免令人们想到，约克人还在强烈要求得到王位——爱德华·金雀花和爱德华四世的几个女儿便是这种声音的代表。无人再提及两位王子的失踪，唯一的例外是这年深秋议会对理查三世语焉不详的指控——他被判犯下"叛国罪、杀人罪，还有造成幼童伤亡之罪"。[8]

亨利·都铎下令将爱德华·金雀花从伦敦塔转移至玛格丽特·博福特处照管，他希望男孩最终能像自己的姐姐一样与某个亲近的盟友或亲属成婚。亨利·都铎未来的新妇、约克的伊丽莎白也将由玛格丽特·博福特照管。为了以与之身份相配的豪华处所安顿二人，玛格丽特几乎立刻开始翻修冷湾府邸，并且备好上佳的几间房来接待公主。然而亨利·都铎并不急于兑现自己向约克人许下的迎娶她的承诺。他担心自己被人视为王婿，故而计划单独行加冕礼，以此表明他本来就是国王，而这正是在法兰西时兰开斯特的盟友曾给他的建议。对于婚事的延迟，他有着无懈可击的借口：因为公主是自己的近亲，娶她需要教宗的特许。这件事需要花费几个月时间，加冕典礼则计划于10月举行。

　　玛格丽特决意要让儿子加冕礼的排场不输甚至超过理查三世。突发神秘疫病不是个好兆头，亨利·都铎需要消除国民的疑虑，表明自己是神选中的君王。因此，关于汗热病的任何猜测一律被禁止。庆典所选的象征物均是能反映合宜的侠义价值的，而一众象征物中最重要的便是红玫瑰。

　　如果亨利·都铎仅仅是想让自己与叔父亨利六世的联系显得更密切，他大可以选择更为兰开斯特家族所钟爱的某个图案：亨利六世用过的纹样有斑豹、羚羊和鸵鸟毛。虽然红玫瑰很少被使用，却为亨利·都铎所偏爱，因为它是个强大的宗教象征，代表着基督的受难——他因世人的罪被钉在十字架上，纹章上玫瑰的5片花瓣对应着基督受刑时身上的 5 处伤口。[9] 24 年后，亨利·都铎在临终时留下遗命，要人们为其灵魂唱诵数千场弥撒，并要求其中的四分之一要为基督这 5 处伤口而唱。[10]

加冕礼的诸项准备顺利推进。国王委托制造了 7 码印着龙和红玫瑰的猩红色天鹅绒及 4 码用来装点马匹的红玫瑰纹包边的金缕白布，此外还定制了数百朵绣着卡德瓦拉德纹章的细蕾丝和纯金线编的玫瑰。男仆的外衣将采用白色和绿色：这是都铎的家族色，象征着纯洁和新生。[11]

10 月 28 日，伦敦塔被正式移交给亨利·都铎，加冕礼终于开始。翌日，他被游行队伍簇拥着，在大群伦敦人的眼前去往威斯敏斯特修道院。一众传令官、警卫官、号手、扈从、市长、市府参事和贵族身着华美的制服走在国王前面，7 岁的白金汉公爵爱德华·斯塔福德（Edward Stafford）也在其中——他的父亲曾在 1483 年造过理查三世的反。男孩的母亲凯瑟琳·伍德维尔可能一直没有忘记自己两个外甥——塔中两位王子——的命运，她深恐儿子落到理查三世手里，于是一度把他藏起来：给他剃头，又把他乔装成女孩。被国王出价 1000 英镑悬赏项上人头的爱德华一度逃离威尔士，侧身骑着马*，跟在一个仆人身后穿越大半个国家，去赫里福德投奔一位家族友人。[12] 而此时，他再度像个男孩一样跨

---

* 侧骑（side-saddle）是欧洲妇女尤其是出身贵族者的一种特殊骑乘姿势，可以在身穿长裙的情况下保持端庄的仪态。——译者注

骑在马上，一身绯红色的天鹅绒衣裳，马鞍也与衣衫相配。翌年，亨利·都铎把小白金汉公爵交由自己的母亲照管，与受她照管的其他人一样，男孩未来可能构成的威胁也得到控制。[13]

一顶华盖伴着国王前行，华盖用28盎司*的金子和丝绸包边，由4名徒步行进的骑士托举。他没有戴帽子，浅棕色的头发长及双肩，一条华美的绶带斜过胸前，身披一袭紫色天鹅绒长袍，后背饰有白鼬毛皮。他的身后是新近册封为贝德福德公爵（Duke of Bedford）的贾斯珀·都铎，他将与小白金汉公爵的母亲凯瑟琳·伍德维尔成婚。[14]骑在马上与贾斯珀并行的是另一位重要人物——萨福克公爵约翰·德拉波尔（John de la Pole, Duke of Suffolk），他的妻子伊丽莎白·金雀花是爱德华四世和理查三世的妹妹。据说，理查三世曾指定德拉波尔的长子林肯伯爵（Earl of Lincoln）作为继承人，但亨利·都铎那时正在邀请德拉波尔家族加入支持自己的行列，拥护他这位真命天子。[15]

10月30日星期日，亨利·都铎在威斯敏斯特修道院加冕并受膏，教堂的四壁挂着人称猩红布的细羊毛布。玛格丽特·博福特手握的重权被人们忽视了。不论她有多大的权力，都只能在国王背后行使，尽管如此，这一权力仍然相当真实。这是胜利的一刻：这一刻属于儿子，同样属于她。而当"她的国王儿子在无上的欢

---

* 盎司，英美制重量单位，1 盎司 =1/16 镑 =28.3495 克。——编者注

欣和荣耀中戴上冠冕时,她喜极而泣"。[16]然而,她并不仅仅是因喜悦而流泪。同儿子一样,她也在为未来担忧。

11月,亨利·都铎从议会那里获得了实现其统治所必需的认可。议会恭敬地确认称,"英格兰和法兰西的王冠由我们无上高贵的君主亨利七世国王及其膝下后嗣继承"。但不同于其前任的是,亨利·都铎为何有权登上王位没有得到描述或解释——他的登基被当作接受神的意志,他在博斯沃思的得胜便是神意的明证:现在,他需要证明自己的虔敬。

一年之前,理查三世曾宣告过其"主要意图与热切愿望……实现教牧者之德行和清洁生活"。[17]亨利七世继续了理查三世的事业。首批颁布的法令之一便是针对神职人员的性行为问题。他还希望能以一桩忠诚而多子女的婚姻公开宣传自己的正派。亨利七世已经在母亲家中私下与约克的伊丽莎白见过数面,这个19岁的少女有着名不虚传的美貌:身量高挑,金发碧眼,五官精致端正。[18]事实上,她性格也很好,为人处世相当得体,并且十分聪明。亨利七世很幸运:征战时如此,在婚恋中也一样。

约克的伊丽莎白也借此得以了解自己未来的夫君,她意识到亨利七世会是个上佳的伴侣。他在布列塔尼的生活一度相当丰富:豪赌、喜乐舞、擅诗文。他常爱微笑,面部表情丰富得超乎寻常,但往昔的动荡岁月使得他对身边的一切都有极强的控制欲。按照传统,英格兰国王会由贴身服务的贵族成员保护其人身安全,亨

都铎王朝

利七世却代之以一名法兰西警卫——一个体格魁梧的侍从，制服上绣着红玫瑰。多疑如他，如何取得其信任，打破其防备，赢得其爱情？这是约克的伊丽莎白面临的挑战。

国王的婚礼于1486年1月18日举行。在场的人当中有欧文·都铎之子大卫·欧文——亨利七世没有忘记他的忠心。他当上国王的切肉官，用餐时伺候在国王左右，而且在之后四十年间参与所有重要的家族活动。后来他一度任萨塞克斯（Sussex）的治安长官，在平时和战时忠君如一的他因而受赐不菲的产业，受封为方旗骑士（knight banneret），又得以与萨塞克斯郡考德雷（Cowdray）的女继承人成婚。[19]他也沿袭其父的作风，不仅留下一大家子人，还有好几个私生子，有证据表明，其中有些还是他年事已高时所生。[20]

伊丽莎白和亨利七世确信自己的儿女不会有私生子的污点。爱德华四世的子女曾经被理查三世贴上的非正统标签已经被废除，博福特家族的冈特的约翰的血统也被宣告为正统，从而不再像先前一样被排除在王位继承者之外。伊丽莎白和亨利七世未来儿女的权利得到保障，与此同时，二人的婚姻也得到教宗的特别称赞，被视作约克和兰开斯特两个家族和解的基础。[21]已知的首份单面大报（报纸的前身）便是为了宣传教宗对亨利七世统治的祝福而大量印刷的。可惜所谓亨利七世实现的这一和平尚未真正稳固，理查三世派便在约克郡北部发动起义，虽然起义显得有些虎头蛇尾，但亨利七世担心未来还会有更多的起义。

沃里克伯爵爱德华·金雀花这年11岁，这位约克家族的潜在继承人、亨利七世的潜在竞争对手又被送回伦敦塔——他会在那里一直待下去。为了赢得北方的拥护，亨利七世还采取一系列更积极的措施：4月，他来到旧时是理查三世势力中心区域的首府约克，要争取这座城市的支持。和解是到访的主题。城门口装点着红白玫瑰的图案，以迎接亨利七世的驾到。[22]王室铸币厂还发行一版钱币，首次印上所谓的"都铎玫瑰"——更准确的名字是"双色玫瑰"，亨利七世的红玫瑰花瓣环绕着约克的伊丽莎白的白玫瑰花瓣。[23]最重要的是，这一联合即将迎来最初的结晶：伊丽莎白怀孕了。[24]

同年夏末，亨利国王将妻子安置到温切斯特（Winchester）——人们相信这座城市从前是卡美洛（Camelot）的首府。托马斯·马洛里爵士的《亚瑟王之死》一书首次由卡克斯顿出版后，人们对亚瑟王传奇的热情又一次被激发；而在亨利七世看来，马洛里的故事讲的正是他这个出身低微却得到王位的"无名才俊"。在马洛里的书中，国家"岌岌可危已久，因为手下有兵的贵族个个整军经武，许多都想称王"。但在亚瑟王奇迹般地将剑成功从石头中拔出后，一众凶暴的英格兰贵族不得不承认他，"不日即行加冕礼，在典礼上他发誓……从此以后，终其一生，做真正的王，为公义而立"。[25]一张据说曾属于亚瑟王的圆桌板被挂在温切斯特大会堂的墙上。亨利七世希望自己的继承人——都铎王朝的第一位王子——在这座城市中降生。

第十章

稳固后继

由仪仗队护送到温切斯特的圣斯威森小修道院（St Swithin's Priory）时，约克的伊丽莎白身子已经相当沉重。[1]她走上一个低矮的平台，在一把椅子上坐下，椅子上方是一项用华丽的布料制成的华盖，这种布料被称为"贵族布"。侍臣们排成一列，遵循请安的规矩，一个接一个向她献上葡萄酒和香料，随后仪仗队继续前进，王后与众女官退入内室休息。按照计划，分娩前她会在此静养三四周。但临产期比预计的早。玛格丽特·博福特在自己的祷告书中记录的时间是1486年9月20日"凌晨1点之前"——成婚过后仅仅八个月。[2]所幸产下的是个健康的男婴。亨利七世给孩子取名亚瑟，与那位传说中的英雄同名——这位英雄的墓碑上写着一句预言："亚瑟安息于此，他曾经为王，且将要为王。"[3]

根据兰开斯特家族的先例，玛格丽特·博福特为王子未来的起居和洗礼仪式起草了详细的说明。同兰开斯特王后安茹的玛格丽特一样，从此以后，约克的伊丽莎白要把众子女送到特定的房间、特定的床上：房间四壁的挂毯装饰着金色鸢尾图案，床的上方是一顶绣着金冠的绯红缎子华盖。[4]要容许婆婆过问自己的生活，甚至插手最私密的诸事（玛格丽特正是这么做的），这对伊丽莎白而言并不容易。玛格丽特的指令涵盖育儿事务的方方面面，还涉及儿子和儿媳的私人房间。比如她曾下令，奶娘给伊丽莎白的孩子哺乳时要有一名医师在旁监管，又下令国王的床榻须由警卫每日检查，要"跳上床去，左翻右滚"。[5]而且她总在那里，她瘦小的身影几乎成了无从逃避的存在。在近牛津的伍德斯托克府邸，玛格丽特和国王的居所是相通的，由一间避客室连接在一起，而在伦敦塔中二人的房间只有一墙之隔。伊丽莎白不论何时出席重要庆典，玛格丽特总是伴其左右，身着"酷似王后的衣衫裙氅，头戴一顶华美的冠饰"，有时则穿着一模一样的"血红色长袍，装点着白色的松鼠腹毛"。[6]这是在公开宣告二人地位相当。

虽然玛格丽特的正式称谓仅仅是"国王的母亲阁下"，但除了缺个名分，她俨然就是王后，并且一如既往地对儿子影响极大。"我十分乐意顺您的心意而行，使您畅快，"亨利七世曾写信给母亲，"我相当明白，就如一切生灵一般，我必须这样做，以回报那伟大而独特的母爱和深情——帮我扶我，您从来心甘情愿。"他难以忘记1483年和1485年她曾两度冒着生命危险为他密谋，正因如此，他授予玛格丽特"单身妇女"的一系列权利。通常，妇女的土地和法律地位会在结婚时归于丈夫，只有在守寡后才能以"单身妇女"的身份成为一家之主。玛格丽特虽为人妇，却能如寡妇一般拥有自己的财产，还能经营生意；如此一来，除了国王，她便不受任何人辖制。亨利七世也仍然重视她对事务的判断。她家中的旧仆常常继续为亨利七世效劳，她也在外交方面扮演着重要的角色，在伦敦的冷湾府邸接待各路显贵。

论规模和气派，玛格丽特的府邸仅次于王宫。一个仆人回忆道，圣诞节时，她家大厅中为到访的富绅供应吃喝，从早晨9点一直到晚上7点都不间断，穷人也从不会被拒之门外，"只要他多少算个老实人，就能进入巴特利（Buttery，也就是酒窖），随心畅饮"。"很少有国王能够超越"玛格丽特所享受的服侍。这仆人还记得，有一年圣诞节，他当她的切肉官，带领由25名骑士组成的仪仗队来到她桌前。她坐在华盖之下，与她并排坐着的是她的客人约克的塞西莉（Cecily of York），这位常客是爱德华四世最美的女儿。[7]

塞西莉原已许配给理查三世的盟友之一，博斯沃思战役后，婚约被解除。在1487年（一说是1488年），经玛格丽特筹划，这位18岁的少女与表兄理查·韦尔斯（Richard Welles）成婚。玛格丽特仍然忠于自己非王室的亲属，但她将这一关怀延伸到塞西莉和约克的伊丽莎白身上。尽管嫁给一个大她20岁的男人，塞西莉却相当依恋玛格丽特，甚至在1499年寡居后仍然继续去玛格丽特家敬拜。后来，塞西莉于1502年再婚，嫁给一位门第低微的绅士，这触怒了国王，玛格丽特却维护她，给了这对夫妇安身之所，直到国王原谅二人。[8] 只有了解这样一位慈爱但有时又相当专横的女家长，我们才能理解玛格丽特·博福特与其儿媳之间千头万绪的有趣的关系。

玛格丽特预备着几间屋子，以便随时迎接约克的伊丽莎白的来访，而且牵挂着儿媳的健康和幸福。在伊丽莎白一次生病康复后，玛格丽特向神道谢，因为"王后和我们可爱的孩子们全都健健康康"。[9] 当然，约克的伊丽莎白有时也会觉得婆婆令人恼火，但是西班牙人称伊丽莎白"处于国王的母亲的掌控下"且因此相当怨愤，这至少部分是受历史悠久的婆媳冲突文学的影响而异想天开的结果。约克的伊丽莎白足够聪明，很快便明白应当接受玛格丽特，不仅为着其关爱，也为着其忠诚。数十年来，这两个女人密切合作——不仅共同教育子女，也联合开展诸多慈善项目。1489 年 11 月 28 日，亨利七世和伊丽莎白的第二个孩子出世，这次是个女孩，随"国王的母亲阁下"，他们给孩子起名为玛格丽特。[10]

这位慈爱的新晋祖母为公主洗礼仪式的每个细节一一做准备，还送她一个装满金子的镀金银箱子。[11] 正如玛格丽特·博福特是为王朝奠基的关键人物一样，玛格丽特·都铎日后将成为左右王朝未来的关键人物，但在当时，政治的焦点仍然是她的兄长，作为亨利七世继承者的亚瑟。1489 年，这名 3 岁的男孩已经被册封为威尔士亲王，王室定期为亚瑟的仆从和他本人派送衣料，包括白色天鹅绒、锦缎、貂皮和黑山羊皮。

在玛格丽特·都铎出生 18 个月后，1491 年 6 月 28 日，她的弟弟——未来的亨利八世——在格林尼治宫诞生。约克的伊丽莎白是多产的：1492 年 7 月，第二个女儿出世，取名伊丽莎白。这是亨利七世唯一一次允许自己孩子的名字与王后家庭的联系强过自己：这是在安慰他妻子的丧亲之痛——她的母亲刚刚过世。令人惋惜的是，小伊丽莎白 3 岁便夭折。1496 年，又一个女儿出世，名为玛丽，这孩子要幸运一些，而且长得非常好看。未来还将有两个孩子夭折：生于 1499 年的埃德蒙和生于 1503 年的凯瑟琳。

在养育这个双色玫瑰家庭的同时，亨利七世也继续努力弥合精英阶层之间旧日的分歧。他的顾问中既有如贾斯珀·都铎这样的老兰开斯特人，也有如威廉·斯坦利爵士这样的爱德华四世的旧仆，后者此时成了王室宫务大臣。就连从前的理查派也获准靠努力逐渐重获恩泽。在博斯沃思战死的诺福克公爵（"杰克"）之子，萨里伯爵托马斯·霍华德（Thomas Howard, Earl of Surrey）当上财务大臣。然而对多数英格兰人而言，亨利七世依然是个谜。1512 年编撰的《伦敦大编年史》仍然只是谨慎地写道，国王是"一名从布列塔尼来的富绅，里士满伯爵之子"，在塔中的两位王子死后，"应众人之劝说登基继位"。[12]

亨利七世没有就其过去做出历史意义上的解释，而是着力宣扬其统治出于神意，即这是神介入此世的结果。在他 9 岁时，圣尼古拉出现在他的母亲面前，建议她嫁给埃德蒙·都铎的故事开始流传，而亨利六世也曾预言过亨利·都铎要称王，随着对亨利六世崇拜的日益增长，这一预言甚至变得更为意义重大。理查三世把亨利六世的遗骨从彻特西修道院迁到温莎的圣乔治礼拜堂（St George's Chapel），希望借此为兄长赎弑君之罪，并且控制邪教。有亨利六世的吸引，这一墓地从此成为一大朝圣地，可以与国际知名的坎特伯雷的托马斯·贝克特（Thomas Becket at Conterbury）圣陵匹敌。他正为自己伯父得宣福*而奔走[13]。然而，真正确立亨利称王之为神意的却是博斯沃思战役，他曾豪迈地写道："神照着自己的意思将王冠给了我们，且一道给了我们首战的制敌大捷。"[14]亨利七世的问题是如果他未来战败，关于自己是被神所拣选的宣言就将遭到重创。他的敌人们只需要发明一套新的叙事方式，只需要扶立起他们自己的"无名才俊"，便能一呼百应。

亨利七世对仍存在的来自约克人的威胁相当紧张，他对待伊丽莎白·伍德维尔的态度便是明证。在亚瑟的洗礼仪式上，这位旧王的遗孀曾是一位重要人物，然而五个月后的1487年2月，她继承自亡夫的土地已经转到约克的伊丽莎白名下，她本人则进了修道院，最终于1492年死在那里。[15]历史学家们猜测，这要么是缘于她痛失二子，要么是因为玛格丽特·博福特视之为竞争对手，

---

* 宣福礼（Beatification）是天主教会追封已过世人的一种仪式，意在尊崇其德行，认定其信仰足以升上天堂。——译者注

想叫她让开。但波利多尔·弗吉尔相信是亨利七世不想看到她，而且她进修道院与1487年2月出现在爱尔兰的一个男孩有关，这个男孩自称是沃里克伯爵爱德华·金雀花，是英格兰的合法国王。尽管亨利七世已经让人把真的金雀花从塔里带出来，并且到伦敦的街上示过众，但并非人人都能确定真的太子是哪个。[16]亨利七世担心这个王位觊觎者会因此被人利用，成为约克家族用以推翻他的一面旗帜。这个想法不无道理。在这一意义上，伊丽莎白·伍德维尔留在宫中对亨利七世极为不利：不论她对亚瑟多么忠诚，她这个小外孙是都铎家的人，而她本人却总会让人想起约克家的旧日荣耀。[17]

王位觊觎者阴谋背后的几个扑朔迷离的人物不久便浮出水面。第一个是爱德华四世的外甥，林肯伯爵约翰·德拉波尔：一直到亨利八世年间，以他为首的三个兄弟仍在给都铎王朝制造麻烦。据信，理查三世已经指定林肯伯爵为其继承人，而其姨母勃艮第公爵夫人玛格丽特（Margaret, Duchess of Burgundy）已经招募了瑞士和德意志的雇佣兵，组成一支军队听其调遣。公爵夫人在勃艮第人称大夫人（Madame la Grande），她是勃艮第勇敢的查理的遗孀。[18]今天的法兰西共和国仅有一个省顶着勃艮第的名字，但在1468年公爵夫人结婚时，这一公爵领地是个强大的势力范围，不仅包括今天的勃艮第，还囊括今天的法兰西共和国西北大部、比利时和荷兰。勇敢的查理曾分出自己军队的一部分支援大舅子爱德华四世——1471年他正是领着这支军队推翻了复辟的亨利六世。没有理由认为都铎家族这一"重生"的兰开斯特王朝不会同样被推翻。

1487年4月，林肯伯爵率军起航，从勃艮第来到爱尔兰，加入王位觊觎者的队伍。他的祖父做过这片土地的治安长官，所以在此他不乏友人迎候。与此相反，亨利七世却得罪了爱尔兰最有权势的人物基尔代尔伯爵杰拉尔德·菲茨杰拉德（Gerald Fitzgerald, Earl of Kildare），因为他拒绝确认此人为代理治安长官。林肯伯爵一登陆爱尔兰便受到基尔代尔伯爵的热情欢迎，他立即承认男孩为"真正的"爱德华·金雀花。5月24日，这位王位觊觎者在都柏林加冕，称"爱德华六世"，加冕用的是一枚从圣母马利亚像上取来的金戒指。次月，在基尔代尔伯爵的支持下，以"爱德华六世"为首，林肯伯爵发动了爱尔兰对英格兰的唯一一次进攻。

根据都铎方面的记录，觊觎王位的男孩真名叫兰伯特·西姆内尔（Lambert Simnel），是牛津一个手艺人的儿子，为了扮演"王"这一角色，他被交由当地的神父培养。[19]林肯伯爵在牛津附近有产业，人们认为是他为男孩所需的教育付钱。然而在人前，他和其他指挥官不得不把这孩子当作他们的"王"对待。在兰开夏的弗内斯（Furness in Lancashire）登陆后，反叛者们飞速东进，越过奔宁山脉（Pennines），进入文斯利代尔谷（Wensleydale），一路高举爱德华六世的横幅招兵募员，继而南下。这群反叛者的核心成员是一班约克人，此外，队伍中还包括新招募的英格兰人、4000名爱尔兰人和勃艮第的玛格丽特提供的1500名德意志雇佣兵，人称"乡兵"（Landsknecht）。这些乡兵的样子十分骇人，他们衣衫色彩绚丽，是从阵亡的对手身上扒下来的，由于衣服并不总是合身，他们便将其撕烂并捆扎起来；他们的帽子同样装饰着绚丽花哨的羽毛。这样的装束引领了欧洲许多宫廷的服饰潮流——虽没有雇佣军服装上阵亡敌人的斑斑血污，却更增加了人们目睹这些人进攻时的恐惧。

林肯伯爵军队的规模和1485年亨利的入侵军队规模相当。在伦敦，都铎王权的脆弱暴露无遗：当谣言传来称反叛者得胜时，人们纷纷上街为"爱德华六世"庆祝。然而，亨利七世已经为迎敌做好准备。他曾经到英格兰的著名圣地沃尔辛厄姆（Walsingham）向圣母马利亚祷告过，而当他在中部地区等待反叛者到来的消息时，他手下的军力是对方的两倍。其中包括"德比伯爵（Earl of Derby）——其继父托马斯·斯坦利的手下——的大批兵马"。消息终于传来，亨利七世与"我亲爱的妻子和……我亲爱的母亲"道过别，便与贾斯珀·都铎一道，从沃里克郡的凯尼尔沃思城堡（Kenilworth Castle in Warwickshire）出发北上，迎战反叛者。

在诺丁汉郡的东斯托克（East Stoke in Nottinghamshire）村子附近的山坡上，两军会面。"两方都全力激战，"波利多尔·弗吉尔记录道，"作战经验丰富的德意志人打前站，不让英格兰人分毫……尽管爱尔兰人作战极其勇敢，但因为（按照他们国家的传统）没有盔甲护体，所以伤亡惨重，他们的惨死给其余战斗者造成了不小的惊恐。"数以百计的爱尔兰人阵亡，林肯伯爵也被杀，"被反叛者称为爱德华国王"的"男孩"西姆内尔则被俘。[20]

得知儿子得胜的喜讯，玛格丽特·博福特在自己的祷告书中写下一段庆贺的话。随抄的一则祷词也热切地祈求"全能的神"施恩，保佑"我们的亨利国王能统治这国，且增加荣耀"。[21]她明白儿子依然面对着一个重大难题，那就是如何重新唤起约克人的忠心。而亨利七世立即着手这一工作，启动取道约克家族势力中心的北巡，并宣布即将为妻子行加冕礼。加冕礼于11月举行，在此之前还有河上的盛装游行。在王后加冕前举行河上盛装游行，这是史上首次。[22]场面相当盛大。高挑美丽的约克的伊丽莎白乘坐一艘装饰着织锦的大驳船，领着载满贵族的数艘驳船出现时，众人都欢呼喝彩。但即便在盛典当中，暴行也呼之欲出。那个星期日，约克的伊丽莎白要从威斯敏斯特王宫步行到威斯敏斯特修道院受冕，众人争抢为她踏足而铺设的细布，甚至大打出手，于是游行变成一场血腥的闹剧。传统上，加冕仪仗队一旦走过，人们便可以瓜分铺地的布料，但这次的见者有份让人们发狂，甚至"有人当着（王后的）面被打死"。[23]

当晚的宴会要庄重一些，因为庆典有玛格丽特·博福特和国王时时透过窗棂留意。第一轮上了23道菜，第二轮上了29道菜，菜品从雏鸡和鲈鱼到"巧夺天工的肉冻堡"，不一而足。10岁的兰伯特·西姆内尔很快也会进御厨干活，负责在这样的场合翻动烤叉。亨利相信，要消灭西姆内尔的国王光环，羞辱比死亡更为有效。不论此人出身如何，他毕竟受了圣油的膏抹，而这膏抹也产生了功效。西姆内尔最终当上国王的驯鹰官，一直活到下一个世纪。[24]然而，无论是成功终结倾覆阴谋，还是约克的伊丽莎白盛大的加冕礼，对稳固亨利七世地位的作用都有限。

据说，林肯伯爵和其他反叛军队的指挥官在东斯托克被埋葬时，在心脏位置都被插上青青的柳枝，以防他们再起来烦扰活人。[25]然而，约克的伊丽莎白消失的两个兄弟的心脏位置却没有插柳枝。二人不仅死不见尸，就连其灵魂也仿佛下落不明。为写作本书，我进行的研究并未发现有记录提到过人们曾为死去的两位王子公开祷告或做过弥撒。[26]人们会捐资为所爱之人的灵魂做弥撒，但亨利七世大概不想这样，因为如果为二人捐建教堂，这座教堂便很可能成为人们狂热崇拜的中心，而这正是他想要避免的。然而，不为二人做弥撒又会让民众感到非常奇怪。

为逝者祷告是中世纪宗教信仰至关重要的组成部分。1485年12月，为重建自己最喜爱的修道会——苦修克己的格林尼治谨行托钵僧修会（Observant Friars at Greenwich）——亨利七世曾发布一道特许状，在其中他提到为逝者献弥撒是"虔诚与恩慈最重要的工作，因为灵魂能借此得到净化"。[27]借着祷告和弥撒帮助所爱之人的灵魂跨过炼狱抵达天堂，不这么做是难以想象的。另一方面，为尚在世的人做安魂弥撒则类似诅咒——这事实上是在祷告要他们死去。显然，没有人为两位王子祷告这一事实引发了一个问题：他们还活着吗？而正如弗吉尔所言，仅仅4年之后，"爱德华国王的一个儿子"仿佛"从死人当中复活了……少年名叫理查"。[28]这对亨利之为人为王都产生了毁灭性的影响。

第十一章

失落的王子

根据英格兰宫廷中流传的说法，1483 年，约克公爵被派去暗杀 10 岁的理查，但他无法对"这么小的孩子"下手，反倒帮男孩逃离伦敦塔，并送他去欧洲大陆，告诫他永远不要表明自己的身份。人们印象中"快乐又机智"的理查再次出现在人前是 1491 年，这时他已经是个 18 岁的英俊少年，患有弱视，在爱尔兰的一间布料行做事。尽管亨利七世派出的探子得出结论，称这个模仿老板设计丝绸服装的少年其实是在勃艮第的图尔奈（Tournai）出生的，但据说他身上有 3 处可证明其身份的印记。在爱尔兰，人们叫他"孤儿小彼得"，用荷兰语说是皮埃尔金·韦兹贝克（Pierrekin Wezebecque），到英语里就成了珀金·沃贝克（Perkin Warbeck）。他模仿设计的丝绸服装相当贵气，和他后来得到的荣耀不相上下。

没有记录提到修道院中的伊丽莎白·伍德维尔对儿子"理查"可能仍然活着的消息有何反应。不过我们知道的是，亨利七世待她一直不错。到 1490 年，她得到一笔年金，补偿她转到女儿名下的土地。甚至在珀金现身之后，国王还送了50马克的圣诞礼物给"最亲爱的伊丽莎白，我亲爱的妻子的母亲"。[1]然而她1492年7月去世时，却"秘密地"入土，"无人为她的死唱一首肃穆的挽歌"，甚至"无人为她操办过任何庄严的哀悼仪式"，只置办一辆灵车，"和平头百姓用的那种一样"。有人猜测这是为了满足她的遗愿：她希望自己下葬时"不掺浮华"，固然，亨利五世也曾表示自己的葬礼要弃绝一切"当受诅咒的奢侈"，而在未来，亨利七世也将努力避免自己的葬礼上演过分的"浮华"，但他们依然期望得到庄重堂皇的安葬，而他们也确实得到了在中世纪最为庄重堂皇的葬礼。[2]伊丽莎白·伍德维尔显然没有得到如此待遇，这在当时也引发了一些负面评论。亨利七世依然相当紧张，他不愿助长人们对约克王朝旧日荣耀的追怀。

同兰伯特·西姆内尔一样，珀金也有一位强大的外国后援——法王查理八世，而顶着"约克公爵理查"这个新名字离开爱尔兰的他正要去往法兰西。亨利七世支持布列塔尼独立让查理八世相当恼火，此刻他想推翻这个自己在1485年曾为对抗理查三世而支持过的国王。亨利七世认为，发现任何威胁应一概全力打击，所以立即派出一支1.5万人的军队包围布洛涅（Boulogne）。因为在战场上表现英勇，欧文·都铎的儿子大卫·欧文爵士受封为方旗骑士，围城战也通过签订和约以亨利七世胜利告终，亨利七世在和约中放弃对布列塔尼独立的支持，并得到他最想要的两样东西：他获得一笔年金，为其未来提供保障；同时，珀金被驱逐出法兰西。

对亨利七世而言相当倒霉的是，珀金仍然是自由身，他继续逃往勃艮第，作为勃艮第公爵夫人玛格丽特失散多年的侄儿，他受到了这位爱德华四世的妹妹的欢迎。亨利七世的生命中有两个相互敌对的玛格丽特：一个是他慈爱的母亲，另一个便是这位公爵夫人。1480年公爵夫人最后一次到爱德华四世的宫中拜访时，两个玛格丽特曾见过一面。³ 和爱德华四世一样，公爵夫人长得很高大，比玛格丽特·博福特高出一大截，后者后来轻蔑地谈道，勃艮第的女人似乎都有一双大手。她的模样也令人生畏：腰板直挺，态度拘谨，不苟言笑，长着一双灰眼睛，而且"眉目间透出智慧和意志"。在英格兰，一些人坚信女人是她们自己情绪的囚徒，他们认为公爵夫人支持珀金的动机是基于为理查三世复仇的疯狂欲望。波利多尔·弗吉尔曾说过，她对亨利七世怀着"无底的仇恨"；编年史学家爱德华·霍尔则写过她在着手"吸他的血，谋划他的灭亡"时那"发狂般的心境"。事实上，公爵夫人的行动全然是为着勃艮第的利益，而她也一直与自己继女一家密切合作。

1482年，公爵夫人深爱的继女玛丽（Marie）过世后，玛丽的儿子美男子菲利普（Philip the Fair）继承勃艮第公爵领地。年迈的公爵夫人从此便与菲利普的父亲哈布斯堡的马克西米利安（Maximilian）密切合作，后者于1493年成为神圣罗马帝国皇帝，并任勃艮第的摄政王，直到1494年菲利普16岁为止。亨利七世与法兰西的和解令这个与法兰西为敌的家族深深担忧。但他们可能也怀有野心，想要从亨利七世手中夺得英格兰，就像后者先前从理查三世手中夺得这片土地一样。马克西米利安是冈特的约翰的正统后人，珀金成为推翻亨利七世的工具后，马克西米利安曾经冷淡地评论道："他可以随心所欲（ad libitum suum）地处置公爵。"[4]

亨利七世原本可以通过证明珀金自称的身份不实来解决问题，但他拖了很久才开始着手寻找塔中两位王子的尸首——他不愿冒这个险，因为很可能会发现少了一具尸首。他另想一条妙计，根本无须提及两位王子，便可以令约克公爵小理查的死广为人知。他要把这男孩的头衔授予自己的次子。[5]

亨利七世的决定必曾令深爱自己弟弟的约克的伊丽莎白相当痛苦。弟弟失踪已有十九年之久，她却仍然时不时给他当年的奶娘送礼。[6]但在1494年11月，当她弟弟的头衔被授予自己3岁的儿子"约克公爵，哈里勋爵"（Lord Harry, Duke of York，Harry疑为Henry之误，后文Harry与Henry并存，为方便阅读，之后统一译为亨利。——编者注）时，她还是恭顺地参加庆典。这次盛典令这位未来的亨利八世毕生难忘。比武和宴会持续了3天，为了游行，约克公爵穿上一套迷你盔甲，而比武后的颁奖则由他5岁的姐姐玛格丽特公主负责。

但他们的父亲相当清楚，席间有叛徒。亨利七世派往勃艮第的探子"劝服"一个英格兰谋反者，他透露，人们已经制订了刺杀国王的计划，并预备之后发动入侵。[7]亨利七世的孩子们将被剥夺继承权——也可能被杀，而"约克公爵理查"将被扶立。叛徒当中至少有一人与都铎家族的关系相当密切，他便是亨利七世继父的兄弟威廉·斯坦利爵士。[8]1485年威廉·斯坦利爵士的军队打赢博斯沃思战役后，国王便对他青睐有加，据说他是英格兰最富有的平民。然而据传，爵士曾说过，如果约克公爵理查还活着，他绝不会与之对抗。在接下来的几周里，亨利七世静观其变。

圣诞节的庆祝活动照例极度铺张。上一年威廉·斯坦利爵士是在威斯敏斯特王宫与国王一家共度主显节的。当时，"圣乔治"和一名美丽的少女带领着一条喷火的龙穿过大厅，12名戴着面具的男女随之鱼贯而入，开启各样歌舞节目。音乐奏响，男人们舞之蹈之，礼服上的金片纷纷坠下，散落一地。夫人小姐们的动作整齐划一，她们身着长裙，仿佛是在滑行。接着，在闪烁的烛光中，美酒佳肴摆上桌。娱乐活动一直持续到破晓。[9]然而到了1495年1月7日这天，威廉·斯坦利爵士却身败名裂。一个探子站出来向亨利七世"揭发"一切，亨利七世下令逮捕爵士。

威廉·斯坦利爵士以为，他只不过是说过自己不会对抗约克公爵理查，如此之轻的罪行必然能获得国王的宽宥。但是弗吉尔记录道："亨利七世担心如此仁慈会害了自己——若威廉免于惩罚，则会鼓动其他人做类似的蠢事。"1495年2月，这个曾在博斯沃思战场上救过国王性命的男人被处死。对在博斯沃思带领红衫军赶来救他性命的威廉，亨利七世最后的道谢是给了刽子手10英镑，要他尽可能快而无痛地杀死威廉。遭到这样一个人的背叛，让亨利七世对被暗杀的恐惧更深，狐疑日增的他退回自己的内室。国王遭到至亲好友背叛的戏码已经不是第一次上演：爱德华四世遭弟弟克拉伦斯公爵背叛，爱德华五世遭叔父理查三世背叛，理查三世也遭盟友白金汉公爵背叛。

此刻，决意求存的亨利七世控制自己王国的愿望更强了。贵族被边缘化，出身寒微、一切都拜他所赐的官员则得到重用，但这些人当中也没有几个得到国王册封成为新贵族。他登基时贵族人数一度达55位，但到他过世时仅剩下42位。[10]不同于先前英格兰国王的一贯做法，亨利七世没有与精英阶层共同治国，而是令他们时刻处于畏惧之中：对于这些人的罪行，不论是真实的还是捏造的，亨利七世均强征罚款，而且强令他们签署契约以保证自己的行为合宜。亨利七世每年只要求他们偿还一点点——前提是这些人仍得宠信；一旦失宠，他们便会身败名裂。亨利七世站在法律的边缘施行统治，通过扩大私人权利保全公共地位。钱财滚滚而来，王室的账本由他自己亲手填写，分毫不差。他的权力日增，王者风范却日减。与此相反，勃艮第的珀金却像1485年时的少年亨利一样，这个"无名才俊"正在等待时机。

珀金是带着一个朝廷流亡的。1495年7月，他已经万事俱备，带领14艘船和6000人的大军从勃艮第起航，要夺回"属于他的"王位。[11]珀金已经培养起十足的王子气质，但没有任何战斗经验。抵达肯特的迪尔（Deal）后，163人的先头部队一上岸就被悉数消灭，珀金带着其余人逃跑，继续航行去往爱尔兰，然后抵达苏格兰，最终在22岁的詹姆斯四世的宫中寻到庇护。这位苏格兰国王至少乐意假装相信珀金就是理查——烦扰英格兰国王历来是苏格兰君主喜欢的一项消遣活动。[12]他安排珀金与宫中年轻美丽的凯瑟琳·戈登（Catherine Gordon）小姐成婚，并同意与珀金一道进军英格兰。

珀金拟好一份宣言，指望在宣言的鼓动下，一出兵就能有人为他揭竿而起。在宣言中，亨利七世被描述为"威尔士乡下出身低微的欧文·都铎"的孙子，他篡了位，无情地增加税赋，终止与勃艮第之间蓬勃发展的贸易，以平头百姓取代贵族，又借财政契约逼迫他们，破坏神的秩序。[13]珀金承诺将终结这一恶政，重建"父亲"爱德华四世的"善治"。对詹姆斯四世而言，珀金能登上王位固然好，但更吸引他的在于，打击这个讨厌的邻国在苏格兰能得人心，还有机会进行大规模劫掠。进攻伊始，詹姆斯四世和他带领的苏格兰军便"毁田坏地，洗劫屋舍和村庄，然后付之一炬。抵抗者俱惨死其刀下"。[14]这令北英格兰为珀金揭竿而起的幻想成了泡影，惊恐的珀金撤回苏格兰，开始思量下一步该如何行动。

面对这一对自己统治的威胁，亨利七世再一次想要以攻势打压。他强征重税，组织了一次对苏格兰的大规模报复性进攻。但意料之外的事发生了。苏格兰军还没有反攻，康沃尔（Cornwall）的贫苦居民便不堪重赋，揭竿而起，他们一路向东，直到1497年6月17日被亨利七世击溃——当时他们已抵达布莱克希斯（Blackheath），距离格林尼治王宫不过2.5英里。反叛首领"奥德利勋爵（Lord Audley）被人从纽盖特监狱带到陶尔希尔（Tower Hill），穿着破烂的纸衣，上面倒画着他本人的徽记"。[15]其他反叛者或被卖作奴隶，或被没收土地，或被罚以重金。9月3日，西面的硝烟还未散尽，在牛津郡的伍德斯托克，两名意大利使节获准觐见亨利七世。

亨利七世在欧洲相当出名，人们知道这个国王拥有大量财富，所以两个意大利人迫不及待地要见他。他们被人领着进入皇宫深处，经过的屋子一间比一间装饰豪华，最后他们来到一间"小小的厅"，厅中挂着"阿拉斯"（Arras）——一种用纯金线织成的壁毯。亨利七世站在厅的另一端，一只手放在一把镀金的座椅靠背上。他戴一顶黑色便帽，上面别着"一大颗钻石和一颗极美的珍珠"。一件金布包边的紫色斗篷垂到地上，他项上的颈圈镶了4排宝石和珍珠。王子亚瑟与他并排站着。差一个月满11岁的亚瑟长得颇高，而且"异常俊美优雅"。王子与两位使节聊了几句，一口拉丁语相当流利，这证实了外交圈子中流行的说法：作为西班牙的费迪南德（Ferdinand）和伊莎贝拉（Isabella）未来的女婿，他"无出其右"——亨利七世先前与这两位西班牙君主签订一项友好条约，而亚瑟和二人的女儿阿拉贡的凯瑟琳的婚事将成就此条约。亨利七世也得到"仁慈"和"庄重"的评价，他那清晰得体的法语令他们赞赏不已。[16]

用过晚餐，两位使节与亨利七世单独会面，之后又被邀请面见王后。在另一间小屋子里，二人见到了约克的伊丽莎白，身着挺括金布制成的衣物的她极为"俊美"。这种华贵的织物是将金子锤打成长条绕在丝绸的布料芯上织成的，有时为令其有特定颜色，会与绿色、红色或白色的线交织，身着这类衣物时最好站立。如果坐下，弄弯了金属，衣服上就会留下深深的褶子。伊丽莎白身旁是她娇小而精力充沛的婆婆，还有她的次子——6岁的约克公爵亨利。[17]未来的亨利八世在当时人的眼中是个爱笑的男孩，有着赤褐色的皮肤和红色的头发，穿着绿色的金布外套，圆圆的粉红色面庞上两只细长眼睛总是躲避着他人的目光，牙齿雪白。两个意大利人被告知，西部反叛势力的中心发生饥荒，这表明"国王有永生神的护佑"。[18]两个儿子也表明他后继稳固，亨利七世在他们眼中也是沉着而自信的——这正是他希望展现出来的形象。

然而这只是表象。亨利七世正紧张地观望着，不知道珀金下一步会做什么。答案很快就来了。短短四天后，珀金便在康沃尔的怀特桑德湾（Whitesand Bay）登陆。仅仅几周之内，已经有

8000人聚集在他的战旗下——旗上画着一个男孩，正从坟墓中爬出来，埃克塞特也被包围。[19]但当规模更大的国王军队南下时，珀金缺乏作战经验的缺陷便又一次暴露。他试图逃脱，但很快便与妻子一道被生擒。凯瑟琳·戈登得到不错的待遇，亨利七世把她当作被珀金欺骗的受害者，在王后宫中为她找个体面的居所。约克的伊丽莎白的感受又一次被忽略，有段时间她不得不看着这个自称是她死去兄弟的男人在宫中出入，人们还不断地要他承认自己是个出身低微的图尔奈人。[20]

关于珀金确实是金雀花家族之人的传言继续流传着，他的处境也因此而日渐艰难。他曾计划过一次"逃跑"，但未遂，他被戴上刑枷，饱受凌辱，然后被送去塔中，关进地牢。对于珀金，亨利七世是眼不见心不烦，于是便安排他在宫中诵读自己的个人史，这部官方历史对其人生和登基之事极尽美化。[21]故事模仿传说中赫拉克勒斯的十二伟绩，题为《亨利七世的十二场胜利》（*The Twelve Triumphs of Henry VII*），描述神如何帮助他从勃艮第公爵夫人的阴谋诡计中脱险，后者在故事中扮演朱诺（Juno）——赫拉克勒斯的冷血仇敌——的角色。[22]

珀金后来又在宫中出现一次。1498年8月，勃艮第的一位主教请求与之会面，亨利七世同意放他出塔，而且建议西班牙使节也见见他。亨利七世希望借此表明珀金对他已经不再构成任何威胁，以此让费迪南德和伊莎贝拉放心。照着定好的日子，珀金被从塔中带出来——西班牙使节确认在塔中"他看不见太阳，也看不见月亮"。他显得很虚弱，"模样变了许多"，使节甚至认定他已时日无多。[23]亨利七世问珀金为何要假称约克公爵理查。珀金相当听话地把责任推给勃艮第公爵夫人玛格丽特。御衣账目（Great Wardrobe Accounts）中有一处之前无人注意到的细节，表明亨利七世对珀金的表现相当满意：在11月，亨利七世甚至赐给珀金一件崭新的黑色锦缎紧身上衣，还有供他在塔中穿用的新衬衫和裤子。[24]但仅仅几个月之后又发生一件事，令西班牙方面仍旧无法确定都铎王朝的未来是否长远。

和珀金一道被关在塔中的还有一个人：约克家族真正的最后一位男性继承者，沃里克伯爵爱德华·金雀花。1486年约克人发起第一波骚乱后，11岁的爱德华被关起来，彼时他刚接受玛格丽特·博福特短短几个月的照料。1499年2月，又一个骗子站出来，自称爱德华·金雀花，此人随后被捕，并且很快被绞死。但此刻，西班牙人意识到塔里确实关着一位王子，此人在未来仍有可能成为反对都铎王朝思潮的源头。西班牙人给亨利七世送去一封信，强烈暗示要想亚瑟与阿拉贡的凯瑟琳的婚事不告吹，那么保住爱德华·金雀花性命的想法对他来说就过于奢侈了。这一威胁给亨利七世极大的打击。费迪南德国王和伊莎贝拉王后已经又一次攻下格拉纳达（Granada），赶跑侵略者，统一后的西班牙站到欧洲强国的前列。亚瑟与二人的女儿成婚将向世界宣布都铎王朝配得上欧洲强国的接纳。但亨利七世要为之付出的代价太大，他退缩了。到了3月，他已经极度烦恼，以至于一个朝见过他的人认为，他一个月之内老了20岁。

亨利七世有几个方济各会的告解神父，他常常（有时甚至天天）与他们"私下交谈"，葬着劝人认罪的圣徒樊尚·费雷尔的瓦纳大教堂也仍在接受他馈赠的各种昂贵礼物。[25] 告解要求人坦诚地检视良知，治国却不得不残酷无情，毫不夸张地说，夹在中间的亨利七世已经被撕裂，左右为难。这年大斋期间，他一面艰难地做着决定，一面日日听着布道，"一天剩下的时间也都在祷告中度过"。[26] 最终，他说服自己相信，通过考验爱德华·金雀花的忠诚，他便能为自己开脱，如果发现这个囚徒有意造反，那么将其处死就不再是十足的谋杀，而会是一个无愧于心的决定。

亨利七世选择珀金当他的代理人，进行煽动工作。穿上崭新的黑色锦缎服装，珀金心中燃起受国王重用的希望，他还换了个舒适的房间，住到爱德华·金雀花的楼下，这更增强了珀金的期待。珀金尽职尽责地与被囚的王子接触，而且发现要想骗他并非难事。现代法医心理学家注意到，幼年起即被囚的人直到成年后依然会像个孩子。[27] 在这个长年被囚塔中的人身上，这一点相当明显。他24岁，总是满腹牢骚，相当没有见识，据说甚至不清楚鸡和鹅有什么差别。

1499年夏，珀金说服这个幼稚的"牺牲品"，称自己制订了一个计划，能让他俩都获得自由，其中一人还能登上王位。爱德华·金雀花听着，几乎没有插过嘴，但就因为没有叫停这一计划，他便犯了叛国罪。8月3日，"东窗事发"。珀金接受审问，在最终坦白自己不是金雀花家族的人之后，于11月23日被当成一个普通罪犯绞死在泰伯恩（Tyburn）。不论曾经多么希望得到重用，他都"平静地"接受自己的死。到星期四下午，一头雾水的爱德华被带到陶尔希尔，金雀花家族最后一名男性人头落地。西班牙使节得意地高呼道："可疑的王族的血一滴也没有留下，唯一的王族血脉便是源自国王和王后，最重要的是源自威尔士亲王的纯正血脉。"[28] 阿拉贡的凯瑟琳和亚瑟王子的婚事现在可以成真了，新娘后来曾不悦地说，这门婚事是"在血里结下的"。[29]

亨利七世让人把爱德华·金雀花葬在一处家族墓穴中，紧邻他的外祖父"造王家"沃里克伯爵。[30] 但他这一行为之残暴无以掩饰。就连总为都铎家族辩护的波利多尔·弗吉尔也记录了"全体人民"如何为约克家族最后子嗣的"死而举哀"："究竟为何？这不幸的男孩竟被囚禁，不是因为自己有什么过错，只是因为家族之人犯了罪；为何他被关在狱中这样久，而这好少年在狱中又做了什么，竟能招致死刑——对许多人而言，所有这一切都不是明白易解的。"[31] 但紧接着，弗吉尔给出答案："伯爵爱德华必须要以这种方式死去，这样他家中才不会再存留任何男性继承者。"[32] 此刻，和兰开斯特家族一样，约克家族也成了历史。

第十二章

惩罚

　　"在这一天，"玛格丽特·博福特写道，"我生了你，仁慈的好王子，你是国王，是我唯一的爱子。"* 当时是1501年，距离她在彭布罗克城堡生下亨利·都铎已经过去44年，而他最信赖的一些顾问正因年迈而相继离世，他的叔父贾斯珀也在其列。玛格丽特·博福特有关节炎，常常疼痛，亨利七世不过比母亲年轻13岁，但艰难的人生令他未老先衰，他的身体也一日不如一日。他向他的"母亲，亲爱的夫人"诉苦道："我的视力已经远不似从前般完美，我也清楚它还会一天天坏下去。"[1] 其他人注意到他的牙齿"所剩无几，又烂又黑"，他的喉咙还总是发炎。5月，亨利七世在埃塞克斯（Essex）的王室狩猎小屋里病倒，廷臣们开始讨论后继的问题。

　　亨利七世的长子亚瑟已经14岁，他勤奋，沉默寡言，是父亲的掌上明珠。作为威尔士亲王的他已经以拉德洛城堡为大本营组

---

* 比较《诗篇》2：7："（……）你是我的儿子，我今日生你。"——译者注

建了一个精挑细选的委员会，并建立起自己的家。他的弟弟，10岁的约克公爵亨利仍在享受母亲和祖母的百般宠爱，是一个更活泼、随和的孩子。著名学者德西迪里厄斯·伊拉斯谟（Desiderius Erasmus）在一年前来赴晚宴时，公爵还拿他打趣过，在桌子底下递给他一张字条，要求他和诗——诗是年轻的廷臣托马斯·莫尔（Thomas More）先前献的。这位大学者一时陷入焦虑，但他也在这个男孩身上看到"某种尊贵，伴着无出其右的礼貌"。这两个儿子足以令亨利七世感到骄傲，他"对他们关爱有加，挂心二人的教育，渴望他们大展宏图，时时确保他们不缺少应有的正直和敬畏"。[2] 尽管如此，加来的一名官员却报告称，国王卧病，人们讨论后继问题时，从没有人提起过他两个年少的儿子。

一段动荡的时期刚刚结束，下一任国王最好是个成年人，"许多形形色色的大人物"提出两位候选人：白金汉公爵爱德华·斯塔福德和萨福克公爵埃德蒙·德拉波尔（Edmund de la Pole），前者的父亲1483年曾经造过理查三世的反。在亨利七世的加冕礼上，还是个小男孩的白金汉公爵曾经骑着配了绯红的天鹅绒鞍的马走在游行队伍中。此时他已经23岁，身材魁梧，体格健壮，加来的人们都说他"是个贵族，将来还会登上王位"。[3] 他将长久地留在后世的记忆中：诗人们称他为"美丽的天鹅"——天鹅是他博恩（Bohun）先祖的纹章图案；而这位王子还是冈特的约翰的兄弟伍德斯托克的托马斯的后代。[4] 另一位候选人萨福克公爵埃德蒙·德拉波尔是已故的林肯伯爵的弟弟，1487年拥护兰伯特·西姆内尔这个觊觎者并率领爱尔兰人攻打亨利七世的就是林肯伯爵。自那以后，萨福克公爵相当努力地证明自己的忠心，但亨利七世仍然不会信赖他。

在外人看来，亨利七世的自制表现出其"内心极为平和"，但是在这样的外表之下，他那颗多疑的心一刻也不曾歇过。利用白金汉公爵的年幼，亨利七世已经一点点侵吞了他巨大的产业，自那之后又革掉他的要职。被认为具有更大威胁性的萨福克公爵甚至受到更多的约束：蒙羞负债，头衔和收入被尽数剥夺。1501年8月，萨福克公爵终于失去耐心，他离开英格兰，开始自称"白玫瑰"。幸运的是，亨利七世此时已经恢复健康。同样令他大感安慰的是，亚瑟和阿拉贡的凯瑟琳计划多年的婚事终于要成真。

国王向英格兰所有算得上富绅的人下令，要他们做好准备迎接这位西班牙公主的到来。10月2日，玛格丽特·博福特在她的祷告书中记下了这个大日子：结束一段艰难的海上航行后，"我的公主小姐登陆了"——地点在普利茅斯港。英格兰人迎来一位杏眼褐发的漂亮的15岁少女。公主的曾祖母是冈特的约翰之女，兰开斯特的凯瑟琳，她的名字就是随曾祖母起的。尽管她说不了一句英语，但公众对这场婚事的热情丝毫不减。一个西班牙侍从在家信中兴奋地写道："就算是救世主也不会受到更热情的迎接。"[5]

凯瑟琳离开充满阳光、炎热的西班牙来到时，英格兰已经进入寒秋。尽管如此，新家在许多方面依然令她赞赏不已。这片土地出产上好的牛肉、羔羊肉和鹿肉，水中多鱼，多水鸟，还有许多小天鹅，这方水土养育了一个高挑白皙的漂亮种族。一位意大利访客曾评价说，英格兰人相当"虔敬"，而且他们的心在哪里，他们就把钱放在哪里*："一座座华丽的教堂彰显了他们的财富"，保养得很好的建筑，粉刷过的墙壁，精美绝伦的彩色玻璃窗，工艺精湛的橡木木雕。木雕通常包括一座壮丽的路得屏风（rood screen）。屏风在腰部以下是实心的，以上是多道通透的拱，顶端横过一道梁，支撑着"路得"（rood），上面是三个人的形象：十字架上的耶稣、他的母亲圣母马利亚和他的朋友圣约翰。[6]教堂中部的空间一分为二，东部是神父主持弥撒的区域，西部则供会众肃立。

和现今不同，当时的神父是用拉丁语念弥撒的，而且背对会众，在路得屏风另一侧的会众则或是祷告，或是私下阅读。许多人每天都来望弥撒，上述的意大利访客称妇女们"手持长长的念珠"，用拉丁语念诵信经（Creed）、主祷文（Our Father）和万福马利亚（Hail Mary），也诵读英语的祷告文（或是听朋友读），"声音很低，于信徒是合宜的"。见此，凯瑟琳相当愉快，毕竟她有一个保卫基督教的西班牙的母亲。

---

* 比较《马太福音》6：21："因为你的财宝在哪里，你的心也在哪里。"——译者注

教会固然构成了日常生活的一部分，然而英格兰人同样相当热衷于思考。中世纪晚期的教会虽然在教宗治理下保持着统一，但其思想并非千篇一律。当时可以确认的"学派"多达9个，辩论还可能相当激烈。辩论常常是在餐桌上发生的，因为英格兰人热衷于款待客人。妇女在这方面享有的自由令欧洲人大为惊讶：她们可以往来会友而无须男性陪同，身体接触的程度也相当之高。伊拉斯谟称其为"吻的世界"：女主人迎接客人时会与之嘴对嘴亲吻，而少女们都认为被某位男性揽着跳舞再正常不过。有如此的友善和热情环绕，凯瑟琳这个生性浪漫的少女自然更迫切地想要见到她的夫君。抵达汉普郡（Hampshire）后，人们让她放心，说这愿望很快便能实现。然而首先，她得见见他的父亲。

亨利七世来时是一个下午，凯瑟琳正在歇息。她的女伴们拼命解释说她正在午休，但专横惯了的亨利七世决意要确保她完全符合他对儿媳的期望。凯瑟琳表现得相当从容，怀着"极大的欢喜"迎接他。在亨利七世看来，她是位完美的公主：美丽、从容又优雅。一小时之后，凯瑟琳被引见给亚瑟。刚满15岁的他既一本正经又十分谦逊，中等个头，但有些清瘦，和他父亲少年时很像。他以纯正的拉丁语向她问好，她也以恭维话回应。他写信给她父母，称见到她"甜美的面庞"时，他"感到此生从未如此开心"。[7]二人随后道别，要到婚礼那天才会再见。

凯瑟琳抵达伦敦那天是11月12日星期五，她开始为正式进入首府做准备。她认为城墙相当"堂皇"。而令这些外国访客印象尤为深刻的则是宏伟的伦敦塔，以及"横跨泰晤士河的一座又方便又优美的桥，桥身有许多重大理石拱门，桥上有许多石头砌的店铺，还有公寓，甚至还有一座体量可观的教堂"。[8]

都铎家族的妇女们聚在一间位置较高的房间里，"视野并不很开阔地"观看仪仗队入城。玛格丽特·博福特12岁便嫁作人妇，在婚姻中从未自主过，此时凭借国王母亲的身份，她发了守身的誓，坚持要与丈夫友好分居，其夫在这件事上的话语权之缺乏可能是独一无二的。[9]此刻她希望能专注于自己的慈善和教育事业，而且准备翻译法语的宗教著作——后来一些王室妇女还曾接力继续完成这项事业。[10]约克的伊丽莎白与她并排站着。王后在这些年间发了福，但也开心了一些。结婚之初，她的丈夫一度对二人的相对地位极度敏感，但现在这种明显的紧张关系消失了：亨利七世对她的爱已经相当深，而在对丈夫的影响上，她也开始能与婆婆相匹敌。[11]王后的两个女儿也在观礼：假小子玛格丽特差不多12岁，一身金装；而漂亮的玛丽已经5岁，一头金发，身穿绯红的天鹅绒衣服，这种颜色是王室所钟爱的。

伦敦人排演了多场露天表演来颂扬亨利七世的兰开斯特血脉：冈特的约翰是亚瑟和凯瑟琳共同的先祖。10岁的约克公爵亨利陪同自己的新嫂子走来，人群发出欢呼，迎接他们。就其年龄而言，约克公爵亨利相当高大，他不拘礼节，与父亲和兄长的拘谨形象形成鲜明对比。那周晚些时候，他还甩掉自己的礼服，只穿便衣恣意舞蹈，充满活力和生机。玛格丽特·博福特对他相当宠爱，甚至曾请求国王批准她北方的佃户发誓终身为"我的约克公爵，你可爱英俊的儿子"效力。[12]但15岁的阿拉贡的凯瑟琳才是人们关注的焦点。她骑着骡子，一身"华服"，长长的头发上别着"一顶红衣主教帽款式的、有一条漂亮辫子的小帽子"[13]。一名亲见者评论称，有着"魅力出众的年轻姑娘身上一切美丽特质"的她，"让众人的心激动不已"。[14]

凯瑟琳同未来的婆婆并族中其他女性一道在贝纳德城堡（Baynard's Castle）度过了婚礼的前夜。[15]城堡已经被改建成一座游宫，两侧是两座巨大的八边形高塔，堡顶是法式塔楼。在"友善的交谈、舞蹈和娱乐"中，凯瑟琳与穿着法兰西最新潮服装的英格兰女士们一起度过了一个愉快的晚上。[16]翌日，圣保罗教堂挤满围观婚礼的人。大教堂悬挂着圣物（装在一个个镶着贵金属和宝石的精致盒子里）的墙壁又额外装饰了壁毯和金匾。[17]平台上铺着红布，钉着镀金的钉子，有齐头高，如此一来，新郎新娘便可高居于拥挤的众人之上以供观瞻。欧文·都铎的私生子大卫·欧文爵士也在众人当中，他也曾亲睹亨利七世和约克的伊丽莎白的婚礼。[18]在高高的步道上，凯瑟琳和亚瑟牵着手，转到这边，又转到那边，把自己展示给众人看：凯瑟琳身着白色缎子衣服，面纱以珍珠、金线和宝石绲了宽边，亚瑟也穿着缀满珠宝的白衣。[19]

凯瑟琳和亚瑟最初的新婚生活在当时没有留下记录。后来人们称，新婚次日清晨，亚瑟要了麦芽酒，说"在西班牙的包围中"过了一宵后要解解渴。凯瑟琳只记得他们被种种款待耗尽了力气。之后一周，更多的庆典接踵而来，最后以一场欢宴宣告结束，举办宴会的里士满宫是在希恩（Sheen）的王室庄园遗址上重建的，后来成了亨利七世最喜爱的府邸。此时重建工程仍在进行中，第一期刚刚完工。宫中有带喷泉的庭院，在灯火通明的回廊，可以俯瞰饰有各种王室纹章兽的结纹园（knot garden），还有供王室家庭使用的全新私密空间。亨利七世已经计划好，要把楼上的空间一分为二，一半私用，一半用于正式事务。前者如今被称为枢密室（Privy Chamber），配有不多的一班人员，获准进入的人也只有寥寥几个，亨利七世在此处找到了自己渴求的清静。[20]

过完圣诞节，这对新人离开王廷，启程去威尔士公国。夫妻二人在拉德洛城堡住下后，舞台空出来，预备举行下一场王室婚礼——一场"代理婚礼"，结婚的双方是亚瑟的妹妹玛格丽特·都铎和苏格兰的詹姆斯四世。亨利七世希望嫁出自己的长女能够终结两个邻邦之间长达数个世纪之久的仇怨。1502年1月24日，两国签订和约，随后在里士满的约克的伊丽莎白宫举行仪式，约有90人到场，但新郎还在苏格兰，由其代理人代替。玛格丽特·都铎12岁，同她祖母嫁给埃德蒙时的年纪一样。玛格丽特·博福特没有忘记自己过早结婚的经历，她下定决心：孙女在发育成熟之前不可与丈夫同房。亨利七世向西班牙使节坦言，自己的母亲与王后联合起来，坚持要让少女在英格兰留一段时间，她们担心如果太早送她去北部，"苏格兰国王可能会等不及（要圆房），对她造成伤害，危及她的健康"。[21]又过了十八个月，玛格丽特·都铎才被送往苏格兰的詹姆斯四世处。但婚礼结束后她便被视作苏格兰人的王后，男人们离开后，母女俩便作为两位王后，以平等的身份进餐。

接连数日又有更多的庆典，在庆婚的骑马比武活动中，宫中的后起之秀纷纷登场。其中一人是查尔斯·布兰登（Charles Brandon），他的父亲是博斯沃思战场上在亨利·都铎身侧被刺死的旗手，他本人还是个出众的运动员。另一人是白金汉公爵，他在婚礼上的服饰据说花了1500英镑，比所有露天表演的费用加在一起还多。比武结束时，他把三支长枪掼进地里，以展现自己的力量。这出表演令人印象深刻，他的王室血脉对亨利七世子女们构成的威胁正在消解。婚礼宣告这些孩子正在步入成年——至少人们是这样期望的，但悲剧将在这年春天发生。

亚瑟在2月忏悔节（Shrovetide）开始感到身体不适，当时有人说他的疾病"恶化并越来越重地压在他的身上"，到复活节时，疾病已经"压垮了这位纯净友善的王子"。他死在4月2日，距他的婚礼过去还不到五个月。得知这一噩耗时，亨利七世和约克的伊丽莎白正在格林尼治王宫。这座美丽的合院宫殿是砖砌的，临河的一面以一扇扇巨大的飘窗连接起来，由王后设计，光线充足，但自此以后，它将永远令二人想起那最黑暗的日子。[22]众顾问求国王的告解神父把这消息报给他。这位谦逊的方济各会修士比绝大多数人都更了解国王的内心，明白他能上哪里寻找慰藉。星期二早晨，穿着方济各会简朴的本色羊毛修士服，这位神父来到国王房间的门前。他下令让所有人离开。人们走后，他用拉丁语对国王说："我们既从神手里得福，不也当受祸吗？"*接着，他才"报告陛下，陛下最亲爱的儿子已经离世，回归到神那里了"。

为保护自己的家庭，亨利七世斗争了如此之久，现在却失去了长子——他最爱的孩子。1485年举着红龙战旗登陆弥尔湾时，他曾渴望成为王子，后来又一度指望亚瑟能成就这渴望。几乎发狂的他叫人传自己的妻子来，"说这悲痛他要同自己的王后共同承担"。约克的伊丽莎白立即赶来。忠诚的妻子提醒他，"我们的母亲大人"只有他一个儿子，"而大有恩典的神一直守护他，帮助他走到今天的位置。而且神依然给他留下一个漂亮的王子、两个漂亮的公主"。她还向他保证，他们尚算年轻，还可以养育更多的儿女。直到退回自己的房间，约克的伊丽莎白才容许自己表现悲痛。

王后已经习惯隐藏自己的感受，她的兄弟们失踪时、她的母亲在远离王宫的地方死去时，她都能忍住哀痛，但此刻她被自己

---

* 《约伯记》10：2——译者注

的情感击溃。一名亲见者记录道，"失去爱子的打击令她那自然的母性的心灵极度悲痛"，甚至国王反倒被叫来安慰她。怀着"真挚忠诚的爱"，他尽其所能地要她放心，并说"他会为他（尚存）的儿子感谢神，并希望她也这样做"。[23]但约克的伊丽莎白做的是努力再给丈夫生一个男孩。十个月后，在自己的两位王弟消失其间的伦敦塔中，王后提前分娩。她产下一个女孩，给她起名叫凯瑟琳——可能是为了安慰亚瑟的遗孀，也可能是为了纪念瓦卢瓦的凯瑟琳。国王叫来最好的医生照料母女二人，但王后的伤口感染了。过完自己37岁生日的九天后她就亡故了，女儿也在一周后离开人世。

妻子亡故后，亨利七世闭门谢客，当时有人写道："她的离世带给国王陛下的打击至重，哀痛至深。"[24]十八年来，约克的伊丽莎白总是伴其左右，在他长期的流亡生涯结束之后，二人共同挨过许多艰难困苦。她母亲所嫁的爱德华四世是个难以相处又爱拈花惹草的男人，从母亲那里，她学会了如何保持尊严和耐心。她完美地扮演妻子和王后的角色，赢得丈夫那颗封闭多年的心。

这一时期留下一本法语写就的宗教书籍，据说曾属于亨利七世，书中有一幅插图，描绘的是他穿着王袍，背后有两个女孩正在奏乐——她们坐在一团熊熊燃烧的火焰旁，紧邻火焰有一张铺着黑布的矮几。一个男孩——可能是二人的哥哥——伏在黑布上，头埋在双臂中，似乎在哭泣。有人猜测他们便是幸存的都铎家的孩子们。[25]妻子死后，亨利七世的身心再未康复，而他的王朝也突然显出前所未有的脆弱。亚瑟和母亲的死让人想起理查三世的继承人和妻子——在1484年和1485年，二人也是相继过世。这仿佛是报应。[26]

亨利七世曾经以为，借着处死珀金·沃贝克和沃里克伯爵爱德华·金雀花，自己的江山已稳，结果这不过是幻觉。都铎家族新的继承人约克公爵亨利才11岁，甚至比爱德华五世1483年消失时还要年轻。王朝未来如何，全看亨利七世能否继续控制自己的几个最强大的臣民，以及是否能活着见到他这仅存的儿子成年。

第十三章

死亡和审判

"国王对威尔士亲王的喜爱之深,"西班牙使节谈道,"令人称奇。"[1]亨利七世的次子长得相当漂亮,且精力充沛,他的陪伴对国王而言须臾不可缺。男孩已经高过他的父亲,但另一个西班牙人说,亨利七世简直把他当成一个年轻姑娘来保护。[2]可能比年轻姑娘更甚。1503年6月,约克的伊丽莎白过世不过几个月,亨利七世已经准备好与长女苏格兰王后玛格丽特道别,他送她北上新家园,陪她走最初的一程。

玛格丽特王后是个急性子的13岁姑娘,好交际,喜欢射箭、奏乐、跳舞和玩牌。此刻,即将与深爱的人们分别的她需要表现出十分的振奋和乐观。苏格兰的暴力尽人皆知,苏格兰国王罕有自然死亡的。[3]她尚未谋面的丈夫詹姆斯四世系着一条铁腰带,这是他在为自己无意间导致父亲詹姆斯三世死亡而悔过自罚——父亲是被他所支持的反叛者杀害的。

玛格丽特王后和父亲来到位于林肯郡的斯坦福德(Stamford)

附近的科利韦斯顿（Collyweston）的祖母家，他们将在这里正式道别。为了这次到访，宫殿被特意加建4扇巨大的飘窗，镶了绘有博福特家族纹章的彩色玻璃。小教堂也粉刷一新，换上新的圣像，有天使、童女和圣三一。本来便表现不俗的教堂唱诗班也增加好几名出色的歌手。[4]

玛格丽特·博福特用两周时间"相当奢华地"款待全体宾客。当舞会和宴席终了，全家人聚到厅中，此时衣着华丽的玛格丽特王后走进来。正式道别后，她便骑上马，由一大队旗手簇拥着，英武地出了大门，奔向格兰瑟姆（Grantham）——奔向她全新的人生。她有一个至亲的家人同行——大卫·欧文爵士，他父亲把欧文·都铎这个非婚生的儿子送她做切肉官，这是个极为光荣的角色，他将在她的婚宴上戴着自己的链徽（chain of office）履行这一职责。

8月3日，玛格丽特王后在中洛锡安的（Midlothian）达尔基斯城堡（Dalkeith Castle）见到詹姆斯四世；当时，苏格兰各地已经在庆祝二人联姻——苏格兰蓟（thistle）和英格兰玫瑰的联合。詹姆斯四世到来时，未见其人先闻其声，马蹄嗒嗒，他与60名骑手一道进了庭院。这位国王在苏格兰颇得民心。他爱女人和艺术，爱打猎与比武。据说他"体格英武，既不太高，也不太矮，面容英俊"。他来到她的寓所时是一身骑士小说中的猎手形象：外套是绯红与金色相间的，背上没有弓，而是背了一把里拉琴（lyre）。

这正符合骑士小说的套路：一名王室出身的新郎会碰巧——常常是在外出打猎时——遇见自己的异国新妇，接着二人会一见钟情。可这却让玛格丽特有些发窘。他30岁，留着和她父亲一样的长发，但蓄一把吓人的红胡子。在苏格兰，人们认为"这相当适合他"。[5]但还是个妙龄少女的玛格丽特却没那么为之着迷。在人前她什么也没说，在新婚之夜却讲明自己的感受。第二天，詹姆斯四世便顺从地剃掉胡子。

虽然后来也曾拈花惹草，但詹姆斯四世对自己年轻的妻子始终关爱有加。但是玛格丽特王后十分想家，来苏格兰后不久，她给父亲寄去一封信，坦言"此刻我情愿自己正在父王您的身边，也希望未来还能更多地见到您"。[6]但亨利七世甚至不确定自己还能否再见到长女。他的健康状况越来越差，而他已经开始设计自己的墓地；他会被葬在威斯敏斯特修道院的圣母堂，那里也是他妻子安息的地方。陵墓设计得相当宏伟，表明他希望此处成为后世子子孙孙的安息地，能与法兰西国王的圣但尼（Saint-Denis）陵墓相匹敌，还可彰显他治国的功绩。

作为这一计划的中心工作，亨利七世有意将亨利六世的遗骨从温莎迁过来，安葬在圣母堂中央。为了亨利六世的圣徒身份能得到官方认可，亨利七世在罗马竭力游说。按照他的计划，一旦游说成功，他便要立即在圣母堂建一座新陵安置这位圣徒的遗骨，这样做不仅能吸引英格兰乃至各国的朝圣者前来，还能提醒人们，亨利六世预言过亨利·都铎会称王。同样需要提醒人们的是，这预言是如何实现的。亨利七世计划为自己塑一座真人大小的金像：跪在地上的他正将一枚戒指送还给神和圣母马利亚——在博斯沃思战场上，他正是以这枚戒指加冕的。塑像将被安置在忏悔者爱德华（Edward the Confessor）的圣陵中，这位圣徒是英格兰的开国之王。[7]

圣母堂里充满王室符号和宗教符号——博福特家族的吊门，法兰西的百合，红玫瑰更是无处不在。这些符号不仅绘在这座礼拜堂的墙上，也绣在神父们的金布圣袍上。[8]令人惊讶的是，亨利七世的先祖几乎无人得到彰显。其父埃德蒙·都铎的尸骨仍然葬在卡马森的方济各会修道院，亨利七世花钱在那里买了一座波白克（purbeck）大理石碑，又捐了一笔款，好让修士为其父的灵魂做弥撒。同样，欧文·都铎也仍然葬在赫里福德灰衣修士教堂，贾斯珀给那里送去他最好的金布圣袍，大卫·欧文爵士后来还花钱给墓立碑。[9]对王朝而言，只有继承王室血脉的人才是重要的。亨利七世没能证明都铎是最后的不列颠王卡德瓦拉德的后人，所以对这一叙事框架下王子归来的传说也失去热情。对他而言，在亚瑟死后，"曾经为王的，又是将要为王的"这一传说也随之消失。[10]

亨利七世为自己陵寝所做的引人注目的工作之一是铸造樊尚·费雷尔徽章，这位劝人认罪的圣徒是他在流亡岁月中便已信仰和依靠的。由于需要不断洁净自己的罪，却又明白要治理国家必须残酷无情，他的良心不安不时地便会猛烈发作一阵。他满怀痛悔地向母亲承认，他任命一些人为教士是看重他们能"为我们和我们的王国效力"，而非因为他们有任何属灵的品质。但是作为补偿，他也提拔她的告解神父约翰·费希尔，一个虔诚而优秀的人，"因为我知道也见过他那伟大无双的善"。1504年8月，他还发表一份声明，称无论是谁，"只要有真凭实据可以证明"他们所负的债是国王不正当地强加的，他们的所有权受到侵犯，或者国王在其他任何方面待他们不公平，在未来两年内随时都可以提交书面控诉。然而他仍然继续着自己一贯的做派。

1504年9月，亨利七世手下多了一个冷酷无情的人：律师埃德蒙·达德利（Edmund Dudley），其任务是"随自己的意思"让贵族们"时刻恐惧……因欠国王陛下的重债而不得不俯首听命"。[11]亨利七世仍然担心萨福克伯爵埃德蒙·德拉波尔这位"白玫瑰"代表可能获得外国支援，为了孤立这个王位觊觎者，亨利七世花大价钱收买欧洲各国的统治者。1505年，他收买勃艮第公爵美男子菲利普的支出达10.8万英镑，与他通常每年的岁入相当。为了支撑这样的开支，他越来越高效地经营自己的地产——他的产业已经是爱德华四世当年的4倍。但他也采取一些更为不光彩的手段：用于固色的明矾原本是教宗垄断的，他却通过非法贸易削价与之竞争；他还借助不正当罚款极力压榨自己的臣民。

人们会突然被告知自己违反了某条不为人知的、几百年前订立的法律，为此需要支付一大笔钱。通过控诉无辜，告密者大发其财，而这些无辜的人不仅被罚款，还不得已也成了告密者。亨利七世不再是神所拣选的"无名才俊"，他的形象开始变得卑劣。弗吉尔描述道："渐渐地，善良的王子（原文如此。——编者注）丢掉了全部的温和做派，被带入贪婪的无底洞。"[12]

尽管如此，亨利七世的运气仍然不错。1506年1月的一场风暴后，载着美男子菲利普和妻子胡安娜（Juana，阿拉贡的凯瑟琳的姐姐）的一艘船在多塞特海边搁浅。亨利七世看到了复兴（爱德华四世时曾存在的）盎格鲁—勃艮第旧联盟的机会，也找到了拿住"白玫瑰"的办法。菲利普受到盛情款待，但事实上却等于被劫持：人们不让他离开，除非他顺从亨利七世的意思（而国王确实也遂愿了）——保证交出萨福克公爵。[13]为了让菲利普面子上好看些，亨利七世同意不处死公爵，于是公爵被关进伦敦塔。几个月后，菲利普过世。这次旅居还成就了一项婚约：亨利七世的幼女玛丽与菲利普的幼子订婚，后者是马克西米利安的孙子，未来的神圣罗马帝国皇帝查理五世。

菲利普的船搁浅后过了差不多3年，在1508年圣诞节庆典期间，里士满举行了一场结合礼，确认婚约。12岁的玛丽·都铎起誓，"说的是完美而清晰的法语……面不改色，一气呵成"。但吸引目光最多的是玛丽17岁的哥哥，高大魁梧的亨利王子。"全世界没有哪个王子比他更俊美"，一个西班牙人认为他"像个巨人"。[14]亨利七世的身体日渐衰朽，而年轻的王子身边围满年轻的侍臣，他们都赞美他，替他计划着将来。

亨利七世年轻时那一头长而微卷的棕发已经变得稀疏斑白，曾经白皙的肤色变得枯黄，昂贵的黑衣挂在他佝偻的身子上有如冬夜般暗淡。玛格丽特·博福特尽量待在东南的宫殿里，好离儿子近些。她裹着头巾的矮小身影常常出现在他身侧，不在他身边时，她就写信送去她对这个少时孤独、如今再度茕茕孑立的男人的无限关爱。她称他为"我的心肝""我的喜乐""我可爱的至亲的王"，虽然年事已高，她却依然在实务上、政治上帮助他。在东米德兰兹，玛格丽特·博福特以科利韦斯顿为大本营主持一个地区法庭，女人做这事在几百年间是前无古人后无来者的。[15]法庭事务的范围相当广，包括对蓄意叛国者的调查、国王摄政委员会委托的诉讼，甚至包括通常由教会法庭处理的案子，如神父被控为一只猫施洗。这些工作为亨利七世信任的几个顾问分担了日益增长的压力。

亨利七世为庆祝玛丽结婚举行了数场奢华的宴会，宴会过后几周，他病倒了。他在过去三年的每个春天都会犯的病再度发作：剧烈咳嗽，喉咙发炎，痛苦不堪。这年大斋期开始时，他知道自己将不久于人世，眼下是他表明自己真心悔罪的最后机会。

有一个在神父布道时常讲的故事，说的是一名幽灵骑士骑着一匹黑马，出现在城里的一名官员面前。骑士口中喷烟，穿着燃烧的带毛羊皮，脖子上挂着一大块重重的泥土。他解释称"这匹马……载我去痛苦的地狱，因为我到死也没有弥补我的过错。我做了告解，也为我的罪后悔过，却不愿弥补自己造成的伤害，因此我被罚下了地狱"。他曾强夺一个穷苦寡妇的羊，那燃烧的羊皮就是从这羊身上来的；他又盗窃别人的土地，那泥土就是从这地上来的。[16]亨利七世不愿面对如此的命运。他保证以后教会中只有"品德高尚、学识广博"之人才能获得他的提拔，而且同意大赦众人，也不会再有罚款。

1509年3月，里士满宫赶建了许多新屋，好容纳玛格丽特·博福特的仆从，方便她照料自己垂死的儿子。她的双手因关节炎而痉挛，有时她会痛得叫出声来，大喊："主耶稣啊，求你帮助我！"但更糟的是眼睁睁地看着自己的儿子忍受重病的煎熬。回想起一个个被自己毁掉的生命，病入膏肓的国王啜泣起来。4月20日星期五晚上约10点，他进入弥留状态，痛苦持续了二十七个小时，最后他接受了临终敷油：这是第七项也是最后一项圣事。即便肉身将死，临终敷油的力量仍可以重振他的生命，这给了他些许平静。4月21日星期六11点，他咽下最后一口气。

玛格丽特痛失爱子，却不得不立即着手准备开启孙子的执政期。趁着国王过世的消息还没有外传，她召聚诸核心顾问和国王的其他遗嘱执行人在三天之后的嘉德贺仪上举行了一次会议。玛格丽特初次观看嘉德贺仪时还是个9岁的小姑娘，如今她也已经获得嘉德勋章：勋章要到四个世纪之后才会授予另一位女性——亚历山德拉王后（Queen Alexandra）。到了圣乔治节，就是贺仪的宴会日，众遗嘱执行人举行会议，她的孙子还有两个月才满18岁，众人将下一步打算告知他。和父亲一样，亨利八世完全相信玛格丽特的忠诚。

当晚，王室向宫廷和公众宣布了亨利七世过世的消息。王室决定进行大赦，全部债务立即被一笔勾销。已故国王不得民心的举动也顺利地找到几只替罪羊。这当中包括亨利七世的税吏埃德蒙·达德利，还有一个与他同样能干的家伙理查·恩普森（Richard Empson），他们在伦敦强索巨额保护费。二人遭到逮捕，后来被处死，此举大快人心。西班牙使节报告称："人们兴高采烈，没人为亨利七世流多少泪。百姓反倒欢喜得像从监狱里被释放似的。"[17]

亨利七世的遗体在里士满宫停了两周。随后，棺木被放到一辆马车上，他的雕像"戴着王冠，披着华丽的长袍，右手执权杖，左手执金球"立在棺木上。[18]7匹高头大马身披印有王室徽记的黑天鹅绒，拉着车穿街过巷，往圣保罗教堂行去。2000人组成的游行队伍浩浩荡荡，其中有许多火炬手，有不少为死者诵唱的高级教士，有内务官员、仆从，还有其他前来送葬的人。走到索斯沃克附近的圣乔治墓地时，队伍变得更为庞大：一大群人加入其中，有显要市民和修士，也有来自葡萄牙、西班牙、法兰西、威尼斯和佛罗伦萨的代表。

圣保罗教堂是亨利·都铎从博斯沃思凯旋后安放过战旗的地方，玛格丽特·博福特的告解神父约翰·费希尔在葬礼上布道。这位主教表示，如果国王还活着，遭受重病的煎熬，"在场的许多人都会表现出极大的同情和善心"，他鼓励他们继续忠心效力，为国王的灵魂祷告，助他完成炼狱之旅，到达天堂。[19]费希尔称亨利七世曾请求做万场弥撒，以帮他走完炼狱之路。事实上，按照法兰西和布列塔尼的传统，亨利七世的遗嘱所确定的数字比这还要多得多，他花费大笔钱财，保证弥撒日日不断，同时也多多地给教堂馈赠、做慈善工作。[20]

游行队继续前进，终于来到威斯敏斯特修道院，棺木被送入圣母堂中。在重达1200磅的巨型蜡烛的光焰里，亨利七世被葬入墓穴，安息在他挚爱的、"美丽、忠贞而多子女"的妻子身旁。掩埋棺木时，唱诗班唱起《救主颂》(*Libera me*)：[21]

主啊，在那可怕的日子，求你救我于永死……那日你要来，借着火审判世界。

不论仁慈的神会怎样审判亨利七世，历史学家对他的评价并不总是赞美。人们最常谈到的是他的晚年，他也常常被指控贪婪。作为国王，他是否好过理查三世——如果后者没有死在博斯沃思？理查三世废除了国王强行借贷制度，强调议会有权投票决定国王的征税，保护教会，提倡公平，对穷人和富人一视同仁——这与晚年的亨利七世形成鲜明的对比。但亨利七世的成功故事也相当不凡。这个没有父亲的男孩，这个身无分文的流亡者，顶着一个卑贱的威尔士农民的姓，却依然成了国王。

流亡岁月在亨利七世身上留下深深的印记。他的性命曾经仰赖一个轻佻的布列塔尼公爵朝三暮四的兴致，那时是信仰给了他安慰。而时来运转后，他也是去神那里寻求解释的。作为国王，他曾渴望成为骑士小说中的救赎者。他是个忠于妻子的丈夫、关爱子女的父亲，在战场上不断得胜。他建立一个王朝，他的血脉在王室中一直延续至今。

然而，让亨利七世的统治成为可能的事件——没有此事便不会有都铎王朝——却是两个孩子的消失，而且有理由认为两个孩子遇害了。一些人无法相信理查三世这种品格的人会杀害自己的侄子，他们认为罪责在于亨利七世和他的母亲：二人可能在1483年夏天或更晚时杀害了两位王子，这些人因而猜测两位王子被理查三世藏起来，直到亨利七世登上王位后才被害。事实上，亨利七世的过错在于没有调查清楚真相，而这成了一步错棋。围绕都铎夺权的历史，现代阴谋论的核心便在于两位王子的消失。这个谜团不大可能靠着530年后拼凑的证据确定何人、何时、何地来解开，然而放到当时的背景下，它却不难理解。那是一个视觉符号的时代。国王展现自己的权力和地位，靠的是装饰着自己徽记的宫殿、华美的服饰和精心策划的庆典。两位消失的王子没能展示半点这类形象，像哈姆雷特（Hamlet）的父亲一样，他们没有"仪式宏伟、冠冕堂皇的"葬礼，没有浩浩荡荡的葬礼仪仗队，没有雕像，也没有旗帜。他们的遗体上方没有悬着匾，也没有一年一度的弥撒。这样做的目的在于避免产生崇拜，因为这样的崇拜甚至可能盖过对强大的亨利六世的崇拜，也会对亨利七世构成严重威胁——他担心被人轻看、被当作王婿，因为妻子是两位王子的姐姐和继承人。然而——威廉·莎士比亚也明白这一点——在这种情况下，死去王子的魂灵会来纠缠生者。因为不见尸体，人们纷纷猜测应当至少有一位王子仍然在世。冒牌王子珀金·沃贝克一度对亨利七世构成极大的威胁，尽管这一威胁最终被除掉——珀金于1499年被处死——但要让两位王子的魂灵安息，凭此却无济于事。

1502年，在绞死珀金三年后，一个自称詹姆斯·蒂勒尔爵士（Sir James Tyrrell）的人被逮捕并处死。据揭发，这个"白玫瑰"萨福克公爵埃德蒙·德拉波尔的同伙承认，爱德华四世的二子是自己所杀。[22]波利多尔·弗吉尔和亨利八世未来的大法官（Lord Chancellor）托马斯·莫尔均以不同形式多次提及此事。[23]后者宣称，他获知两个男孩被害后先是被埋在塔中某处台阶下。这样的事一旦公开，亨利七世将面临巨大的压力，人们会要求他把两位王子迁葬到圣洁的土地上。但莫尔听说，理查三世曾要人把尸首迁到某个更适合王子的地方，而参与其中的人后来都死了，所以再也无从得知两位王子最终的安息地——这样的结局对亨利七世而言再好不过。

1674年，都铎王朝覆灭多年后，人们在伦敦塔中发现了两具骸骨，发现地与莫尔描述的初次埋葬地点很像。查理二世让人把骸骨葬在威斯敏斯特修道院。1933年骸骨被掘出，两位医生对其进行检验。骸骨已经破碎不全，据判断是两个孩子，年龄分别在7～11岁和11～13岁。骸骨继而被送回威斯敏斯特修道院的墓中，直到今天仍留在那里。如果这确实是两位王子的遗骨，而亨利七世又知道遗骨在哪里，那么他任其悲惨地留在那洞里便实在可耻。这样做没有为他带来什么好处，他在位时如此，以后也一样。

第十四章

玛格丽特·博福特离场

　　站在亨利八世身旁，听着婚礼上神父的致辞，阿拉贡的凯瑟琳比以往任何时候都高兴。亚瑟死后，她一直留在英格兰，活在一切都悬而未决的状态中。在将近七年里，她一直等待她的父亲和公公做出决定——决定她应不应该嫁给亚瑟的弟弟亨利。1504年，亚瑟死后两年，她一度与亨利订婚。翌年，随着外交态势变化，婚约被取消。1509年3月，亨利七世在里士满陷入弥留之际时，凯瑟琳曾经绝望地怀疑这婚约最终能否实现。但境况随着国王的死而发生转变。父亲还没有入土，亨利便告知摄政委员会他希望迎娶凯瑟琳，而后在6月里一个美好的日子，二人在格林尼治举行婚礼。

　　年轻的国王需要证明自己，也急于证明自己。如一篇治国论文所言，"国王的职责是为人民斗争"，此外还要"秉公评判他们"。亨利七世从理查三世这个"篡位者"手中赢得英格兰王冠，亨利八世则想从路易十二这个篡位者手中夺回法兰西的王冠，因为继爱德华三世之后，法兰西照理已经属于英格兰。他读遍能找到的所有关于亨利五世光辉事迹的记录，还有基于此的各种骑士传奇。但他需要盟友。他希望通过与凯瑟琳结婚而赢得她父亲费迪南德国王的支持，同时与神圣罗马帝国的皇帝马克西米利安交好——凯瑟琳的姐姐嫁给马克西米利安的儿子。然而，迎娶凯瑟琳的目的不单在于稳固军事联盟，这桩婚事同样迎合了他的浪漫想象。凯瑟琳这位美丽的公主在几年里痛苦又孤独，却因为婚事未定而一直难以企及，对极度渴望成为传奇式英雄的亨利八世而言，她正是自己的佳偶。他感到自己是在拯救她，而在热恋着他的凯瑟琳看来也是如此。

亨利八世极为俊美，身材高大匀称，皮肤光滑，酷肖他的外祖父，那个曾被称为"世上最俊美的人之一"的约克家族的爱德华四世。他也像爱德华四世一样精力充沛，喜好宴饮且热爱运动。弗吉尔说，与爱德华四世的相似让亨利八世"获得更多的赞美和认可"，如果说王室血统也能经母系传承，那么亨利八世作为爱德华四世之女的儿子，就比父亲更有权称王——后者的母亲仅有非正统的王室血统。似乎没有人考虑过，亨利八世既然在好的方面酷肖风华正茂的爱德华国王，那么他在坏的方面就也可能酷肖年老时那虚胖残暴的爱德华国王。凯瑟琳更是全然没有这样想过。和宫中其他人一样，她也因他而目眩神迷。

在格林尼治举行的婚礼只有为数不多的几个亲见者，虽然远不及凯瑟琳的首次婚礼壮观，却有望成就一段真正的姻缘：凯瑟琳称自己的第一段婚姻从来没有成真。凯瑟琳向来坚称，自己和亚瑟从未发生过性关系。在圣保罗教堂的婚礼结束后，招待持续多日，亚瑟随后又生病，这意味着夫妻二人同床共枕的时间不超过七个夜晚，其间不曾圆房。可能是因为男人重视童贞，凯瑟琳想装出守住童贞的样子。然而，凯瑟琳所讲的也极有可能是真话。可能导致不举或降低性欲的疾病很多，其中包括睾丸癌和结核病，猜测亚瑟死因时这两种疾病都常常被人提起。[1]此外还需要考虑其他原因：这个多病的15岁少年可能不太确定如何圆房，也可能是因认定不应当以罪恶的方式尽自己的义务而太过焦虑。

　　对于性，亨利七世在宫中一贯保持着最高的行为标准，他远避荒淫——爱德华四世晚年正是因为荒淫无度而遭到理查三世的指控，后者还以此为借口篡了爱德华五世的位。同样，他也热心推动全国对阳刚气不足的亨利六世的崇拜。亨利六世用八年时间才得到一个孩子，在此期间，他谨慎地守卫埃德蒙·都铎和贾斯珀·都铎的童贞，"透过他房间的暗窗严加监视"，严防那些轻佻的妇人。1500年出版的一部有关这位"圣徒"的传记声称，与王后同寝时，亨利六世从未"不得体地待过她"，相反"夫妻间总是有十分的真诚和庄重"，而裸体则令他感到不适。[2]毫不出奇，所有这一切在新卡美洛的未来之君亚瑟周围形成一种相当正经的氛围。在托马斯·马洛里的《亚瑟王之死》一书中，正是荒淫导致卡美洛的毁灭和亚瑟的死亡。人们都分外注意在王子左右谨慎守节，这很可能导致他在接受性教育方面的某种局限。

不出所料，凯瑟琳的声明惹恼了亨利七世，因为这不仅是对他儿子男子气概的中伤，也可以被看作是在批评亚瑟所受的教养。教宗为凯瑟琳与亨利八世（属于禁止婚配的亲族）结婚所发的特许证圆滑地表示，与亚瑟的婚姻至少"可能"成真。对亨利八世而言，洞房夜证明凯瑟琳确是处子之身——至少当时他相信如此。可能意味深长的一点是，他后来宣称，因为当时他本人缺乏性经验而且无知，所以并不足以对此做出判断。这对年轻的夫妇在所有其他方面也显得相当般配。凯瑟琳会与丈夫讨论外交事务，但她也顺从传统，足以满足亨利八世对尊敬的期望。她同他一样精力充沛，爱好打猎，温厚而认真的她与躁动而浪漫的国王完美互补。"国王陛下极爱慕王后殿下，而她也爱他。"凯瑟琳的告解神父高兴地向她的父母报告道。[3]

婚礼后十四天，亨利八世和凯瑟琳双双加冕为国王和王后。6月21日，为期四天的庆典拉开序幕，伦敦塔被正式移交给亨利八世。次日晚，他在此册封自己的巴斯骑士（Knights of the Bath）。这一仪式仅在加冕礼前夜举行，新册封的骑士会沐浴，以此作为洁净的标志，接着彻夜祷告，直到黎明。次日，骑士们打头，新婚夫妇的仪仗队穿过挂了绣帏的街巷朝威斯敏斯特修道院进发。亨利八世身着镶满珠宝的华服，[4]骑在一匹贵气的马上，凯瑟琳则一袭白衣，坐在白马拉的轿子里。她长长的褐发散着，"看上去极为美丽"，装饰头发的金环由6个十字架和6朵鸢尾花组成，且缀满宝石——这是为她"新造的"。行进途中忽然下起暴雨，凯瑟琳不得不躲到一个布店的雨棚下避雨。但是暴雨来得快去得也快，兴高采烈的仪仗队继续前行，后面跟着欢呼的人群。次日，亨利八世和凯瑟琳在威斯敏斯特修道院受冕，玛格丽特·博福特流的眼泪同儿子加冕时一样多。约翰·费希尔回忆道，她依然担心"会有厄运接踵而来"。[5]

几天后，在威斯敏斯特修道院院长家暂住时，玛格丽特病了。先前吃的小天鹅肉令她肠胃不适。儿子过世不过两个月，玛格丽特不论情绪上还是身体上都没有康复的力量。她死时费希尔到了场，其时距她的孙子、孙媳受膏为国王和王后不过5天。[6]玛格丽特·博福特被葬在威斯敏斯特修道院的圣母堂——不久前她的儿子刚刚在此下葬。在遗嘱中，她安排将自己的祷告书也放在此地展示——许多关键事件，包括儿子打赢博斯沃思战役和亨利八世出生，她都记在祷告书中。[7]她的黑色大理石墓上会安置一尊青铜像，由佛罗伦萨的雕塑家彼得罗·托里贾诺（Pietro Torrigiano）铸造，铜像的面孔表现出她坚强的个性。

生下儿子时，玛格丽特死里逃生。在之后的年月里，她一直尽自己的力量保护他，冒着生命危险为他谋划，对抗理查三世。她本来更有条件称王，但她牺牲自己，帮助儿子坐上王位。

然而，尽管她接受男性权威，但依然拥有着相当大的影响力。利用自己对英格兰王室礼仪的熟悉，玛格丽特为未来王室的洗礼和葬礼制订规仪，使都铎家族稳稳地扎根于王室传统中。她最优秀的仆从后来都为国王效过力，而国王也自始至终信赖她的判断。这样看来，她后来开始使用"玛格丽特·R"这个签名便毫不出奇了。

费希尔在她葬礼上布道时说，人们会极为怀念玛格丽特。她的女性朋友和亲属们——"那些她如此温柔地爱过的人"，她的神父和仆从们——"那些感到她无比可亲的人"，甚至"全英格兰都要因她的死而哀哭"。玛格丽特是许多大学（尤其是剑桥大学）的重要资助者，她对穷人也相当慷慨，而她对侠义美德的爱——费希尔称——令她成了贵族的"品德模范"。最令他敬仰的是她的灵性，他后来表示，尽管"她选我当她的引导者……我却乐于承认，她伟大的美德所教给我的多过我给她的全部教导"。亨利七世因与神和解而得以善终，而费希尔认为玛格丽特的一生都是好的。然而在后世，玛格丽特的声誉却成了宗教偏见和性别偏见的牺牲品。

在宗教改革后的17世纪的英格兰，玛格丽特的灵性变成了迷信，人们也怀着同样的猜忌看待她的聪慧和坚毅的品格。古文物学者乔治·巴克爵士（Sir George Buck）谴责玛格丽特·博福特，认为这位"难以捉摸的干政夫人"用巫术和毒药杀害了塔中的两位王子，为儿子登上王位清除障碍。玛格丽特应当为两位王子的死负责的论调正在重新流行，而且依然与文化偏见联系紧密。玛格丽特对儿子的支持被解释为一个醉心权术的女人的作为，但对她那一代人而言，她是在尽一项义务。在道义上，帮助儿子夺回应当继承的遗产以及后来帮助他复兴兰开斯特家族都是她的责任。她的刻板虔敬在现代人看来是古怪甚至过头的，但在当时的王室和贵族妇女中，这种虔敬是司空见惯的：她们借此努力超越身在其中的残暴无情的政治文化，理解谦逊，理解基督之样式的崇高。

玛格丽特·博福特在美丽的少妇岁月没有留下肖像，但表现她晚年的画并不少，由此也能看出后世给她加了何等恶名。但在她的故事中，浮现在人们眼前的形象不是一个耷拉着眼皮在富丽堂皇的王室礼拜堂中祷告的寡妇，而是一个在威尔士寒气逼人的冬天里坐着马车赶往彭布罗克城堡的年轻姑娘——她必须到那里生下孩子。此刻，轮到她的孙子和重孙来续写都铎家族的历史了。

第二部分

继承：亚瑟的遗产

贪婪已经被逐出国门。慷慨的心胸在散发财富。我们的王想要的不是金银珠宝，而是美德、荣耀和不朽。

——芒乔伊勋爵威廉·布朗特（William Blount, Lord Mountjoy）与伊拉斯谟谈亨利八世的登基

第十五章

姐姐：苏格兰王后玛格丽特

在林利斯戈（Linlithgow）的宫殿里，玛格丽特王后同丈夫詹姆斯四世道别，这座位于西洛锡安的宫殿是丈夫送她的结婚礼物。[1]上一年的复活节，星期六，二人的儿子詹姆斯便在这座高耸于湖边的宫殿中出生。他是个"相当漂亮的孩子，块头很大"。而那年（1513年）的夏天，她已经再度怀孕。[2]据传，她曾恳求丈夫不要离开自己，因为他想去同她的弟弟交战，而她希望阻止此事。事实上，她主要是在为丈夫的性命担忧。此时距亨利七世过世不过4年，但这位23岁的都铎公主已然是个"苏格兰妇人"，她本人也常常如此声明。在林利斯戈宫漆成蓝色的天花板下，她为詹姆斯祷告，求他能得胜且平安归来。

1512年1月，英格兰议会重申国王对苏格兰的古老统治权，姐夫和内弟的关系破裂。詹姆斯四世怒不可遏，作为报复，他与亨利八世的仇敌法兰西的路易十二签订盟约，双方约定，一方遭受攻击时另一方要提供援助。然而，亨利八世确信詹姆斯四世不会履行约定。教宗先前曾表示，法兰西人应当滚出意大利，在其影响下，多国组成一个反路易十二的神圣联盟，詹姆斯四世也是成员之一，他要是帮助路易十二，就有被开除教籍的风险。亨利八世相信詹姆斯四世会重视教宗的警告，所以于1513年6月30日登陆加来，亲自率军进入法兰西。

离开英格兰只有一点是让亨利八世真正担心的——自己的白玫瑰表亲可能构成威胁。爱德华四世的外甥萨福克公爵埃德蒙德·德拉波尔在亨利七世当政时就被关进塔中，但萨福克公爵的弟弟理查·德拉波尔（Richard de la Pole）已经与路易十二结盟。如果亨利八世在法兰西战败，埃德蒙德便很可能从塔里跳出来，取代他坐上王位。因此，亨利八世出发前让人处死埃德蒙，他不在时，由王后阿拉贡的凯瑟琳任英格兰摄政和军队总司令，以应对不可预见的麻烦。

亨利八世希望此次出兵法兰西能成为英格兰重新征服前度领地的开端。负责国王慈善赈济事务的施赈官、祭司托马斯·沃尔西（Thomas Wolsey）承担国王军队的组织工作，确保其粮草充足、纪律严明、装备齐全。这个英俊的商人之子出色地完成了任务，亨利八世迫不及待地要上战场。"我们的王想要的不是金银珠宝，而是美德、荣耀和不朽。"一位廷臣曾自豪地对伊拉斯谟说。多年之后，威廉·莎士比亚笔下的亨利五世也表达过同样的情怀："我以朱庇特起誓：我并不贪图金银……但如果贪图荣誉是罪，那我便是活人当中罪孽最深重的。"[3]

8月1日，亨利八世开始围攻位于阿图瓦的小镇泰鲁阿讷（small town of Thérouanne in Artois），指望打出历史性的一仗。凌晨3点，冒着倾盆大雨，亨利八世走遍全部营地，安抚值班的士兵并向他们保证："伙伴们，我们起初是受着苦，但在未来必会走运。"[4] 8月16日早晨，由于一小队法兰西骑兵对英格兰军队的位置判断失误，令亨利八世取得了首场胜利。在炮火当中，法兰西士兵转身逃离，英格兰骑兵乘胜追击，缴获6面战旗，还俘虏1名公爵、1名侯爵和1名海军上将。此役被称为"踢马刺战役"（Battle of the Spurs），很快泰鲁阿讷被攻陷。

但在8月24日，正当亨利八世准备寻觅更多的荣耀和更有价值的镇子时，詹姆斯四世率领苏格兰有史以来规模最大的一支军队越过国境线进入诺森伯兰。不到一周，詹姆斯四世便攻下诺勒姆城堡（Norham Castle）。苏格兰入侵者们继续攻占一系列小要塞，接着上了弗洛登边缘（Flodden Edge）的诺森伯兰山，占据高地等待英格兰军队。阿拉贡的凯瑟琳写信给丈夫要他放心，称自己已经为眼前的战斗做好了准备，而且"泰然自若"。[5] 在过去的两周时间里，她一面紧张地组织大炮和炮兵，一面平静地为英格兰军人缝制战旗、横幅和徽章。亨利八世毫不怀疑凯瑟琳能同苏格兰人过招，毕竟她的母亲卡斯蒂利亚的伊莎贝拉女王（queen Isabella of Castile）是曾将摩尔人逐出西班牙的女战士。但詹姆斯四世是个极难对付的敌人。他之前就攻打过英格兰，而这次，他那支规模庞大的军队中还有一部分人接受过法兰西的训练，会使瑞士长矛。这种18～22英尺长的兵器曾在博斯沃思大破理查三世的骑兵，凯瑟琳的战地指挥官对此记忆犹新（70岁的萨里伯爵曾与父亲诺福克的"杰克"在博斯沃思并肩作战，后者已为理查三世战死）。

凯瑟琳动身北上预备防守，但在林利斯戈宫殿里的玛格丽特只能翘首等待从弗洛登传回的消息。林利斯戈宁静，空气清新，因而被斯图亚特王室选中建造行宫，玛格丽特在此过着养尊处优的生活。詹姆斯四世卧室外的等候室地板上镶着棋盘，供人打发时间，宫里至今仍然保留着一支鱼叉——是用来到湖里捕鱼的。西北方向的塔楼中有一间房可以俯瞰四野，玛格丽特便在这间房中，照着传奇小说的套路，遥望着地平线等待报信人。9月10日，有谣言传到爱丁堡，称苏格兰人大败，死伤惨重，而不久之后，玛格丽特便了解到全部可怕的事实。

在连续数日糟糕的天气和相互挑衅后，9月9日，战斗开始。苏格兰矛兵组成5个方阵，冲下布兰克斯顿山（Branxton Hill）。狂风暴雨击打着他们，他们纷纷绊倒在软烂的地面上。虽然队形乱了，但他们仍然保持秩序，在令人毛骨悚然的沉寂中继续前进。英格兰人说他们"像日耳曼人一样"。

由于不可能骑在马上与手执长矛的士兵对抗，英格兰人便徒步反攻。他们使用一种有着弧形的刃、被称为钩矛刀（bills）的长柄武器与苏格兰兵近身搏斗，然而苏格兰兵的回击相当凶猛。一个英格兰人诉苦称，这些人"又高又壮，就算被四五杆钩矛刀击中也不会倒下"。[6]

这是破釜沉舟的一战，双方都"有许多人被杀，流了许多汗和血"，最后以苏格兰人战败告终。[7]战死的苏格兰贵族才俊中包括9名伯爵、14名勋爵、圣安德鲁斯大教堂的大主教（Archbishop of St Andrews）和艾尔斯（Isles）的主教。"我们祖国的精英……葬身尘土"[8]，直到今日，唱起《森林之花》（*The Flowers of the Forest*）这首动人的哀歌，人们还会想起他们。但最关键的是，詹姆斯四世阵亡了。

玛格丽特王后夫君的尸身是在张狂红狮（red lion rampant）王旗[9]近旁被发现的，与英格兰指挥官萨里伯爵先前作战的位置相距不过一矛。詹姆斯四世的左手几乎被砍断，喉咙被划开一道深深的口子，下颌被一支箭射穿。[10]后来萨里伯爵因为弗洛登战役得胜受到奖赏，恢复了诺福克公爵的家族头衔，重新设计的纹章一直流传至今，其图案令人想起詹姆斯四世尸首的惨状：一只张狂的红狮，头部被箭射穿。

国王阵亡，苏格兰军队的余部被英格兰人追击3英里。当时人们夸口说，如果"英格兰人骑着马，还能多杀1万人"[11]。当晚，英格兰人喝着苏格兰啤酒庆功，他们纷纷表示啤酒的味道好得出人意料。[12]亨利八世宣称苏格兰军的马都死了，而之后几周，人们还在陆续赶拢一些无主的苏格兰马匹："一匹马，正沿着岸边小跑"，"一匹独眼母马"，"一匹面色阴郁的马"，每一匹都让人想起曾经骑在马上的人。[13]

凯瑟琳给大姑姐写信，向她保证"出于对苏格兰王后的爱，英格兰王后十分乐意派一名仆人去安慰"丧夫的她。然而，尽管同情玛格丽特，在一封写给沃尔西的信中，凯瑟琳却承认，在她看来，能杀死一位国王是无上的荣耀。她告诉丈夫，她本可以把詹姆斯四世的项上人头送去给他，但"咱们英格兰人的心接受不了"。[14]故而凯瑟琳只给他送去从詹姆斯四世尸体上剥下来的格子外衣，她建议丈夫拿这件外衣当他的横幅。亨利八世当时正在围攻图尔奈镇，他向盟友马克西米利安皇帝展示了这件"被撕破"且"沾满血"的外衣。[15]亨利八世评论道，他的国王姐夫"为自己的背信弃义所付的代价比我们想要他付的还重"。在后来的数年中，他都无法忘记凯瑟琳的骁勇，甚至对此表示过担忧，认为她能够"发动极为激烈的战争……不逊于其母伊莎贝拉女王在西班牙的作为"。[16]

根据詹姆斯四世的遗嘱，他"挚爱的妻"此刻成了苏格兰的摄政王，玛格丽特王后因此成为都铎家族第一位统治一个王国的女性。虽然毫无治国经验，但她决意要保护儿子。她在斯特灵城堡（Stirling Castle）的大议会厅召开了一次总议会（general council），9月21日又在城堡的王室礼拜堂为17个月大的詹姆斯五世举行加冕礼。典礼上唱诵了罗伯特·卡弗（Robert Carver）动人的十声部弥撒《神圣之奥秘》(*Dum Sacrum Mysterium*)，由于在场之人皆为逝者大恸，这次加冕礼后来被人称为"哀悼的加冕礼"。

10月末，攻下图尔奈的亨利八世离法还乡，一路飞奔至里士满见凯瑟琳。双双得胜后，夫妻二人重聚，"人人欢欣，会面极为深情"。一度希望依赖凯瑟琳安慰信的玛格丽特曾请求凯瑟琳在弟弟面前为自己进言，"好叫我们的臣民和国都得到国王陛下的恩典"。[17]但亨利八世接手弗洛登后继续进攻，苏格兰的苦难也持续不断。在他的命令下，军队首领们一次又一次地越过国境线向北进军，烧掉庄稼，毁坏村庄。

苏格兰人走投无路，饿殍遍野，开始彼此为敌。亨利八世收到一份骇人的报告，称"苏格兰如今已经没有法律、没有理性，也没有公平，只剩相争相吞"。[18]直到1514年2月，亨利八世才认为他们受的惩罚够多。签订和约时，玛格丽特已经即将开始闭门静养，预备分娩。4月，遗腹子罗斯公爵亚历山大（Alexander, Duke of Ross）出世，然而玛格丽特几乎没有时间恢复身体。苏格兰议会要的不是女摄政王，而是一位军事领袖。有人提议召回詹姆斯四世流亡的堂弟奥尔巴尼公爵约翰·斯图亚特（John Stuart, Duke of Albany）。公爵的父亲曾企图从詹姆斯三世手中夺位，事情失败后便离开苏格兰，而这位在法兰西长大的公爵甚至不会说苏格兰语。尽管如此，议会仍然将奥尔巴尼公爵视为合适的人选，因为他是詹姆斯四世之子的继承人。玛格丽特却担心这意味着自己的两个儿子会被他处理掉，就像塔中两位王子被理查三世处理掉一样。

为了阻止奥尔巴尼公爵的回归，玛格丽特需要强大的后援，她计划靠婚姻来达到自己的目的。如果选择另一国的王子，她便要离开苏格兰和自己的孩子，于是她开始在苏格兰人当中寻找合适的人选，但选择的余地相当有限。其中一人是阿伦伯爵（Earl of Arran），这个中年男人离过婚，离婚的原因相当可疑；还有另一人，也是最终与她成婚的，即强大而亲英的道格拉斯家族（House of Douglas）的名义领袖安格斯伯爵阿奇博尔德（Archibald, Earl of Angus）。他时年24岁，在3月时成为玛格丽特议会的成员，有一群极有势力的"拥护者"。[19]他同样相当英俊，而因为人们认为女性难以控制自己的情欲，所以人们也以为她嫁给安格斯伯爵是"图自己快活"。[20]8月6日，玛格丽特的婚讯公布，不再是国王遗孀的她不仅大失民心，而且根据先夫的遗嘱，再婚意味着她失去摄政权。

玛格丽特似乎犯了一个灾难性的错误，而且婚后不过三周，她便同意奥尔巴尼公爵回归并"担任苏格兰的长官"。然而，她清楚自己的弟弟会对此加以阻挠。在法兰西取得一系列胜利后，亨利八世与路易十二讲和。路易十二不愿意放行奥尔巴尼公爵，任他回到苏格兰——这会惹怒亨利八世，因为他也担忧奥尔巴尼公爵回归后，自己的两个外甥可能性命不保。

与法兰西的和约出自托马斯·沃尔西之手，此人正逐渐成为亨

都铎王朝

利八世不可或缺的帮手。国王想成为又一个亨利五世,而沃尔西明白这一梦想并没有实现的可能,因为国王所攻打的已经不是当年他先祖所攻打的法兰西了。百年战争爆发之初,与其说法兰西是个政治实体,不如说它只是个地理概念。法兰西国王充其量是封建领主中的老大。但15世纪以来,封建领主的独立性不断丧失。1477年勇敢的查理战死后,勃艮第的法语区被归入法兰西治下,成为这一时期最重要的事件。此时,路易十二治下的人口是英格兰的6倍,其岁入则是亨利八世的7倍。1513年,若不是路易十二因觊觎意大利而分散了精力,亨利八世绝对没有机会取得那几次小小的胜利。另一方面,沃尔西说服亨利八世相信,签订和约并促成路易十二与亨利八世的小妹玛丽的婚事将对他大有裨益。这位法兰西国君已经52岁,病恹恹的,尚无子嗣。如果他能与年轻美丽的玛丽生育一子,然后死掉,新王就会需要相当长的时间才能成年。这样一来,通过自己的妹妹,亨利八世便可以对法兰西施加巨大的影响。

玛丽之前的婚约被顺利取消。姐姐玛格丽特嫁给英俊潇洒的安格斯伯爵仅仅一周后,18岁的玛丽就痛苦地准备起自己的婚事来:她要嫁的是老态龙钟的路易十二。作为结婚贺礼,玛格丽特送了玛丽一本价值不菲的祷告书,并深情题词道:"夫人殿下:当您看到此书,恳请您记挂我,爱您的姐姐玛格丽特。"[21] 8岁过后,玛丽便再未见过姐姐,但她嫉妒玛格丽特能嫁给一位年轻英俊的贵族。这看起来实在不公平。

第十六章

妹妹：法兰西王后玛丽

　　1514年10月2日，皇家一行人抵达多佛尔（Dover），当时正是狂风暴雨的天气。亨利八世原本计划驶入英吉利海峡后再同即将赴法的妹妹玛丽道别，而现在二人不得不在岸边告别。围观的人在岸上聚成一大群，其中有镇上人——多佛尔城堡脚下的镇子有400多户人家，也混着廷臣和外国访客。[1]

　　一名意大利商人注意到，贵族们在服饰和马匹上花了大价钱，但没有人比玛丽公主更夺目——她如今的头衔是法兰西王后。"个子高挑，一头金发，皮肤白皙"的她仿佛"天仙下凡"。一同站在海岸边时，兄妹二人简直是一对美得惊人的璧人。亨利八世的褐发剪得短短的，"皮肤白皙明亮"，"面庞圆润俊秀"，是基督教世界最英俊的君王；玛丽周身闪闪发光，穿着一件"法式外套，是金线织的，相当昂贵"，"项上是一枚镶了宝石的钻石，底下有一颗梨形的珍珠，有鸽子蛋那么大"——是她的夫君法兰西国王送的。[2]

　　围观的人们望得见二人，却听不到他们说话。尽管接受了夫君慷慨的馈赠，但玛丽已经在同亨利八世谈论自己未来寡居的计划了。她提醒自己的兄长，她是"为着他的要求，也是为着基督教世界的和平"才同意"嫁给法兰西的路易，虽然他年事已高，体弱多病"。[3]作为交换，玛丽想要兄长此刻再复述一遍他私下向她做出的保证：如果她比路易活得长，她再婚时可以随自己的喜欢挑选第二任夫君，而"正如您心知肚明的"，她心里已经定下新郎的人选：29岁的萨福克公爵查尔斯·布兰登。[4]

英俊的布兰登来自一个对都铎的忠心无可挑剔的家族。他的父亲在博斯沃思高举亨利七世的战旗而死，他本人在宫中长大。人人都知道他是个出色的运动员，擅长骑马比武，他与亨利八世的友谊就是在比武场上结下的。这年2月，亨利八世授予布兰登萨福克公爵的头衔，从此确认他为自己的头号亲信。尽管如此，布兰登仍然不是公主夫君的合适人选。他不过属于士绅（gentry）阶层，他本人的婚史一团糟，留下不少非婚生子女，屡次抛弃年轻的新妇迎娶富有的老寡妇。所以在海边给妹妹道别的一吻并再度保证她可以自由选择时，亨利八世并不准备兑现自己的承诺。[5]

路易十二在索姆河（river Somme）边的阿布维尔（Abbeville）见到了自己年轻的新妇。那是个雨天，与他一道的有200余名侍臣，其中包括与玛格丽特王后竞争苏格兰统治权的奥尔巴尼公爵。33岁的奥尔巴尼公爵相当引人注目，他个子高大，皮肤白皙，五官分明，面孔瘦削，胡须修剪得整整齐齐。但玛丽的注意力完全在路易十二身上。他一副要去打猎的打扮（詹姆斯四世在玛格丽特王后面前也曾展现过这种文艺复兴风格的装束），他的马顺服地转着圈，好让她看清他。据一名亲见者描述，他看上去"相当老"，穿着一件短短的红外套，是绯红金布做的，好同玛丽的服饰相配。为了让聚集的众人高兴，她给了他一个飞吻。他立即策马前来，从鞍上俯下身来，吻住这个妙龄少女，据说激情满怀仿佛一个25岁的年轻人。接着，法兰西王后玛丽便可等待婚事成真了。

10月9日，一场盛大的舞会过后，路易十二的女儿，15岁的克劳德夫人（Madame Claude）陪伴玛丽走向婚床：玛丽将与老国王同寝。克劳德已经怀孕，丈夫是她20岁的堂兄弗朗西斯（Francis）。弗朗西斯魅力非凡，眼睛漆黑，鼻梁高挺，留着蜷曲的深色胡须。他是路易十二最近的男性亲属，也会成为其继承人——除非玛丽为路易十二生下一个儿子。因此，弗朗西斯极为关注寝宫中发生了什么。第二天早晨，路易十二向威尼斯使节吹嘘自己"过了三次性生活"，又对一名法兰西侍臣夸口说，美丽的新妇令自己"创造了奇迹"。"我当然相信这千真万确，"使节干巴巴地表示，"因为他烦人异常。"日子一天天过去，路易十二好像被迷得神魂颠倒，以至于威尼斯使节开始担心，"同一个18岁的娇妻寻欢作乐对他的健康相当有害"。[6]他并非唯一有此担忧的人。巴黎开始有人唱起带有警告意味的小曲："英格兰国王新送一匹小母马，载着法兰西国王……既能下地狱，也能上天堂。"[7]

在最初的这段日子里，法兰西王后相当悲惨。她年长的英格兰女官都被路易十二打发走了——他说"他同妻子快活的时候"，法兰西女人在寝宫里更合用。[8]此时，除了留给她的几名年轻的英格兰女仆〔其中一些几乎还是孩子，比如14岁的黑眼姑娘安妮·博林（Anne Boleyn）〕，无人可以听她倾诉，为她提供建议。更令她困扰的是，他的兄长派来查尔斯·布兰登，同其他主要的侍臣一道出席她的加冕礼——典礼于11月5日在圣但尼修道院举行。巴黎这座欧洲当时最大的城市处处装饰着法兰西百合和英格兰玫瑰。加冕次日，法兰西王后坐在马车中穿街过巷，戴着珍珠的冠冕和宝石的项链。事实上，她正在开始享受这一切。玛丽在致亨利八世的信中写道："我的国王夫君如何细心周到地待我，宫务大臣同陛下的其他使节都能向陛下您汇报。"

路易十二一度相当有女人缘，虽然如今又老又病，但他仍然可以是迷人而又殷勤——且相当慷慨的。他年轻的妻子慢慢发现，当一个老男人的心肝宝贝也有好处。很可能与亚瑟·都铎一样，新婚之夜后路易十二的夸夸其谈全然不实，他的女婿表示："我很确定国王和王后不会有孩子，除非我上了大当。"[9]

为庆贺加冕，法兰西从11月13日起举行三天比武。在文艺复兴时期，这类战争游戏在开始和结束时通常会伴随游行：挑战者、防守者和各自的侍从列队走过。随后进行形式多样的格斗。首先是矛斗（joust）：马上的骑士们隔着障碍以长矛互刺。然后是近搏

（melee）：不设障碍，马上的骑士们直接互相冲撞。最后是徒步斗士的较量：隔着障碍以钝矛和剑搏斗。比武场上，法兰西人似乎不是英格兰人的对手，弗朗西斯的手受了伤，他下定决心：是时候光复法兰西的荣耀了——不管是靠明枪还是使暗箭。一名魁梧的德意志雇佣兵被雇来冒充法兰西人，与第一天上过场的布兰登交锋。结果布兰登胜过他。徒步以钝剑格斗时，他掐住这个德意志人的脖子，用戴着甲的拳头连连痛击他的脸。德意志人被打晕，鼻子血流如注，人们不得不把他抬走。

12月28日，英格兰人已经回家。路易十二给亨利八世写信，要他放心："王后的表现令我对她一天比一天更满意——至今如此，将来仍会如此。"看到布兰登打赢了德意志人，路易十二相当愉快，并告诉亨利八世："希望您相信，且不论他在您那里的位置，也不论您对他的喜爱，单凭他的美德、仪态、礼貌和身板，他就配得上（您给他）更高的荣誉。"[10]然而，路易十二的健康状况正在急速恶化，仅四天后他便过世。他年轻的遗孀退到廷外，照着王后服丧的规矩蒙上白色面纱。虽然尚不确定王后是否怀孕，但担心自己王位的弗朗西斯在十一天后就匆匆办了路易十二的葬礼。

在英格兰的亨利八世急于知道法兰西这位比自己年轻3岁的新王究竟如何。"法兰西的国王有我高吗？"他问威尼斯使节。令他丧气的是，他被告知此君"几乎同您一样高"。"他有我壮吗？"这位外交官说"没有"。亨利八世接着问道："他的腿什么

　　　　　　　　　　　　　　　都铎王朝

样？"让他高兴的是，他被告知此君的腿相当细。他立即解开自己紧身上衣的前襟，将手放在自己的大腿上，说道："瞧瞧！我的小腿也还壮着呢。"[11]

亨利八世相当确信，魅力十足的布兰登能成功赢得弗朗西斯的友谊，并决定派他去法兰西接玛丽回家。但他先让布兰登起誓：不会趁机在法兰西同她结婚。在外交婚姻市场上，国王的姐妹是极有价值的资产，不可浪费在一个耍枪杆子的人身上。但后来亨利八世会明白，他这位美丽、娇惯而富有的妹妹不可小觑：不达目的，她绝不罢休。

玛丽知道弗朗西斯希望她选一个法兰西人再嫁——如此一来，她的嫁妆就能留在法兰西。但她也猜到他更怕她回家后嫁去勃艮第或西班牙，最终结下反法联盟。于是，当弗朗西斯来到她下榻的克卢尼酒店（Hotel de Cluny），到她关着窗的房中拜访她时，她向他透露自己的愿望：她希望嫁给布兰登。她赌赢了：弗朗西斯保证自己会帮她。

布兰登抵达巴黎后，国王弗朗西斯召他私下会面，表示自己可以支持布兰登同法兰西王后结婚。第二天晚上，被搞糊涂了的公爵被召去会见自己未来的新娘。一见面，玛丽便立即宣称她"一定太生硬无礼了"，所以"必须让他知道她对他本来是多么和善"。如果他懂得把握良机，她保证自己除了他"永远不会再有别人"。"法兰西最好的人们"已经向她发出过警告，称亨利八世打算把她嫁去佛兰德，而"她情愿被撕成碎片，也不愿嫁去那里"。接着，她流下泪来，越发楚楚动人。"我从没见过哪个女人像她一样哭泣。"布兰登后来坦白道。他尽力安慰她，向她保证，只要她能得到亨利八世的准许，他就会娶她，又表示"否则我不敢这么做"。骑士不能轻易违背誓言——更别提还是向国王起的誓。她马上威胁称，如果不立即与她成婚，他就"永远也别指望再提这个要求"，而且她也会拒绝回英格兰。于是布兰登与她成了婚。他的问题是，要如何把这消息告诉亨利八世。

2月15日，玛丽用一封信铺垫，称法兰西人正在给自己施加巨大的压力，要她嫁给他们选的人。她希望对她成为法兰西人的工具的担忧会让亨利八世更能接受她嫁给布兰登的事实。她还补充说，国王弗朗西斯正在对她进行性骚扰，指望以此唤起自己兄长的侠义天性。布兰登要做的则是请求长年的盟友托马斯·沃尔西伸出援手。"王后一刻也不让我安宁，直到我答应娶她为止。"他恳求道，"好吧，我向您坦白，我已经真心诚意地娶了她，也已经与她同床共枕。"他认为她可能已经怀孕。他们需要再举行一次公开婚礼，这对二人儿女的合法地位和她的名誉都至关重要。大斋期将从2月21日开始，其间通常禁止举行婚礼，但布兰登告诉沃尔西，一位主教可以给他特许。[12]

沃尔西告诫布兰登，说国王得知此事后"神情相当凝重"。亨利八世一度相信布兰登即便被"几匹野马扯碎"也不会违背誓言。沃尔西建议二人请求弗朗西斯写一封信，表示支持他们成婚，而且夫妇二人要为自己的所作所为付一笔巨款：玛丽嫁妆的40%，还有路易十二送她的全部餐具和珠宝。二人还要想办法让弗朗西斯保证把嫁妆里的20万克朗（Crown）*送回英格兰。沃尔西以一句提醒收尾：布兰登该知道自己"此刻身处的是前无古人的险境"。[13]

新近守寡的王后已经再婚的传言在巴黎流传开来。玛丽又给亨利八世写了一封信。在提醒兄长先时做出的承诺——如果路易十二死去，她就可以随心嫁人——后，她承认自己同布兰登已经秘密成婚，"他本人既未提出要求，也未就此花费什么功夫"，而且"不是出于肉欲，也不是为着什么感官上的满足"，只是因为她担心与外国人结婚，而且害怕再也不能见到兄长。[14]弗朗西斯也给亨利八世写信，对王后与布兰登公开成婚表示支持。这些工作见效了。弗朗西斯的母亲萨伏依的路易丝（Louise of Savoy）在自己的日记中写道，"3月的最后一天，星期六，萨福克公爵，一个出身低微、本来是国王亨利八世派来的使者，娶了玛丽"，并举行公开的婚礼。[15]

给亨利八世送去大量现金和珠宝后，法兰西王后此时又送出她收到过的最美的宝石。一张1515年4月6日的收据显示，一颗

---

* 克朗，货币名称和单位。——编者注

叫作"那不勒斯之镜"（le Mirouer de Napples）的大钻石被送至英格兰，下面"还缀了一颗大珍珠"。[16]一年前她启程去法兰西时见过她项上这颗钻石的意大利商人宣称，其"价值达6万克朗"。[17]

这颗钻石令亨利八世大悦，历史学家尚未注意到的一个细节是，仅仅十四天之后他便戴上它。据一个到访外交官的记载，圣乔治节那天他被领去见国王（当时是在里士满宫），"走过各式各样的房间，都挂着极美的壁毯，以金银丝线绣出纹样"。两侧各有300名护卫，"穿着银护胸甲，手握长枪。我向上帝发誓，他们个个都像巨人般高大"。最后他被引见给亨利八世。国王正靠着自己的黄金宝座站着，头戴一顶有纽襻的绯红天鹅绒便帽，纽子是镶金的珐琅制的，紧身上衣是红白条纹缎子的，披风是紫色天鹅绒的。但最令外交官赞叹的是他所戴的宝石，挂在金项圈上，紧贴着脖子，是"一枚浑圆的钻石，同我见过最大的胡桃一般大小"，下面"挂着一颗极美极大的圆珍珠"。[18]

夫妇俩回英格兰时，亨利八世合宜地表达了欢迎：他太喜欢小妹和布兰登，受不了太久不同他们来往。尽管国王的其他亲信可能更聪明、更机智，但正如另一位意大利外交官所说，集魅力与体魄于一身的布兰登表现出了国王的荣耀。

5月15日，在格林尼治，在整个宫廷人员的见证下，玛丽举行了第三次婚礼。表面上，举国欢庆；私底下，威尼斯人却表示，公众没有表现出一点对王室婚事应有的欢欣，"因为人们并不认可"。

一个等级森严的社会要求人有自知之明——就算是国王的挚友也不例外。与此同时，据称弗朗西斯"因失去'那不勒斯之镜'而极为不快"。[19]恼火的他曾在法兰西王后的一幅素描画像上写下一行潦草的字——"不似王后，反似烂泥"（plus sale que royne）。[20]

但为亨利八世付出代价的是她的姐姐。弗朗西斯不似路易十二一般有英格兰妻子的顾忌，他准许奥尔巴尼公爵回去接管苏格兰，并要他将玛格丽特的幼子，即尚在襁褓中的罗斯公爵亚历山大送来法兰西接受教育。[21]苏格兰和法兰西都有意维持两国长年的联盟，共同对抗邻邦英格兰。令亨利八世大感不安的是，1515年7月26日，苏格兰迎接奥尔巴尼公爵回归后，议会通过一项决议：两位王子不再由其母玛格丽特照料。8名贵族被选为其监护人，其中4名立即被派往玛格丽特所在的斯特灵城堡，他们要带走两位王子。

第十七章

家人重聚与王位之争

玛格丽特牵着自己 3 岁的儿子詹姆斯五世站在斯特灵城堡的大门后，下令开门。[1]骑在马上的人们越来越近，还有几码的距离就要到门口了。听到她叫停，他们猛地勒住马。玛格丽特挺着大肚子，在她身边的不仅有她的长子，还有国王的弟弟小婴儿罗斯公爵——由一个奶娘抱着。玛格丽特问四人有何贵干，他们回答说他们被派来接管国王和其兄弟。听见这话，她下令放下闸门。玛格丽特用这道铁栅栏提醒他们，城堡是"她的国王夫君"给她的遗赠，而"国王已经指定她保护两个儿子"。四人同意给她六天时间考虑他们的要求，六天后他们还会再来，要她交出儿子。

几位贵族离开后，玛格丽特回到城堡内的房间，和她的丈夫安格斯伯爵在一起。他说他们别无选择，"只好交出两个孩子"。玛格丽特坚持说，除非贵族们允许她以后能和孩子们见面，否则他们必须另找解决方案。她的孩子中有生病夭折的，为了保护神留给她的两个孩子，她会斗争到底。玛格丽特劝安格斯伯爵去亨利八世的代理人处寻求建议。丈夫尚未归来，几名贵族又来要她交出孩子。玛格丽特告诉他们，她可以交出孩子，前提是由她确定孩子的监护人，而且她"可以随时见他们"。[2]这一要求遭到断然拒绝，奥尔巴尼公爵立即开始切断她的供给。玛格丽特的城堡建在陡峭的岩壁上，高居城镇上方，她很快便走投无路了。

安格斯伯爵见了亨利八世的代理人，二人确信如果让奥尔巴尼公爵得到孩子们，孩子们就"完了"，于是二人制订了一项计划，帮助安格斯伯爵回斯特灵城堡救出两个孩子。他只带60人回去，想着这样小的规模或许可以避过公爵部队的耳目。不幸的是，他们在抵达斯特灵城堡时被发现。他们纷纷逃命，其中16人被杀，只有一人成功闯入城堡，给玛格丽特带来亨利八世在北方的首席代理人戴克勋爵（Lord Dacre）的建议。他建议她豁出去搏一搏，"让苏格兰小国王站到城墙上，叫所有人都望得见，让他头戴王冠，手拿权杖"。戴克勋爵希望借此能阻止奥尔巴尼公爵向城堡开火，甚至鼓动镇上的人伸出援手。

1515年8月4日，奥尔巴尼公爵带着7000人的大军来到斯特灵城堡。携带的大炮包括著名的蒙斯梅格炮（Mons Meg），这种前装式武器重达6吨，可以把150公斤的炮弹射出2英里远。[3]玛格丽特见状感到"凄惨无依"，她并不想把自己的儿子推到火线上。[4]于是她投降了，表示愿意交出城堡和孩子。在离别前剩下的时间里，她教会詹姆斯五世如何为自己、为弟弟和继父求情。当人们上前来要带走他时，男孩顺从地交出城堡的几把大钥匙，又把母亲教他的话复述一遍。[5]詹姆斯五世和他的小弟弟被带走的同时，玛格丽特被看守起来。亨利七世也曾被人从母亲玛格丽特·博福特身边带走，而詹姆斯五世比祖父当年被带走时还要小两岁。

玛格丽特开始想要逃离苏格兰回英格兰去。9月初，她已经赢得奥尔巴尼公爵的充分信任，甚至获准去林利斯戈宫准备分娩。抵达后没几天，她就逃去北贝里克（North Berwick）以东3英里的坦特伦城堡（Tantallon Castle）。她只带四五个仆人，还有丈夫陪伴。但奥尔巴尼公爵很快发现她离开了。公爵曾声称自己是以全体人民之名统治苏格兰，而这一点在王后流亡的情况下是不可能得到证明的。她还可能带着一支英格兰军队再回到苏格兰，他也不希望冒这个险。公爵派人送信给玛格丽特，向她保证只要她回来，他会在七日之内把"一切"都还给她；如果她现在临产行动不便，也可以送丈夫回来当人质。但送信的人一到，玛格丽特和安格斯伯爵便继续奔逃，忙乱之中，就连行李和珠宝也落下了。[6]

一行人抵达英格兰时，玛格丽特已经精疲力竭。距莫珀斯（Morpeth）的戴克勋爵家还有很远的路，他们无法继续走，于是在哈博特尔城堡（Harbottle Castle）住下来。10月7日，在这个地处边远的军事基地，戴克勋爵向亨利八世报告道："苏格兰王后，您的姐姐……诞下一位美丽的小姐。"翌日，亨利八世的外甥女受洗，"近便用了这个贫瘠荒野之地所能提供的东西"。[7]同先前几位玛格丽特一样，这个孩子——玛格丽特·道格拉斯小姐——将成为都铎和斯图亚特王室未来的关键人物。但为了生下她，她的母亲险些丧命。王后极度虚弱，甚至过了三周，办完了被称为"安产感谢礼"（churching）这一标志母亲重回社会的圣事后，她仍然不能行动。她几乎无法进食，还患上了右腿坐骨神经痛。

直到11月末，玛格丽特才得以坐在一顶轿子里，由戴克勋爵的几个男仆抬着来到莫珀斯。戴克勋爵家中挂满新壁毯，为向她致敬，还摆出全套镀金餐具。得知家人都积极维护她，她更是高兴。玛格丽特的妹妹玛丽（仍然被称为"法兰西王后"）在法兰西时便认识奥尔巴尼公爵，她已经设法叫他公开承诺会保证两位王子的安全。亨利八世也送来衣物和其他必需品，公开表示对玛格丽特的支持。

令戴克勋爵惊讶的是，玛格丽特似乎相当迷恋"锦衣华服"。在他家做客时，她带了22套金布和丝绸的礼服，还写信去爱丁堡要人多送些来。产下女儿给她造成的疼痛仍然相当严重，甚至在床上坐直都会令她痛苦得叫出声来，所以这些衣服她都没法穿。于是她叫人把衣服挂出来，好供她欣赏。戴克勋爵称，五天中，玛格丽特时时谈起自己的衣服，说要叫人做一件紫色天鹅绒的华服，以金布绲边，另做一件红色天鹅绒的，以貂皮绲边。可能这是她在表达对旧日——在亨利七世膝下的少女岁月和后来做詹姆斯四世妻子的时光——的怀想，她渴望重回当年的生活。然而，经受过重创的王后也常常谈起自己尚在襁褓中的儿子罗斯公爵，说那孩子多么听话。她提起他的次数甚至多过提起自己长子的次数。派去苏格兰的代表团回报称，小婴儿已经患热病死了，戴克勋爵担心这消息会要她的命。[8]

戴克勋爵将此消息告诉玛格丽特时已是1516年3月。她极度痛苦，以至于丈夫安格斯伯爵两周后才敢告诉她自己决定与奥尔巴尼公爵和解。4月，他回到苏格兰。戴克勋爵感觉玛格丽特相当难过：她认为丈夫离弃了自己；但她也回家心切，渴望至少暂时回都铎宫中待一阵。[9]她从13岁起就再未同家人见过面，当年离别时，她还是个喜欢玩牌、喜欢跳舞的少女，还在祖母玛格丽特·博福特的科利韦斯顿的礼拜堂听过新组织的唱诗班出色的演唱。越往南走，她就越激动。到斯托尼斯特拉特福后，她写信给亨利八世，告诉他"我已经全好了，任何一个女人回她兄弟家时能有多喜悦，我奔向您时就有多喜悦"。[10]

5月3日，玛格丽特"带着大群随从"进了伦敦城，在贝纳德城堡住下来。应邀去见亨利八世时，迎接玛格丽特的国王年轻且精力充沛，全然不同于二人年迈谨慎的父亲：亨利七世处理国务巨细毕究，还亲自为国库记账；亨利八世却将这些日常事务委托他人，仅在愿意时过问自己感兴趣的事情。[11]他常常接连数日"射箭、唱歌、跳舞、摔跤、掷铅球、吹箫、弄笛和弹琴"。[12]他还相当热衷于父亲从未参与过的比武。一名使节说他比武时"像骑在马背上的圣乔治"，另一名使节宣称自己从未见过"如此美妙的画面"。

亨利八世在这些玩乐之事上从不吝惜时间。这些事情对国王而言至关重要，他借此与那些能为自己在战场上赢得荣耀的人建立起紧密的联系。他的父亲不大受人爱戴，和蔼慷慨的爱德华四世却大得民心，亨利八世酷肖其外祖父。学者伊拉斯谟认为，亨利八世"是个文雅友善的人"，其"举止与其说像国王，不如说像同伴"。他改组枢密室，撤掉父亲那些谦卑的仆从，换成贵族亲信和自己喜欢的同伴。他还大兴土木，扩大枢密寓所（Privy Lodgings）的规模，以便与朋友们在枢密回廊自在地散步，或是在枢密花园交谈。亨利八世甚至曾作歌一首，赞美友情带给他的快乐：

> 与我至死爱恋、
> 良友佳朋相伴，
> 世间何人不喜欢？
> 神之喜悦我所愿，
> 终我之年数，
> 且猎且歌且舞。

亨利八世新近当了父亲，这更增加了他的愉快和自信。阿拉贡的凯瑟琳30岁了，这位自豪的母亲有一个健康的孩子：3个月大的玛丽公主。亨利八世先前曾肯定"如果这次是个女孩,那么靠着神的恩典,男孩子也会随之而来",而夫妇二人在彼此的陪伴下依然幸福。[13]伊拉斯谟指出,凯瑟琳的"博学令人惊讶,妇人有学问固已惊人,但她还要渊博许多"。亨利八世作为国王的荣耀很大一部分反映在凯瑟琳的智谋和博学上,同样重要的还有她的虔敬。然而,凯瑟琳早年曾经数次丧子,有流产的,也有早夭的,同样失去过孩子的玛格丽特王后看得出,和自己一样,这样的经历也令凯瑟琳衰老了。她认为凯瑟琳虽然"盛装打扮",由25名骑白马的女官簇拥着,穿着织金的衣衫,却"比不这样还难看"。[14]

玛格丽特选了亨利八世最信赖的顾问沃尔西做女儿的教父,见面后,她无法不为其非凡的个人魅力所折服。[15]他时任大法官,虽然已有45岁,但看上去更年轻些,"十分英俊,博学,辩才极佳,能力过人,而且不知疲倦"。[16]不过,尤其让玛格丽特高兴的自然是与妹妹法兰西王后相见。为了庆祝她的到来还举行了比武大会,玛格丽特因此得以一睹布兰登在马背上的风采。盛宴持续了一个月,之后,玛格丽特在一片大宅集中的禁区安顿了下来,地方靠近查令十字街(Charing Cross)。由于到访的苏格兰显贵们通常在此暂住,此地也被称为"小苏格兰"。[17]她希望能时刻了解苏格兰及儿子的情况,并且为自己回苏格兰制订计划。法兰西和英格兰已经签订和约,这意味着过不了多久法兰西国王弗朗西斯就会从苏格兰召回奥尔巴尼公爵。玛格丽特再度生出希望:她说不定能成为儿子詹姆斯五世的摄政王，即便不行，至少也能与他多多见面。

1517年4月，玛格丽特获得保证，可以安全地回到苏格兰而不用担心遭到拘捕、伤害或阻挠。到了5月，她已经整装待发。亨利八世又为她送来更多的服饰、珠宝、钱财和马匹，她也同妹妹道别。妹妹已经怀孕，当年7月生下一个女儿：弗朗西丝·布兰登小姐（Lady Frances Brandon，这个名字是随国王弗朗西斯的）。6月，玛格丽特和自己的小女儿玛格丽特·道格拉斯由人护送越过了国境线。余生她将再也见不到自己的都铎家人，但她的女儿有一天会回到英格兰，在一个全然不同的宫廷中开始新的人生。

玛格丽特离开一年后，阿拉贡的凯瑟琳再度怀孕。人们认为性行为对孕妇来说是危险的，于是伊丽莎白·布朗特（Elizabeth Blount）这个美丽的19岁少女成了亨利八世的情妇。这年10月，2岁的玛丽公主与法兰西国王弗朗西斯的继承人订了婚，成为一系列与法兰西媾和努力的高潮。庆典在沃尔西的主教宫即威斯敏斯特修道院附近的约克宫举行，伊丽莎白·布朗特也在场。沃尔西生活得相当讲究，威尼斯使节称其宫殿"相当雅致"。人们需得走过"8间屋子才能抵达他的会客室"，每间屋子都"挂着壁毯，一周一换"；餐具柜则堆满银器，据估计价值达2.5万达克特（ducat）*。

---

* 达克特，古代在多个欧洲国家通用的金币。——编者注

沃尔西已经升任红衣主教，权势极大，以至于在这位使节看来，"国王和整个王国"都归他管。[18]

当晚的舞会上有36名戴面具的舞者，个个穿着"上好的绿色缎子衣服，都以金布覆面"。伊丽莎白·布朗特是其中之一，她"长于唱歌跳舞，还精通相当多的消遣"。舞者一个接一个地上场展现自己的舞姿，她上场舞毕一曲，摘下面具，露出光彩照人的年轻脸庞。[19]然而这光彩不止来源于她的年轻和天生丽质——这个国王的情妇不久前有了身孕。一个月后，阿拉贡的凯瑟琳产下一个死婴，"令所有人大为苦恼"。6月，王后在痛苦之上又添了羞辱：伊丽莎白·布朗特产下"一个漂亮的男婴，同父母一样漂亮"。[20]人们给他起名为亨利·菲茨罗伊（Henry Fitzroy），沃尔西又一次被请来做教父。这年夏天，伊丽莎白·布朗特嫁给一个名叫吉尔伯特·泰伯依（Gilbert Tailboys）的年轻人，此人是国王的护卫。[21]

亨利八世仍然不时说起凯瑟琳生了儿子后会如何如何，但她已经33岁了，而人们也已开始猜测亨利八世死后谁会是国王了。亨利七世曾经的打算是，都铎家族要是没有男性继承人，英格兰人可以指望他的女儿玛格丽特王后给他们一个王。在威尔士和布列塔尼长大的亨利七世没有英格兰人对苏格兰人的普遍偏见，也不担心让苏格兰人当国王会导致主权丧失。据说他曾表示苏格兰会被并入英格兰，"因为低贱的总会臣服于高贵的"。但玛格丽特王后的儿子詹姆斯五世不过是个7岁的孩子，就像1501年亨利七世病重时他的两个儿子也都未成年一样，许多人并不认为都铎家族年幼的继承人是最好的选择。1519年9月，威尼斯使节报告称，1501年曾经被人提名"作为国王人选的一位贵族"再度作为英格兰未来国王的人选被提起，这人便是白金汉公爵爱德华·斯塔福德。

白金汉公爵是爱德华三世的小儿子托马斯·伍德斯托克的后人，先祖是冈特的约翰，他一直过着十足的公爵生活。在围攻法兰西泰鲁阿讷时，他曾因为衣着华丽而引起关注——当时他穿着一套紫色缎子做的衣服，点缀着"精金的羚羊和天鹅图案及镶满金子的饰片和小铃铛，相当昂贵，令见者称奇"。目前他正在格洛斯特郡的桑伯里（Thornbury）建造一座巨大的游宫。使节提到他相当受人尊敬，如果国王死去而没有男性继承人，他"能够轻易得到王位"。[22]

亨利八世对此相当紧张，他令沃尔西密切关注白金汉公爵，红衣主教很愿意这样做。[23]白金汉公爵一直看不惯这位出身低微的红衣主教，认为他是个"低贱的家伙"，而且看不起他同法兰西讲和。[24]1520年6月，白金汉公爵直接表示自己厌恶花钱参加沃尔西在加来附近组织的庆祝英法修好的宴会。人们搭建起许多华美的帐篷和凉亭，以至于宴会后来得名"金布场"（Field of Cloth of Gold），白金汉公爵却宣称这些大排场、比武和会议都不过是"说蠢话的演讲"，要么就是"讨论鸡毛蒜皮的大会"。

11月，白金汉公爵做了一件叫亨利八世震怒的事：一名王室的仆人在公爵处逗留时被人看见穿着他家的制服。这表明此人两面效忠，据说亨利八世曾怒吼称"希望自己的仆从中没有谁会听命于他人"。担心被送进塔里的白金汉公爵在自己的仆从面前咆哮称，情愿先在国王面前顺服地下跪，再拿匕首把国王刺穿。[25]不幸的是，一名刚被白金汉公爵解雇的测量员将这些威胁的话告诉了沃尔西。

　　经过进一步调查，红衣主教发现白金汉公爵坚信1499年亨利七世处死金雀花家族最后一名男丁的举动给都铎家族带来诅咒。他曾对自己的仆从说，"神会惩罚这事的，他不会容王的子嗣发达"。[26]他也曾扬扬自得地告诉他们，在北萨默塞特的欣顿（Hinton），加尔都西会（Carthusian）[27]一间修道院的院长已经预言亨利八世"不会有出自己身的男嗣"，有一天他必会当上国王。他又补充称，"国王父亲的所作所为都是错的，他对国王所做的诸事都心怀不满，而且向来如此"。亨利八世"把佣金和官职都分给少年人，而不给贵族"，沃尔西则是"国王的老鸨，指点他哪些妇人最健康、气色最好"。[28]这些抱怨令人想起理查三世对爱德华四世行为放荡的抨击，也成了人们告发白金汉公爵的话柄。

　　1521年5月13日，白金汉公爵被控叛国并受审定罪，他的同僚做证称他曾谋划、幻想国王之死。这些人是怀着沉重的心情定他罪的，这同先前王室内发生的杀戮太过相似。而在宣读裁决时，陪审团成员已经哽咽得开不了口。白金汉公爵勇敢地催促他们读下去，称自己甘愿接受惩罚，"不是伏法——人们控告他的罪状全是子虚乌有，而是因他本就罪孽深重"。[29]四天后的5月17日，在两名警长和500名步兵的护送下，白金汉公爵走向陶尔希尔的刽子手。他死了，威尼斯使节称他死得"很惨，但也极为英勇"。[30]在当时的人们看来，白金汉公爵之死令人震惊。法律案件年鉴通常是枯燥乏味的，但一名编写年鉴的律师在白金汉公爵案记录的旁边写下这样的话："愿慈爱的神厚施怜悯，因为这是一位极其高贵、极其审慎的公爵，是温文尔雅的典范。"[31]曾经强大的斯塔福德家族将不复享有迄今为止所拥有的财富和地位，而亨利八世依然膝下无子。

第十八章

安妮·博林登场

1525年3月9日，亨利八世还在睡梦中，有急信传来。法兰西与神圣罗马帝国正为意大利争斗，沃尔西维持欧洲和平的努力已告失败。试图利用这一机会的亨利八世已与25岁的查理五世结盟。此刻，事实仿佛证明他的决定是正确的——弗朗西斯在帕维亚（Pavia）被帝国军队打败。[1]国王的军队遭到屠戮，法兰西贵族遭受了阿金库尔战役后最惨烈的残杀。但亨利八世同样急于知道的是弗朗西斯的指挥官中一个英格兰人的下落，这人就是理查·德拉波尔——爱德华四世的妹妹萨福克公爵夫人伊丽莎白的第三个儿子，也是最后的"白玫瑰"。[2]他已经死在战场上。处决白金汉公爵后尚不过四年，威胁亨利七世子嗣的最后一个劲敌也死了。"英格兰的一切敌人都不在了。"亨利八世高呼，并叫人给信使再满上酒。[3]

亨利八世梦想在巴黎加冕，稳坐英格兰王位宝座的他相信这如今已是唾手可得的了。他希望能说服查理五世同自己瓜分法兰西，还提醒他，要是娶了自己的女儿玛丽·都铎，在自己死后他便可以将英格兰纳入其帝国。但查理五世此时已经身无分文，他迫切需要休战，休战的诉求远比未来继承英格兰王位更迫切。查理五世同法兰西签订和约，亨利八世单凭一己之力征服不了法兰西，他痛苦地意识到自己的成就并不如一度追求的那样伟大。他并非亨利五世，他的境况与亨利六世更为相似。在欧洲，英格兰的实力正在走下坡路，同1453年的亨利六世一样，没有合法儿子的他要巩固自己的地位，就必须提拔自己的男性近亲——不论此人是谁。亨利六世平民出身的同父异母兄弟埃德蒙·都铎和贾斯珀·都铎曾经获得册封，成为英格兰地位最高的两位伯爵。同样，亨利八世的非婚生子亨利·菲茨罗伊也会晋级，成为地位最高的贵族。

6月18日，6岁的菲茨罗伊永远地离开母亲伊丽莎白·布朗特，乘驳船来到弗利特河畔（banks of the Fleet）的布赖德韦尔（Bridewell），此地有国王的一座宫殿，新近翻修过。国王的这位前情妇从此仅能与儿子偶尔通信。在闸门处登陆后，菲茨罗伊由人领着，走过一间挂满金色和银色帷幔的房间，来到一条回廊中，在那里人们为他穿上伯爵的袍子。菲茨罗伊是个活泼好动的孩子，但仪式相当庄重，楼下房间里聚集了一大群人，国王也在那里，正站在一顶华盖下等候自己的儿子。最后，领路的侍从们在廷臣间开出一条道来，国王一示意，号角立即齐鸣。菲茨罗伊照着被教导的样子走进来，走向他自豪的父亲。他佩着一把剑，剑带斜挎过他瘦瘦的脖颈和孩子气的肩膀。册封伯爵的谕旨刚读完，下一项仪式便开始了，亨利·菲茨罗伊被授予前所未有的荣誉，成为萨默塞特和里士满双公爵。[4]这一切结束后，男孩才终于得以休息片刻。为庆祝他登上尊位，也举办了"盛大的宴会和假面舞会"。

菲茨罗伊所获的头衔——也包括财富和官职——在当时及后来都曾引人猜测：亨利八世是否在考虑确定这个男孩为其继承人?[5]但这些并不是威尔士亲王的头衔。里士满公爵的头衔是1453年亨利六世授予埃德蒙·都铎的，而萨默塞特公爵的头衔则属于博福特。菲茨罗伊的授爵表明，他成了扩大的王室的成员之一，这一地位令其在外交婚姻市场上获得了潜在价值，但如果发生类似埃德蒙·都铎的继承人亨利七世那样的非常事态，情况仍可能有变。据说，菲茨罗伊的高升令阿拉贡的凯瑟琳相当愤恨，而这也不难理解，因为这等于公开承认她无法再生儿育女。但眼下玛丽公主仍然被当作亨利八世的继承人，也正因如此，凯瑟琳已经做好准备，要站在沃尔西全新的反帝国立场上扮演属于她的角色。

亨利八世对查理五世满怀怨怒，因为后者终结了他对法兰西的野心，这意味着沃尔西需要说服他与法王恢复友好关系。一系列谈判开始了，玛丽公主又将有一桩婚事，这次的谈判对象是丧妻的国王弗朗西斯。一名外国观察者表示，"战争期间，英格兰人利用公主"就像捕鸟时下"诱饵"一般。[6]1527年4月23日，在格

都铎王朝

林尼治，玛丽接待了前来缔结盟约的法兰西代表团。11岁的公主同父亲一样，是一名出色的音乐家，她在这方面的造诣备受赞誉。事实证明，她也相当聪敏。她翻译过圣托马斯·阿奎那的一篇祷文，译文广为流传，以致一众博学的廷臣"不仅惊讶于她能动笔翻译，更惊讶于她译得如此得体"。[7]但玛丽依然只是个孩子，代表们认为她"太瘦、太弱、太矮，就是再等3年也不可能出嫁"。

4月30日，与法兰西的"永久和约"终于签署，双方达成共识：玛丽可以与弗朗西斯的次子奥尔良公爵（Duke of Orléans）成婚。5月5日，亨利八世领着一众法兰西使节来到格林尼治宫同玛丽和她母亲见面，签约的庆祝活动达到高潮。那晚，公主与法兰西来的使节共舞，瘦瘦的她看上去相当漂亮，一身王室偏爱的金布制成的衣裙熠熠生辉，衬得她赤褐色的头发分外美丽。亨利八世则与公主母亲的一名女侍共舞。这位年轻的妇人气色不算好，一张脸又长又窄，鼻梁高高，但有着一头黑发和一对亮闪闪的黑眼睛的她优雅且引人注目。[8]她给弗朗西斯的使节们留下深刻的印象，因为她相当了解他们的国家，又熟习他们的语言——但那时的安妮·博林已在法兰西王宫中待过许多年了。[9]

上流士绅阶层的子女们在8～12岁离家进入贵族家中成长受教是相当普遍的，但野心勃勃的廷臣托马斯·博林爵士（Sir Thomas Boleyn）的幼女安妮走得比多数人都远——她被送去梅赫伦（Mechelen），来到马克西米利安的女儿奥地利的玛格丽特宫中。托马斯希望她学习法语，安妮去后也学得不错，她在梅赫伦一直待到14岁，然后被召去服侍亨利八世的妹妹法兰西王后玛丽加冕。法兰西王后返回英格兰后，安妮仍然留在法兰西——可能是为了避免她走漏风声，曝光玛丽与布兰登秘密成婚的丑事。1521年，安妮终于被召回。当时她已经不大可能再就国王妹妹的丑事说什么，因为她的姐姐玛丽·博林已经上了国王的床榻。

无风不起浪。亨利八世与玛丽·博林的风流韵事曾掀起不少大浪，但关于事情本身我们所知甚少。安妮的头号传记作者埃里克·艾夫斯（Eric Ives）认为，二人的情事可能与亨利八世先前同伊丽莎白·布朗特的发展模式类似。亨利八世与布朗特同寝发生在阿拉贡的凯瑟琳怀最后一胎的时候。布朗特怀孕之后，他的注意力便转向玛丽·博林，而她可能也怀孕了——要么就是自以为如此。无论如何，同布朗特一样，她后来也嫁了人，对象是枢密室的一位绅士，名叫威廉·凯里（William Carey）。1520年2月，二人成婚，婚宴上最重要的客人便是国王。[10] 二人的情事可能结束了，也可能并没有：一些恶意的流言蜚语称，在玛丽的孩子当中，有几个人的父亲是亨利八世。[11]

回到英格兰后，安妮两次以毫厘之差错失结婚的机会。她父亲最初打算把她嫁给爱尔兰奥蒙德伯爵爵位（earldom of Ormond）的继承者（这一头衔来自继承者的外祖父）。[12] 爱尔兰的政治，或者说她父亲的贪婪，使计划泡汤。之后，她又吸引了一个甚至更如意的郎君的注意，这人便是诺森伯兰伯爵爵位的继承人亨利·珀西。此人在沃尔西家中当差，红衣主教进宫时，珀西常常去王后的私室拜访她。根据沃尔西的仆人，后来的传记作家乔治·卡文迪什（George Cavendish）的说法，珀西常常"同王后的众女官厮混调情"。[13] 在女官中间，集法兰西人的精致和爱尔兰人的活泼于一身的安妮·博林格外引人注目，而对她产生兴趣的也并非只有珀西一人。

自己的妻子留守家中，众男性廷臣不论婚否，都簇拥在服侍王后的那几个女性周围。虽然两性之间的关系照理应当受制于宫廷情爱的法则，但为了避免调情变得有害，这些女性也需要相当机敏：一本谈宫廷礼仪的书提出，她们需要懂得如何"恰到好处地抵达一定的界限但不逾矩"。[14] 对安妮而言，在这门艺术上，法兰西宫廷曾给过她颇多教益；而对英格兰宫廷渐渐熟悉后，她也开始慢慢懂得如何最有效地散发自己的魅力。珀西为她神魂颠倒，而慢慢地，卡文迪什回忆道，"二人之间秘密的情爱发展至最终成为稳定的伴侣，而且计划结婚"。不幸的是，珀西已经承诺要娶什鲁斯伯里伯爵（Earl of Shrewsbury）的女儿玛丽·塔尔博特（Mary Talbot）为妻。违背这一承诺会激怒什鲁斯伯里伯爵，后果可能相当危险。因而，得知珀西有此意后，沃尔西向国王报告了此事。根据卡文迪什的记录，亨利八世要沃尔西把珀西打发走，而且说自己已经看上安妮。她是宫中最令人垂涎的女子，亨利八世想摘下这颗星星也是自然而然的事情。

亨利八世首次公开示爱是在一次骑马比武中，当时是1526年大斋期前的忏悔星期二（Shrove Tuesday）。[15]他的衣服上绣了一颗心，这颗心被装在一个酒榨里，周围有烈焰环绕，还配有一句话："我宣布我不惧怕。"安妮的其他追求者很快开始意识到，他们是在与国王竞争。宫廷诗人托马斯·怀亚特（Thomas Wyatt）将安妮和追求她的大批男性廷臣比作一只鹿和一大群逐鹿的猎手，这些人的奔跑是徒劳的，因为他们所求的那人"美丽的项上金镶玉嵌写得明白：别碰我（noli me tangere），因我乃属恺撒（Caesar），且我狂野不羁——纵使貌似驯良"。[16]1526年9月，亨利·珀西郁郁寡欢地与玛丽·塔尔博特结婚，安妮的其余仰慕者也都放弃了，追求她的只剩一人，那就是亨利八世。但她不愿上他的床榻。

安妮不想在做了国王的情妇后又被抛弃，然后被许给一名绅士，毕竟她原本是能当上诺森伯兰伯爵夫人的。然而安妮要是以为亨利八世会渐渐厌烦而转向他人，她便错了。亨利八世愿意暂时克制自己——甚至乐意这么做。他热衷骑士小说，如此正投其所好，安妮也符合"得不到的情妇"这一理想型。亨利八世不希望因与安妮同寝而打破她的魔法。他若是想要，性在别处也可得到。有意或无意地，他也在重演外祖父母爱德华四世和伊丽莎白·伍德维尔的故事。在故事的开头，伍德维尔拒绝了国王；在故事的结尾，二人结为连理，生育了两个儿子和几个女儿。亨利八世需要一个妻子，好生下合法的儿子来延续自己的血脉，而妻子必须忠贞。安妮仿佛便是他祈祷的答案。

17封未注日期的信——目前尚存13封——保存在梵蒂冈机密档案室（Vatican archives），记录了二人的情事从追求到订婚的发展过程。亨利八世起初"极度痛苦，不知道要如何理解"安妮的信。接着他求她接受成为自己正式且唯一的情妇。最终，她成了他的"心肝宝贝"，他渴望躺在"我心上人的怀里，她那对秀丽的白鸽（双乳）我不久后必可以吻到"。亨利八世和安妮（此刻她不得不在这桩最高级别的婚事上下注赌）的问题在于阿拉贡的凯瑟琳依然是他的妻子。然而，一种新的修正主义神学提供了可能的解决方案，这一神学源自一个郁闷的德意志人——一个曾是修道僧的名叫马丁·路德（Martin Luther）的人。

在修道院修行时，马丁·路德相当努力地做到良善，他担心不论多么尽力行善——他也做弥撒，也忏悔，也帮扶穷人——自己都仍是个可悲的罪人。然而，1515年，他意识到人"所欲所行的莫不是恶"，但神的悦纳（"称义"）是他不应受的恩赐，借着基督的牺牲，将恩赐给了蒙神拣选的一些人——被选中的人。教会在恩赐这事上几乎没有什么作用，如此他开始明白，神职人员不过是又一个腐败的利益群体。真理和确定的证据必须直接由《圣经》中来。1520年，马丁·路德发表《教会被掳于巴比伦》（*The Babylonish Captivity of the Church*），宣布教会的七大圣事中有四件在《圣经》里找不到任何证据，他因此认定其没有价值，此四圣事即坚振、圣品、临终敷油和婚姻。[17]因此，他认为解除婚姻和离婚是被允许的。

亨利八世喜欢探讨神学，但在英格兰，响应马丁·路德观点的人不多，而且当然不包括国王。他甚至在一些学者的协助下，写过一篇文章回击《教会被掳于巴比伦》，为七大圣事——当然也包括婚姻——辩护。亨利八世的忠心曾令教宗利奥十世大悦，作为奖赏，他还颁给国王"信仰捍卫者"的称号（而且一度考虑过赐他"圣座卫士"之名）。亨利八世本可能一生都不会离婚，还会把路德宗的人当成异端烧死。尽管如此，他却努力要明白神为什么不听他的祷告——希望由凯瑟琳赐他一个男嗣。他相信，有儿子是"世人自然会渴望的"福气，还担心没有儿子会意味着失掉自己的王国。在神圣秩序中，女人的地位低于男人，而如果玛丽公主成为女王，在他看来，显然她不能"长久地没有丈夫，而照着神的律法，这人会成为她的头*，并成为国家的主导"。她的夫君要么是一个外国王子，要么是一个英格兰臣属，如果是后者，亨利八世觉得要找到一个配得上"如此高贵的事业"的人会相当困难，而要"找到一个全国都能够也愿意接受的人"就更难了。[18]

大约在此时，他委托人制作了一套相当昂贵的大幅挂毯，讲

---

* 《哥林多前书》11：3。——译者注

述《圣经》中大卫王的故事，从中可以一窥他的心境。围绕对神的顺服、未能顺服者必不能逃脱神的惩罚、受诅咒而无子等主题，挂毯表现了大卫与拔示巴（Bathsheba）的通奸、二人孩子的死亡，随后是大卫的悔罪、得神宽恕，最后是大卫蒙神保护而在战场上打败了自己的敌人。[19] 显然，对亨利八世而言，同大卫王一样，他也受了诅咒——但他是怎么悖逆了全能的神的呢？他后来宣称，是为女儿玛丽和奥尔良公爵的婚事前来谈判的法兰西使节无意间向他提示了问题的答案。

根据亨利八世的说法，法兰西人曾质疑过玛丽的身份是否合法，他们指出他和凯瑟琳打破《旧约·利未记》中一条众所周知的诫命。该诫命规定，"人若娶了自己兄弟的妻子，就露了他兄弟的下体，他们必没有子女"。这似乎不大可能发生，因为法兰西人相当清楚玛丽有合法的身份，但很有可能另有他人叫亨利八世想起这一点，这人甚至可能就是安妮·博林（若是如此，他将矛头指向别处便不奇怪了）。无论如何，此刻他已完全相信他的婚姻遭到了诅咒，相信教宗儒略二世特许他娶自己的嫂子是错误的，触犯了神的律法，并认定现任教宗克莱门特七世必须尽快宣告这一伪婚无效。亨利八世确信凯瑟琳是识大体的，会得体地退下。她一直以来都顺从他。然而对亨利八世而言，重要的是让人人都认识到他自己所意识到的，即他要撤销这一婚姻全然是受良心驱策，而非凭着"什么肉欲，也非因为对王后其人其龄有什么不满或不悦"。为确保人们不质疑他的德行，他掩藏了自己与安妮结婚的意图，就连沃尔西也被蒙在鼓里。他只告诉红衣主教说，自己求克莱门特七世废除儒略二世的特许。

教宗通常相当理解王室婚姻的诸多困难。亨利八世的姐姐玛格丽特与安格斯伯爵的婚姻便是于1527年3月11日由教宗宣告无效的。甚至早在玛格丽特于1517年回到苏格兰之前，就有若干迹象表明其婚姻并不完满。奥尔巴尼公爵本已准许安格斯伯爵前往英格兰见妻子，安格斯伯爵却婉拒，而这给她带去"颇多忧虑"。[20]归国后，她发现安格斯伯爵这些日子都是同情妇特拉奎尔的简·斯图亚特夫人（Lady Jane Stuart of Traquair）一道度过的，二人新近还订了婚，玛格丽特的年金也被剥夺。1518年11月，她告知亨利八世，自己同安格斯伯爵"这半年来没有见过面"，而且如果"她能够照着神的律法，为着自己的名誉——因为他不爱她"同他离婚，她便计划这么做。[21]玛格丽特解除婚姻的请求得到允准，理由是安格斯伯爵与简·斯图亚特夫人订婚更早。亨利八世相当确信自己也能成功，安妮·博林已经是自己未来的妻子了——1527年5月5日晚上，他在凯瑟琳、玛丽和一众法兰西使节面前同安妮·博林共舞时，所怀的正是如此的期望。到了第二天的黎明时分，亨利八世还在格林尼治休息，而远在千里之外的罗马却即将发生巨变。

第十九章

受审的姻缘

1527年5月6日，清晨的曙光没有照见罗马一贯的美丽。这座文艺复兴时期伟大的城市正遭兵临城下。在法兰西与神圣罗马帝国之间、在文艺复兴教宗和领地邦王之间，对抗达到高潮。克莱门特七世与法兰西、威尼斯、佛罗伦萨和米兰结盟对抗皇帝，而此时战火已经烧到罗马城。早上7点，敌军已经在冲击城墙。皇帝虽然照例是天主教徒，但其军中有数千名信奉路德宗的德意志士兵，他们桀骜不驯，不拿军饷，对罗马满怀憎恶。一波又一波手持兵器的人来到街上，与此同时，罗马人纷纷逃回家中，护住自己的家人和财物。那些不顾极端不利的形势与教宗的瑞士护卫并肩作战的人都被消灭了。

在梵蒂冈，教宗克莱门特正在听弥撒，人们闯进来，叫他立即逃命。在罗马的一个西班牙人弗朗西斯科·德萨拉查（Francisco de Salazar）听说，"当时真是千钧一发，要是教宗再耽搁片刻，多听三条信经，他就要在自己的宫殿中被捕"。[1]与此同时，皇帝的军队正在横行杀戮，碰上他们的——不论是《圣母怜子图》（*Pieta*）中的小小孤儿，还是圣神医院（Hospital of San Spirito）的病人——无一幸免。这些路德宗的人尤其享受强奸修女、折磨神职人员，然后再享受将其杀害的乐趣；一名年迈的神父在拒绝施圣餐给一头驴之后被杀害。宫殿和教堂遭到洗劫和亵渎，图书馆被焚毁，来自古代世界的珍稀手稿永远地消失了。

罗马的屠城持续数日，"暴行之重，让人无法提笔记录，也没有谁的记忆能够保存"，德萨拉查写道。屠杀结束后，文艺复兴的罗马也成了历史。圣彼得大教堂中"死尸四散，其面容残损到难以辨认；靠近圣彼得圣坛的礼拜堂中则有大摊大摊的血、死马之类"。"这一切都像一场噩梦，"德萨拉查称，"此刻没人能去教堂，也无法在城里四处走动，因为死尸的臭气太重。"[2]

这一震惊欧洲的消息仍在路上，与此同时，在英格兰，沃尔西照着国王的指示，在约克广场（York Place）秘密开了一次庭。亨利八世成了被告，被指控与嫂子凯瑟琳乱伦。他希望自己被定罪，从而不得不与她分开，这样教宗也会确认其婚姻无效。之所以要秘密进行，是为了让律师们能在凯瑟琳知悉此事前完成对二人婚姻的控诉，但开庭不到24小时她便发现了一切。愤怒蒙羞的她一面继续装作不知情，一面开始谋划要维护自己的名誉和女儿的继承权。6月1日，罗马遭劫的消息传到了英格兰，这让亨利八世计划的实施又增加一重障碍。

　　　　　　　　都铎王朝

事实表明，教宗被皇帝困在圣天使城堡（Castel Sant' Angelo）中。在罗马的局势明朗前，继续约克广场的审判已经没有意义，于是庭审中止。期望落空又急不可耐想成事的亨利八世决定直接告诉凯瑟琳，他"发现"他们都活在死罪里。他指望她同意立即解除婚姻。凯瑟琳的反应令亨利八世大为震惊：她落下泪来。凯瑟琳一直让亨利八世很舒心，这一悲伤的表现却令人极不舒心。亨利八世呆若木鸡，试图让凯瑟琳放心，说解除婚姻是最好的选择。但他失败了。他还给她下了命令，要她严守这一秘密。这同样相当天真。正如一位评论家所言，他废掉自己婚姻的企图此时已经"臭名远扬，简直好像已经由街头喊话传令地公布了一般"。[3]

当亨利八世得知公众对他有意离婚这一消息的反应后，他的不安加剧了。经过十八年，凯瑟琳王后已经深受爱戴，在街上、在小酒馆里，人们纷纷对她所遭受的羞辱表示痛恨。一位善良的王后仅仅因为年老色衰，因为不幸无法给丈夫生养儿子就被抛弃，这令妇女们尤为愤慨，因为她们当中的许多人都经历过丧子之痛。有一次，王后出了布赖德韦尔的王宫正走上一座桥，一群伦敦人望见了她，便开始大喊她必会胜诉，不然神就要惩罚英格兰了，而他们都祈祷她会得胜。尽管如此，凯瑟琳同样需要国际支援。她首先求助自己的外甥，当时身在西班牙巴利亚多利德（Valladolid）的皇帝查理五世。罗马皇帝的军队已经洗劫了罗马，教宗即便不对其俯首听命，也承受不了与他决裂。不出所料，皇帝做出承诺，称会支持姨母。

亨利八世还面临另一个大难题：他在最不利的时候选择了错误的话题。教宗权威正遭到马丁·路德和另一些人的质疑，任何可能削弱这一权威的问题——比如质疑教宗是否有权撤除《圣经》中禁止弟续兄嬬的诫命——都必然会遭到强烈反对。尽管如此，沃尔西仍然前去拜访一位享誉国际的英格兰神学家——玛格丽特·博福特的旧友兼告解神父即罗切斯特主教约翰·费希尔——并请他就此提些建议。

费希尔是人称人文主义者的时髦学者团体中的一员。这里的人文主义指向的是借由希腊和罗马经典对文学、思想和政治学等人文科学所做的研究，无关于现代意义上不谈论神而只关心人的尊严的人文主义。[4]这些人中有伊拉斯谟，他整理的希腊文《新约》已经出版，而这一版本的《新约》在后来成了一些新译本的原本。由于一个词的含义之侧重的改变可能导致对延续几个世纪的信仰的质疑，历史的精确和真实被赋予新的重要性。一些人文主义者后来成了我们所说的新教徒。这些人通常出现在所谓的"福音教派"中，因为他们希望除尽他们认为没有《圣经》依据的教会传统，回归"福音"（evangelium），也就是福音书中所传的"好消息"。然而，也有许多人文主义者一直持守着正统的天主教信仰。

费希尔曾紧随国王的步伐撰写过许多有力的文章，反驳马丁·路德，支持教宗权威，他担心没有了罗马中央权威的管束，

都铎王朝

西方基督教世界将面临分崩离析的危险。因而，当费希尔就沃尔西的问题给出他并不喜欢的答案，称在他看来教宗确实有权撤除《利未记》弟续兄孀的诫命时，沃尔西并不是很惊讶。费希尔引用《马太福音》，称若非如此，"基督（对首任教宗圣彼得）说的'凡你们在地上所释放的，在天上也要释放'就是徒然了"。[5]

虽然如此，沃尔西却意识到，要走出困境，亨利八世还有一条路。凯瑟琳坚称自己同亚瑟从未发生过性关系，因此亨利八世的"顾虑"是毫无根据的。在这样做的同时，她无意中为废婚开启了另一条大道。沃尔西建议亨利八世承认凯瑟琳在同自己结婚时尚是处女。根据"公共正直"（public honesty）的原则，如果一个女人在法律上已经婚配，但尚未圆房，那么她与丈夫的兄弟结婚就应被禁止。教宗儒略二世的原始特许并未涉及这一情形。但对亨利八世而言，至关重要的是他坚信自己的婚姻受了诅咒，他解除婚姻的依据要能证实他的这一信念，也要能解释他同凯瑟琳二人何以无子。亨利八世想要的并非基于什么法律细则的废婚，而对沃尔西而言，就算仅仅暗示国王的论据站不住脚也会被视作不忠。

1527年9月，更糟糕的消息传来。沃尔西得知亨利八世想娶的是安妮·博林，而非某位可能在废婚一事上为国王赢得外国支持的公主。红衣主教刚刚访问法兰西归来，他照例请求与国王私下会面。信使回报称，他见到国王正同"一位名唤安娜·德波莱恩

（Anna de Bolaine）的小姐”同住。她本人向沃尔西发出命令：“叫他过来，国王在这里。”[6]沃尔西后来把安妮称为“夜鸦”。传说夜鸦是不祥的鸟，因此对沃尔西而言，“夜鸦啼鸣，征示凶年”。[7]尽管如此，至少在当时，明艳动人的安妮和这位红衣大主教还是盟友，他们有着一个共同的目标：帮助亨利八世废婚。让二人大感宽慰的是，教宗同意将亨利八世的案子留在英格兰审判。两名法官分别是沃尔西和洛伦佐·坎佩焦（Lorenzo Campeggio），后者长年任英格兰的代言枢机（Cardinal Protector），在罗马教廷中扮演英格兰利益的特别维护者。1528年10月9日，教宗回到罗马与查理五世议和三天后，坎佩焦抵达伦敦。

亨利八世相当焦急，他希望事情能迅速推进，安妮甚至更加急不可耐。据她的传记作者埃里克·艾夫斯估计，她当时已经27岁。在那个年代，女人到了30岁便已经被视为“过冬的干草料”，27岁对一个新嫁娘而言已经是相当的高龄了。安妮还担心时间拖得太长，亨利八世会对她、对再度结婚失去兴趣。多年来，亨利八世与阿拉贡的凯瑟琳相濡以沫，要与这样的对手竞争对她而言并不轻松。宫廷礼仪意味着国王和王后常常一道出现，据法兰西使节报告说，二人表现出的样子让人们绝对想不到他们存在什么问题。沃尔西发现安妮的寓所与国王的住处离得很近，她向他表示感激，还请他常给她带“使节的新消息来，因为我衷心希望您带来的消息都是极好的消息”。然而，直到1529年6月，沃尔西才得以确认案子开庭。

针对国王婚事的审判在多明我会修道院的议事厅举行。在伦敦，多明我会因修道服的颜色而被称为"黑衣修士"（Blackfriars）。沃尔西的仆人乔治·卡文迪什描述称，一众法官、主教和法学博士都坐在桌边长凳上。亨利八世的座位设在一个平台上，椅子上方有一顶华盖，是"薄绸"材质的：这是金布中最昂贵的一种，由细细的金属线绣在天鹅绒或丝绸底布上制成。[8] 王后坐在"国王下方，同他有一段距离"。卡文迪什认为，国王和王后竟然"为了听他们自己的案子出庭"，"真是相当稀奇、相当罕见的一幕"。亨利八世首先发言，要求尽快判决。接着传唤凯瑟琳。安妮·博林后来表示，当和亨利八世面对面辩论时，凯瑟琳总是能赢，这次也不例外。在法庭上，王后做了一次精彩的表演。

在亨利八世讲述自己的"顾虑"后，凯瑟琳表示，尽管如此，"现在却不是说这些的时候，事情已经过去这么久"，二人结婚已有二十年。亨利八世激动地说，他之所以保持沉默是因为他爱她，要是事实证明他俩的婚姻有效，那么对他而言是再好不过的了。[9] 听罢此言，凯瑟琳从自己的座位上站起身来，穿过大厅，绕过一众法官、主教和文书，来到他面前跪下来。"阁下，"她用自己带口音的英语说道，"求您顾念我们之间这么些年的爱，顾念神的爱，赐我公平和正义，也稍稍给我些怜悯与同情，因为我是个可怜的妇人，是生在您王国外的异乡人……我恳求您，因为您是这土地上公义的元首。哎，阁下啊！我哪里冒犯了您？……对您我从来是个忠诚、谦逊又顺服的妻子，总是叫您舒心，顺您的意……我也为您生育过不少儿女，虽然神照着自己的意思召他们离开这世界，但这并不是我的过错。"

亨利八世两次想要扶她起身，但凯瑟琳坚持继续跪着。她提醒他，他俩的父亲都是杰出的王，二人也咨询过不少有智慧的人，都认为他俩结婚是可允许的，"所以我感到奇怪，不知道人们针对我又找到什么新碴儿"。她要求上告罗马，称在英格兰就算有为她辩护的人，也是他的臣民。最后，凯瑟琳宣称自己完全顺服他的意思，自己的案子完全听凭神的决断，然后起身行个屈膝礼。举庭震惊。人们沉默地注视着她，以为她接下来会回到自己的座位上。但她看到一名自己的仆人，于是扶着他的手臂走出法庭。议事厅的下层、前厅和楼梯上挤满了人，大家都目送她走出去。国王高呼"凯瑟琳，英格兰王后，进法庭来"要她回去。"继续，继续，"她命令仆人道："没什么，因为这庭审对我不公，继续走。"她没有再回来。[10]

保护妇女是骑士精神的核心，而凯瑟琳完美地演出了"愁苦的公主"这一形象。不过，亨利八世却感到她表现得极度自私。王国的未来吉凶未卜，他也未能如愿以偿地速战速决，这令他相当沮丧。好几个星期过去了，患有严重痛风又发着烧的坎佩焦日日被人抬下床，抬上驳船，抬着出庭，抬着上楼与下楼。7月12日进行了亚瑟和凯瑟琳婚姻见证者的宣誓做证。见证者当中有亨利八世的叔祖父，欧文·都铎的私生子大卫·欧文。有人称曾见到亚瑟"阴茎肿胀"，而这表明二人必然圆了房，人们就此进行了评论。大卫爵士只是委婉地说，他相信二人有过"肉体结合"，因为"据他所知，在英格兰各处，人们都认为他们是合法的夫妻"。[11]但对教宗使节而言，在法律上起决定作用的文件是教宗允准亨利八世和凯瑟琳成婚的特许令的完整手稿。手稿是1528年在西班牙找到的，10月，凯瑟琳将之呈给坎佩焦。教宗克莱门特希望同亨利八世保持友好关系，同时，意大利近来形势发生了变化，克莱门特和查理五世正预备和解，所以坎佩焦不愿意公开手稿。

克莱门特是统治佛罗伦萨的美第奇家族的一员，罗马被洗劫后，支持共和制的佛罗伦萨人起来反抗这个大家族。[12]但克莱门特很幸运：这些人同查理五世的法兰西敌人关系密切，所以此刻查理五世正在考虑与教宗订立协议，帮助美第奇家族复辟。坎佩焦使尽浑身解数拖延对亨利八世废婚的决断，因为他知道任何决断都可能对自己不利，但国王渐渐开始明白到底是怎么回事了。7月23日早晨，坎佩焦干巴巴地宣布，鉴于"收割"的季节已经开始，故决定休庭，待10月再开庭审判。闻听此言，亨利八世的妹夫萨福克公爵查尔斯·布兰登阔步走向两名法官，一拳砸在他们面前的桌上。"我以弥撒起誓，"他咒骂道，"现在我明白了，那句老话果真不假：在英格兰，教宗使节也好，红衣主教也好，统统不干好事。"[13]他所表达的正是国王的愤怒。

英格兰国王婚事的案子很快被再次提交给罗马，正如第三任诺福克公爵托马斯·霍华德（其父曾赢得弗洛登战役）后来对西班牙使节所言，亨利八世相信，此刻查理五世"就算要他穿着小丑的衣服在大街上跳舞"，教宗也会依命而行。[14]

沃尔西没能帮亨利八世办成事（迄今为止，能办事都是沃尔西成功的关键），这标志着其事业步入末日。亨利八世虽然不愿完全毁掉自己旧日的宝仆，但沃尔西得罪了一些很有影响力的人，尤其是安妮——她对他已经失去信心。在接下来的1530年，沃尔西在外交政策出现分歧时站错了队。同年10月，亨利八世收到消息：教宗发出一封训令命其与安妮分开。这事被怪到沃尔西这位红衣主教头上。他试图向法兰西国王弗朗西斯、教会查理五世求助，希望为自己复职寻得支持，却给了人指控他叛国的把柄。1530年11月4日，红衣主教在约克用晚餐时被捕，当时他已名誉扫地，百病缠身。他在被送去伦敦受审的路上死于莱斯特，而审判的结果也必然是死刑。"我明白人们都针对我，也晓得他们会怎样诬告我，"沃尔西临终时说，"但如果我服侍神有我服侍王那般殷勤，他便不会在我白发苍苍时抛弃我。"[15]消息传到宫中，为庆祝沃尔西的死，安妮的父亲安排上演了一出滑稽剧，表现下到地狱的沃尔西。"哦，苦哇/那可怜人就是终日巴结王公贵族那家伙吗！"威廉·莎士比亚笔下的沃尔西说，"他一旦坠落，就坠落如路西法/再无指望。"

第二十章

玛格丽特·道格拉斯回归

玛格丽特·道格拉斯小姐出现在诺森伯兰的诺勒姆城堡就如她13年前出生于附近的哈博特尔城堡一样富于戏剧性。当时，她母亲玛格丽特同她父亲安格斯伯爵一道逃离苏格兰，正在流亡。而此时——1528年10月——她又被人劫持了。她的父亲想要再度逃离苏格兰。为了确保能够在英格兰自由通行，父亲把她从母亲那里劫来，送去诺森伯兰，以向她的舅父亨利八世表示自己的诚意。[1]

玛格丽特·道格拉斯年轻美丽，有着修长小巧的鼻子，双眼皮也相当明显。这个姑娘的童年相当不幸。父母婚姻破裂后，父亲在苏格兰夺了权，整整三年中，他几乎把她同母异父的兄弟詹姆斯五世变成他的囚徒：阻挠他学习治国，放纵他沉迷赌博和女色。直到1528年5月底，玛格丽特才得以帮助詹姆斯五世摆脱安格斯伯爵的控制。年轻的国王慢慢明白自己继父的可憎，詹姆斯五世组建起一支军队后，安格斯伯爵开始寻求庇护。根据他与玛格丽特解除婚姻时的条款，两个人的女儿依然有合法身份，玛格丽特·道格拉斯便成了英格兰王位第三顺位继承人。在外交婚姻市场上，她是一件极有价值的商品，能够以她赠人也叫亨利八世大悦。

玛格丽特王后写信来诉说与女儿分离的痛苦，亨利八世却对姐姐的哀求置之不理。[2]但他也还没做好迎接玛格丽特·道格拉斯入宫的准备。坎佩焦恰好在这时抵达伦敦，亨利八世和少女的教父沃尔西都集中精力于安排教宗使节坐庭。玛格丽特·道格拉斯被留在诺森伯兰，由人看着，直到1529年3月，丢掉苏格兰最后一座城堡的安格斯伯爵逃亡到英格兰。安格斯伯爵护送玛格丽特转去沃尔西当时的主管会计家，此人名叫托马斯·斯特兰韦斯（Thomas Strangways），是约克的一名郡都。安格斯伯爵把她留在那里，和她一道的还有一名做她女官的贵妇和一名男仆，但他没给她留多少钱。她在那里待了一年，其间斯特兰韦斯不得不自掏腰包供她开销。与此同时，这边教宗使节庭审的滑稽剧一幕幕地上演，那边沃尔西挽回自己事业的努力终告失败。不过到1530年4月时，亨利八世终于准备迎接她入宫，他下令御衣处为"我们的外甥女"做一套衣服作为他的见面礼。[3]

与母亲最后一次带年幼的玛格丽特到访时相比，宫廷已经大变。沃尔西不在了，他永远地离开了宫廷。她那曾经总是兴高采烈、不时哼上几句他那首"良友佳朋相伴"的舅父亨利八世，如今却深陷三角关系之中而痛苦不堪，两个女人分别是已经"有些发福"的凯瑟琳和他优雅时髦的情妇安妮·博林。凯瑟琳"面上总带着微笑"，这对亨利八世而言必定相当难以忍受，而眼见韶华一日日虚耗，安妮变得极度暴躁。她常常愤怒地提醒他："我已经等了很久，在这期间我原本可以成就一桩好姻缘，而且早就生儿育女了——这可是世上最大的安慰。"6月，安妮发现凯瑟琳还在为亨利八世缝衬衫，于是大发雷霆。但亨利八世和安妮之间三天两头的吵闹和泣涕涟涟的和解似乎倒增进了两个人之间的感情。

在宫中许多人看来，情欲仿佛是国王的弱点，但这情欲给了他决心，令他能继续坚持同安妮结婚的计划。他继续向罗马施压，要求推进废婚，而在安妮的怂恿下，亨利八世甚至已经准备完全绕过教宗了。此时的他想要自称"其国土上独一的皇帝与教宗"和英格兰国教会的最高领袖。[4]这实在是个相当大的转变。不到十年前，亨利八世还在攻击马丁·路德，在文章中写道："我无意侮辱教宗而就其特权进行什么讨论，好像这是可以质疑的事似的。"在英格兰，教宗高于教会的无上地位是已经存在了千年的信仰。[5]教宗权虽然有各种问题，但英格兰的绝大多数人依然视之为"恩典之源"，而教宗则被视作圣彼得的继承人。[6]然而，亨利八世此刻却开始相信神委派他统治自己的臣民，不仅是要他做世俗的领袖，还要他成为宗教的领袖。他不能容忍自己的意志受到任何违抗，其心意的转变与此有很大关系。但与教宗决裂也有正向的吸引力。

一直以来，亨利八世都对神学辩论相当感兴趣，甚至当神职人员和信徒之间发生争论时，他也要出面干预。[7]当上英格兰的"教宗"后，他便能更进一步，任意裁决自己王国的教会信仰问题。然而，最吸引他的却是这会为他赢得"皇帝"这一荣耀的头衔，他还宣称得到此头衔是自己长久以来的权利。

十多年前，亨利八世曾让人将传说属于亚瑟王的温切斯特圆桌漆上都铎的家族色：中央是一朵双色玫瑰，从玫瑰中升起一个人形——戴着皇冠的亚瑟王，但有着亨利八世的面容。此刻，这一主题将得到更多发挥。[8]1531年1月，诺福克公爵向法兰西使节展示了一枚印章，据说是亚瑟王当政时留下的，上面刻着"不列颠皇帝亚瑟"。使节被告知这"证明"亨利八世从其远古先祖处继承了特别的皇权，因而他有高于教会和国家的权力。[9]自亚瑟死后，人们没有花过太多精力挖掘亚瑟神话中的政治资本。现在不同了，亨利八世面临的难题是人文主义学者对这类古旧传说的怀疑日增，而罗切斯特主教约翰·费希尔更是将他的论据驳得体无完肤。

1531年2月，有人谋杀费希尔未遂，许多人相信安妮·博林的家族是幕后主使。费希尔的厨子承认有人给过他药粉要他下在自己烹制的肉汤里，他还以为这是在开玩笑。[10]费希尔吃得少，没有喝汤，这很可能救了他的命，因为碰过这汤的人都出事了——死了两名仆人，还有几个在费希尔家门口讨食吃的穷人也死了。亨利八世立即将下毒升级为叛国罪，但此事从未开庭举证过。尽管厨子只是犯了重罪并被关押起来，但他成了第一个依议会法案被以所谓"剥夺财产和公民权利令"判了死刑的罪犯，该法令简单宣告了他的罪行。[11]他是在史密斯菲尔德（Smithfield）被处决的，行刑的方式相当可怕：这个可怜的人被铁链拴着，挂在一口装着滚水的大锅上方，"用绞刑架拉上去又放下来，反复多次，直到断气"。[12]常有人称这是一种新刑罚，是惧怕被人下毒暗杀的亨利八世发明的。事实上，新鲜的不是刑罚，而是不经任何司法程序就定人罪的操作。[13]这是一次严肃的预警，表明亨利八世对传统法规的轻视，同时也说明他相当焦虑：人不可信赖自己的厨子。

一个月后玛丽公主来访时，费希尔与死神擦肩而过的事依然是人们热议的话题之一。15岁的玛丽只比玛格丽特·道格拉斯小几个月，她娇小漂亮，身材匀称，面容美艳。玛丽相当依恋母亲，在其身边待了四五天，但她也爱她的父亲。亨利八世同样为自己的女儿自豪，6月他去里士满宫看望她时，二人都"深感快慰"。在外国观察家看来，她作为继承人的地位依然稳固，帝国和威尼斯的使节都确信国王的婚姻不会被解除，"因为王国的贵族——教会的也好、世俗的也罢——均对此表示反对，公众的态度也一样"。[14]

亨利八世同妹妹法兰西王后的关系曾相当亲密，此时因为国王爱恋自己的情妇，兄妹间的感情淡了。亚瑟过世、玛格丽特王后去苏格兰后，二人一度成了都铎家族仅剩的枝叶。她嫁给了他的挚友查尔斯·布兰登，但自己曾经的侍女安妮在宫中竟得到超过自己的高位，令这位法兰西王后深感厌恶。当时的人们评论道：
"位次之差在女人之间引发了颇多不和，她们几乎可以承受无论何
种伤害，却受不了被那些位置比自己低的人捷足先登。"[15]布兰登努
力挖掘安妮的过去，试图破除她对亨利八世的控制。安妮予以回
击，指控布兰登"与自己的女儿有可耻的关系"——之前一次婚
姻给他留下两个女儿，他与法兰西王后也育有两女（年龄较大的
弗朗西丝已有14岁）。[16]对于舆论，安妮也同样藐视。她叫人在自
己仆役的制服上绣了一句新格言："板上钉钉，要怨请便"（Ainsi
sera: groigne qui groigne）。[17]"板上钉钉"这话自然是就她同亨利八
世的婚事说的。他已经拿定主意。

　　7月16日，亨利八世将凯瑟琳撇在温莎，同安妮一道骑马离
开。他连一句再见都没有说，二人也再未相见。他和安妮去了
萨里的彻特西修道院打猎，与此同时，玛丽公主赶紧前去看望母
亲。帝国来的使节认为，这年8月，公主的陪伴帮助凯瑟琳"忘
掉了国王缺席的苦楚"。母女俩一道度过了整个漫长的夏天，之
后，亨利八世起意要到温莎打猎，并且回城堡住。他和安妮在城
堡里各有一张11平方英尺的床，盖着金银的床罩，一直存留到伊
丽莎白女王当政年间，并且还成了旅游景点。凯瑟琳被命令退居
到赫特福德郡一处被称为莫尔（More）的宅子里，而玛丽则接到
指示，要她回到里士满的家中。表姐玛格丽特陪同公主，充当其
高级女官。[18]

这年10月，玛丽宫中给御衣处师傅开去的定制布匹和制服的单子中包括一份为玛格丽特·道格拉斯所列的长长的清单，其中有极昂贵的"11码的金丝礼服、11码的黑天鹅绒礼服，毛皮用混缝的貂毛（以规则的图案将裁成条的白色毛皮与黑色貂尾相混缝制）；一套11码的黑色锦缎礼服；7码的短裳（一种外穿的衬裙）和袖子，布料用绯红缎子、黑天鹅绒和黑缎"。还做了天鹅绒的鞋子和手套，又用黄褐色天鹅绒和黑缎为她的仆役做了衣服。[19]这一切都表明了她所服侍的公主——也包括她自己——的地位之高。

亲身经历过父母不和的玛格丽特成了玛丽的良伴。不过，一名非凡的女家庭教师也为公主提供支援，此人便是索尔兹伯里伯爵夫人玛格丽特·波尔（Margaret Pole, Countess of Salisbury），她是金雀花家族最后一名男丁、被亨利七世处死的沃里克伯爵爱德华唯一的姐姐，年幼时嫁给玛格丽特·博福特的表外甥。伯爵夫人是英格兰最富有的五个人当中的一个，因此，身为女性的她扮演着男性的角色，而且相当认可女性的能力：她也将这一态度教给公主。作为掌权王后的女儿，玛丽的母亲同样对女性治国的能力相当自信。但玛丽童年的这段"小阳春"正逐渐为阴影所笼罩。亨利八世给自己的私人寓所选了一套新的挂毯，表现的是埃涅阿斯的古典传说：因为神明的干预，他不得不离弃妻子蒂朵去完成自己的使命。[20]亨利八世也渴望追求自己的伟大使命，而为他这一野心贡献计划和方向的则是一个新人——曾任沃尔西仆人的托马斯·克伦威尔（Thomas Cromwell）。

现存于世的画像上的克伦威尔一身黑衣，有一对猪眼似的小眼睛，令人全然想不到此君有着怎样惊人的魅力。同沃尔西一样，克伦威尔出身低微〔他酗酒的父亲是帕特尼（Putney）的一名商人〕，但勤奋过人，才思敏捷，而且同安妮·博林一样，有着极强的福音主义倾向，倡导教会改革，支持国王至尊。1532年5月15日，在克伦威尔的谋划下，神职人员正式向亨利八世表示顺服，承认其为最高统治者。这标志着《自由大宪章》（Magna Carta）所保障的教会自由的终结，而且导致大法官托马斯·莫尔于次日辞职。亨利八世选择莫尔担任此职正是因为他不仅是个聪明人，而且高度自律。亨利八世确信，莫尔一定会逐渐发现他的追求是美善的。但莫尔没有看到——他所看到的是国王至尊远非从教宗专制下的解放，反而意味着不服从国王命令的人们即便在关乎心底良知的事上也将不复有上诉的途径。

8月，年迈的坎特伯雷大主教（Archbishop of Canterbury）去世，与罗马决裂的障碍扫清了。当年冬天，安妮的福音派神职盟友托马斯·克兰默（Thomas Cranmer）获任此位。她确信克兰默能帮助她嫁给国王，而他也确实做到了。正是怀着自己终将当上王后的信心，安妮开始与亨利八世同寝。[21]二人秘密结了婚，当时是1533年2月末的某天，她已经有孕在身。[22]对亨利八世而言，废婚请求尚未获准是无关紧要的。他相信与安妮的结合是他的第一次，也会是唯一的婚姻，而他和凯瑟琳之间的关系算不上婚姻，其废除不过是走个过场，而且很快就能办成。4月7日，一项限制上诉的法案被通过，禁止阿拉贡的凯瑟琳（也包括其他任何人）向外国法庭上诉。为支持这一法案，人们依据蒙茅斯的杰弗里的《不列颠诸王史》，称"各种各样古老真实的历史记录和编年史已经明白宣告和表明，英格兰王国是一个帝国"，由"独一至尊的元首和国王"统治。以教宗为世上宗教问题最高裁决者的制度在英格兰走到了尽头，与罗马的决裂也完成了。

不久之后，凯瑟琳被正式告知，国王已与安妮成婚。她还被告知，以后不能再被称为王后，她的仆役也将不再归她所有。凯瑟琳反驳称，自己就算被迫讨饭，也不会把王后之位拱手让人。在里士满宫中，玛格丽特·道格拉斯依然在服侍玛丽公主，公主"最初还在思索"，尽其所能地控制自己的感情，听到此消息"甚至似乎很高兴"。尽管被禁止与母亲有任何联系令玛丽相当痛苦，但她仍然怀揣着希望，认为安妮的胜利是暂时的，而到了那一天，她需要处于有利地位，稳占父亲的爱。晚饭后，玛丽给父亲写信，这信取悦了他，他"对女儿大加赞扬，而且尤其欣赏其智慧和精明"。[23]相比之下，安妮却不大约束自己的感情，她夸口称很快会召公主来当自己的侍女，要么就把她嫁给"随便哪个侍童"，也即某个低贱之人。[24]经过这么些年的等待，曾终日提心吊胆担心被亨利八世抛弃的安妮变得相当刻薄。英格兰有了一套新秩序，而安妮决意要人人都对之表示顺服。

5月23日，克兰默终于宣布亨利八世的第一次婚姻无效，而此时，安妮加冕礼的准备工作早已开始。典礼将持续四天，届时安妮这边将有大批亲友到场。都铎家族这边的情况却大不相同。亨利八世的姐姐玛格丽特身在苏格兰，她尽其所能地提供支持（虽然并不多）；其子詹姆斯五世此时统治苏格兰，他不赞同脱离罗马，而且在信中表明自己的态度。他同母异父的妹妹玛格丽特·道格拉斯仍与玛丽公主在一起，而公主不愿出席加冕礼。亨利八世的妹妹法兰西王后抱恙已经有些时日，因而也无法出席加冕礼，她的两个女儿弗朗西丝和埃莉诺（Eleanor）也要留在她身边。虽然在给他送去的最后一封信里，法兰西王后表达了自己的爱，但当她6月过世时，却有谣言称她是因为"见到兄长离弃妻子而悲伤"致死的。[25] 都铎家族还有最后一名成员：亨利八世的非婚生子里士满公爵亨利·菲茨罗伊，照着亨利八世与弗朗西斯和解条约的规定，他此时身在法兰西。菲茨罗伊被安妮视作对自己未来子女的威胁，二人之间本就没有什么温情，故他必不会因无法出席典礼而太过失望。[26] 然而，这却意味着在5月29日开始的典礼上，亨利八世的血亲一个都不会到场。

典礼第一天的安排是河上盛装游行，上次游行已经是四十五年前约克的伊丽莎白加冕时候的事了。在1487年斯托克战役后，亨利七世利用游行的机会重新培养了约克家族的忠心。亨利八世此刻也需要重新培养公众的忠心：他新的婚姻、新的王后，以及二人即将出世的孩子都需要得到公众的认可。国王一掷千金，220艘船跟在王室游艇的后面，从格林尼治一路驶向伦敦塔；龙形的机械喷着烟，乐师奏着乐，烟火绽放，铃儿叮当，旗帜飘扬，沿河观看的人有数千之众。伦敦塔中，亨利八世正等着迎接安妮。[27]他虽然已经41岁，但依然相当英俊。一个威尼斯人描述称，他有"天使般的容颜，极为英俊，剪着恺撒的发型"。[28]安妮下了船，在千支礼枪的齐鸣声中，他吻了她。她转过身来，向市长和市民致谢，接着便进入塔中。次日，18位巴斯骑士在此获亨利八世册封。

星期六晚上，安妮出了塔，由戴着蓝色风帽的新骑士开路，朝威斯敏斯特修道院进发。路上铺了碎石以防止马匹跌滑，天气也好极了。安妮坐在白色的金布轿子里，拉轿的白马身披白色锦缎，同阿拉贡的凯瑟琳当年一模一样。她的外套是"薄绸"材质的，呈金色和白色，闪闪发光，她那缀着貂毛的披风也一样，而她头上戴的则是1509年为凯瑟琳"新造的"、由十字和鸢尾花组成的金环。[29]深色的头发散开来，象征着她的贞洁。游行的场景极为壮观，街上挂满了挂毯和昂贵的布幔，社会各个阶层的力量都为此被调动起来，而亨利八世希望这一盛典——也包括目睹这一盛典给公众带来的愉悦——能创造奇迹，培养起其臣民对安妮的忠诚。[30]但一些不友善的报道称，人们并不向她脱帽，而这对新人名字首字母的组合图案HA则处处遭人取笑，人们指着这图案大笑：

"哈，哈！"[31]

根据后来人们的传说，安妮当时穿了一条裙子，上面绣着被钉子钉穿的舌头，以此警戒那些说她坏话的人。[32]已经有百姓因此被捕，而且当众受过鞭打，因而这一传说反映了一种合乎情理的恐惧感，也是一种警告。这年夏天晚些时候，两个妇人（其中一个已经身怀六甲）"在齐普塞街遭到棒打，她们腰以上的部位被扒得精光，耳朵被钉在旗杆上，因为她们说凯瑟琳王后才是真正的王后"。[33]但安妮也不乏支持者。英格兰需要一位王子，以避免继位争端导致流血和外国入侵。15世纪那几场可怕的战役，包括从勃艮第来的爱德华四世和从法兰西来的亨利七世的两度入侵，都令人们记忆犹新。星期日，当加冕过的安妮头戴王冠、手执两根权杖走出威斯敏斯特修道院时，她那明显隆起的肚子叫看到的人都感到安慰。[34]对安妮而言，做王的情妇的七年到了头，王后安妮的故事开始了。

第二十一章

恐怖统治开始

　　安妮加冕还不到四个月，她的女儿在格林尼治宫受洗，场面相当壮观。玛格丽特·博福特为这类仪式制定的规则得到了一丝不苟的执行。亨利七世青睐的谨行派方济各会的教堂挂满了被称作"花毯"（arras）的错金挂毯，银洗礼盆上方是一顶红色的丝绸华盖，标志着伊丽莎白这个小奶娃作为"英格兰至高至尊之公主"的地位。

　　一列仪仗队走入大厅，庆典开始。领队的是亨利八世的表兄，埃克塞特侯爵亨利·考特尼（Henry Courtenay, Marquess of Exeter），爱德华四世的这位外孙在骑马比武场上是深得国王喜爱的伙伴。[1]他手持一支象征生命和信仰的蜡烛，在伊丽莎白受洗的那一刻，蜡烛被点燃，同时燃起的还有王后的护卫们手持的500支火炬，于是大厅里灯火通明。公主是随先王之后约克的伊丽莎白起的名，然而，尽管仪式盛大，公主的名字也深得民心，帝国来的使节却报告称，伊丽莎白的洗礼"就如她母亲的加冕礼一般，在宫中、在伦敦城里都反响冷淡，不得人心，在这样的场合通常会有的篝火和欢庆也无人提及"。[2]

亨利八世一度认为，生下儿子可以证明神对其行为的认可。神却没有赐予他一个儿子，一些人开始为脱离罗马感到懊悔，他的王族表兄埃克塞特侯爵也在其中。当时有一位受人爱戴的神秘主义者伊丽莎白·巴顿（Elizabeth Barton），人称"肯特圣婢"，她曾当面告诉亨利八世，要是娶了安妮，"不出一个月，陛下就将不复为此国的王——我以神的名义起誓：陛下再多做一天、一小时的王也不可能"。[3]许多人都曾盼望亨利八世能听巴顿的劝，而且为此祷告。但伊丽莎白受洗一个月后，巴顿被捕了，那些听信她的人也面临被控叛国罪的危险。她昔日追随者的信件如潮水般涌向国王，为自己曾见过她的面乞求宽恕。埃克塞特侯爵的妻子也寄出一封信，她相当幸运地未受责罚。

亨利八世确信，任何不明白他的第一次婚姻是个错误的人都必定心怀恶意，为了表明自己打压一切反对意见的决心，他此刻准备拿17岁的女儿玛丽开刀——他已经决定从此将她当作私生女。如果有儿子，他可能不会感到在玛丽的身份问题上大费周章有什么必要：即便与兄弟一样被视为合法子女，她也会排在他后面。但他有的是两个女儿，他认为不能任由长女玛丽高过伊丽莎白这个出自他唯一"有效"婚姻的孩子。玛丽因此被降格。人们要她的仆役摘下制服上公主的徽记，改换成国王的，她也被告知自己不能再被称为公主了。

尽管如此，凭着青春少女的勇敢和倔强，玛丽仍然继续使用自己的头衔。国王"相当不悦，且要依法处置"她，她却无视这一威胁，甚至放肆地写信给国王，假意对此命令表示惊讶。玛丽向父亲保证自己完全确信"阁下您对这封关于取消公主头衔一事的信毫不知情，因为您是仁慈的：我毫不怀疑阁下您必视我为您合法的女儿"。[4]亨利八世意识到，他不得不打压玛丽，为此首先要孤立她。

12月，亨利关闭了玛丽的府邸，160名仆役被遣散，10名侍女和高级女官也遭到同样的对待。她的女家庭教师索尔兹伯里伯爵夫人表示愿意自掏腰包维持玛丽府邸的开销，但还是被打发走了。更侮辱人的是，人们还告知玛丽，她担任高级女官的表姐，18岁的玛格丽特·道格拉斯小姐接到命令，要进安妮·博林家，而她自己则将被送往哈特菲尔德（Hatfield）的伊丽莎白公主处。[5]这位四大王公家族领袖的孙女被交到安妮的姑母谢尔顿夫人（Lady Shelton）手中：要是玛丽继续违抗国王的命令，不接受自己的降格，谢尔顿夫人就可以毒打她。人们也要始终将她当作不如她小妹妹的庶出女来对待。

当蒙羞又愤怒的玛丽在哈特菲尔德的居所啼哭时，她的父亲却告诉法兰西使节，如果想要和亲，他们不妨考虑玛格丽特·道格拉斯，他这位"外甥女是苏格兰王后的女儿，眼下他正让自己的王后照顾她，而且待她也如王后所出"。法兰西使节恭顺地表示，玛格丽特·道格拉斯"美貌而高贵"；谈到玛丽时却说，照亨利八世所言来看，"他恨透她了"。[6]

虽然如此，宫中却有一些人对亨利与安妮的婚事，同时也对同罗马的决裂深感愤怒，他们甚至希望终结都铎王朝。帝国使节向查理五世报告："这些人重提沃里克伯爵（'造王家'）的事，就是赶走爱德华国王的那位。还说您比当今的国王更有权称王，因为他的权力不过是从母亲那里得来的，而巴斯主教已经判决过，称她为私生女，因为在约克的伊丽莎白的母亲之前，爱德华四世已经有过妻子。"[7]简而言之，国王的父亲是都铎家族的人，给不了他王位继承权，他的权力仅仅继承自母亲。只要相信爱德华四世的子女确如理查三世所称都是私生的，这一权力也就不复存在。[8]

失去民众的拥戴令亨利八世感到难以接受，而他也明白其中的危险。面对威胁，他采取父亲一贯的回应方式——强力镇压。一段恐怖时期开始了。3月，圣婢伊丽莎白·巴顿遭到控告，借由一道剥夺财产和公民权利令，没有经过任何司法程序，她便被定了叛国罪。[9]因为担心陪审团会判她未犯任何死罪，没有给她受审的机会。她于4月被处决，一同被处死的还有许多与她有联系的神职人员。凯瑟琳与亨利八世婚姻合法性最有影响力的捍卫者约翰·费希尔被关进塔中，原因仅仅是他同巴顿会过面。当月，因为拒绝宣誓支持新近颁布的继承法案，亨利八世的前任大法官托马斯·莫尔也进了塔。根据新法案，玛丽成了非婚生女，但法规的序言还否定了教宗管辖权，而莫尔坚信这是基督教世界合一的关键，也是由基督亲自设立的。对莫尔而言，这属于他个人的宗教良心问题；对亨利八世而言，人人都必须承认他行为的公义，甚至在私心里也不能例外。

然而，依然没有任何迹象表明神赐福给亨利八世。这年夏天，怀第二胎的安妮流产了。凯瑟琳当年的情形复现，人们开始飞短流长，称国王看上了别的女人，甚至称安妮为此颇为妒忌。[10]但这两个人之间的感情从来都是大起大落、风波不断的，而这一婚姻即将获得新的支持，出人意料的是，支持来自罗马。1534年9月25日，教宗克莱门特七世去世，罗马与国王和解的机会来了。新当选的教宗保罗三世十分渴望卸下历史的担子重新开始。在他看来，罗马遭到洗劫是神在惩罚近几任教宗的世俗欲，在责罚教会内部的腐败。改革早该启动，保卫西方基督教世界的战争打响了。1535年5月，教宗保罗册封多名红衣主教，获册封者都是以圣洁、博学和正直闻名的人，其中之一便有费希尔。教宗希望借此不仅能救费希尔出塔，而且能鼓励亨利八世走上与罗马和解的道路。教宗表示，他任命费希尔为红衣主教不仅是因其本人的德行，也是"为着国王及其王国的荣耀"。[11]新任红衣主教费希尔会作为英格兰的代表参与教会改革启动会议。

保罗三世没有意识到，拥有高于教会的至尊对亨利八世而言有多重要。追求至尊最初可能不过是某种法律和体制上的诡计，是因教宗克莱门特拒绝废除亨利八世的第一次婚姻而想的对策；但对亨利八世而言，如今这已无关继位问题，至尊本身已经成为目的。他相信，正是借此，他将实现自己多年来所追求的"德行、荣耀和不朽"。他还没有实现自己征服法兰西的少年梦，但通过成为英格兰的教宗，掌管一个超乎教会和国家之上的帝国，他将实现自己所追求的伟大。

亨利八世一如既往地完全相信自己的行动乃出于神意。《旧约》中的大卫王和所罗门王及基督教罗马的君士坦丁大帝和查士丁尼大帝成了他称帝的原型。他确信，上古的英格兰王同样称过皇帝，而几个世纪以来，这一名号却被教宗篡夺了。亲近国王的那些人称，即便圣彼得复活，国王也不会放弃他的至尊。[12]得知费希尔获册封后，亨利八世回击说会送费希尔的脑袋去罗马领受红衣主教的帽子，而且他最近已经为这位主教创立一项死罪。

新的《叛国法案》已将否认国王至尊定为死罪。敛心默祷的加尔都西会修士成了最先受难的那群人（人们普遍视加尔都西会修士为英格兰最圣洁的人，伦敦的人们常常向他们寻求建议和指引，甚至一连多日、好几个星期与他们同住，静心祷告）。陪审团起初拒绝给这些人定罪，但托马斯·克伦威尔对各种坚持公义的声音一概不加考虑，还威胁众陪审员，称如果不给出国王想要的判决，后果将极严重。这年5月，看到曾经那么受敬重的人们穿着那独特的白袍，绑着木架穿街过巷，之后被车裂[*]处死，人们几乎不敢相信自己的眼睛。亨利八世是在表明，在此事上，没有人能指望得到宽恕，而他希望自己的廷臣也能认识到这一点。

行刑时，国王15岁的儿子亨利·菲茨罗伊也在场。人们迫使他站在紧邻绞架的地方，看着一个个修士受刑：他们先被吊一阵，然后在意识尚存时被剖开胸腹，挖出内脏。[13]一次杀一个的行刑方式确保修士们能够目睹在他们之前上绞架的同伴那缓慢而痛苦的死亡，明了等待自己的可怕命运，从而受到更多折磨。杀尽这一批后，又有更多加尔都西会修士被处决。接着，6月中旬发生了伦敦人聚众喧闹的事。下一个便轮到费希尔。

红衣主教们的衣衫绯红，据说这代表他们愿为信仰献出生命。然而，在红衣主教一职存在的1000年间，这个神圣的团体中被要求这么做的只有一人，此人便是费希尔。玛格丽特·博福特的这位旧友年轻时英俊出众，但此时已年届古稀，十分虚弱，而且几乎失明，不得不由一匹骡子驮着送去陶尔希尔的绞架。[14]他相当清楚近几任教宗之腐败，也曾带头倡导教会改革。然而他信仰教宗这一体制，恰如他信仰英格兰的君主政体。绞架上的费希尔为国王，也为其王国做祷告，接着在深受震动的人群的沉默围观中死去。

---

* 车裂（hung, drawn, and quartered）：惩处男性叛国者的刑罚，定罪后的叛国者被绑在木架或木板上，由马车拉到行刑地点，吊至濒死，随后进行阉割、剐刑、斩首，最后分尸（切成四块）。完成之后，犯人的尸身会放到全国知名的场所（尤其是伦敦桥）公开展示。——译者注

如今更令人铭记于心的是托马斯·莫尔之死：这位忠于家庭的政治家于7月被斩首。但当时的人们认为，费希尔的死意义更为重大。教宗勃然大怒，宣布费希尔为殉教者，并称其伟大超越了托马斯·贝克特（贝克特的陵墓是欧洲排名前三的重要朝圣地），因为费希尔是为普世教会献身的。这也意味着亨利八世比导致贝克特被杀的亨利二世更坏。9月1日，教宗下令：如果亨利八世没有在规定的时间内悔改，那么他就将被当作异端、分裂教会者和反叛者逐出基督教家庭。[15] 如此一来便可以确定，亨利八世与凯瑟琳的废婚再也不可能得到欧洲的承认。然而在亨利八世看来，第二次婚姻的正确性是他尊荣的基础。关于国王的婚外情曾有一些传言，但亨利八世与安妮开始了一趟长长的夏日巡幸之旅，传言随之消失。对他而言，儿子此刻变得更为重要，不仅是为了王朝，也是为了让做出种种暴行的他确信自己无罪。

1535年夏，许多廷臣随亨利八世和安妮同行，从一处宫殿到另一处宫殿，尽其所能地寻欢作乐。国王的外甥女玛格丽特·道格拉斯享受着被年轻的倾慕者簇拥这一新的快乐，也结识了几个朋友。一本在今天被称为《德文郡手稿》（*Devonshire Manuscript*）的书中保留了这些人创作和摘抄的诗句，也展现了他们的生活及他们对生活的感受。诗文的作者包括：（诺福克公爵的弟弟）23岁的托马斯·霍华德勋爵（Lord Thomas Howard），亨利·菲茨罗伊

15岁的妻子（里士满公爵夫人）玛丽·菲茨罗伊——她也是诺福克公爵的女儿，还有安妮·博林的未婚侍女（表妹）玛丽·谢尔顿（Mary Shelton）。[16]

与玛格丽特相似，玛丽·谢尔顿也魅力非凡。她甚至短暂地引起过国王的注意，但此刻追求她的已是另一些人。《德文郡手稿》中有一首为她而作的诗，诗分为七节，各节的首字母拼在一起就连成了她的姓。诗的主题是一名倾慕者哀叹自己的心意不为所爱之人觉察，末句是："到伊知晓我一切痛苦因由的那日／我依然必会甘心侍奉受苦。"[17]玛丽·谢尔顿和玛格丽特·道格拉斯在诗底下潦草地写了几行尖酸的评论，取笑作者没有诚意。然而在这期间，玛格丽特却开始爱上托马斯·霍华德。

安妮本应管好自己身边的年轻女子，让她们的浪漫幻想别太过分。当看见礼拜堂中的玛丽·谢尔顿在自己的祷告书上写诗时，她本应训斥她一通。但安妮是英格兰情场上最成功的女性——她赢得了国王，而她也太享受这场夏日巡幸那微醺的氛围，简直欲罢不能。她同25岁的弗朗西斯·韦斯顿爵士（Sir Francis Weston）调情，责备他爱玛丽·谢尔顿超过了爱他自己的妻子。听到这话，他立即回答，他爱另一个人胜过这二者。接着，他揭晓了答案："那便是您。"尽管如此，对安妮而言，更重要的依然是国王的关注。11月初，她再度怀孕。她希望这次是个儿子，但与此同时，她也并未忽视自己的女儿。安妮对伊丽莎白宠爱有加，亲自为她挑选丝绸和天鹅绒衣料。伊丽莎白的地位、荣耀和尊贵是安妮自己地位、荣耀和尊贵的保证。同样，继女玛丽获得的任何荣耀都令安妮恐惧。亨利八世向她保证过，只要自己在世，玛丽就结不成婚。但安妮注意到，自己看望伊丽莎白时，陪她同去的侍臣常常偷偷溜走，去向玛丽致敬。很少有人认为称玛丽为私生女是公正的。根据教会法，生育子女时，父母若有充分理由认为二人的婚姻合法，那么在婚姻废除后，子女便依然具有合法地位。即便是那些愿意承认亨利八世与阿拉贡的凯瑟琳结合无效的人，也视玛丽为真正的公主和国王的合法继承人。亨利八世若是死去，安妮的地位甚至性命都会处于极大的危险之中。

也有许多廷臣担心，亨利八世与安妮结婚会导致与阿拉贡的凯瑟琳的外甥、强大的查理五世打仗。眼下，查理五世正指望亨利八世疏远法兰西。就连教宗也被其说服而没有公开开除亨利八世教籍的决定，其臣民也免了顺服的义务。但查理五世确信，事实最终会证明，亨利八世的这次婚姻只是一时糊涂。如若不然，他便会与自己的姨母结盟。而亨利八世同样担心凯瑟琳虽然抱病，但某一天会为了女儿的利益"向他发动战争，其公开和激烈程度将不亚于她母亲伊莎贝拉王后在西班牙的战斗"。[18]因此，当凯瑟琳去世的消息——1536年1月7日，凯瑟琳于亨廷登（Huntingdon）去世——传到宫中时，亨利八世大大松了口气。"歌颂神吧！一切战争的威胁都过去了！"他宣布说。

凯瑟琳最后的日子是在担忧中度过的，她怀疑是自己导致了那些"好人"的死，而且求身边人为那个她爱过又失去的丈夫祷告。但亨利八世没有对这个曾与自己共度幸福年月的女人生出半点哀恸。那个星期日的晚饭结束后，一身黄衣的亨利八世将伊丽莎白抱在怀里，向一个又一个廷臣炫耀，"简直喜不自禁"。[19]他感到自己恢复了年轻时的活力。1月24日，他继续庆祝，并且举行骑马比武。尽管如此，此时他已有44岁，比爱德华四世死时还老。同自己的外祖父一样，他也开始发福。不复昔日强健的他自鸣得意，不多时便被人掀下马，重重地摔在地上。他昏了过去，整整两小时不省人事。

一些人认为，国王正是因此头部受伤，其性情进而受到负面影响。但一年前处决加尔都西会修士是他在位期间最骇人听闻的行径之一。不过，这次事故也确实带来了改变：安妮开始意识到她的处境之危险。宫中的气氛因此变得沉重，安妮昔时的兴高采烈消失无踪。帝国使节报告称，她忽然想到某天"人们可能像当年对待那好人王后（阿拉贡的凯瑟琳）一样对待她"。1月29日，凯瑟琳在彼得伯勒修道院（Peterborough Abbey）下葬；就在同一天，第三次怀孕的安妮流产了。[20]据说她这次怀的是个男胎。

安妮躺在卧室里流血不止，亨利八世前去看望她，但没有表示同情，反倒自怨自艾地宣布："我看出来了，神不愿让我有儿子。"[21]这令安妮相当烦恼。尽管丈夫没有直接责备她，但他显然相信神再度惩罚了他。多年前，他曾与安妮的姐姐有过一段风流韵事，而这也意味着他有理由怀疑自己的第二次婚姻是否同第一次一样，也遭到诅咒。安妮不顾一切地向他保证，这次流产只是惊闻他在比武时摔伤所致。然而，生性暴躁的她没能忍住，又加了一句，称他对"别的女人的爱"也叫她"心碎"。从前妻子怀孕时，亨利八世总会找别的女人满足性欲，这次也不例外。安妮暗示此次流产是亨利八世本人所致，他大怒，粗鲁地留下一句"你起来了我再来跟你谈"便离开她的房间。[22]

埃克塞特侯爵夫人称，亨利八世很快开始抱怨他是受了勾引、中了诡计才娶了安妮。[23]不到两周，帝国使节尤斯塔斯·沙普依（Eustace Chapuys）也知道了叫国王动情的女人是谁，此人便是安妮的未婚侍女简·西摩（Jane Seymour）。这个士绅的女儿身材中等，长相一般，比玛格丽特·道格拉斯那群意气风发、吟诗弄墨的同伴年纪稍大。她在各方面都不同于安妮。她的头发是浅褐色的，王后有多黑，她就有多白，而且全然没有自己女主人的神采飞扬。尽管如此，她冷淡而高傲的仪态依然吸引亨利八世——仍是那古老的魅力：难以企及的少女。

安妮向玛格丽特·道格拉斯和其余女官表示，假以时日，一切都会好起来的。她会再生一个孩子，而阿拉贡的凯瑟琳已死，她的下一个孩子不会染上一丁点私生的污点。她的难题在于要如何怀上孩子，因为亨利八世对自己第二次婚姻合法性的焦虑似乎已经令他不举。[24]博林家族的对头也利用安妮的无助，趁机迅速行动。3月，简的哥哥爱德华·西摩（Edward Seymour）加入枢密室，当时那些不愿脱离罗马的人都迫不及待地想要撮合国王和他的妹妹。爱德华四世之孙也在这些人之中。这位王室出身的侯爵及其盟友确信，只要除掉安妮，亨利八世便会确认玛丽公主的合法地位。这些人建议简要利用亨利八世对自己婚姻合法性的担忧，同时要拒绝上他的榻。她也确实这样做了。

3月末，亨利八世给简送去一封信，随信还有一袋钱币。简没有打开这封很可能满篇都是劝诱之语的信，而是跪下来。她乞求信使转达国王，"顾念她是个出身高贵的姑娘，双亲都善良正直，没有一点当受责备指摘之处。对她而言，这世上没什么比自己的名誉更宝贵。无论如何，即便要她死一千次，她也不要失去自己的清白"。[25]很快，埃克塞特侯爵夫人报告称，亨利八世对简的爱慕"大大"增长。他们期望看到安妮在自己的游戏里被击败，看到玛丽重新成为亨利八世的合法继承人——他们自以为了解国王，但他们大错特错。

第二十二章

安妮·博林的垮台

　　只要安妮的姑母博林夫人一走开，玛格丽特·道格拉斯便会偷偷溜进自己的朋友玛丽·菲茨罗伊房中。[1]扫清障碍，玛格丽特的情人托马斯·霍华德勋爵也紧随其后。他和玛格丽特不时地在私下见面，他们聊天、接吻、交换礼物。玛格丽特有一天把自己的画像送给托马斯，另一天又送了他一颗钻石。他则送给她一枚戒指，这枚戒指是在王室礼拜堂由亨利八世祝福过的。人们相信，借由耶和华受膏者的特别能力，受过祝福的戒指会具有疗愈的力量。[2]二人的秘密会面仍然隐藏得很好，宫中其他人对此一无所知，但在那群伙伴的诗集第一页上写着一段话，警告那些秘密相恋的人：

　　　　当时时留心，恐怕你们被探看。
　　　　你那有情的眼啊，你无从遮掩，
　　　　最终真相必会彰显，
　　　　所以务要当心！[3]

这有可能是针对国王和安妮·博林当年的隐秘恋情所写。但此刻轮到玛格丽特和托马斯·霍华德要当心了。人们纷纷传说，国王和王后的关系正在恶化，宫中的气氛相当紧张。

1536年3月30日，帝国使节尤斯塔斯·沙普依甚至问国王的首席大臣托马斯·克伦威尔，二人是否会离婚。克伦威尔称，"尽管国王依然热衷于寻花问柳（比如追求简·西摩），但我认为国王和安妮的婚姻仍会存续"。他坦言自己被安妮视作敌人，所以这于他不是什么愉快的事。[4]沙普依不确定克伦威尔的肢体语言（他以手遮着嘴）是否表明他在说谎。但他想得太简单了，与安妮解除婚姻对亨利八世而言是个复杂的问题。亨利八世后来向沙普依解释道，他认为"与这奸妇（安妮）分开等于默认他的第一次婚姻合法。不仅如此，这还意味着承认教宗的权威，而这是他最害怕的"。[5]要想摆脱安妮，他不能单靠离婚，必须找别的途径。要如何达到目的，他还全然不清楚，而他又天性拖沓，这对博林家而言实乃幸事。

安妮对自己地位的自信渐渐恢复，4月2日，她甚至敢直接反对克伦威尔。二人有一个重大分歧：当时解散和重组了一批规模过小或状况不佳的修道院，国家也从中获得一些资金。安妮希望多数修道院能改建成为教学机构（这其实是修道院的传统角色），资金要悉数返投到慈善事业中。与此相反，克伦威尔却想要将修道院的财富收入国王囊中，并且用于收买国王所需的人心。他不喜欢修道院也有神学上的原因——修道院助长了对圣徒和圣物近乎"迷信"的崇拜。

那天早晨，安妮的施赈官约翰·斯基普（John Skip）在国王的礼拜堂布道，公开宣布了安妮对克伦威尔活动的反对意见。斯基普抗议称，神职人员正受到不加区分的剥削，并说之所以如此，是因为有人贪图教会的财产。他重申安妮的观点——解散修道院所获得的资金应当用在教育上，并谴责人们听从恶人的计谋，将钱用在别处。继而他含沙射影，克伦威尔在他口中成了《圣经》中亚哈随鲁王的腐败宰相哈曼，安妮则成了王的妻子——拯救遭迫害的犹太人的以斯帖王后。神父最后提醒听众，哈曼最终上了断头台。

安妮没能明白，是亨利八世极为渴望获得教会的财富。他怀抱着一个模糊的希望：某天他或许能自由地选择一个新妻子，而克伦威尔则有把棘手的事办成的能力。安妮对克伦威尔性命的威胁将亨利八世的希望和克伦威尔的能力结合在一起，也给了国王另一重甩掉她的理由。[6]

在短暂的时间里，没有迹象表明国王的态度有变。事实上，4月18日来到格林尼治宫的沙普依在和亨利八世会面前还受邀亲吻安妮的戒指——这等于公开承认安妮的王后地位——使节找了个借口没有这么做。但到国王的礼拜堂做弥撒时，他被捉弄了：站在人们给他安排的位置上，安妮走进来时他不得不向她致敬。那天晚些时候，昏了头的使节告知亨利八世，神圣罗马帝国的皇帝希望同他结盟，但条件是要恢复玛丽公主的继位权，并同罗马和解。亨利八世大怒，高声回答说他同教宗的关系不关皇帝的事，至于他的女儿玛丽，"他如何待她取决于她是否顺服于他"。[7]

很快，亨利八世开始给他在欧洲各地的外交官写信，向他们强调：不论他们在哪里就职，都要保证他和安妮的婚姻得到承认。这并非因为他个人对安妮有什么感情，而完全是因为他渴望维护国王的至尊，只是当时这一至尊仍然系于二人的婚姻。鉴于亨利八世对简·西摩的爱慕依然不减，于是克伦威尔此时开始在她的支持者中寻找盟友。他将自己在格林尼治的寓所让给简的哥哥爱德华·西摩，亨利八世从而得以更加不引人注意也更方便地同她会面，这成了克伦威尔成功的首个迹象。与此同时，宫中另一对恋人玛格丽特·道格拉斯和托马斯·霍华德的关系继续发展，二人终于在复活节时秘密订婚。[8]

在外甥女恋情发展之初，亨利似乎曾对此表示赞许，但这对恋人仅仅向几个朋友透露了订婚这一决定。宫中的形势依然极不稳定：身处王后枢密室中的玛格丽特看得出，安妮对丈夫极为愤怒。弟弟乔治·博林常常陪着姐姐，同她一道取笑国王的服饰和他写的情歌。一次，乔治在无意间透露，安妮甚至对亨利八世作为情人的能力发过牢骚，她告诉乔治，自己的丈夫在床上既没有天分也没有活力。[9]有人猜测，他在暗示伊丽莎白公主不是她父亲亲生的。她既然抱怨亨利八世在床上表现糟糕，自然表明她可能有情人。许多人注意到，王后相当享受宫廷爱情的危险游戏，就连低贱的仆人对她说话的态度也相当随便。

4月29日，星期六，安妮在会客室的圆窗边停下脚步，招呼一个名叫马克·斯米顿（Mark Smeaton）的年轻乐手，问他为什么看上去郁郁寡欢。"没什么。"他愠怒地回答。马克在试图引逗她同自己调情，但安妮提醒他，自己不可能像同贵族讲话一般跟他讲话。"哦，不，夫人，"他回应道，明显被刺伤了，"您使个眼色就够了，您慢走。"[10]当天，国王的近身仆人亨利·诺里斯爵士（Sir Henry Norris）来看望安妮的一个侍女，安妮揶揄地问他，为什么还没有娶未婚妻过门。诺里斯回答称，愿意"再等一阵子"。安妮开玩笑道："你在等死人的鞋穿，因为要是国王有个三长两短的话，你就会打我的主意了。"这话一出口，安妮便意识到自己越轨了——幻想国王之死是叛国罪。诺里斯吓坏了，他回答说"要是自己有半点这样的想法，情愿人头落地"。[11]

第二天，安妮和亨利八世大吵一架。宫中一名苏格兰访客后来回忆道，他看见安妮怀抱伊丽莎白公主站在庭院里，正在祈求国王的宽恕，国王则从一扇窗口探头俯视着她。"虽然他总能极好地掩饰自己的愤怒"，但这次他明显相当生气。[12]国王似乎是在指责安妮对他不忠，而她似乎认为他在怀疑诺里斯。因为就在同一天，安妮叫诺里斯去见自己的神父，要他向神父保证她是个"好女人"。但安妮是否猜错了？亨利八世所指的是诺里斯还是别的什么人？就在同一天，斯米顿也被人询问是否同安妮有染。

斯米顿是在斯特普尼（Stepney）的克伦威尔处受审的。逮捕他是克伦威尔的主张还是国王的命令，人们不得而知。但对克伦威尔而言，指控王后通奸是相当危险的。他无法确定国王将会有何反应。另一方面，如果有关诺里斯或斯米顿的什么传闻传到国王耳中，他要求克伦威尔彻底调查此事便能说得通了。法兰西使节听说"此事被发现是因为有人（斯米顿）说了嫉妒的话"，而根据克伦威尔的说法，"陛下的顾问中有一些人……怀着巨大的恐惧向国王"报告了"他们所听闻的"。[13]与诺里斯的谈话给了克伦威尔指控安妮叛国的把柄。但诺里斯不大可能承认通奸，从而使安妮谋杀国王的罪名成立。要想毁掉安妮的贞洁，需要一个更软弱的男人——斯米顿成了合适的人选。

那天晚上之前，斯米顿已经三次承认与王后有染。后来有小道消息称，斯米顿平时藏在一个蜜饯柜子里，安妮想要他的时候就命人端橘子酱上来。事情果真如此吗？安妮到死都没有承认做过这样的事，而在永生前夜说谎等于招致地狱之火。虽然后来人们传说斯米顿的头被打了结的绳子捆绑，又被施以肢刑，但没有证据表明他被审问时受过拷打。然而，迫于心理压力虚假认罪的情况并不罕见。吊诡的是，容易受暗示影响的人有时甚至从一开始就相信自己犯了罪——虽然事实上他们完全无辜。斯米顿的情况可能也是这样，因为他从未否认过自己的供词。[14]

亨利八世原本计划6月带安妮去加来。虽然那个星期日晚上他推迟了加来之旅，但计划并未取消。因为他还无法确定事情接下来会如何发展。克伦威尔还要进行更多的审讯。第二天是1536年的五月节，早晨的天气温暖而晴朗。格林尼治宫正在举行一系列骑马比武，而如此晴天可谓完美。坐在比武场双塔之间的王室看台前端的国王看得相当尽兴。他的小舅子乔治·博林带头发动进攻，其旧友亨利·诺里斯则是防守方的领队。一同观看比武的还有安妮·博林及其众多女官。锦旗飘扬，骏马疾驰着从铺着沙的斜坡冲下来，仅仅几个月前，亨利八世就是在那里落了马，还险些毙命。忽然，他从座位上起身，离场赶往威斯敏斯特王宫，身边只跟着不多的几名侍从。他也叫上诺里斯，撇下吃惊的安妮等待着角逐的落幕。

一行人赶着路，亨利八世问了诺里斯一个不寻常且骇人的问题：他是否与王后有染？廷臣如果被控犯了重罪，通常会被禁止接近亨利八世，因为这能避免他们到他面前乞求宽恕，也省得他尴尬。但在读过克伦威尔的信后，亨利八世选择叫诺里斯与他同行，此刻他扮演了诺里斯的最高审问者的角色。他明白地告诉诺里斯，自己要既当法官又当陪审。亨利八世对惊恐万状的诺里斯表示，即便他承认与安妮上过床，也能得到赦免。诺里斯是嘉德勋章骑士团（亨利版的亚瑟王圆桌骑士）的一员，而此时，他发现自己成了圆桌传说中的朗斯洛（Lancelot）。[15] 诺里斯又急又怒，坚称自己是清白的。但这没有给他带来什么好处。当晚，和斯米顿一样，他也被关进塔中。第二天，安妮也被送了进去。

"我会进地牢吗？"进塔时，安妮惊恐地问看守伦敦塔的中尉。"不，夫人，"他回答道，"您会进您加冕时住的房间。"这句话让王后失去理智，歇斯底里地大笑，又时不时地痛哭流涕。安妮听说自己会"被指控跟三个男人通奸"。她知道已经被关进塔的都有谁。"诺里斯哟，"她困惑了，"是你告发我的吗？你也和我一样被关在塔里，我们会同死；马克，你也在这里。"[16]因为通奸并非杀头之罪，安妮以为人们会控诉她幻想国王之死。事实上，人们正在挖掘更多可以致她死罪的东西。

在安妮准备度过她被囚的第一个夜晚时，亨利八世亲吻儿子亨利·菲茨罗伊，同他道晚安，然后流着泪宣称安妮想把他的两个孩子双双除掉——她试图毒害菲茨罗伊和他同父异母的姐姐玛丽。而安妮的弟弟，在她之后进塔的乔治·博林也被控与姐姐通奸。这是为了表明，不论多骇人、多变态的事安妮都干得出来。她很快就会被指控与不止三个男人通奸。在审讯过诺里斯和安妮本人后，年轻的弗朗西斯·韦斯顿爵士也被捕了——他曾在1535年夏天与安妮调过情。另一个叫威廉·布里尔顿（William Brereton）的廷臣也遭到逮捕。接着是几名骑士和宫廷诗人托马斯·怀亚特，但他们有些颇有影响力的朋友，因而得以逃脱审判。[17]

控诉安妮和其余被告的证据极其缺乏说服力，就连沙普依也不由得如此表示。根据一名审判官的说法，揭发安妮通奸的是一名前任女官，她和王后"对同一些人有意"。[18]她在1534年临终前讲述了安妮的罪行。但这一口供是如何在她过世2年之后传到克伦威尔那里的呢？答案可能在于这名女官家族的保护者萨福克公爵查尔斯·布兰登，作为亨利八世的妹妹（法兰西王后）的鳏夫，他是安妮的宿敌。此人随时乐意为国王效劳，却厌恶安妮。诗人怀亚特认为，自己遭逮捕是布兰登指使的，而关于安妮与弟弟乱伦的指控则像是报复——1531年，安妮曾指责布兰登同"自己的亲生女儿"睡觉。

据说，安妮的两名现任女官也为审判提供了证据。[19]其中一人是伍斯特伯爵夫人（Countess of Worcester），她的小姑子是安妮的"情人"威廉·布里尔顿的妻子。[20]布里尔顿与安妮几乎没什么联系，但他在威尔士边区（Welsh Marches）是个棘手的人物，克伦威尔也乐得见他被除掉。另一名女官是科巴姆夫人（Lady Cobham）安妮，她的丈夫是审判官之一。[21]若干年后有人做过专案研究，指出当时还有第三个证人，即乔治·博林的妻子罗奇福德夫人（Lady Rochford）简，而且她做证告发的是自己的丈夫。然而，这一猜测所依据的并非当年的事实，而是后世的八卦。[22]事实上，几乎没有什么证据表明安妮的女官当中有谁故意背叛她。这些女人都相当害怕：人们对她们紧紧相逼，问她们看到了什么、听到了什么。唯恐被指控包庇的她们复述了安妮和弟弟拿国王的不举及其花哨的衣衫和乏味的情歌打趣的玩笑话。伍斯特伯爵夫人当时有孕在身，审判前的讯问令她痛苦不堪，安妮·博林甚至因此担心她的朋友会流产（她后来生下一个女儿，起名叫安妮）。

法庭上，安妮关于国王作为情人的能力的牢骚话使人不费吹灰之力便得出结论：她在别处寻得了性满足。有人说，乔治·博林曾在安妮的枢密室与她共舞，又把她送到别的男人怀里，还与她接吻。这种姐弟之间的亲昵在律师那里成了性变态：乔治把舌头探进安妮口中，而他送姐姐到别人怀中不单是为跳舞，更是为了云雨。正如一名审判官所言，"所有证据都下流且淫荡"。[23] 1536年5月12日，星期五，4名平头百姓被定罪，罪名是阴谋处死国王并计划由其中一人取而代之。接下来的星期一，乔治·博林和他的姐姐被判死刑。所有人都在劫难逃。

第二十三章

爱与死

安妮是在伦敦塔的国王厅被判处死刑的，紧邻国王厅的便是她被囚期间的住所。在宣读可怕的详细报告时，审判官之一，安妮的前男友诺森伯兰伯爵晕倒了。有2000人目睹了这一幕——他们聚在新搭的看台上，看着他被扶出房间。国王当时在宫中，而且心情愉快。帝国使节觉得从来没有谁如此乐意宣传自己被戴了绿帽子，也从来没有谁表现得这么满不在乎。亨利八世宣称他听说安妮与100多个男人睡过时的语气简直像在自吹自擂。

5月17日，被指控同安妮有染的几个男人被押至陶尔希尔受刑。宫中后来流传的一首匿名诗记下他们每个人的名字：卖俏的诺里斯、风趣而傲慢的乔治·博林、"和蔼又年轻"的韦斯顿、深受朋友喜爱的布里尔顿，还有马克·斯米顿——他享受过奢华的生活，而他的自白毁了他们所有人。"死得其所，数你第一"，诗歌以这句诅咒结尾。[1]在这些人受死的同一天，大主教克兰默宣布安妮与亨利八世的婚姻无效，理由是亨利八世与安妮的姐姐玛丽·博林的情爱关系在先。安妮将不久于人世，所以这一裁定的主要目的是宣布两个人的女儿伊丽莎白为私生女。

公主两岁半了，她的女家庭教师称"此生从未见过比她更温柔的孩子"。尽管地位被降低，但她没有失去父亲的爱。[2]诚然，在夏末，她的衣服开始穿不下时，女家庭教师不得不提醒克伦威尔需要给她做新衣服了，但这不过说明她没有了母亲的照料。伊丽莎白每天依然正式用晚餐，她的女家庭教师反倒请求取消这样的正餐，因为这意味着她无法阻止蹒跚学步的公主伸手拿酒喝或随心所欲地取用食物。[3]伊丽莎白做不了什么能惹怒父亲的事。而亨利八世决定只重新承认女儿玛丽——其母是王族出身，而且忠贞不渝——是伊丽莎白的姐姐。正如沙普依所言，对亨利八世来说，比起让人宣布他和安妮的婚姻无效，裁定伊丽莎白是诺里斯所生要简单得多。[4]但他并未这样做，而这意味着他相当确信伊丽莎白是自己的骨肉。这也表明他虽然宣称安妮是个色情狂，但内心并不真的这样认为——安妮的过错在于引诱他走入一段遭诅咒的婚姻。[5]

虽然亨利八世在性事上的缺陷在法庭上被示众，但既然婚姻是遭诅咒的，交合无能便是他唯一恰当的反应，如此他也能聊以自慰。克兰默要他放心，称安妮的通奸行为"带来的耻辱"当然"只会是她的，而不会是您的"。尽管如此，亨利八世仍然感到有必要宣扬自己的阳刚之气，于是他常常彻夜不归，与美貌的姑娘们共赴宴会，仿佛满怀"放浪的欢乐"。[6]但在私底下，他采用另一种方式来安慰自己——他密切关注安妮将死的各种细节。在托马斯·马洛里的《亚瑟王之死》中，犯了通奸罪的王后吉尼维尔（Guinevere）被亚瑟王判处火刑，但最终没有执行。亨利八世已经做出决定：安妮将被以剑斩首。这是法兰西处决贵族的首选方式，而少女安妮曾在法兰西度过许多快乐的日子，因此人们普遍认为斩首是安妮要求的。但这一猜测并没有事实根据。剑是卡美洛的标志，是合法国王的标志，也象征着阳刚之气。选择以剑行刑完全是亨利八世的意思。他还仔细研究了绞架的方案。控制除掉安妮这一过程中的各种细枝末节使他相信，自己没有因她的死而声誉受损，相反更有力量了。

5月19日早晨，安妮走向亨利八世在伦敦塔的四壁间为她设计的绞架。她穿着灰色的锦缎衣服，一如既往地优雅。诗人托马斯·怀亚特一度是她的倾慕者，此刻被因于钟塔内的他正从窗口向下望，寻找送她上刑场的队伍。怀亚特的文学前辈杰弗里·乔叟（Geoffrey Chaucer）著有一篇《骑士的故事》（The Knight's Tale），讲述主人公从塔中望向窗外，见到一名美貌的少女——故事也是发生在这样的一个早晨。怀亚特虽然不可能看见安妮，却能看见人来人往，为接下来的事情做着各项准备工作。他可以想象接下来要发生的事情。"塔楼上的一望/叫我昼思夜想"，他写道，"王座四围，惊雷滚滚（circa regna tonat）。"[7]

安妮被斩首的过程严格遵循传统规范：罪犯要发表临终演讲，

向众人宣布自己是依照国家的法律被判有罪的，所以甘愿依照法律的规定去死。即使无辜，也明白是神在为一些事情惩罚自己，因而毫不怀疑自己该死。末了，他们会请求宽恕，并祝福君主的国长治久安。安妮受刑时也遵循这一惯例，谈到亨利八世时她说："再没有哪个王比他更慈悲、更和善，对我而言，他从来都是善良、温和而至尊的主。"她没有坚称自己无辜。她希望自己死得干脆利落，早些时候还打趣说自己的"脖子就那么一丁点儿"。她仔细地将裙裾在脚周围披好，以便在身子倒下时还能保持端庄。随即一剑斩下，人头落地。头落在稻草中时，她那双出了名的黑眼睛和双唇还在动。当天她便入土，葬在塔区的圣彼得锁链堂（St. Peter ad Vincula）。

大主教克兰默早已发出特许令，使亨利八世得以与自己的五代表亲简·西摩结婚。[8]亨利八世仍然需要一个男性继承人，也需要证明自己的男子气概。1536 年 5 月 30 日，安妮死后十一天，他举行了第三次婚礼：为简·西摩托裙裾的是他的外甥女玛格丽特·道格拉斯。和安妮的其余女官一样，在审判前的一系列讯问中，玛格丽特也受了不少苦。怀亚特写道，人"成了工具 / 用来陷害他人"，他这话被人们抄入那本诗集里："我成了伤人的工具 / 用来陷害他人，我自己也遭诓骗 / 但理性对我的愚蠢报以微笑 / 且宽恕了我。"然而，这年夏天的恐怖事件还远未结束。

很多人以为，安妮死后，亨利八世会恢复玛丽的合法地位，但他并无此意——这一事实在6月22日变得相当明显。安妮被处死不过5周，玛丽便受到威胁：除非她承认国王的至尊并接受自己私生女的身份，否则她和朋友们（人们提到了几个人的名字）都难逃一死。帝国使节建议玛丽直接签字，不要细读，好叫那些令人无法承受的条款变得可以忍受。20岁的公主对此相当反感，但面对威胁，她屈服了。她正在学习如何在险境中生存。她写了一封自轻自贱的信，字斟句酌地努力挽回父亲对自己的青睐："我随信奉上自己可怜的心，愿它留在陛下手中，常为您使用、引导、塑造……全随您的喜悦。"[9]

玛丽和伊丽莎白成了私生女，根据长子继承权的惯例，苏格兰的詹姆斯五世成了亨利八世的继承人，玛格丽特·道格拉斯则排在哥哥之后，位居第二。[10]然而，如果玛格丽特嫁给一名英格兰贵族，那么比起苏格兰人詹姆斯，英格兰人就有可能——甚至极有可能——倾向于由她继位。值得注意的是，亨利八世当时在新的继承法案中加上一条：他死时若没有合法的儿女，就可以指定继承人。因此，只要他愿意，詹姆斯五世就会被排除在外。令人惊讶的是，7月4日，当新的法案准备就绪时，亨利八世却选择了不提名继承人。法案解释称，他担心"获提名的人可能会心高气傲、自以为是，从而变得不顺从，甚至陷入反叛之境"。法案还声称，若有人不顾他未来可能指定的继承人而要求继位，则此人不仅会被判定犯叛国罪，其继承人也将丧失一切继位权。这反映出亨利八世的极度焦虑，担心自己的意图无法实现——眼下他正考虑在自己姐妹所生的合法王族后继之外指定自己的私生子（女）为继承人。

有谣言传到外国使节们的耳中，称里士满公爵亨利·菲茨罗伊会是亨利八世遗嘱的首要受益人。6月初的摄政委员会会议上，人们提到了菲茨罗伊的名字，说国王的3个私生子（女）中，这一位至少是个男丁。[11]但菲茨罗伊患了"极重的痨病"，已经时日无多。这为玛丽扫清了障碍，她的顺服，包括写给父亲的数封字斟句酌的信，仿佛预示她的地位恢复了。[12]7月6日，亨利八世和简·西摩探访了公主，给了她1000克朗"聊表心意"，还送了她一颗钻石。[13]亨利八世还许诺很快会恢复她的府邸，而且会接纳她入宫。在认为她证明了自己的忠心之前，亨利八世不会再有更进一步的表示。然而，他依然盼着能有一个儿子。

两天后，亨利八世得知玛格丽特·道格拉斯订婚的事。他的两个女儿既是私生女，又没有婚配，要是具有合法地位的玛格丽特·道格拉斯嫁入强大的霍华德家族，夫妻二人在继位一事上将很难有竞争对手。就算自己有了儿子，其地位在成年之前依然会相当不稳。于是亨利八世下令将这一对小夫妻逮捕，并关进塔中。25岁的托马斯·霍华德向审讯者承认，自己与玛格丽特·道格拉斯相恋已有一年，并承认他们已经在复活节订婚，他也已经将玛格丽特当作自己的"娇妻"。[14]玛格丽特也讲述了自己送给他的礼物。两个年轻人天真地指望国王在怒气平息后会接受他们的订婚，毕竟根据现行法律，他们并没有犯任何罪。塔中的托马斯·霍华德写下一些多情的诗文，描述自己看见"每日我深爱的她忍受那巨大而无法承受的伤痛"的痛苦。玛格丽特则为拥有"世上最忠诚的恋人"而欢欣，而且留下托马斯·霍华德的几个仆人服侍自己，以表明自己的乐观。[15]但二人很快就会发现亨利八世有多么愤怒和恐惧。

7月18日，一份剥夺财产和公民权利令定了托马斯·霍华德的罪，称其"有重大嫌疑，且可以认为"（也就是说没有证据），"在魔鬼的引诱下"，"凭借狡猾、谄媚、阿谀奉承的话语，心怀轻慢和不忠，同玛格丽特·道格拉斯小姐订了婚"。据裁定，其目的是篡夺王位，因为他确信相比玛格丽特的同母异父的兄长苏格兰国王（"人们对苏格兰人没有，也从未有过任何好感"），人们会更倾向于在英格兰出生的玛格丽特。[16]议会飞速通过了剥夺令，而且制定了据以定托马斯·霍华德罪的法律。与有王室血统者成婚，包括有王室血统者未获国王允准成婚，如今都成了叛国罪。7月23日，沙普依报告称，托马斯·霍华德已经被判死刑，20岁的玛格丽特·道格拉斯则逃过一劫，原因仅仅是二人尚未圆房。[17]事实上还有更深一层的原因。玛格丽特父母的婚姻虽已废除，但她的合法地位却未受损害。尽管如此，剥夺令中却数次将玛格丽特·道格拉斯称为其母的"私生女儿"。这明显是要在继承位次上降她的级，同时确保亨利八世子女的优先地位。[18]而亨利·菲茨罗伊不久前去世了，这更是令亨利八世在此事上加倍敏感。极力要淡化此事的亨利命令诺福克公爵（菲茨罗伊的岳父）将爱子的尸首装在一辆封闭的大车中运出伦敦，没有举行任何公开仪式便下葬。

玛格丽特的父亲安格斯伯爵在英格兰靠领国王的补助度日，帮不了她什么忙，可能也不想帮。但她的母亲玛格丽特王后于8月写信给亨利八世，生气地表示她相信自己女儿订婚是"顺从陛下您的建议"而为的。[19]她不明白，为什么亨利会介意"有这样的愿望或许诺"。她还提出，既然他生她女儿的气，便应当立即将女儿送回苏格兰。亨利八世没有这么做，反倒派克伦威尔去给玛格丽特·道格拉斯提建议。玛格丽特认为国王之所以决定不定她的罪是因为克伦威尔，所以她极为用心地听他说话。二人会面后，她答应遣散托马斯·霍华德的仆人，并承诺自己会确保没有人会再认为"我对此人有什么妄想"。[20]11月，关在塔中的玛格丽特病了，亨利八世的情绪已经平复许多，甚至准她出塔，住进附近的西翁修道院（Syon Abbey）接受修女们的照料。[21]接下来的一个月里，他又批准送去若干包"深红色丝绸""银色流苏"和"深红色天鹅绒"，好为她装饰一把合适的座椅。亨利八世向玛格丽特王后保证，她的女儿会继续得到不错的照料，前提是她要"让人省心"。[22]但她依然未获自由，因为亨利八世正面临重大的政治危机：

一系列继位问题及他与此相关的宗教政策此时引发了动乱。

支持教宗管辖权已经成了一项罪行，告发可疑分子的行为受到鼓励。人们必须接受基督祈祷同向圣徒祈祷一样有效。"炼狱"这个词已经不再为人提起，为逝者祷告虽然得到认可，但已经不再是作为帮助灵魂赎罪并升入天堂的途径，而更多的是出于一种"风俗"。前一年亨利·欧文之子大卫·欧文爵士过世时曾留下一大笔钱，预备供应弥撒的花销：人们要为他的灵魂、为他父母的灵魂、为他的同父异母的兄弟埃德蒙·都铎和贾斯珀·都铎的灵魂，也为他的侄子亨利七世的灵魂做弥撒。这笔钱已经大半白费了，他遗赠给自己所葬之地伊斯伯恩隐修院（Easebourne Priory）的其他财物也一样：镀了金银的十字架，银制的钟和烛台，精美的圣餐杯，仿皮纸、纸并羊皮纸装订的弥撒书，供圣坛帷幕和圣袍用的绣着红玫瑰、燕子和狼的华丽的绿色锦缎。隐修院已经关门，于1536年7月转到王室财务主管威廉·菲茨威廉爵士（Sir William Fitzwilliam）手中。[23]

10月1日，林肯郡最先爆发起义。教会委员们带着国王清理与圣徒崇拜相关的"迷信"活动的指示视察各教堂，成了起义的导火索。地方圣徒深受当地人爱戴，而此刻人们普遍认为亨利八世政权贪得无厌、亵渎神明，而且受了恶人的指引。劳斯（Louth）的一所西多会（Cistercian）的修道院被关闭后，距之不远的圣詹姆斯教堂会众（congregation of St James's）确信世代先祖遗赠给自己教会的财宝也将遭到掠夺。那天是他们聚会的日子，圣会仪仗队正跟在珍贵的宗教十字架后进行游行，唱诗班的一名成员愤怒地喊道："众位，站出来！今天让我们跟从十字架吧！天知道以后我们还能不能再跟从它！"这句绝望的呼喊点燃了引线。10月末，起义已经席卷了从约克郡的顿河（river Don）到苏格兰边境的北部各郡。

反抗亨利八世的起义规模极大，自1381年毁灭性的农民起义后还从未有过。这场大规模起义——所谓"恩典朝圣"（Pilgrimage of Grace）——不仅要求取消宗教变革、打倒国王的"异端"顾问，也要求废除针对玛丽的"剥夺合法地位令"，并取消国王"借遗嘱处置英格兰王冠"的新权力。百姓和众廷臣一致将玛丽公主视作传统宗教的捍卫者，因为作为生自有效婚姻的合法子女，她象征着对脱离罗马的抵制。她也被视作国王合法的继承人。既然亨利七世和亨利八世的王室血统都来自母亲，人们相信公主也能扮演类似的角色，能同一个合适的、有王室血统的贵族结婚。起义者认为克伦威尔尤其应当对近来的各种变化担责。人们甚至传说针对托马斯·霍华德的剥夺令也是他幕后指使的结果，因为他自己想娶美貌的玛格丽特·道格拉斯。简而言之，他想要坐上王位。

10月16日，顶着基督圣伤的徽记，起义的贵族、士绅、神职人员和百姓攻入约克城。19日，赫尔（Hull）投降。朝圣者已达3万人，力量相当强大。亨利八世发现无法依靠对打击败对方，于是另辟蹊径，借着承诺宽恕和回应不满收买了他们。这对国王而言是一种羞辱，但亨利八世在等待复仇的机会。到了新年，人们发现亨利八世并不准备信守承诺，于是再度起义，但这次的起义不成规模，缺乏组织，所以轻易便被镇压。1537年春，领导起义的众士绅被送往伦敦受审。接着，首府执行了144场死刑，其中一名起义者的年轻美貌的妻子被活活烧死。在北部还有更多人被处决。亨利八世要求"一切镇子和大小村庄所有犯了罪的居民"都要被处死，且要死得"骇人"，"好让其他所有人都永远记住这可怕的情景"。诺福克公爵想尽量少杀一些人，但仍有6名修道院院长和38名修士被处死。

此刻，亨利八世已经将修道院视作反脱离的大本营，他取消了先前制订的改革计划，下令查封所有修道院——不论是大是小、是好是坏。落实命令只花了短短四年时间。到1540年1月底，所有修道院都消失了，其中的艺术品、圣物和所藏书籍不是被劫就是遭毁。伍斯特隐修院（Worcester Priory）藏书室的600册书只有6册留了下来。约克的奥古斯丁天主教方济会（Augustinian friars）被毁后，其646卷藏书只留下3卷。最大的损失则是许多英格兰教会音乐的孤本手稿遗失了。

一些空置的建筑（包括伊斯伯恩隐修院）易了主，住进了新人，一些修道院的附属教堂留了下来，或成为主教堂，或被某个堂区买下，成为地方教堂。蒂克斯伯里修道院（Tewkesbury

Abbey）便是其中之一，有人花435英镑买下修道院，这价钱是为钟和铅屋顶付的——否则这些物件将被当成废铜烂铁处置，用来充实国王的金库。如今，在教堂的唱诗席处还留着一块黄铜牌子，纪念安葬于此的亨利六世和安茹的玛格丽特之子兰开斯特王子爱德华。然而总体上看，到都铎王朝末期，修道院剩下的只有威廉·莎士比亚笔下那"光秃废坏的唱诗席，向晚时鸟歌动人"。

多数修士修女领到一笔抚恤金，还了俗，但伦敦卡尔特修道院（Charterhouse Abbey）幸存的加尔都西会修士却没有那么幸运。为避免引发更多的起义，再未有过审判和公开行刑。这年5月，他们被直接送进纽盖特监狱，被关进牢房，铐在木头柱子上，留在自己的屎尿里，等着饿死。亨利八世没有在这些人身上花太多心思。1537年5月27日，在修士们被送往纽盖特监狱的前两天，圣保罗教堂唱响了祝谢的圣歌《赞美颂》，"为着王后贵胎有动之喜悦"。空等这么些年后，国王终于要等来一个儿子了。

第二十四章

三个妻子

　　1537年10月15日，王子爱德华在汉普顿宫（Hampton Court）受洗，仪式相当低调。伦敦郊区暴发瘟疫，最近在疫区逗留过的客人均不得出席洗礼仪式。不过，爱德华的两个同父异母的姐姐伊丽莎白和玛丽都到场了。4岁的伊丽莎白由一名侍女抱着，紧攥着洗礼巾——小王子受洗时，这块布会盖在他头上。玛丽则愉快地当上教母。卸下身为国王"真正"继承人的担子，她如释重负，持有各种宗教信仰的人们也都与她同乐，因为英格兰如今有一位合法的王子了。

　　几天后，王子的母亲简·西摩在自己的房间大出血，于10月24日过世。这令亨利八世悲痛不已。据说她曾经恳请亨利八世保全修道院，还因此惹恼了他。如果传言属实，那这也是无心之失。她的座右铭"永远顺服侍奉"所表现出的是与阿拉贡的凯瑟琳当年类似的对亨利八世心理需求的理解。简·西摩是一名聪慧精明的女性，而后来的事实证明，其家族的人也相当聪明，虽然不总是那么精明。一年多以来，简与亨利八世同床共枕，同他一起打猎，一道骑行在王室游行队伍里。她对国王的两个女儿玛丽和伊丽莎白相当和善。圣诞节时，在宫中的各种庆典仪式上也总能看到她白皙而温和的面孔。在写信给弗朗西斯报告自己的儿子出世时，亨利八世坦言："是天意叫我的快乐混杂了苦涩，因为那个将这幸福带给我的女人过世了。"在他的众多妻子中，她是唯一享有国葬待遇的。

这年11月，简的继女玛丽担任主殡礼人，庄重地骑在马上，跟在载着简的棺木的双轮马车后，随着仪仗队向温莎进发。玛丽身后跟着数辆双轮马车，载着宫中的贵妇小姐们，第一辆车中坐着她的表妹（已故法兰西王后的20岁的女儿）弗朗西丝·布兰登。随弗朗西斯国王得名的她嫁给多塞特侯爵（后来的萨福克公爵）哈里·格雷（Harry Grey，原文如此，参见本书第二十七章注释10），这个"年轻健壮"的贵族"产业极多"，是凯瑟琳·伍德维尔和其首任丈夫兰开斯特骑士的后代。[1]夫妇俩有一个约6个月大的女儿，随王后起名为简·格雷（Jane Grey）。[2]没人猜得到这位简·格雷小姐命中注定也会当上女王。当月早些时候获释的玛格丽特·道格拉斯原本应当同表妹弗朗西丝共乘一辆马车，但她没有参加葬礼。[3]她的恋人托马斯·霍华德"因患疟疾"死在塔中，这消息令她"极为悲痛"。[4]她在自己的诗集上写下的最后一首诗表达了她想快快同"因我而死的他"聚首的渴望。[5]她的状态显然不适合抛头露面，更不要说思考亨利八世为何没有将简葬在威斯敏斯特修道院的圣母堂，而是选择将她葬在温莎。但后来的事实证明这是一个极为重要的决定：因为亨利八世自己也打算葬在温莎。

亨利八世本已开始设计自己在威斯敏斯特修道院圣母堂的墓地，但受到前一年恩典朝圣的影响，他停止了这项工作。[6] 玫瑰战争所代表的旧日分裂正在为宗教冲突所取代，但面对自己造成的混乱，亨利八世想起了有着疗愈民族伤痛力量的双色玫瑰，并将之与自己联系起来。他会葬在温莎的圣乔治礼拜堂，因为他的兰开斯特家族的叔祖亨利六世和约克家族的外祖父爱德华四世都是在此地下葬的。他为儿子选择的名字也应当在这一背景下来理解。王子生在忏悔者爱德华瞻礼日前夕，人们常常认为他的名字来自这位圣徒。但亨利八世并未对这位王室圣徒表现出多少爱戴，还将威斯敏斯特修道院爱德华圣陵的财物尽数掠夺。事实上，他在做一件他父亲从未做过的事：尊崇他母亲的家族。

亨利八世在心理上与父亲的决裂在他此时委托汉斯·霍尔拜因（Hans Holbein）创作的壁画中表现得更为明显。壁画成品几乎占满白厅（Whitehall，先前是沃尔西的约克宫）的一整面墙。这幅壁画虽然是家族肖像画，但大加渲染的却是亨利八世胜过其父。壁画中央是一座巨大的圣坛。圣坛上方是画得小小的亨利七世和约克的伊丽莎白。圣坛下方，左边是王子的母亲简·西摩，右边叉腿站着、身材高大得多的是亨利八世，尺寸夸张的护阴袋

（codpiece）向前凸出。一个看过画的人表示："如此庄严恢宏，如此栩栩如生，观者在他面前几乎感到羞愧，感到自己无限渺小。"[7]圣坛上的拉丁语铭文在讨论一个问题：谁更伟大——是亨利七世，还是亨利八世？"前者屡次击退敌人，平息自己国度的炮火，最终为自己的人民实现了和平"，但"其子确乎是为更伟大的事业而生，他将无德之辈赶下圣坛，带领正直之人走上政位。教宗的傲慢让位于无误的德行，亨利八世手握权杖，信仰由此获得新生"。[8]

　　亨利八世虽然想要更多的儿子，但并不急于再婚。他的第一要务是强化自己的伟大形象。此时，他已经决心要将以基督为中心、反对教宗、独尊《圣经》的人文主义英格兰改革圣教会建成一个全新的宗教统一体。亨利七世曾为自己造过一尊镀金银像，安放在托马斯·贝克特的圣陵中，又另造过一尊像安放在著名的圣母马利亚圣地沃尔辛厄姆。但亨利八世却命人炮轰托马斯·贝克特的圣陵，而沃尔辛厄姆那"有着闪闪发光的金顶"的塔楼也被夷为平地。[9]然而，亨利八世不仅要毁坏，也要创造。他委托迈尔斯·科弗代尔（Miles Coverdale）用英语重新翻译《圣经》。《圣经》的书眉会印上亨利八世的肖像：他是基督的教宗（Vicar of Christ），神的道由他传给克兰默和克伦威尔，再由二人传给他的臣民。有人担心将《圣经》翻成英语会助长异端，因为人人都能以自己的方式理解所读的内容，但亨利八世已经做好亲自监督臣民信仰的准备。

1538年5月，一个谨行托钵修士（Observant Friar）因为坚持传统的天主教信仰被判为异端。对此人的刑罚极为残酷：他是被"慢火"烧死的，当柴烧的是一幅旧圣像，上面画着一名威尔士圣徒。[10]以这种方式残杀修士向教区民众传递一条清晰的信息，一场战役正在展开，与各种迷信崇拜相关的所有雕像和物件都遭到攻击。但亨利八世也烧死了一些福音派教徒。1538年11月，他还介入、监督了一场审判，受审者受到欧洲改革者的影响，否认神在圣体中的真实临在。[11]这一问题后来会成为天主教徒和新教徒的关键分歧，而亨利八世断然拒绝了这一后来的新教教义。面饼和酒在祝圣的那一刻借神力转化成基督的身体与血——天主教的这一核心信仰在亨利八世的基督教中同样处于中心位置。他穿着象征纯洁的白衣，坚决主张判处此人火刑。

然而，自封宗教法庭的大法官又毁坏朝圣地的亨利八世如今招来了圣战的威胁。教宗下发了早在亨利八世与安妮·博林结婚时便已拟定的除籍令；保罗三世要英格兰红衣主教雷金纳德·波尔（Reginald Pole）劝说查理五世和弗朗西斯一世发动入侵战争。红衣主教在英格兰的家人已经因同他的关系而受到牵连。1539年1月9日，红衣主教的哥哥蒙塔古勋爵亨利（Henry, Lord Montague）和表兄埃克塞特侯爵亨利·考特尼因同他联系而被处死。就连波尔的老母亲（玛丽公主曾经的女家庭教师）索尔兹伯里伯爵夫人也被剥夺了财产和权利，最终被处死。行刑的是个粗鲁的年轻人，据说他"简直把她的头和肩膀劈成了碎片"。[12]

面对入侵的威胁，亨利八世也同样坚定，他建造了自爱德华一世统治以来王国最大的防御工事。他沿海岸建造和重建了一系列要塞，又与在低地诸国和德意志帝国间拥有公爵领地的克利夫斯（Cleves）家族结成战略联盟。克伦威尔极力建议国王与克利夫斯公爵的次女安妮缔结婚姻，这既是为了实现结盟，也是因为在婴儿死亡率极高的当时，亨利八世的儿子越多越好。1538年春天，亨利八世已经向民众炫耀过爱德华——他怀抱王子站在窗边，"满怀喜悦"，而且"叫人人都看见又得安慰"。[13]一幅画像展现了14个月大的爱德华，他身穿红天鹅绒衣服，手握金拨浪鼓，胖胖的，是个好看的婴孩。但即便最健康的婴孩也可能被突如其来的疾病掳走。看过霍尔拜因所绘的克利夫斯的安妮（Anne of Cleves）那动人的画像后，亨利八世表示愿意娶她。

1540年新年的第一天，国王与新任妻子见了第一面，会面原本计划照着亨利八世的姐妹早已经历过的传奇小说套路，上演王公新郎同自己新妇的偶遇。[14]但他既没有准备也没有预告，而是直接来真的。他乔装成一名仆人，闯进位于罗切斯特主教宫的她的房间，当时她正坐在窗边观看斗牛。"她看上去在30岁左右，高高瘦瘦，略有姿色，神情自信而果决。"法兰西使节报告称，"她带了12名，也可能是15名女官，都打扮得和她一样，而这打扮在许多人看来相当怪异"。[15]亨利八世呈上一件新年礼物，称是"国王所送"。她优雅地收下了，但令她震惊的是，这名"仆人"接着抱住并吻了她。她被搞糊涂了，也明显被吓坏了，于是向他道了谢，便转身面向窗户，故意不再理会他。这成了一场灾难。亨利八世颜面尽失，他后来向身边的人发牢骚，表示安妮显得"不像个姑娘"，意即她不是个处女。[16]

画家巴塞尔·布勒因（Barthel Bruyn）也为克利夫斯的安妮画过一幅肖像画，同霍尔拜因的画像十分相似，但更符合法兰西人对她的描述。尤为引人注目的是其衣着的丑陋。亨利八世昔日热恋过的安妮·博林曾是宫中最精致、最优雅的女性。她所钟爱的有着圆润的轮廓、自然的腰线和圆锥裙形的法式服装仍然受到英格兰人的青睐。克利夫斯的安妮及其女官所穿的德式服饰则相当不同：领子高高的，外套很短，以反差极大的各种织物带子交替系得紧紧的，通常还点缀着蕾丝。衣服"厚重"且"不合身"。而且她还不会说英语，这意味着她借着漂亮的机巧话语弥补自己丑陋服饰的机会微乎其微。深感失望的亨利八世立即开始琢磨要如何从这桩讨厌的婚姻中抽身，因此他才会不管不顾地表示安妮"不像个姑娘"。

亨利八世知道克利夫斯的安妮12岁时曾与洛林爵位（dukedom of Lorraine）的继承人订婚。按照亨利八世的要求做过调查后，人们发现克利夫斯的使节们没有带可以证明二人并非合法夫妇的文件。使节们做了保证，又发了誓，称克利夫斯的安妮是自由身。但1540年1月6日与她成婚时，亨利八世的目的仅仅是为了与她父亲结盟。虽然与安妮同床，他却告诉克伦威尔自己无法圆房。他坚称她那肚子和胸脯都是已婚妇人才有的。

　　克伦威尔认为，安妮只需要改善自己在性事方面的表现，于是吩咐拉特兰伯爵（Earl of Rutland）要求她对国王表现得更"悦人"些。这位不幸的伯爵尽可能礼貌地完成了任务，而且还借助了翻译。安妮的英格兰女官们后来宣称，安妮对性事一无所知，甚至以为亲个嘴就算圆房了。由于语言不通，让女官们和安妮聊性似乎并不可能，相当重要的一点是，只有当国王的律师开始寻找二人未曾圆房的证据以废除这桩婚姻时，她们才会如此宣称。

　　法兰西与帝国的关系正迅速变得紧张，一旦亨利八世不再需要与克利夫斯联盟，他的婚姻便注定失败。按照法律，不举的男人无权结婚，但亨利八世让自己的律师证明他只是在与安妮一起时不举。为证明他有能力与其他女性交合，他描述了自己如何做春梦以致梦遗；而且在为自己对安妮缺乏兴趣辩护时，还提到她同洛林公爵儿子订婚的事。亨利八世很可能是因为盼望某天能废除这桩婚姻，所以故意没有与安妮发生性关系，但他的不举也可能有身体上的原因。他之前的几任妻子都怀过孕，后来的几任却再未怀孕。在这方面，他的日益肥胖无疑造成了影响。[17]这年印刷的一版《圣咏集》中有一幅亨利八世的肖像，画中他打扮成《圣经》中大卫王的

---

* 《圣咏集》（Psalter）:《圣经·旧约》中的一卷，为赞美诗歌合集，中国新教称诗篇。——译者注

模样（这是他钟爱的装扮），看上去却更像一头穿着猩红色马裤的河马，尽管当时他还未达到十年之后的巨大身量。[18]

7月12日，议会确认二人的婚姻无效，国王的第四桩婚事也作废了。但此事的首要受害者并非克利夫斯的安妮，而是其策划者托马斯·克伦威尔。这个暴发户曾经干掉了许多贵族，如今旧贵族们嗅到了复仇的机会。6月10日，正当亨利八世对一个22岁的轻佻少女——诺福克公爵的侄女凯瑟琳·霍华德（Katherine Howard）展开追求的同时，克伦威尔遭到逮捕，罪名是叛国和搞异端邪说。他同加来的圣礼象征主义论者（Sacramentarians）有来往，因而极易被控否认基督在圣餐中的真实临在。一份剥夺财产和公民权利令定了他的罪，他乞求亨利八世"开恩哪，开恩"，但徒劳无功。7月28日，克伦威尔被斩首，而就在同一天，亨利八世迎娶了凯瑟琳·霍华德。[19]刽子手砍得很不利落，克伦威尔的头被砍得稀烂。

* * *

1541年10月，亨利八世的姐姐，苏格兰王太后玛格丽特中风发作过世，终年51岁。[20]自从女儿玛格丽特·道格拉斯13岁被劫往英格兰后，母女俩再未见过面。尽管如此，人们却叫她放心，称自从托马斯·霍华德死在塔中后，她女儿的处境在四年间已有所改善。玛格丽特·道格拉斯曾当过克利夫斯的安妮的女官，如今又服侍起新王后凯瑟琳·霍华德来。她甚至再度恋爱了，这次的对象是王后的兄弟，诺福克公爵的侄子查尔斯·霍华德（Charles Howard）。所幸她此次的恋爱没有什么要担心的，因为凯瑟琳让亨利八世极为快乐。

在博林一案期间，为应对关于自己不举的传言，亨利八世的办法是与漂亮夫人宴乐。同样，承认与克利夫斯的安妮同房时不举后，他想向世人展现自己对年轻新妇的情欲。法兰西使节报告称："国王对她充满情欲，怎么宠都不够，而且与她亲热多过同别人亲热。"[21] 不幸的是，这年10月，大主教克兰默得知关于凯瑟琳的一些令人不安的事。虽然在与克利夫斯的安妮的婚姻中，国王自称有能力凭一个女人的外表判断她是否为处女，但在这方面，就新王后而论，亨利八世似乎被愚弄了。

给克兰默提供消息的人原先是凯瑟琳·霍华德祖母诺福克公爵夫人阿格尼丝（Agnes）的仆人。十来岁时，照着贵族送女儿去名门之家提升教养的传统，凯瑟琳曾在公爵夫人家中待过几年。夫人不在的时候，她通常由仆人们看护，这些人没有老公爵夫人那么在意留心姑娘们的行为。凯瑟琳常与自己的音乐教师调情，在对另一个男人发生兴趣后，她答应同音乐教师去一个"秘密的地方"，任由他摸她，只要他不再纠缠她。音乐教师在家中的礼拜堂对她进行猥亵，后来夸口称自己如何如何"对她"，而她又如何是他"一百个女人中的一个"。[22] 但抛弃音乐教师后，凯瑟琳·霍华德与新欢甚至走得更远，这新欢便是与她同族的弗朗西斯·德雷汉（Francis Dereham）。

根据一名曾是少女凯瑟琳室友的年轻女性的说法，凯瑟琳与德雷汉常常像"两只麻雀"一般接吻。二人甚至同床共枕，被子下面的德雷汉发出一阵阵"啾啾"声，惹得房间中其他姑娘咯咯笑。根据教会法，发生性关系后，只要德雷汉和凯瑟琳互相有过任何承诺，就构成合法婚姻，如此一来，二人将国王置于重婚罪的境地。对克兰默而言，这一新闻是一重政治大礼，他希望借此减弱霍华德的影响：诺福克公爵曾表示英格兰在"新学"（new learning）出现之前是幸福的——这很难称得上是在全力支持宗教改革。对克兰默而言，为了毁掉诺福克公爵在国王心中的名望，断送一个姑娘的人生不算什么大代价。

当克兰默把自己了解到的关于凯瑟琳·霍华德的情况告诉亨利八世时，国王的反应与得知安妮·博林的不端行为时大不相同：他拒不相信。他下令审讯德雷汉和音乐教师，好还她一个清白，但叫他惊恐的是，二人对所有事情都供认不讳。"陛下的心被忧愁刺透了，"摄政委员会报告称，"过了许久，他才终于开口向我们吐露他心中的愁苦。"他诉苦的时候"落了许多泪，这对一个勇敢如他的人而言相当罕见"。[23]他再度表现出与"发现"安妮·博林通奸时截然相反的态度。这次他全然不担心自己的婚姻遭了诅咒，也根本没想过要甩掉自己的妻子。

　　　　　　　　　　　　　　　　都铎王朝

11月6日，亨利八世撇下凯瑟琳·霍华德离开了，王后被留在汉普敦宫，再也没有见过国王的面。11月11日，德雷汉在拷打之下供认称，凯瑟琳当上王后之后自己失宠了——他被枢密室的一位叫托马斯·卡尔佩珀（Thomas Culpepper）的绅士取代了。最后决定，凯瑟琳将被送进西翁修道院，她的仆人则要被遣散归家，只留4个。[24]但是，首先，王后的所有女官都要接受审问。玛格丽特·道格拉斯的恋人查尔斯·霍华德已经被赶出宫，而玛格丽特必然极为惊恐，担心二人的调情被人发现——事实也的确如此。[25]次日，审问官知道玛格丽特的恋情后，将消息报给国王，她收到了严重警告：她"已经在国王陛下面前两度自降身份，先是因为托马斯·霍华德勋爵，再是因为查尔斯·霍华德"，对后者她表现得"太过轻浮"，她被告诫"不要再有下一次"，[26]在这种情况下，她只要"全力取悦国王"就够了。有人称她因此再度入狱，但事实并非如此。[27]然而，王后却没有那么幸运。

经调查，凯瑟琳与卡尔佩珀已经私下见过许多面，幽会在她同国王结婚七八个月后便已经开始。在这件事上，一位名叫凯瑟琳·蒂尔尼（Katherine Tilney）的旧友帮过她一些忙。还有一个人帮过她很多忙，此人便是罗奇福德夫人简·博林（Jane Boleyn）——安妮·博林的弟弟乔治的遗孀。由于简·博林在安妮宫中任职，凯瑟琳可能以为她会晓得王后该如何秘密做这些风流事。即便这解释了凯瑟琳何以向她求助，但要明白她何以答应提供帮助却更为困难。她正缺钱用，因而有可能是为了报酬帮助凯瑟琳；她也可能只是蠢，是为了享受那种兴奋感——她正在王后的私室中再度"重要"起来。无论如何，她成了凯瑟琳同卡尔佩珀鸿雁传书的"桥梁"。

凯瑟琳同卡尔佩珀的幽会地点是个"龌龊的地方"——她的盥洗室。在那儿，简·博林会同他们一道待上片刻，然后离开。凯瑟琳和卡尔佩珀从未承认有过完全性交。那会危及继承，而凯瑟琳懂得如何"摆弄男人"而不冒怀上这人孩子的风险——她也曾如此向德雷汉保证过。但卡尔佩珀承认他想要这么做，非常想，而她也一样。"我有着怎样的命运啊！我竟不能常在你左右！这么想着，我的心都要死了。"她在给他的信中写道，"永远属于你的凯瑟琳。"

德雷汉和卡尔佩珀受了审，被定了叛国罪。1541年12月10日，德雷汉被车裂处死。由于卡尔佩珀常在宫中，亨利八世认识他，便开恩准他受斩首之刑。当天他也被处死。22日，凯瑟琳的数名朋友和亲属被定罪，罪名是对叛国行为知情不报。后来针对王后和简·博林发出的剥夺令对以上罪名下了定义。根据法令，如果一名不贞的女性同国王结婚而不先向其坦承自己的不贞，便是叛国；法令还宣布，王后或威尔士亲王之妻如果有通奸行为，连带任何与王后或威尔士亲王之妻通奸的人都犯了叛国罪。亨利八世再度用事后规定的死罪将人送上断头台。

1542年2月10日，凯瑟琳·霍华德被从西翁修道院提出来，人们将愤怒挣扎的她装上一艘带篷的驳船，送往伦敦塔。路上经过一座桥——她两个情人的头颅已经在那里钉了两个月，早已腐烂。在塔中，她和简·博林崩溃了，同当年曾因害怕导致歇斯底里发作、又哭又笑的安妮·博林一样。人们认为简已经半疯，但是凯瑟琳恢复了镇定，甚至在自己的房中偷偷练习将头摆上垫头木。她结婚那天，克伦威尔的头曾被刽子手砍得稀烂，她希望自己能死得更有尊严一些。她的愿望实现了。

　　自己昔日的女主人上断头台时，简·博林在住处等候，听着人群倒抽气的声音，然后她走向自己的绞架，上了断头台。她设法让自己保持镇定。祷告过后，她将头放在那块浸满血的木头上，斧头落下，她也利落地死去，同凯瑟琳一样。

第二十五章

亨利八世末年

当詹姆斯五世来到林利斯戈城堡与妻子——吉斯的玛丽（Mary of Guise）——相会时，道路已经被雪覆盖了。父亲战死于弗洛登后，母亲玛格丽特·都铎正是在此处得知死讯的。此刻，詹姆斯五世再度带回被英格兰人打败的消息。英格兰人先前企图发动侵略，为了报复，他下令突击英格兰，但1542年11月24日，他的部队在索尔韦沼泽（Solway Moss）吃了败仗，他的战旗被夺，许多老将也被俘。[1]他把事情告诉了王后。虽然她已身怀六甲，二人的孩子即将出世，但他解释说自己无法久留。为了继续作战和洗刷羞辱，他还有许多准备工作要做。

亨利八世入侵的目的是在再度集中精力对付法兰西之前搞垮苏格兰。当年，因为亨利五世取得的一系列胜利，其尚在襁褓中的儿子亨利六世得以安然长大成人。同样地，亨利八世希望，若自己在爱德华成年前死去，他在法兰西所得的土地能确保为儿子稳固王位。

对詹姆斯五世而言，同亨利八世议和的可能性微乎其微，他要迎战好斗的都铎舅父，保卫自己的国家，而这一重任又因他的病情变得更加难以承担。12月6日，在做了一整天的军事部署后，詹姆斯五世离开首府爱丁堡，赶往21英里开外的福克兰宫（Falkland Palace）。抵达时他已精疲力竭，直接上床。第二天他就病倒了，呕吐不止，而且腹泻严重，人们甚至无法挪动他。他发着高烧，又相当焦虑，"狂怒大喊，之后也只说了几句清醒话"。[2] 12月8日，弥留之际的国王得到消息：妻子生了一个女儿。苏格兰王冠是通过一个女人传给斯图亚特家族的。[3] 詹姆斯五世的女儿若不嫁给另一个斯图亚特人，王朝似乎也必然会终结于一个女人。"它是随一个小姑娘来的，也会随一个小姑娘去。"人们通常认为这是詹姆斯五世口中吐出的最后一句连贯的话。[4]

自16岁逃脱继父安格斯伯爵具有伤害性的控制后，詹姆斯五世便在母亲的协助下统治苏格兰。他于12月14日去世，年仅30岁，尸身肿胀得可怕。在英格兰，他的去世被归因于在索尔韦沼泽战败带来的"懊悔、哀伤和愤怒"。詹姆斯五世固然有时非常愤怒，但他身体的各种症状更像是霍乱而非抑郁症。他担心自己的国家和新生的女儿——苏格兰女王玛丽——失去保护，所以顽强作战，拼尽全力，可也耗竭了自己。

在亨利八世宫中，詹姆斯五世27岁的妹妹玛格丽特·道格拉斯为他举了哀——这也是她的义务。她已经重获宠幸，1543年7

月 12 日在汉普敦宫举行国王的婚礼时，作为 18 名出席者之一，她同国王的两个女儿一道见证了婚礼。亨利八世的第六任妻子凯瑟琳·帕尔（Katherine Parr）已经两度丧夫，31 岁的她是亨利八世一向迷恋的类型：坚定、聪明、热情而性感。亨利八世是在女儿玛丽的女官当中注意到她的。当时凯瑟琳·帕尔正与爱德华王子的舅父托马斯·西摩（Thomas Seymour）相好。西摩是个生气勃勃的角色，"勇气过人，举止文雅，嗓音优美"。[5] 但在国王表明心意后，凯瑟琳别无选择，只能放弃自己对西摩的爱，同亨利八世结婚。

几个月后，1544 年 2 月，西班牙贵族纳赫拉公爵胡安·埃斯特万（Juan Esteban, Duke of Najera）应邀来白厅谒见王后，其秘书也与他同行。二人乘游艇赴会，一路欣赏泰晤士河的美景。"在我看来，这世上不可能有比这更美的河了"，西班牙人表示，"河的两岸是伦敦城，人们可以看到无数大小船只顺流而行"，而"我从没见过哪条河里有这么多天鹅"。白厅有一座精美的花园，园中小径装点着人像和鸟兽等动物的雕塑。凯瑟琳·帕尔在厅中自己的私室接见二人。她极为欢快，"显得充满活力且让人喜欢"，穿着华丽的金布外套，袖里衬着猩红锦缎，以红色的天鹅绒绲边。他还注意到"她项上垂着两个十字架，还有一枚极华美的钻石坠子"。

凯瑟琳请两位访客就座，然后命人奏乐。王后同自己的兄弟翻翩起舞，与此同时，玛格丽特·道格拉斯和玛丽公主也同其他绅士共舞。玛格丽特的衣裙是丝绸的，玛丽则穿一件紫色长袍，里面是金布的衬裙，镶着宝石的发饰在她赤褐色的头发间闪闪发光。当晚辞别时，公爵吻过王后的手，又问能否吻玛丽的手，公主却一定要公爵照着英格兰人的规矩吻在她唇上。西班牙人的秘书认为她相当漂亮，而且"身材很好"，他得知公主"在整个王国深受爱戴，人们对她几乎可谓崇拜"，她却相当小心翼翼地"隐藏自己的才华"。

人生经验已经让玛丽明白，被人轻看可能是有益的，她此刻能待在宫中仅仅是因为父亲已不再视她为威胁。但亨利八世相信，有了丈夫后她仍然可能成为威胁，所以完全无意把她嫁出去，即便这意味着她到死都会是个无儿无女的老处女。他不希望自己儿子的继承权受到任何潜在的挑战。而对玛丽的朋友兼表姐的玛格丽特·道格拉斯而言，结婚似乎同样遥不可及。幸运的是，这一境况即将改变。亨利八世不想再劳民伤财入侵苏格兰，转而计划打造一个苏格兰支援团，以促成尚在襁褓中的苏格兰女王同自己的儿子爱德华的婚事，进而将两大王国统一于英格兰的王冠之下。玛格丽特·道格拉斯成了这一系列计划当中的一枚棋子，亨利八世预备将她作为新妇献给一个自视有权坐上苏格兰王位的男人：伦诺克斯伯爵马修·斯图亚特（Matthew Stuart, Earl of Lennox）。

伦诺克斯伯爵是苏格兰国王詹姆斯一世之后，流亡法兰西的他一年前刚回国。伦诺克斯伯爵胸怀大志，但国内的情况令他大受打击。于是他转而指望在英格兰的管辖之下领导一个亲英的苏格兰政党。[6]根据伦诺克斯伯爵和亨利八世签订的条约，他需要承认亨利八世享有统治苏格兰的"权力"，而且归附亨利的英格兰圣公会。接着，他被引见给玛格丽特。事先已经说好，见面后双方都有机会接受或拒绝这桩婚事。[7]结果玛格丽特对伦诺克斯伯爵很满意。人们说他是"一个强壮的男人，品格优秀……面庞俊美而阳刚……极讨女士的欢心"。[8]伦诺克斯伯爵对玛格丽特同样相当满意，认为这姑娘就同别人所言一样美丽，而且有才华又聪明。

婚事定了下来，玛丽公主慷慨地送给玛格丽特许多贺礼：尖晶红宝石、平面切割钻石、蓝宝石、珍珠吊坠、胸针，还有紧身褡的扣子。亨利八世更是厚赠伦诺克斯伯爵，送了他不少土地，其中大部分在约克郡，此地一栋1520年才建成的庄园还将成为夫妇二人未来的宅邸。庄园名为纽塞姆神庙（Temple Newsam），原先的主人是恩典朝圣的领导者之一，已被处死。6月29日早晨，玛格丽特和伦诺克斯伯爵在国王和王后见证下成婚。[9]后来的事实表明，二人不但情投意合，而且也是政治伙伴。但伦诺克斯伯爵夫妇也不得不忍受一些失落。这年春天，《第三继承法案》（Third Act of Succession）获国王首肯，其中没有提到玛格丽特的名字。

亨利八世意识到自己不大可能再有更多子女，故而确定玛丽和伊丽莎白二人为爱德华的继承人，排在他与凯瑟琳·帕尔可能有的任何子女之后。然而，不论是玛格丽特·道格拉斯，还是亨利八世的另两个外甥女弗朗西丝和埃莉诺·布兰登（Eleanor Brandon），在法案中都没有被提及。法案仅仅表示，伊丽莎白的继承人会在后续的专利特许证（letters patent）中确定。正如1536年之前的法案中所言，他担心获提名的人"可能会心高气傲，自以为是，从而变得不顺从，甚至发动反叛"。不同于他自己的两个老姑娘，他的三个外甥女都已出嫁，且都嫁入名门：玛格丽特·道格拉斯嫁给了伦诺克斯伯爵，弗朗西丝·布兰登嫁给了多塞特侯爵哈里·格雷，弗朗西丝的妹妹埃莉诺·布兰登则嫁给了坎伯兰伯爵亨利·克利福德（Henry Clifford, Earl of Cumberland）。

　　亨利八世关于继承的一系列决定意在维护自己儿女的权利，而他个人其实相当喜爱玛格丽特·道格拉斯。这年9月，同法兰西的战事尚在继续，他从加来写信给她，在信中给这位新妇提出一系列特别"建议"。[10] 六天后，亨利八世的军队打了一场大胜仗，布洛涅的军队向英军投降。然而，同从前一样，亨利八世的盟友再度让他失望了。9月18日，查理五世与弗朗西斯一世签订和约。英格兰孤军作战，一方面对抗布洛涅的军队，另一方面向苏格兰发动大规模突袭，以应对在那里登陆的法兰西的援军。如此一直打到1545年年底，亨利八世从修道院得来的财富挥霍殆尽，国家经济也崩溃了。与亨利八世相交最久的朋友，昔日的妹夫查尔斯·布兰登在战场上耗尽了气力，于8月死于肺炎，当时他修筑完朴茨茅斯（Portsmouth）的防御工事，才刚回家不久。1546年6月，囊空如洗的亨利八世不得不与法兰西议和。

玛格丽特·道格拉斯生下儿子达恩利勋爵亨利（Henry, Lord Darnley）后，身体刚恢复不久便已回到宫中。[11]同弗朗西丝·布兰登和埃莉诺·布兰登两位表妹一道担任凯瑟琳·帕尔女官的玛格丽特此刻到了前排，她要看亨利八世的统治是如何像偏执狂一般地以血腥收场。[12]

55岁的国王缠绵病榻，一天比一天虚弱。他那曾经只有32英寸的细腰已经成了54英寸的巨桶，双腿反复发炎化脓。然而，亨利八世依然很难放下自己少年意气的侠义与豪迈。他在自己钟爱的一册《圣咏集》的第37篇的第25节"我从前年幼，现在年老"一句的页边写道："多么哀伤的格言。"想到这意味着他保护儿子爱德华的时间已经所剩无几，这哀伤就更甚了。他想给儿子画一幅令人敬畏的肖像，于是如此安排了。画像上的小男孩摆出经典的霍尔拜因姿势：皮包骨头的双腿叉开，那稚嫩的8岁男孩的面庞带着居高临下的神情直视观者。但不论亨利八世让人将爱德华画得多么威风，他依然不过是个小男孩。"是世上最友善、最温柔的小家伙。"他的一位教师如此表达。[13]

爱德华很喜欢王后，对姐姐玛丽的喜爱甚至更深，对尚在襁褓中的他来说，玛丽便是最接近母亲的存在，他还说她的陪伴令他感到一种"特别的满足感"。这年他曾写信给她："亲爱的姐姐，虽然我给您写信不太勤，但即便我写得更勤，也不及爱您更多了。"事实上，他表示："我爱您最深。"[14] 如果是亨利八世在爱德华尚未成年时死去，作为王室当中爱德华最近的亲属，玛丽便是理所当然的摄政人选。[15] 但玛丽若是结婚，爱德华能免遭野心勃勃的亲王伤害吗？亨利八世觉得怕是不可能。而爱德华的摄政委员会又会如何？二人到时会面临怎样的危险呢？

自 1533 年脱离罗马后，红白玫瑰之争便为宗教分歧所取代。推动廷臣们的已经不再仅仅是个人野心，更是相争的意识形态：有人想要进一步深化福音主义改革，有人想要维持现状，还有人想要与罗马修好。特兰托公会议（Council of Trent）新近在意大利开幕，会讨论并重新定义圣教会的教义，而亨利八世的宗教改革极有可能遭到抛弃。在被后世称为天主教复兴或者（更消极地）反宗教改革的过程中，人文主义变得极有影响力。亨利八世反教宗的立场意味着英格兰无法成为其中的一部分，但他依然坚决主张将路德宗与更为激进的瑞士归正宗（Swiss Reformed Churches）视为异端。

特兰托公会议召开当月——1545 年 12 月，议会两院都遭到亨利八世的斥责，国王抱怨"在每个啤酒屋和小客栈，人们都在为《圣经》聒噪争吵，还将《圣经》谱上曲唱成了歌"。此刻，他决意强行提醒自己的臣民：宗教真理裁决者的权力是他独有的，而且将传给他的儿子。1534 年和 1536 年，他曾两度威胁女儿玛丽，以表明他不会容忍任何人违逆他作为国王的意志。同样，在1546年，王后成了第一个被警告的人，以她为例，亨利八世要人们引以为戒：只有国王可以就宗教问题下断言。

凯瑟琳·帕尔对宗教改革抱有强烈的兴趣。她提拔了许多福音主义者做爱德华的私人导师，而且每天下午都邀请福音派专职教士来为她的女官讲道。历史学家大卫·斯塔基（David Starkey）认为，是伊丽莎白公主无意中让国王注意到凯瑟琳宗教倾向在事实上的激进本质。[16]安妮·博林的女儿只有12岁，但已表现出惊人的语言天赋。她效仿曾祖母玛格丽特·博福特，已经开始翻译宗教著作。1546年，她送给父亲一份新年礼物，是她的继母在1545年曾刊印过一本祷告沉思集，她将其中一篇翻成了法语、意大利语和拉丁语。文章探讨了路德宗的信仰：得救所需的一切便是信——唯有信，善工则并非必需。斯塔基认为，这份礼物非但没有取悦国王，反而令他意识到凯瑟琳不仅自己涉足神学，而且还鼓励伊丽莎白也这么做。

凯瑟琳还进一步深入险境。1546年2月26日，她给剑桥大学写了一封义正词严的信。剑桥大学先前曾求她向国王代为说情。凯瑟琳再次插足丈夫的神学禁区，斥责剑桥大学的学者用拉丁文给她写信，还教育他们，做学问的目的全在于阐述基督的训导，别的一切尽属虚空。就在第二天，帝国使节向查理五世报告称，人们正在风传亨利八世要抛弃凯瑟琳另觅新人。谣言迅速扩散，一直传到4月初，之后才渐渐平息。伊丽莎白一世在位期间的殉教史研究者约翰·福克斯（John Foxe）后来讲述过一个知名的故事，或许能反映当时的一些事实。

根据福克斯的描述，凯瑟琳相当乐于同国王讨论宗教问题。但有一天，二人分别后，国王表示很生气。福克斯继而称，保守顾问们抓住这一机会给国王的怒气火上浇油，还起草了一份逮捕凯瑟琳的授权令。然而，亨利八世决定通过自己的一名医生去警告凯瑟琳。她领会了这一暗示。当晚来到亨利八世面前时，她谦卑地向他保证，自己同他辩论只是为了受教于他，也为了让他的心思能从腿痛上转移。"果真如此吗，宝贝？"根据福克斯的记录，他曾这样问她，"那我们还是最好的朋友"。诚然，凯瑟琳逃过一劫——正如后来福克斯的故事所述。但此劫的源头是亨利八世，而不是福克斯更倾向于认定的保守主义黑暗势力。亨利八世不仅在放纵自己的残暴性情，也在表明一点：宗教政策只能由他一人制定。[17]

在继之而起的激烈的猎杀异端的运动中，凯瑟琳·帕尔毫发未损。然而，虽然亨利八世对保守主义者的狂热表示支持甚至鼓励，但他也选择在这一时刻来打倒英格兰宗教保守主义精神领袖——温切斯特主教斯蒂芬·加德纳（Stephan Gardiner）。一直以来，主教都是他最得力的仆人之一，但亨利八世认为加德纳这样杰出的人物只有他自己才能控制，他不希望他的儿子和儿子身边的那些人最终为加德纳所控制。虽然加德纳曾参与论证国王至尊，但亨利八世可能也怀疑过加德纳以后会质疑国王至尊能否保护英格兰免受异端侵扰。1546年11月，加德纳发现亨利八世不知为何因他的一些土地买卖而大怒。国王后来再未见过他的面。

然而，无意中引起亨利八世对儿子至深担忧的却是诺福克公爵的长子萨里伯爵亨利·霍华德，他是玛格丽特·道格拉斯的朋友（里士满公爵夫人）玛丽·菲茨罗伊（国王私生子的遗孀）的长兄，是当时最伟大的诗人之一，与同时代的诗人玛丽·谢尔顿也是亲密的朋友。然而，他被人称为"英格兰最愚蠢、最傲慢的男孩"也不无道理。萨里伯爵把王室的徽记加入自己的纹章图案中，还明确表示，他认为在亨利八世死后自己作为英格兰头号贵族的父亲应当出任护国公。上一任护国公是理查三世，萨里伯爵的祖父曾为他而战，而其曾祖父还是为他而死的——这事国王并未忘记。亨利八世的儿子爱德华已经9岁，比当年爱德华五世消失在塔中时还小3岁。1546年12月12日，迷人的萨里伯爵因涉嫌叛国遭到逮捕，之后不久，他和诺福克公爵便被送进塔中。

12月26日，亨利八世吩咐所有人退下，只留最亲密的几名仆人，然后锁上门，叫人起草遗嘱——他要为保护儿子爱德华制订最终计划。他知道自己命不久矣，也明白这是他确保爱德华存活的最后机会。继承法案已经指定他的两个女儿玛丽和伊丽莎白为爱德华的继承者。这一安排不会改变。二人都是私生女，不会对爱德华构成威胁——除非她们嫁人。此刻,亨利八世在遗嘱中添了一项附加条款:只有在遵照他的遗嘱执行人的意愿结婚这一前提下,二人才有继承权。他会指定16名遗嘱执行人,他已经安排好,在爱德华18岁之前,这些人将以平等地位共同行使王权。他不会将重权交托给任何一个人,无论其形式是护国公还是摄政王。

为避免派系斗争,亨利八世进一步指示:在爱德华成年前,不允许任何人加入这一特权寡头集团,也不允许这一集团驱逐任何成员。这是一个封闭的圈子。列在国王名单上的包括爱德华的舅父爱德华·西摩,而他在摄政委员会中的首席盟友约翰·达德利(John Dudley)将支持他的工作。二人是国王近年来的几场战争中的关键人物,也是宫中福音派及改良派阵营的核心成员。名单上的另一人是威廉·赫伯特。[18]亨利八世死后,若王后怀孕,凯瑟琳·帕尔的这位红发妹夫应当保证其所生孩子的权利。亨利八世搁置多时久未解决的继承人问题——伊丽莎白若无子女当由谁继位的问题——也尘埃落定。

苏格兰女王玛丽——詹姆斯五世的女儿——是家族继承人中年龄最大的。但她要嫁谁是英格兰任何人都控制不了的。对象很可能是法兰西或西班牙的国王,而亨利八世不会给一位外国君主任何索要爱德华王位的机会。爱德华出生时,英格兰正在与罗马决裂,所以可能会有人提出他没有合法地位。因此,为保护爱德华,他在遗嘱中没有提到苏格兰女王玛丽及其继承者。[19]

继承顺序排在下一位的玛格丽特·道格拉斯的权利也未被提及。历史学家称，在亨利八世做决定前的那个秋天，玛格丽特同舅父发生过一场争吵，而历史学家认为是为了宗教问题。当年玛格丽特和丈夫花了大笔的钱请神父念弥撒，为炼狱中的灵魂祷告，这表明二人是保守派。[20]但在遗嘱中，亨利八世也要求人们为他的灵魂念弥撒（尽管规模同他父亲的相比不值一提）。没有证据表明玛格丽特曾就亨利八世的宗教政策与其发生过争执，人们称二人曾有过争吵的唯一根据是伦诺克斯伯爵以前的一名仆人后来出于不满而为着自己的利益编造的故事。[21]事实是，自1536年玛格丽特被称作其母的"自然"子女后，亨利八世一直想要在继位顺序上降玛格丽特的级。此刻她有权继承英格兰王位，她丈夫又有权继承苏格兰王冠，二人的影响很可能大到足够从英格兰、苏格兰和法兰西（伦诺克斯伯爵在那里生活多年）三地获得支持。玛格丽特还生了达恩利勋爵亨利，因此是亨利八世三个外甥女中唯一有儿子的。亨利八世在遗嘱中没有提到玛格丽特是为了限制她可能构成的威胁，而非因为二人吵过什么架。[22]

排除了苏格兰的玛格丽特的后代，亨利八世开始考虑法兰西王后玛丽的子女。最年长的继承人是外甥女弗朗西丝，但她丈夫不在亨利八世的遗嘱执行人名单里，在遗嘱中也未提到她的名字，而是将位置让给她三个年幼的女儿：简小姐、凯瑟琳和玛丽·格雷（Mary Grey）。三个姑娘都还不到10岁，也没有结婚，根据习惯法，这三人的继承权微不足道。之所以选择她们，是因为她们是弱小的候选人，不会对爱德华构成太大威胁。

做过继承问题的诸项决定后，行将就木的国王转而继续完成打倒霍华德家族的工作。事实证明，要说服陪审团定萨里伯爵亨利·霍华德叛国罪是困难的，于是亨利八世亲自介入劝说他们。1月19日，"傲慢的男孩"被处死。最后一份剥夺令发出，用于处理更为棘手的诺福克公爵案——萨里伯爵曾表示诺福克公爵应该出任护国公。死刑定在1月28日执行，但在1月27日（星期四）的晚上，身边的人全都看出国王死期将近。人们问亨利八世要不要忏悔自己的罪过。与父亲当年不同，他并不觉得良心不安。亨利八世一如既往地确信，他作为国王所行的一切都有着最纯粹的动机，也相信他所打倒的所有人都罪有应得。"我先小睡一会儿，"他说，"等我感觉好些了，再就这个问题（给你）建议。"但亨利八世再也没有醒来。

第二十六章

伊丽莎白遇险

新的一天，晨光熹微，廷臣中居首的几个来到白厅瞻仰国王的遗容。亨利八世的遗体停在巨大的龙床上——为了承受他的重量，床在1542年加大过。这是宫中最昂贵的一件家具。镀金的床架是6名工匠用十个月时间雕成的，而那华美的帷幔甚至比床本身还要昂贵。[1]然而，最能叫人忆起亨利八世昔日威势的却是他那张蜡黄的面孔。"即便描绘冷酷无情的王的一切画像和图案都从世上消失，这位国王的故事也能重新将之栩栩如生地描绘出来。"伊丽莎白一世在位期间的沃尔特·雷利爵士（Sir Walter Raleigh）后来写道。但此时这一影响已成过去，亨利八世所信任的仆人们便能对他临终时的命令置之不理。

在生命的最后一夜，亨利八世要是可以走动，便可能看到他卧室门外走廊上的两个身影：一个是他的私人秘书威廉·佩吉特爵士（Sir William Paget），那分了叉、打着小卷的大胡子叫人一眼就能认出他来；另一个是赫特福德伯爵爱德华·西摩，他个子高高，一头金发。亨利八世希望在儿子爱德华成年前由摄政委员会执政，其中各成员地位平等。但佩吉特认为这是不可能的：这个国家的人民已经太习惯完全听命于一人的意志。几个星期以来，他一直在做铺垫工作，预备让爱德华·西摩以英格兰护国公的身份主持摄政委员会。他曾催促国王向可能的支持者授予土地和爵位，因为指令都是口头的，佩吉特便可以照着对自己计划有利的方式听错或者会错意。他已经告诉爱德华·西摩，他要的报酬就是成为他的首席顾问。在国王弥留之际，这笔交易已被敲定，此时二人已经预备好争取其他关键人物的同意。

那一整天，大人物来来往往，各种惯常仪式没有间断，仍在继续。国王已逝的风声没有走漏半点，晚餐时还在齐鸣的号角声中上了一道鱼肉和禽肉的佳肴。翌日清晨，人们正重复同样一套仪式的时候，爱德华·西摩来到赫特福德的中世纪宫殿，领走并护送王子去伦敦。亨利八世先前已经准备立儿子爱德华为威尔士亲王，这个灰眼男孩认为这便是此行的目的。[2] 二人在恩菲尔德（Enfield）伊丽莎白公主朴素的砖砌宫殿前下车，这时他和13岁的姐姐才被告知父亲已逝。两个孩子抱头痛哭。他们都还不曾面对过姐姐玛丽已经见识过的各种危险和人身威胁。爱德华是亨利八世切盼多年的儿子，而伊丽莎白虽然和她不光彩的母亲模样有几分相似，但亨利八世一向宠爱她，在出战法兰西时还给她寄去自己"衷心的祝福"。[3] 父亲不在了，二人的处境都变得极度危险。

1547年1月31日，星期一早晨8点，大法官在议会上宣告亨利的死讯，一小时后，宣告爱德华为国王。当天下午，照着仔细协调过的时间，新国王爱德华六世与爱德华·西摩一道，在人群的注视下抵达伦敦塔。城墙上礼炮齐鸣，泰晤士河上的一艘艘战舰也在向国王致敬，场面相当壮观。但爱德华还是个孩子，这让国民有些担心。尽管人群中有一些人为亨利八世死去而高兴（至少是暗暗地。有些亲教宗的天主教徒声称，在异象中见到国王被火包围），多数人却为他死得太早而感到悲痛。事实很快会证明，人们的担忧是对的。亨利八世的一班遗嘱执行人已经组织了新王政期的首次会议。会上，这些人将自己的班子更名为"枢密院"，又加一名成员——爱德华六世的舅父托马斯·西摩，并任命爱德华·西摩为英格兰护国公。

　　"枢密院"一词是亨利八世于1540年发明的，他改革了之前相对非正式的摄政委员会，令其有了固定的成员组成和基于职位高低的等级制度，有了秘书处和官方记录，有了依照法律程序传召和审判个人的权力。亨利八世当政期间，枢密院几乎每日开会，事实证明这是一个效率极高的执行机构。[4]然而，对枢密院的重组破坏了他的设想，即爱德华成年之前应当由一个成员地位平等的封闭统治圈执政。亨利八世昔日制造的一切恐惧都是徒然，甚至在他入土之前，他的遗嘱便已经被推翻。

　　此时，人们开始为亨利八世的葬礼做准备。星期三是圣烛节

（Candlemas），当夜，人们将亨利八世的棺木抬出枢密院，送往王室礼拜堂。堂中已经造好一辆巨大的"灵车"（hearse）。"灵车"一词在当时指的是一种固定结构，其体量很大，不仅能放下棺木，还可容纳主要的送葬人员坐在里面。车的各角都装饰着锦缎旗帜，上面是精金锤制的圣徒形象，车上还点着40支蜡烛。棺木被放入灵车时，覆盖灵车的金布上的宝石闪闪发光。

照着中世纪的王室传统，在接下来的十天里，王室礼拜堂会不间断地做弥撒。然而，幕后正发生的事却没那么虔敬。为了支持护国公治国，要分封一系列土地、官职和头衔，但是该如何分、分给哪些人？相关细节仍在讨论之中。爱德华·西摩将成为萨默塞特公爵，这一头衔原本属于博福特家族，亨利七世正是借此宣称自己有权继承王位的。新任护国公萨默塞特公爵的亲密盟友约翰·达德利成了沃里克伯爵——这是曾属于金雀花家族最后一名男丁的头衔。

2月13日，星期日，葬礼开始，瓜分王室产业、授予头衔的活动这才暂停。三名主教轮流主持了三场弥撒：第一场穿白衣，为纪念圣母马利亚；第二场穿蓝衣，为赞美三位一体；第三场穿黑衣，为追思国王。但亨利八世还不能入土。第二天破晓时分，数百名送葬官员在查令十字街集合，护送他的遗体去往温莎：还有两天的路要赶。

在那个晴朗的冬日，清晨8点，行进开始。两名担任脚夫的绅士领队，他们各持一根木棒，"这样不论是车、马、人，一路都不会打扰，也不会妨碍他们"。二人身后跟着祭衣室的主管，其司仪背着一个巨大的十字架；之后是在王室礼拜堂中唱诗的儿童和神父；接着是250个穷人，都穿着带兜帽的长礼服，每人手举一支点着的火把。这些"念经的"是按照传统雇来替逝者的灵魂祷告的。[5]跟在他们之后的是王旗阵列，再之后是其他送葬者，按照级别从低到高的顺序分成许多组。地位最高的是神圣罗马帝国皇帝查理五世的使节弗朗索瓦·范德德尔夫特（François van der Delft），他与大主教克兰默同行，紧邻载着亨利八世棺木的双轮马车。马车上盖着蓝色天鹅绒和金布——这是嘉德勋章的颜色；棺木上方，真人大小的国王雕像一身嘉德骑士的打扮，戴着一顶"极为贵重的帝王冠冕"。

前方的村庄响起钟声，提醒人们仪仗队即将来到，好让各村教堂的神父和执事提早准备，戴上自己"最好的装饰"，大声祷告，在教堂外恭候队伍经过。仪仗队在西翁修道院过了夜，次日一早继续赶路，双轮马车四面围绕着圣三一、圣母马利亚和圣乔治的旗帜。[6]唯一突破传统的是一面"圣徒亨利王"的旗帜，这位圣徒便是兰开斯特家族最后一位国王亨利六世。[7]亨利八世对圣徒崇拜的打压永远断绝了亨利六世获得宣福的可能性，尽管如此，他却依然相当渴望与这位虔敬的先人发生关联。在遗嘱中，他要人将亨利六世和自己约克家族的外祖父爱德华四世在温莎的陵墓造得

"更堂皇些"，当然，他也命人"建造"他本人那宏伟的陵墓。

为纪念亨利八世最终的安息地，人们不惜成本地建造了这座恢宏的大理石建筑。红衣主教沃尔西托人为自己建造的陵墓大部分被再利用，包括一系列表现持火把的天使的镀金铜像，作者是后来与米开朗琪罗合作过的贝内代托·达罗韦查诺（Benedetto da Rovezzano）。不过除此之外，还增加了表现亨利八世和简·西摩的四幅真人大小的画像，还有一座国王骑在马上走过凯旋门的塑像，"一个魁梧的男人与一匹高大的马，身量十足"。此外还计划雕刻134尊塑像，包括圣乔治、十二门徒和《四福音书》的作者，"样式按现有的来，都是镀金铜像"。[8]

最后，亨利八世的棺木被抬进圣乔治礼拜堂，又举行了一场弥撒，穿着蓝色天鹅绒礼袍的凯瑟琳·帕尔待在王后的私室中，透过雕花的窗户俯瞰观礼。第二天，16名高大的侍从将亨利八世的遗体放入墓穴中，他将与简·西摩同葬。温切斯特主教斯蒂芬·加德纳（Stephen Gardiner）往墓穴中投了一抔泥土，接着，众大臣和枢密院的绅士们将各人的职杖在各自的头上敲碎，一面流泪叹息，一面"将之随遗体一道放进深坑中"。[9]

1509年亨利八世登上王位时，这位年轻的国王一度代表着侠义君王理念的真身：他虔敬，浪漫，矫健，还有音乐天赋。这一形象对英格兰人影响深远。脱离罗马后，亨利八世的所作所为多数极不得民心，但他太过善于装扮自己君王的仪表，所以大部分臣民仍对他保持忠诚。1544年，亨利八世已然大腹便便，还瘸腿，但当人们向西班牙贵族纳赫拉公爵胡安·埃斯特万的秘书描绘国王时，他仿佛依然是当年那个英俊的年轻人。英格兰人"尚武，勇猛……满腹猜忌"，一名访客曾表示，"但他们极为爱戴自己的王……爱戴到他们最庄重的誓言都是凭着'国王的性命'担保的"。[10]纵使亨利八世的威权已经不复存在，他的声望却依然能成为其子女的保护。然而，这声望却保护不了他的教会。

亨利八世在遗嘱中表示，自己的陵墓已经"基本完工"。陵墓将为他虔敬统治的权能和荣耀做出有力的宣告。但陵墓将永无完工之日，原因很大程度在于他最后几周的所作所为。他打倒诺福克公爵，又将加德纳主教排除在遗嘱执行人名单之外。这一系列行为都意在保护儿子爱德华，但这最终导致宗教保守主义者的惨败，而且后来在英格兰引发了一系列重大后果。亨利八世曾经确定国王为英格兰教会的领袖，且教会教义由国王解释。但当今国王是个9岁大的男孩，完全受控于改革派的萨默塞特公爵及其盟友。宗教改革的障碍扫清了，那些在亨利八世那装点着天使和圣徒的坟墓前既不能欣赏其美又不能认同其代表的神学的人们行动起来。[11]亨利八世那敞开的墓穴被盖上木板，与此同时，嘉德纹章官（Garter King of Arms）宣布，当今的国王已是爱德华六世。一场变革即将开始。

接下来的星期六，9岁的爱德华六世正式入城，伦敦上演了一系列露天表演节目，都是当年为庆贺7岁的亨利六世加冕所准备的。爱德华六世穿着最纯净的白色衣服，骑一匹身披绯红缎子和金色锦缎的马，他到伦敦塔时，使节们已经在此排成一列。帝国使节用法语向男孩致敬，但护国公阻止了他，要他对国王讲拉丁语，称国王的拉丁语更好些。使节遵命而行，后来却在寄回帝国的公文中表示："说实话，在我看来这两门语言他都不怎么懂，尽管坎特伯雷大主教向我保证过，说国王的拉丁语同他本人的一样好。"[12]

他们花了四小时行进到威斯敏斯特修道院，但男孩似乎几乎没有注意到伦敦官方组织的无数露天表演。一名杂技演员从圣保罗教堂的雉堞上顺着绳索滑下来，然后跳来跳去，这才惹得他笑起来——这是爱德华唯一一次表现出儿童天生的快乐。第二天在威斯敏斯特修道院，爱德华坐在几层垫子上，恭顺地朗读了由克兰默大主教新撰写的加冕誓言。保护神职人员这一由《自由大宪章》确定的原则被删除，国王的法律现在需要人民的首肯，而非由法律反过来肯定人民。这些权力都将用于推动宗教上的巨变：克兰默在致辞中称，爱德华六世应当效仿《圣经》中的少年国王约西亚，除净王国中的圣像崇拜、画像和教宗"暴政"。[13]亨利八世先前下过命令，要求修道院清除作为崇拜对象的画像，此刻人们的态度变了：所有的宗教画像都必须消失。

很快，人们便在爱德华眼前拿走了宫中的雕塑和圣徒画像。

与此同时，在宫墙外，一场破坏圣像的狂欢正在上演。修道院的路得屏风、镌刻着为逝者祈福的祷文的墓碑和染色玻璃窗都被砸烂。伊丽莎白在位期间的古董商约翰·斯托（John Stow）抱怨称，一些基督教激进分子认为一切画像都是圣像，因此不仅宗教艺术品被毁，甚至像拉德盖特（Ludgate）的13世纪诸王木雕这样的非宗教工艺品也被砸烂。[14] 王室徽记取代了十字架。强调君主及其与神的神圣联系使确保爱德华六世被视为这一政权各项行动背后的驱动力（而不仅仅是一个傀儡）变得更为重要。所以克兰默才会宣称爱德华六世精通拉丁语，这背后是一个更大的宣言：爱德华六世能力非凡，以至于在其人民眼中，他已经不再是一个"尚未满10岁的"小男孩，而"几乎是一位父亲"了。[15]

更为重要的是，待爱德华六世年纪渐长，对于他们的行动，他应当表示赞许而非遣责。为此，人们安排爱德华六世每日听神父布道，都是支持他身边各种变化的内容，他的改革派神父约翰·奇克（John Cheke）随时预备"回答他，教导他"。爱德华六世失去了父亲，却被告知自己此刻成了人民的父亲，故而他尽其所能地要成为他渴望拥有的那种父亲——一个慈爱、贴心的父亲。他倾听、学习，都是为着自己的臣民。不久后，一本明确宣扬路德宗因信称义教义的布道书印发了。8月，《玫瑰经》遭禁，在瞻仰亨利八世遗体期间还无处不在的弥撒也遭到攻击，"有反对圣餐礼的声音，圣餐被人叫作'小丑盒子'（Jack in the box），还有其他各

都铎王朝

种不像话的名字"。[16]

护国公萨默塞特公爵预见到,爱德华六世的两位姐姐不会制造太多麻烦。二人都得到了可观的土地,地产的岁入远远超过父亲遗嘱中为各人确定的每年3000英镑。玛丽的待遇尤其优厚,其收入与公爵不相上下。[17]欧洲的许多人认为,玛丽作为王室中与爱德华六世最近的亲属应当获得摄政王之位。萨默塞特公爵不希望冒遭人控诉的风险篡夺她的合法地位。1547年5月,带着这份新收入,玛丽离开凯瑟琳·帕尔的府邸,准备建立自己的家。她明确表示,自己对各项宗教变革相当愤怒:她认为在弟弟尚未成年时做这些变革是不合法的。但萨默塞特公爵告诉她,他相当确定她很快会改变态度,就像之前接受其父的变革一样。

伊丽莎白年龄太小,还无法自立,所以仍留在凯瑟琳·帕尔家,她的人生轨迹从此将与姐姐截然不同。玛丽一直十分爱她,曾写信给父亲称赞伊丽莎白,还为她做过一些礼物,包括一个她亲手用银线绣上花的匣子。[18]尽管玛丽仍然继续写信给伊丽莎白,但伊丽莎白的家庭已经只剩与她共同生活的那一小班仆人,其中许多都是亲戚,而且彼此之间感情很深。他们当中不少人是热心的宗教改革者,公主家中最重要的成员也在其中,比如公主的女家庭教师、天性快活而老于世故的卡特·阿斯特利(Kat Astley)。她自1536年便与伊丽莎白相伴,其夫约翰·阿斯特利(John Astley)是博林家族的亲戚。[19]

伊丽莎白的继母凯瑟琳·帕尔也是个富有爱心和母性的人。但对伊丽莎白而言不幸的是，就在玛丽离开凯瑟琳·帕尔家的当月，王太后秘密结婚了，对象是她嫁给亨利八世前便爱着的男人——护国公萨默塞特公爵的弟弟、迷人但贪恋权力的休德利男爵（Baron Sudeley）托马斯·西摩。他一度想要得到一个能表明他同国王有着极近血缘关系的职位，具体来说，他想成为国王的总管。此位可以令他亲近国王，也意味着他能对其施加各种影响。然而令他失望的是，护国公萨默塞特公爵亲自担起这一职责。所以西摩此刻决定以其他方式实现自己在王室中的晋升，而且他认为同凯瑟琳·帕尔结婚可以极大地提升自己的地位。这对夫妇的问题在于，二人结婚的事要如何向公众宣告。

凯瑟琳给西摩的建议是，由他来说服爱德华六世和玛丽，叫他们写信表示同意二人结婚，之后再告知他们婚已经结了。兄妹二人都极为喜爱凯瑟琳，但玛丽对夫妇二人的计划深感震惊。她对西摩表示，这"消息真稀奇"，毕竟父亲"在我的记忆中还没有淡去"。[20]说服爱德华六世则要容易些，因为他本来耳根子就软。然而事实证明，二人的婚事公开后，这封信并没有帮上什么忙。亨利八世过世还不到5个月，凯瑟琳便结了婚，在公众看来，这是在性上没有自制力，甚至还不如詹姆斯四世过世不到一年便再婚的苏格兰王后玛格丽特·都铎。夫妇二人还操控了爱德华六世，这意味着未来他们与国王的接触也将受到限制。

事实还将证明，凯瑟琳·帕尔这段为爱所结成的婚姻是短命而不幸的。1548年5月，怀孕六个月的她心中充满恐惧，担心要是自己死于分娩，西摩会以伊丽莎白顶替她的位置。卡特·阿斯特利已经多次发过牢骚，称西摩总是只穿睡衣就进公主的寝殿，在问她早安时还想亲她。凯瑟琳·帕尔最初没太在意，但怀孕带来的不安全感令她对他的意图多了几分疑心。圣灵降临节过后一周，伊丽莎白在被凯瑟琳·帕尔警告不要玷污自己的好名声后离开帕尔家。公主不需要别人提醒她：身为声名狼藉的安妮·博林之女，她比绝大多数女人都更有理由谨慎。深感震惊和羞愧的伊丽莎白后来给凯瑟琳写信，向她保证自己听从其建议："虽然我没怎么答复您，但当您说要是听见其他关于我的坏话您会警告我时，我就看出事情的严重性。"[21]但伊丽莎白从此再未见过她。这年夏天，性感而一度热情奔放的凯瑟琳，亨利八世的最后一位妻子在分娩后不久便死去。她生的是个女孩，这孩子命中注定未满2岁便会夭折。[22]而托马斯·西摩确实很快便计划迎娶伊丽莎白。

1536年亨利八世确立的未获允许不得同王室成员结婚的禁令已经于1547年11月被废除。但即便托马斯的谋划不构成叛国罪，伊丽莎白要想保住自己在继承顺序中的位置，也必须依照枢密院的意愿择偶。伊丽莎白也没有忘记最后一次见凯瑟琳·帕尔时她对自己说过的话。就连因王后过世而写信慰问西摩这事她都不干，担心这种举动会被他当作一种鼓励。然而，伊丽莎白并不能完全控制自己的几名成年仆人。卡特·阿斯特利开始同伊丽莎白的守库（cofferer，也就是会计）托马斯·帕里（Thomas Parry）一道为公主安排起婚事来，甚至在未获伊丽莎白批准的情况下与西摩商议其财产问题。1549年1月，西摩遭到逮捕，谋划才得以终止。

接受讯问时，伊丽莎白惊恐的仆人们讲了西摩常去她卧房的事。卡特·阿斯特利和托马斯·帕里还供认他们曾力促二人结婚。但二人都清楚地表示，伊丽莎白拒不卷入这一计划。年轻的公主已经到了显露出勇敢和机敏的年纪，她也自始至终否认自己有意不经枢密院允许就结婚。公主甚至还为卡特·阿斯特利求情，说她"不辞辛劳、不怕麻烦地养育我，使我长成了一个有文化的正派人"，宣称自己曾听见卡特"多次说她绝不会容我"不经枢密院同意"就结婚"。[23]虽然卡特安全了，但西摩的问题复杂得多。他秘密谋划的不仅是同伊丽莎白结婚，还有推翻萨默塞特公爵。可怜的爱德华六世相当喜欢舅父托马斯，1549年3月10日，他却不得不批准定他罪的剥夺令。十天后，西摩被处死。

有一个著名但不实的传说，称伊丽莎白在听说西摩已死后表示，此人"聪明有余而判断不足"。[24]伊丽莎白对西摩的真实看法是以文字形式留下的，而且留在一本圣咏和祷告书中。这本书今日仍存于彼得伯勒附近的埃尔顿庄园（Elton Hall）。这本书一度属于凯瑟琳·帕尔，亨利八世在上面写下对自己最后这位妻子的甜言蜜语："当你祷告/当记得写下这话的他/因为他是你的/无人能否认。"签名是一个字母"H"，上面叠了一个表示王的字母"R"。

此刻，伊丽莎白在另一页上写了一句拉丁语："虚空的虚空，至高的虚空。*T.西摩。"其下是一个字母"T"，上面仿照她的父亲叠了一个字母"R"。[25]伊丽莎白认为，是野心毁了托马斯·西摩。而野心还会毁掉他的兄长。

---

* 比较《传道书》1：2。传道者说：虚空的虚空，虚空的虚空，凡事都是虚空。——译者注

第二十七章

玛丽遇险

1549 年 6 月 10 日，圣灵降临节，玛丽家中小教堂的教士们穿上白色和金色的圣袍。摄政集团——护国公萨默塞特公爵、大主教及其盟友——已经对圣灰星期三的灰和圣枝主日的棕枝下了禁令。一纸禁令熄灭了教堂的所有蜡烛，只留两支在圣坛上。如今，国家命令人们遵行一种全新的宗教仪式。法令以英文书写，表达了这样的观点：在祝过圣的圣餐与圣酒中并无基督圣体和圣血的临在。这是在攻击天主教信仰的核心与灵魂。玛丽一直主张在爱德华六世成年前父亲的宗教和解不可被推翻。而处于这一方案核心位置的便是弥撒。对玛丽而言，是该有一些挑衅行为的时候了。她在诺福克肯宁霍尔（Kenninghall）的家中公开举行了完全遵循亨利八世规定的弥撒，依照的是在不列颠诸岛沿袭了 500 年的塞勒姆规仪（Sarum Rite）。

在英格兰全境，另一些会众听着新版《公祷书》（Book of Common Prayer）的字句，怒火与日俱增。他们自小被教导要顺服国王的指令，这是一项宗教义务，因为国王是受神的委派来统治他们的。但现在他们的国王只不过是个小男孩，而他们被要求做的事是亵渎神圣的。第二天，在德文郡的萨姆福德考特尼（Sampford Courtenay），村民强迫村中教士再念弥撒。这些人发动了暴动。暴动扩散得很快，到7月2日已经横扫整个中部、家乡诸郡*、诺福克郡和约克郡，而西面的埃克塞特也被围困。短短十天过后，诺里奇也陷入险境，1.6万名参与暴动者兵临城下，但在此地加入暴动的多是接受新宗教理念者。亨利八世没收教会土地时得过好处的那些大人物后来又继续扩大各自的产业，那些让无地者在无人雇用的日子里不至于饿死的公地也正在被这些人圈占。"那些大人物的傲慢已然不可忍受，我们却处于水深火热之中，"造反控词如是说，"我们宁愿揭竿而起，搞他个天翻地覆，也不要忍受如此的暴虐。"

暴动最后被花钱雇来的外国雇佣军镇压了。西部约有2500名青年农民丧命，东部则有3000名：沃里克伯爵约翰·达德利在这里用上了干惯脏活累活的德意志兵。这年夏天的死亡人数达到全国总人口的1%，相当于第二次世界大战期间英军的总伤亡数。暴动之后，全国大部分人都噤若寒蝉，但到了10月，萨默塞特公爵意识到，昔日摄政委员会中的盟友也对自己构成威胁。这些人认为，暴动之所以造成如此大规模的破坏，是因为公爵迟迟不动用

---

* 家乡诸郡（Home Counties）指环绕伦敦城区的周边地区，具体范围说法不一，一般认为包括伯克郡、白金汉郡、埃塞克斯、赫特福德郡。——译者注

武力，又不听建议。就连亨利八世昔日的私人秘书，在老国王行将就木时密谋助他得权的威廉·佩吉特的话他也置之不理。

一场政变正在酝酿，对刚满12岁的爱德华六世而言，这是一次骇人的经历。萨默塞特公爵告诉男孩，如果密谋者的计划得逞，他俩就会死在这些人手中。人们看到爱德华六世同舅父一道离开汉普敦宫赶往温莎，坐在马上的他挥着一把小小的剑向路人们发出请求：“我的臣仆啊，那些人想杀我，你们愿助我抗击他们吗？”待到温莎来逮捕萨默塞特公爵的侍卫走进爱德华六世的房间时，他吓坏了。不过他的疑心很快被消除了，人们将萨默塞特公爵关进塔中，暂时还不打算处死他，他只是被枢密院顶替了。几个月后，主持枢密院的约翰·达德利改称“议长”（Lord President）。[1]

约翰·达德利之父埃德蒙·达德利是亨利七世最为声名狼藉的亲信之一，但约翰本人则忠实顾家，深受妻儿的敬爱，尽管他有时的所作所为也极为骇人。他父亲在亨利八世执政之初被处死，他在父亲死刑的阴影下历尽艰辛，一路奋斗到今日的位置，后来人们传说他“相当有头脑，甚至若不先想好三四个目的，就不会着手做一件事”。[2]帝国使节认为他是个实用主义者，并且盼着玛丽能因护国公的垮台而获益。11月7日，玛丽迟疑地告诉约翰：“议员们还没有逼过她，也还没有违背她的意思强迫她做过什么……因此……她正在等待最终的结局，且不无忧虑。”[3]与此同时，11月

26日，表妹弗朗西丝·布兰登与女儿们一同到访，住进玛丽在埃塞克斯比尤利（Beaulieu）的带塔楼的家中。[4]

弗朗西丝身材苗条，举止优雅，是玛丽已故的姑母（法兰西王后）的长女，她只比玛丽小几个月。[5]弗朗西丝曾在公主家中服侍过，当时她的长女简·格雷小姐还在襁褓中。想起弗朗西丝的母亲曾支持阿拉贡的凯瑟琳，反对安妮·博林，玛丽依然心怀感激。但弗朗西丝认为瑞士和德意志宗教改革者的主张很是鼓舞人心，玛丽所反对的一系列宗教变革正是她那群人热切欢迎的。弗朗西丝已经仔细抹除了母亲传下来的一本祷告书中所有提到教宗和托马斯·贝克特的段落，而此刻，所有圣徒画像和敬拜圣母的祷告书都开始令她反感，以致翌年她将这些东西悉数送人。[6]弗朗西丝的3个女儿——12岁的简·格雷、9岁的凯瑟琳·格雷、4岁的玛丽·格雷——所受的都是我们今天称为新教徒的教育。弗朗西丝与简尤为亲近，还亲自辅导她学习。[7]简聪明过人，也正在显露出对自己信仰的热忱。据新教殉教史学者约翰·福克斯说，在比尤利做客时，简甚至故意侮辱过玛丽对基督在圣餐中真实临在的信仰。

比尤利的主礼拜堂附有一个与之垂直的前厅，厅中的圣坛上陈设着祝福圣礼（Blessed Sacrament）——在举行弥撒后将祝过圣的圣体存于一个被称为"圣体匣"（monstrance）的其主体呈旭日形的台座内。[8]在玛丽看来，圣体经过转化，已经是基督的身体。在简看来，这只不过是对一块未发酵的面饼的圣像崇拜罢了。一次，玛丽的一名女仆在走过礼拜堂时单膝跪下行了屈膝礼（genuflection），简挖苦地问她："莫非玛丽小姐在那里？"女仆不客气地回答说，自己是在"向造了我们所有人的神"行礼。"嘿，"简尖酸地表示，"那东西（既然）是烤面饼，是人造的，它又如何造了我们所有人呢？"[9]

11月29日，弗朗西丝同女儿们来比尤利三天后，女儿们的父亲多塞特侯爵哈里·格雷[10]当上枢密院议员。人们说他是"一名广受爱戴的显赫贵族"，他学识渊博，而且慷慨资助学者，因此所受赞誉颇多。但他那空想家的傲慢也相当突出，帝国使节说他缺乏理智。他先前从未坐上过议员的位置，而约翰·达德利此刻给了他这个职位，这被人们（正确地）解读为达德利决定让最热忱的改革者作为自己统治的基础。[11]同母亲简·西摩一样，爱德华六世也生性渴望讨好别人，达德利发现国王的老师们已经成功地培养出一个改革派的国王，而对进一步推动改革的热心能帮助他获得国王的信任。一个月内，指令相继发出：要毁掉所有用拉丁文写的祈祷书。到翌年的1月中旬，帝国使节已经开始表示，担心"为了消灭（天主教）信仰……这一政权会让玛丽小姐永无宁日"。[12]

在接下来的几个月里，改革迅速而有力地推进，枢密院的哈里·格雷和约翰·达德利为战斗开路，与二人一道的还有凯瑟琳·帕尔的弟弟北安普敦侯爵（Marguess of Northampton）威廉。

准许神职人员结婚的法令通过了，石制圣坛被砸烂，换成了朴素的木制圣餐台，教堂中的管风琴被拆掉，繁复的音乐也被清理，而牛津的几场"爱德华时代篝火"似乎差不多把大学图书馆中的所有藏书都烧尽。[13] 因为继续在自家礼拜堂公开举行弥撒，玛丽也开始受到攻击，但她决意坚守信仰。除了英格兰王室中最年长的她，还有谁更能保卫她兄弟臣民的天主教信仰呢？干掉她可不像解决诺福克和德文郡的农民那么简单。她必须表现出勇气和期盼——盼着某一天（这一天不会太远）自己的兄弟能打倒他昔日的监护人。

1550年圣诞节，玛丽入宫面见国王，当时哈里·格雷和威廉·帕尔（William Parr）都在爱德华六世身边。13岁的爱德华六世正在长大，同父亲一样，他也衣着华美，而且钟爱装饰着珍珠的红色、白色和紫色衣料。[14] 这有助于掩盖他体格上的缺陷：他比同龄人个头小，身子也瘦弱，而且和理查三世一样，一边肩膀明显高过另一边。爱德华六世曾对玛丽说，她是自己爱得"最深"的人。但等待玛丽的不是手足之吻，而是一连串激烈的攻击——爱德华六世质问她为何仍在礼拜堂中举行弥撒。玛丽深感震惊，落下泪来。爱德华六世见此也哭了。他情愿她更清楚她对他的义务，以省去二人的争吵。玛丽其实很明白，但她确信爱德华六世是受人唆使才说这些话的，而正是为此，他相当恼火。

在接下来的一年里，玛丽继续利用自己的影响力捍卫父亲的宗教和解方式，而她的影响不可小觑。在仆人和亲属眼中，玛丽是个近乎神圣的人物。作为统治他们的公主，她关心他们的身体和灵魂，每日为他们断案。她坐在华盖之下，寓所中悬挂的挂毯彰显着她的王室血统。玛丽的祖父母和外祖父母中有三个做过君王，而且四人都是各自王室的杰出代表。最重要的是，她还是王位继承人。1551年3月，爱德华六世又召玛丽来威斯敏斯特王宫，预备再训斥她一顿。玛丽到了伦敦，而且带了一大班人："前有50名骑士和绅士，穿着紫色外套，戴着金链，后有80名绅士和贵妇。"这些人手持已经被禁的《玫瑰经》念珠，相当显眼。[15]

然而，玛丽很快发现自己威胁这一政权的尝试并不成功。爱德华六世这年就满14岁了，根据习惯法，男孩到这个年纪就可以结婚了。约翰·达德利和枢密院已经明确，结婚将标志国王的成年。言下之意是，她的挑衅从此将不再是在违逆他们，而是在违逆国王。1551年复活节，几个朋友在玛丽家中参加弥撒之后遭到逮捕。7月，她已经担心自己就要被囚禁甚至被杀了。1551年8月，爱德华六世开始出席枢密院会议，与此同时，事态到了紧急关头。玛丽的三名仆人接到命令，要阻止家中其他人听弥撒。三人拒绝从命，并因此进了监狱。玛丽不得不让步。正如她自己所说，如果人们连她的几个神父也逮捕了，那么她再也没有弥撒可听了，不管她多么不服气。然而，玛丽也清楚地表示，要让她听公祷书敬拜，她情愿先引颈就戮。

到了秋天，对玛丽的疯狂攻击神秘地消退了。其原因并非一目了然，但在幕后，约翰·达德利正面临他不得不全神贯注对付的威胁。爱德华六世在夏天时生了一场病，虽然很快便康复，人们却因此想到，玛丽距离王冠仅有一步之遥。这位王位继承者的遭遇已经开始令一些政治精英感到愤怒。已于1550年2月获释出塔的护国公萨默塞特公爵指望利用这一愤怒推翻达德利的政权。而达德利则预备叫萨默塞特公爵的指望落空——他要首先发动攻击。

1551年10月的第二周，少年国王收到一条骇人的消息：舅父萨默塞特公爵正密谋杀害达德利和凯瑟琳·帕尔的弟弟威廉·帕尔。爱德华六世当即给了达德利更大的权力，册封他为诺森伯兰公爵，又册封其支持者哈里·格雷为萨福克公爵，册封威廉·帕尔的妹夫威廉·赫伯特为彭布罗克伯爵。威廉·帕尔则已贵为北安普敦侯爵。五天后，爱德华六世见舅父到白厅来了，在日记中写道，他"比平时来得迟，且是独自一人"。接着又加上一句令人毛骨悚然的话："晚餐后人们逮捕了他。"前护国公又被送入塔中，这次再未获释。萨默塞特公爵于次年年初被处死。[16]

很快，宫中再度向玛丽发出邀请，理由是11月要接待吉斯的玛丽——她是1542年过世的表兄詹姆斯五世的遗孀。玛丽婉拒了，她可能是怕被要求同国王一道参加宗教敬拜。根据爱德华六世的日记，因公主不来，他便坐在吉斯的玛丽右边，二人共用一顶华盖，另一边则是弗朗西丝·布兰登和玛格丽特·道格拉斯。弗朗西丝常在宫中，因为其夫哈里·格雷总在国王身侧。而玛格丽特和丈夫同爱德华六世及众议员也保持着友好的关系，夫妇二人的信仰倾向虽然保守，但他们对此相当低调，而伦诺克斯伯爵对爱德华六世也十分有用：他在苏格兰运作着一个高效的间谍网络。[17]为讨吉斯的玛丽的喜欢，女人们当天都是一副苏格兰打扮，头发散开，"装饰着荷叶边，打着卷，有些打着双卷"。

引人注目的是，接待时伊丽莎白公主也同姐姐玛丽一样没有到场。最终她出现在宫中时却叫众人都注意到她的存在，因为她穿得极为朴素，以至于"叫所有人都感到难堪"。[18]爱德华六世最近刚收到过一篇倡导妇女朴素着装的文章，伊丽莎白渴望让他注意到自己不同于玛丽，是在改革派的女家庭教师教养下长成的信新教的好公主，并且（不那么有说服力地）节制而贞洁。但这没有给她带来多少好处。爱德华六世注意到简·格雷小姐的出席，然而，在欢迎与招待吉斯的玛丽的几天中，他对自己这个姐姐的在场只字未提。伊丽莎白的处境比玛丽好不了多少：似乎人们也不鼓励他同她走得太近。

吉斯的玛丽走后，这年圣诞节期间，宫中又举行了更多娱乐活动，上演了戏剧，开了化装舞会，办了各种比武会，在最后一天，1月6日，还有一场让爱德华六世大为尽兴的骑马比武。按照约翰·达德利的安排，爱德华六世已经学过骑马和使用武器，尽管还未正式参与比赛，但他已经开始"弄枪试马，且喜爱各种运动"。[19]达德利在如何对待爱德华六世这件事上表现得极为精明。据法兰西使节称，国王尊敬达德利简直像尊敬生父一般。但达德利相当注意强调自己这个议长只是个带头的，国王枢密院这个团队是为国王效力的，而他也正不断地引导爱德华六世深入参与国事。

从3月开始，一个由国王的高级臣仆组成的核心班子每周二都会面见国王，向他报告政务。排在日程表顶端、即将启动的是一本全新的、更为激进的祷告书的编撰工作。根据此书，圣餐将更名为"主的晚餐"；在教堂祭坛或正厅的位置要设置圣餐台，让人们可以像聚餐一样围站在台边；人们将不再以口领受无醇的薄饼，而是用手接面饼。洗礼和坚振礼的规仪也将被改写，为逝者祷告和葬仪方面的内容也将悉数删除。爱德华六世的表姐玛格丽特·道格拉斯仍在宫中，但4月初麻疹和天花流行。4月7日，她求国王准她回约克郡。[20]连爱德华六世也病了，但所幸4月12日（此时玛格丽特已经在北上途中）他"已经恢复得差不多了"。夏天，爱德华六世又开始打猎了。

这年10月爱德华六世满15岁时，一位著名的意大利占星家被请来为国王占卜。[21]他预言爱德华六世会再做40年国王，而且成就极大。1552年11月，修订后的公祷书出版，接着又印发了"四十二信条"——伊丽莎白一世在位期间，将四十二信条修订为三十九信条，时至今日依然是英格兰圣公会的基本信仰。[22]未来并不会风平浪静：国家已经出现严重财政问题，其中有一部分是16世纪40

年代对法兰西及苏格兰作战的后果。因为在处死萨默塞特公爵和进一步没收修道院财产等事上意见不合，克兰默和达德利二人闹翻了。但从长期来看，前景是光明的。占星家向爱德华六世保证，未来全都写在星相中了。

第二十八章

最后的都铎王

　　1553年1月，爱德华六世开始久咳不止。[1]然而想到自己1550年夏天曾染上"重疾"，在1552年4月还同时患过麻疹和天花，这位15岁的国王确信自己这次也会很快康复。[2]但他咳得一天比一天厉害。2月7日，星期六，伊丽莎白给爱德华六世去了一封信，称自己星期四原本要去觐见他，却被人半路拦住，还被告知国王病重不能见自己。她暗含的意思是有谣传称她已经失去他的宠信。她说自己相当确定事实并非如此。伊丽莎白还表示，不论别人怎么想，"我都坚信陛下的恩泽会与我同在"。[3]没有记录表明国王回复过她。

　　前一天刚带200名随从抵达伦敦的玛丽所获的待遇比伊丽莎白好些。约翰·达德利去伦敦城郊迎接她，同去的一班骑士和绅士继而护送她去往白厅。她得到了盛情款待。几天后，卧病的爱德华六世也同意见她。玛丽私人礼拜堂的弥撒遭禁后，帝国使节曾"多次"向爱德华六世求情，要他"容姐姐玛丽做弥撒"，但他一直没有撤销禁令。[4] 不论姐弟俩此时进行过什么交流，这年2月他都决意不改变自己在这件事上的主意，可能还曾试图改变她的主意，但并不成功。2月21日，约翰·达德利召了玛丽的一名高级侍从来，要再就此事训斥一番。

等爱德华六世终于感觉好一些，已是1553年4月，天气正在转暖。尽管如此，他却感到是时候练习一下写遗嘱了——赶在他再度病重，需要拟定正式文件之前。他的成果题为《我的继位规划》，虽然只有一页纸，但内容颇具爆炸性。

爱德华六世所做的第一项决定是不再考虑玛丽和伊丽莎白的继承权。[5] 对他而言，相比王朝的延续，宗教意识形态才是首要问题。后来他也承认，自己担心玛丽会废掉他在位期间的诸项宗教变革，尤其是自己以主的晚餐代替弥撒的安排和破除圣像的法令。因为玛丽的天主教信仰从未被作为不承认其继承权的理由，他选择以1536年继承法案所确定的玛丽私生女的身份作为自己行为的法律依据。因为这项法案也将伊丽莎白定为私生女，所以她的继承权必然也得不到承认。但无论如何——爱德华后来也提醒自己的律师——伊丽莎白的母亲毕竟是犯了叛国罪被处死的。[6]

爱德华六世继而开始考虑自己的祖父亨利七世的其他继承人。据说按照第一位都铎王的安排，他的儿子一脉若是断绝，英格兰便将从他的女儿即苏格兰王后玛格丽特的继承人当中选立国王。但玛格丽特·都铎最年长的继承人苏格兰女王玛丽信奉天主教，还与法兰西王太子订了婚。接下来是玛格丽特·道格拉斯，此人即便算不上拥护教宗，也绝对不是个新教徒，而她丈夫在归附英格兰前曾是个苏格兰人，还归附过法兰西。况且在亨利八世的遗嘱中二人双双缺席，所以爱德华六世此刻不考虑他们也算有例可循。于是就剩下他的姑母——亨利八世的妹妹，法兰西王后和其夫查尔斯·布兰登的继承人。

法兰西王后的长女弗朗西丝是一名坚定的新教徒，但亨利八世的遗嘱中没有提到她的名字，而是将位置让给她三个姓格雷的女儿：简、凯瑟琳和玛丽。爱德华六世仍然想要一名男性继承人，这符合继承权经由王室女性传给儿子的先例。因此，他将自己的王位留给（此时35岁的）弗朗西丝可能生育的儿子们，排在其后的是她三个女儿的儿子们。而格雷一脉如果绝后，王冠便会经由弗朗西丝15岁的外甥女玛格丽特·克利福德（Margaret Clifford）传下去——这位玛格丽特是弗朗西丝1547年过世的妹妹埃莉诺唯一的继承人。[7]搁笔时，爱德华六世必然曾以为这份文件不大可能得见天日，但他并未康复。

4月11日，爱德华六世离开威斯敏斯特王宫，乘游艇来到格林尼治宫，他盼着在这通风良好的居所继续休养。然而，他身边的人却不得不开始思索如果他未能痊愈会如何的问题。他遗嘱的规定意味着，在有男性继承人出生前王位会空着，而弗朗西丝则会成为总管。[8]王位空置可能引发邻国的觊觎：法兰西国王会为未来的儿媳苏格兰女王玛丽打算，查理五世则会为表妹玛丽公主谋划。公主作为都铎家的人，十年来一直被视作爱德华六世的继承者，其影响远超其他继承人，要是她坐上王位，无疑会报复那些欺侮她多年又推动废掉弥撒的人。为阻止其登基，人们急需一名男性继承人，而为此，一切有王室血统的女性都需要婚配。即便不能及时生下儿子来，也能利用结亲联合处于政权中心的大族实现共同目标——阻止玛丽登基。

根据爱德华六世的国务大臣威廉·塞西尔爵士（Sir William Cecil）的说法，提议弗朗西丝的长女简·格雷与达德利的四子吉尔福德·达德利勋爵（Lord Guildford Dudley）成婚的是威廉·帕尔的妻子。[9]威廉·帕尔没有合法子女，吉尔福德则是达德利两个未婚儿子中年长的那个。[10]事实证明，议长对此相当热心。不同于爱德华六世朝中的其他主要人物——威廉·帕尔（已故王后凯瑟琳·帕尔的弟弟）、威廉·赫伯特（已故王后的妹妹安妮·帕尔的鳏夫）和哈里·格雷（其妻弗朗西丝是亨利八世的外甥女）——约翰·达德利并非扩大的王室成员之一。前一年，他曾极力给埃莉诺·布兰登的鳏夫坎伯兰伯爵施压，要他将女儿玛格丽特·克利福德嫁与吉尔福德。儿子竟可以高攀的亲事叫他喜出望外，而这门亲事也很快得到哈里·格雷的同意。

简·格雷快16岁了，已经长成一名不俗的年轻女性，她相貌一般，但智力出众，能讲拉丁语、希腊语、法语、意大利语，还懂一些希伯来语。[11]伦敦为流亡的欧洲新教徒设立了一座"外邦人教堂",出资为教堂聘来第一位牧师的便是她。与她相交的一群聪慧的信奉新教的女性——包括威廉·塞西尔智识出众的妻子米尔德丽德(Mildred)——都对她相当敬佩。意大利人后来传说,简是迫于"母亲的坚持和父亲的威吓"而结的婚,但并无证据支持这一被浪漫化的八卦。[12]贵族的女儿在16岁生日前后由人安排结婚十分常见,即便爱德华六世不死,简的婚事也前途光明。她父亲去世后,其萨福克公爵的头衔可能会传给吉尔福德——他同她年龄相近,当时的人们说他是个"相貌英俊、品德高尚又讨人喜欢的绅士"。[13]

与此同时,可怜的爱德华六世的健康状况却再度恶化。1553年4月28日,帝国使节记录了简订婚的消息,同时报告称,爱德华六世的病每天都在加重,咳嗽不止,极度痛苦。"他咳出的东西有时呈黄绿色,有时呈黑色,有时呈粉色——跟血的颜色一样。"使节说,"医生们都茫然无措,一筹莫展。他们认定,要是下个月仍不见好,国王就康复无望了。"[14]爱德华六世的症状和病史表明,1550年他曾感染过结核病。他的免疫系统当时把这病压下去,但1552年春天患的麻疹又令旧病复发。[15]宫中玛丽的盟友们时时向她通报事态的发展,约翰·达德利也在向她报信,此时他已经彻底转变,开始主张玛丽有权使用自己英格兰公主的全套纹章。[16]1551年9月,达德利的盟友威廉·帕尔曾叫帝国使节不要称玛丽为"公主"，只可称她为"王的姐姐"。在这之后，萨默塞特公爵一度企图与玛丽的支持者们结盟对抗达德利政权。使节认为，此刻达德利正在试图安抚玛丽，其目的是防止出现更多麻烦，而事实上，这似乎的确能解释达德利的行为，因为他在这方面还有另一些行动。1552年12月，在人们尚不明白爱德华六世的病有多严重时，玛丽曾被迫上交土地给国王。1553年5月，她获得了许多上佳的土地、城堡和庄园（明显是作为补偿），其价值远远超过先前损失的，其中包括赫特福德的王室城堡和弗拉姆灵厄姆（Framlingham）庄园城堡，后者曾是第三任诺福克公爵托马斯·霍华德1546年被送入伦敦塔之前的首要居所。[17]

约翰·达德利及其盟友确信，玛丽既然在1547年护国公执政时接受了对父亲遗嘱的部分废除，便同样会接受父亲的遗嘱被自己的兄弟废除，毕竟这次的糖衣炮弹同上次一样：她将再度得到土地。至于伊丽莎白，帝国使节听说约翰·达德利的长子会离婚迎娶她。但伊丽莎白本人没有表态。同玛丽一样，她也按兵不动，步步为营。爱德华六世的国务大臣威廉·塞西尔很可能是她在宫中的耳目，因为他恰好也任她地产的测量官。

爱德华六世患病令格林尼治宫中愁云密布，但在5月10日发生了一件事，暂时转移了人们的注意力。商人冒险家公司（Company of Merchant Adventurers）派三艘船沿河而下开到格林尼治向国王问安，他们即将动身往西北去，要寻找一条通往中国的路。当船到了的消息传到宫中时，"众廷臣纷纷跑出来，百姓们在岸上黑压压地站成一片，枢密院的议员们从宫殿的窗口向外观看，其他人则直奔塔楼楼顶"。[18]三艘大船由许多手划船拖着，手划船上坐满了蓝衣水手，其余水手则站在大船的甲板上向朋友们挥手。然而，此处却不见国王的身影。伴随着礼枪齐鸣，水手们问过安后便扬帆起航，开始发现之旅。与此同时，躺在宫中的国王却已近乎弥留。

两天后，帝国使节报告称，已经确定爱德华六世将死。为了遏制国王不久于人世的消息传开，有三个人因为被人听见谈论此事而"被割掉耳朵"。所有爱德华六世在遗嘱里提到的有王室血统的单身女性此时都要加紧结婚或者订婚。[19]率先嫁人的是简·格雷和她12岁的妹妹、漂亮的金发姑娘凯瑟琳·格雷（Katherine Grey）。两场婚礼在5月的最后一周举行，凯瑟琳的新郎、威廉·赫伯特15岁的儿子正在病中，也勉强参加了婚礼。爱德华六世送来"华美的饰物和珠宝"，但人们已经越来越清楚地看出，他活不到亲眼看见简或者凯瑟琳生下儿子的那一天了。

大约一周后，爱德华六世对自己的遗嘱做了一点改动。虽然改动不多，但相当重要。他原本定的是，若自己死时尚未有男性继承人出生，则弗朗西丝将以总管身份执政。此时他在这一条款上画了一条线，并在上方添了短短两句话：王位将传给弗朗西丝的男性继承人，但如果"在我死前"这一继承人缺位，则王位将传给简·格雷夫人"及其"男性继承人。弗朗西丝此时没有怀孕，也还没有儿子，所以她成为总管的可能事实上被排除了，王位直接传给简，她成了女王。医生们认为，爱德华六世应该还能活到9月议会开会的时候，届时其遗嘱将得到法律确认。但爱德华六世不确定自己是否还能活那么久，于是召了几个高级法官前来，好立即正式批准遗嘱。

爱德华六世已经吃不下饭，还发着高烧，相当虚弱。尽管如此，法官们来到时，他还是竭力打起精神给他们下达指令，巩固自己一手打造的英格兰新教（Protestant England）。法官们后来宣称，他们只是迫于约翰·达德利的威胁才拟的文件。[20]但无论如何，遗嘱因此有了法律效力。爱德华六世继而召见了弗朗西丝。她别无选择，只得接受他的决定，像其他人此时被要求做的那样。6月21日，全体贵族和高级官员均被要求在法官们拟定的文件上签字。文件强调了爱德华六世两个姐姐的私生身份，爱德华六世表示二人都不过是"半血"，而且就二人嫁给外国人可能带来的危险提出严正警告。[21]与此相反，格雷三姐妹却受到赞美，文件称三人是"在王国中自然出生的，且……受过极正派的教育，又精通良好且虔敬的学问，并富于其他高尚的德行"。[22]枢密院众议员、大主教克兰默、王室众大臣、众显要市民及22名贵族都在文件上签了字，还郑重发誓会坚守其条款。

要伊丽莎白接受遗嘱同样得花钱，就如之前收买玛丽一样——

至少达德利这样认为。6月26日，他得到了伊丽莎白几宗地产的期待权（reversionary interest），她最大的一处位于白金汉郡米森登（Missenden）的地产也在其中。如此一来，在出现所有者死亡或归还国王等所有权变化情况时，他便享有购买地产的优先权。[23]除非人们允诺给伊丽莎白更好的东西作为交换，否则她断无可能同意这一安排。交换物具体是什么我们不得而知，但她的首位传记作者威廉·卡姆登（William Camden）记得，人们向她提出，只要承认简·格雷为女王，她便可获得"一笔钱和一大片土地"。陷入困境的伊丽莎白选择尽力将损失减到最小。[24]

距离9月议会开会只有不到三个月的时间了，医生们和信仰治疗师们领了命，要用一切手段为爱德华六世续命。据说，人们为此甚至给他服用砒霜。廷臣们开始传说约翰·达德利在给国王下毒，而且有意将国家拱手交与法兰西人。[25]查理五世的表妹玛丽·都铎无法继位明显符合弗朗西丝的利益，继而达德利又被人看见进了法兰西使节的府邸，于是谣言更盛。[26]事实上，他是要防备爱德华六世去世后苏格兰皇帝以玛丽的名义进攻英格兰——到时他需要法兰西人的支援。法兰西人相当乐意地做出承诺。

7月2日，星期日，教堂礼拜的一个变化是，首次向公众透露了国王遗嘱的内容，通常为玛丽和伊丽莎白所做的祷告没有了。

第二天，在赶去伦敦见弟弟的路上，玛丽被告知爱德华六世即将逝去。7月5日，约翰·达德利收到消息称玛丽已经离宫，正在往家赶——肯宁霍尔位于她在诺福克的地产的中心，她可以由此逃往佛兰德投奔神圣罗马帝国皇帝。在人们的劝告下，达德利决定谨慎行事。于是派出其三子，吉尔福德的兄长罗伯特·达德利勋爵（Lord Robert Dudley）带一小班骑兵去追玛丽，把她带回伦敦。

爱德华六世迅速地衰弱下去。7月6日晚上8点多，他开始唉声叹气，称自己"头晕"。被一名服侍的绅士抱着坐起来后，他开始祷告："主啊，怜悯我，收容我的灵魂吧。"爱德华六世的名声并不好：人们还记得这个冷血男孩曾在自己两个舅父的死刑执行令上签过字，而他的宗教信仰更令人想起一个世纪后英联邦那些阴郁的清教徒。但在我们对男孩爱德华而非国王爱德华淡淡的记忆里，这位少年是富于爱心的，他容易陷入英雄崇拜，渴望做正确的事，而对滑稽的杂技演员、刺激的比武和冒险又怀着孩子气的热情。在爱德华六世咽下最后一口气的同时，遥远的北海上，曾在起航时向国王鸣枪道别的三艘船中的两艘已被风暴击成碎片，但仍有一名船长还在继续向着未知之地进发，直到他"走得极远，最后所到之地已经全无黑夜，明亮的太阳长久高悬，光辉照耀着壮阔的大海"。[27]爱德华六世的痛苦结束了，最后一位都铎国王也逝去了。但都铎家族的女性们还将续写历史。

第三部分

日暮：都铎女王

那些从妇人手中获得权柄、荣耀与官职的男人，都当确实晓得：他们如此维护篡来的权力，是在表明自己与神为敌。

——约翰·诺克斯（John Knox）《抵挡妖魔众妇的第一声号角》
（*The First Blast of the Trumpet Against the Monstrous Regiment of Women*，1558年）

第二十九章

九日

　　1553年7月10日，星期一，在盛夏的午后2点，简·格雷乘坐的游艇在临近伦敦塔的闸门处靠了岸。她的仪仗队正式进塔时，聚集观礼的只有稀稀拉拉的一伙人。和其他君主一样，她也会在加冕前夕取得这座堡垒的所有权。年轻的丈夫吉尔福德·达德利与她同行，一起来的还有她的母亲和众女官，其余贵族成员则乘坐各自的游艇跟在后面。简登上最高一级台阶时，约翰·达德利与众议员一道向她致意。意大利商人兼骑士巴普蒂斯特·斯皮诺拉（Baptista Spinola）对这一情景的记录相当出名，写到仪仗队聚集，开始缓慢而隆重地沿街道行进时，他对这位16岁的少妇进行了详尽的描绘：

　　　　这位简相当矮小，而且很瘦，但身段好看，举止也得体。她五官小巧，鼻型很美，嘴巴柔软，唇色红润。眉毛弯弯，比头发的颜色要深（她的头发近乎红褐色）。一双浅褐色的眼睛相当有神。我在女王陛下身边站了许久，甚至注意到她肤色不错，只是有些雀斑。她笑的时候露出一口洁白的、尖尖的牙齿。总体上来说，她相当迷人，而且很活泼。她的裙子是绿色天鹅绒的，压了金色的图案，袖口宽大。她的头饰是一块白头巾，上面缀着许多宝石。她走在一顶华盖底下，长长的裙裾由母亲托着，身侧同行的丈夫吉尔福（吉尔福德）一身白色与金色的礼服。这少年高挑健壮，发色很浅，对妻子极为关心。为了显得高些，新晋女王在长袍下面穿了很高的木屐——她原本相当娇小。女王身后跟着许多女官和贵族，但这位夫人是个十足的异端，从来没听过弥撒，因此，有些大人物没有出现在仪仗队中。

这段文字栩栩如生地描绘了站在伦敦塔巨门前的简。可惜，和关于简的人生与统治的大部分传说一样，斯皮诺拉的记录也狡猾地掺杂了不实之词。关于这位微笑着的少女的描述在1909年被理查德·戴维（Richard Davey）——这位历史小说家摇身一变，成了传记作者——进一步演绎，自那以后更为一众历史学家不加批判地反复引用。[1]少女矮到不得不穿堆叠起来的鞋子以增高：如此无辜而脆弱的形象正迎合了几个世纪以来围绕简·格雷产生的各种传说。在这些传说中，她是个牺牲品、一个讨人喜欢的孩子，其命运从来不曾掌握在自己手中。而比起这一长期以来被理想化

　　　　　　　　　　　　　　　　　　都铎王朝

的形象，真实的简·格雷其人要有意思得多，但也复杂得多。

简·格雷加冕时比亨利八世登基时差不多小两岁。她不曾索求王权，爱德华六世却将王冠传给她。但她确信玛丽为之奋不顾身的弥撒是罪恶的，而既然能叫人当上国王的唯有神，神选了自己而没有选玛丽对简而言就毫不出奇了。[2]尽管如此，聚集观礼的人群却百思不得其解：不仅是（十年来一直被视作爱德华六世继承人的）玛丽，就连为简托着裙裾的母亲也被遗嘱无视了。要是弗朗西丝·布兰登将王位传给儿子，众人还能理解和接受——玛格丽特·博福特也曾将自己的权力传给儿子亨利七世，但要亨利八世的外甥女服侍自己的女儿则是违逆自然秩序的，这令人担忧。

4点前后，简和一众金灿灿的追随者消失在伦敦塔的高墙后面。大门一关，号角齐鸣，众传令官开始宣读王室公告："凭着神的恩典，简成为英格兰、法兰西和爱尔兰女王。"公告称，爱德华六世已经以专利特许证的形式确定简为其继承人，且国王本人和一众贵族、议员、法官并"有地位、有智慧的各类其他人物"都在专利特许证上签了字。玛丽和伊丽莎白未被确定为继承人，原因是二人均为私生女，而且其未来的丈夫可能会强使英格兰臣服于外邦统治，令"一个自由的国家俯首听命于罗马主教的暴政"。读毕，传令官再度宣告"简为英格兰女王"，并发出欢呼。然而，观礼的众人却深感震惊，有些还感到愤怒。

这个国家还未全然归附新教。从历史的角度来说，脱离罗马是新近发生的事，而且造成了极大的创伤；同时，对绝大多数英格兰人而言，新教教义依然是源于德意志的异教。[3]公告还带来另一个问题：吉尔福德·达德利勋爵何德何能，竟可以当英格兰的王？他没有王室血统。其祖父埃德蒙·达德利是亨利七世的侍从，此人在伦敦强索保护费，1510年还因犯叛国罪被处死。其父诺森伯兰公爵约翰·达德利当过议长，却为一个人人喊打的政权效力。前一年，他一度极力要促成吉尔福德同简的表妹玛格丽特·克利福德的婚事，当时有不少人心怀恶意地谣传他想坐上王位。这一揣测如今更是几乎坐实：毕竟妻子是应当顺服丈夫的，而简的丈夫就是他的儿子。

人们在齐普塞街读同一则公告时，一个男孩高喊着，称玛丽才是合法的女王。但这并不太重要。连帝国的众使节也认为简女王不过是接受一个既成事实。他们建议玛丽最强大的盟友查理五世接受她被无视的事实，并称"国家的全部军力都握在（约翰·达德利的）手中，（玛丽）小姐难以指望招募足够多的人与之抗争"。至于平头百姓，"各处都驻扎着军队，以防民众武装暴动或起其他什么骚乱"。[4]然而，玛丽将表明自己比帝国的众使节要坚定得多。

同简一样，性别和宗教偏见在几个世纪以来共同塑造了人们对玛丽的评价。玛丽的情况甚至更为复杂，因为她的历史是由其意识形态上的对手的子女书写的。甚至到了21世纪，一些大众历史学者还在继续将她描述成一个疯狂而软弱、容易受男人摆布的小女人。他们告诉我们，"她所受的教育……没能培养她的领导才能"，而且她"一点都不具备在都铎家族变幻莫测的政治世界中获得成功所必需的狡诈和精明"。[5]妹妹伊丽莎白是一轮光辉的太阳，她则永远是那片阴暗潮湿的小小乌云。但事实上，论及"领导才能"，伊丽莎白所受的实用训练远远不及玛丽。[6]

玛丽在20岁之前一直是被当作父亲的继承人培养的，1543年，27岁的她又成了弟弟的继承人。在此之前的五年时间里，玛丽还成了有地产的大实业家。充任这一角色的几乎清一色是男性。但在这方面，她幼年时的女家庭教师索尔兹伯里伯爵夫人玛格丽特·波尔成了她的榜样。母亲阿拉贡的凯瑟琳对女儿玛丽的影响同样很大。已故的夫人迎合了人们的性别期待，但帮弗洛登的军队缝战旗的是她，一度想要将詹姆斯四世的项上人头作为私人礼物送给丈夫的也是她。谈到阿拉贡的凯瑟琳作战时的残暴，就连亨利八世也语带敬畏。面对都铎家族的政治斗争，玛丽根本不是"一点都不具备必需的狡诈和精明"，相反，她完全明白不入虎穴焉得虎子的道理，也知道处于弱势的自己尤其需要委曲求全、两面三刀。她行动起来也是勇气非凡且残暴过人的。

那天清晨，玛丽派人送了一封信到伦敦塔。在众议员和简面前宣读这封信时，听见的人都"大为震惊和忧虑"。玛丽在信中要求众人向她效忠，因为她是"议会法案和（亨利八世）临终遗嘱所确定的"合法女王，并承诺如果他们各归其分，对他们迄今为止支持简一事她会"宽宏大量"。玛丽需要精英们的支持，而这是她赢回他们忠心的第一步棋。议员们之所以震惊，是因为这意味着他们实现和平移交权力的愿望落了空。简要为王冠而战了。他们担心这会开启一场血腥而漫长的斗争，就像15世纪那一系列以约克和兰开斯特两大家族的灭绝而告终的战争一般——这忧虑远非害怕自己站错队而丢掉性命那么简单。得知玛丽来信的事后，简的母亲和婆婆都落下泪来。[7]看来，流血是必然的。

第二天，简的告示贴遍全伦敦，警告反对者将受严惩。同时立即杀鸡吓猴：在齐普塞街高呼"玛丽才是合法女王"的男孩被割掉耳朵。现在简需要组建一支军队。7月12日，星期三，她给伦敦的人们开出每天10便士的报酬，雇他们为自己的王冠而战。简认为可以速战速决，并宣告自己的加冕礼只会推迟两三周，已经料定她会得胜的人们还将王冠呈上，供她细细观看。[8]

但令人不安的消息接踵而来。玛丽也发布了称王的告示，诺福克和萨福克的部分地区均已拥立她为王，她明显正以自己的佃户和更为广泛的亲友圈为基础发起继承战争。玛丽宫中的众官员早已料到她可能失去继承权，并已为此准备了几周时间——说不定是几个月。玛丽是英格兰天主教的领袖，又是大地主的带头人，人脉极广。有报道称，一众骑士和富绅都纷纷响应，预备为她而战，与之携手的还有"不计其数的平头百姓"。[9]

英格兰变得有些不一样了：1501年亨利七世病重时，无人将其子女视作可能的继承人；相反，人们倾向于波尔、爱德华四世姐妹的子女、萨福克公爵夫人伊丽莎白、伍德斯托克家族的托马斯最年长的后人白金汉公爵爱德华·斯塔福德等人。1519年（亨利八世登基十年后），威尼斯使节的报告称许多人依旧倾向于白金汉公爵，而波尔家族的最后一人也还在欧洲大陆等待机会。到了1525年，上述二人都已不在，而在亨利八世统治末期，提到都铎家族，民众想到的已经不再是其名不见经传的威尔士先祖，而是双色玫瑰之家——亨利八世的愿望实现了。爱德华六世终身为王，成就了与塔中的大王子爱德华五世截然相反的命运。而此刻，英格兰的普通民众正纷纷起而拥立一位都铎女王。

为简带兵抗击玛丽的任务交给了1549年镇压过诺福克反叛的约翰·达德利。7月14日，他带领一班"极为英俊的富绅，还有些陌生面孔"并一队"令人生畏"的大炮出了伦敦。但就在他往东北赶的同时，西面泰晤士河谷的士绅们造反了。简的继承权背景复杂，很容易成为人们讥笑的对象，被人当作一场巧妙的骗局。很快，白金汉郡宣告拥立玛丽，其余诸郡也纷纷开始反对简，称其为"耍新把戏立的女王"。[10] 然而，反叛者增长最快的地方是东安格利亚（East Anglia）——几天前积极拥立过简的也是这里。玛丽在萨福克的弗拉姆灵厄姆城堡举起战旗，就连当地的新教徒精英也被征来为她而战。

7月15日，约翰·达德利和威廉·帕尔开拔向贝里圣埃德蒙兹（Bury St Edmunds）进发，要截住来自中部地区玛丽的援军。与此同时，简收到消息：在近诺福克的海上有5艘王室的船叛变，船长们在水手的逼迫下倒戈投靠玛丽。陆续有报告传来，称忠于简的贵族手下的佃户拒绝入伍攻打玛丽——这一情况令人极为忧虑。这意味着眼下的社会动荡已经相当危险，其规模甚至可能超越1549年——当年是起用外国雇佣军才将暴动镇压下去的。[11]

最终，通过承诺和解，玛丽得胜了。7月18日，她发布了一则公告，其中只字未提爱德华六世的继位规划——玛丽并不想将自己被弟弟排除在继承人之外一事广而告之。事实上，公告中甚至没有提到简的名字。相反，玛丽集中火力攻击"不忠之至的叛徒"约翰·达德利。公告称，发生此次危机全然是因为他想要"通过与一位新得头衔的小姐结婚"让吉尔福德称王。[12]玛丽借此向众精英暗示，自己有意叫约翰·达德利当替罪羊以化解危机——他们没能叫英格兰的民众同自己一道遵循爱德华国王的遗愿，排除玛丽于继承人之外，而此刻她给了他们台阶下。

失去了简的众议员的支持，约翰·达德利和威廉·帕尔又收到朋友们从塔中寄来的"叫人不安的信"。然而，简继续扮演着女王的角色。玛丽发布公告时，简开始组建军队镇压白金汉郡的反叛，彭布罗克伯爵威廉·赫伯特（凯瑟琳·格雷的公公）是其任命的两名指挥官之一，军队要"照着这些人当得的惩罚之或处决之"。[13]

19日早晨，陶尔希尔山上的教堂举行了一场洗礼仪式。受洗男婴的父亲是一名普通廷臣，名叫爱德华·昂德希尔（Edward Underhill）。他原本请了简来做教母，但当天却是简的母亲的一名亲戚代为出席的。[14] 按照传统，教母会为孩子选一个洗礼名，而简选了自己丈夫的名字吉尔福德。未能到场的不仅是简，同简一道留在塔中的简的父亲和留在伦敦家中（旧时为王室府邸的贝纳德城堡）的威廉·赫伯特都只派代表出席。

赫伯特先前声称，自己要与法兰西使节会面，讨论从荷兰调外国军队支援简的事。事实上他是在担心，要是自己领着简的军队开进白金汉郡，玛丽向众议员所做的"宽宏大量"的承诺就与他无关，而他正与另一些人密谋背弃简。那天下午，市长来到了贝纳德城堡，一起前来的还有许多议员，他们都是赫伯特召集来的。人人都切盼危机得到和平解决。待伦敦的众参事也到齐后，威廉·赫伯特宣布，他们得一道去齐普塞街拥立玛丽为王。好几个官员如释重负地哭了。一班人向着齐普塞街进发，与此同时，他们的打算传开来，人们激动不已，围着他们聚成一大群。赫伯特宣读了拥立玛丽为女王的文件，结束时他将一帽子钱币撒向空中，人群随即欢呼起来。"远远看去，那片地方简直像埃特纳火山（Mount Etna）一般，"帝国使节报告称，"人们都高兴疯了。"玛丽竟然赌赢了，这令使节大为惊讶。"没人想得到这种事能成真。"他回忆道。

一班议会士兵抵达伦敦塔时，简的父亲哈里·格雷命令手下人放下武器。他被告知议会士兵们已经领命要逮捕他，除非他甘心离开并在新的公告上签字。他勉强依命而行。王座室中简的华盖被拆下，一切象征其王权的符号也都被悉数抹除——"一瞬间天翻地覆！"简的一名女官无比震惊地表示。[15]此刻，在自己曾经当王的塔中，简成了阶下囚，吉尔福德和其母也一样。[16]"如此，简只当了九天女王——还是极为动荡的九天。"格雷家的一个朋友写信给一个瑞士牧师称。[17]这指的是从简在伦敦塔被立为女王的日子算起的。事实上，她当王的日子有十三天——应当从爱德华六世过世那天算起。尽管如此，"九日女王"的绰号依然流传下来。将她的统治史简单说成"九日奇迹"抹杀了其重要意义，这对玛丽及反对她的新教徒都有好处：玛丽不希望人们记得简曾经得到过"庄重"的支持，而新教徒则为昔日支持简对抗都铎姐妹的变节行为感到难堪，因为他们对抗的不仅是玛丽，还有伊丽莎白。把简的登基当成一次小小偏差，解释成达德利一手策划的，这对所有人都要好得多。

那晚，待在剑桥的约翰·达德利得知了玛丽得胜的详情。他泪流满面，可怜兮兮地表示，希望"女王玛丽宅心仁厚，他对此毫不怀疑"。[18]爱德华六世时期枢密院的全体议员都在国王的遗嘱上签了字，而约翰·达德利后来的供状表明，威廉·赫伯特、威廉·帕尔和哈里·格雷也参与确定了简同吉尔福德的婚事。但帝国使节告诉皇帝："人们认为最好不要太过深究发生了什么。"[19]8月，约翰·达德利在临刑前夕重新归附天主教。他可能指望借此保住自己的性命，但既然他相信自己即将面对神的审判，更可能的解释是他感到自己被那些新教徒背叛了：这些人起初支持他，此刻却离弃了他。这成了玛丽宣传鼓吹的良机，但对他死后的名声没有什么好处。达德利死时不仅被天主教徒斥为叛国贼，也被其前盟友视为叛教者。在之后几个世纪里，1553年7月的这场危机一直被全然归咎于约翰·达德利的野心。

9月30日，胜利的玛丽乘着轿子在伦敦开始了加冕游行。她身穿"金布制成的斗篷和裙子"，头戴"镶嵌华美宝石和珍珠的金发圈"。[20]翌日，为了在修道院举行庆典，她换上红色的天鹅绒长袍，后来这成了她出席国会开幕式时穿的国袍。这是史上首次为女性君主加冕，各项庆典都严格遵循先前历代国王加冕的规矩，而她也希望自己以国王的身份执政。这一权力很快得到国会的确认。后来有一次，玛丽在向伦敦人讲话时宣布她即便是"独独凭着神的恩典，获立又得祝圣成为你们的女王"，他们也应对她怀有"尊重和应有的顺服——全然是为着（加冕的）圣油膏抹"。然而，她又说，"我既是为这王冠上过战场的，你们岂不更应当尊重我、顺服我吗？"她是"凭着神的恩典，按照公正的继承法并国会齐心的表决和无异议的投票"而坐上王位的。

玛丽是一位善战的女王，凭着神、血缘，也凭着法律而立，此时作为英格兰的首位女王（史称"玛丽一世"。——编者注），她已经"获得了掌管先祖的王国的最高权柄"。[21]

第三十章

反叛

　　白厅中的玛丽一世坐在华盖之下，她身材娇小，眼睛的颜色很浅。[1]回廊下，女王的表姐玛格丽特·道格拉斯和妹妹伊丽莎白正一面望着她，一面享受宴会的音乐。为了接待帝国新派来的使节们，玛丽一世安排风琴手和唱诗班表演。当时是1553年10月，使节们刚刚抵达，人们纷纷猜测这些人是不是来向女王提亲的。玛丽一世37岁了，她已经惯于独身，还称自己很喜欢这样的生活，但她若想要子女，便不得不找一个丈夫，而且要快。

　　民众为女王选的夫君是爱德华·考特尼。爱德华四世的这个曾外孙具有王室血统，又是英格兰人，原本是相当完美的人选，可惜1538年父亲埃克塞特侯爵因效忠教宗而被亨利八世处死后，他便一直被囚于塔中。当时考特尼年仅12岁，在（1553年）8月被提出塔时，27岁的他已然是个废人。和亨利七世执政时在塔中长大的沃里克伯爵爱德华·金雀花一样，考特尼也相当幼稚任性。女王没有表现出一丁点要嫁给他的意思，因此考特尼转而开始骚扰伊丽莎白,称二人彼此都有些"意思"。[2]

公众尚不知晓的是,几天前已经有人向玛丽提过亲了,对方是查理五世的儿子西班牙的腓力(Philip of Spain,后来的腓力二世。——编者注)[3]。眼下她正在考虑这门亲事。法兰西正对玛丽一世的王国虎视眈眈,这令她十分担忧,她认为考特尼"无权无势",腓力却"仅凭自己的力量就能抵挡敌人的进攻"。[4]但玛丽一世提了一个条件:腓力要答应不干预自己王国的政事,她才接受亲事。这条件一度叫新来的使节相当为难,最后他们接受了,谈判才得以继续。与此同时,女王也在考虑另一个问题:若自己最终无法生育子女,应当由谁继位?

玛丽一世曾向一名帝国使节透露,自己不会允许目前的继承人伊丽莎白"继位,因为她信奉异端邪说,又是私生女,而且性格很像她的母亲"。伊丽莎白与玛格丽特·道格拉斯一道坐在廊下,20岁的少女伊丽莎白显得青春焕发,她有着同已故的弟弟爱德华六世一样的淡金色头发,长脸、灰黄的肤色和黑眼睛则酷似喜怒无常的安妮·博林。简·格雷入狱后,伊丽莎白成了新教反抗力量的新中心,而她仿佛也因自己的这一角色而相当得意。她继续装模作样地穿着弟弟在位时她所穿的朴素衣裙,服侍她的人全是新教徒,玛丽一世抱怨称她"日日同各样异端讲论,又愿听他们奸恶的计谋"。[5]

玛丽一世想要让玛格丽特·道格拉斯顶替伊丽莎白做自己的继

承人，但被人提醒要慎之又慎：推翻《继承法案》会导致无穷多的问题。虽然根据国会法令和教会法，伊丽莎白的私生女身份没有改变（而根据教会法，玛丽并非私生女），但她毕竟还是亨利八世的女儿。而血统之重要在玛丽一世本人对简·格雷的胜利中已然凸显。

简这个玛丽一世昔日的竞争对手依然被关在塔中，但与对伊丽莎白的态度形成鲜明对比的是，玛丽一世正在将简先前的一切行为往最好的方面解释，所以简未来还有望得到赦免。人们一度以为，玛丽一世是凭着妇人之仁行事。但事实上，她冷静而清醒。人们要将她先前受的无视归咎于约翰·达德利的野心，相信这并非爱德华六世的遗愿所致；同时王室内部要恢复和平。对玛丽一世而言，这两点仍然十分重要。为此，格雷一家几乎被描绘成同玛丽一世一样的受害者。7月，哈里·格雷被赦免——尽管女王碍于帝国使节的劝阻没有同时赦免简，但她依然坚持要将简描述成无辜的受骗者。[6]女王先时一直坚称爱德华六世是身边一众成年人的傀儡。人们要是相信简是达德利的傀儡，就等于支持了她的观点：爱德华六世的宗教方案，包括其对亨利八世弥撒的废除都是非法的，因为方案实施时他尚未成年，年纪小到没有主见；而同样是他未成年时所写的继位规划事实上是约翰·达德利的规划。

后来由三名意大利人撰写的威尼斯系列报告很可能是曲解、篡改简在塔中所做证词的产物，意在保证其获得赦免。报告复述了官方说法：简的登基完全是达德利一家的阴谋，简是被迫接受王位的，还为此流了许多泪。法兰西人更是宣称，简自始至终都表示玛丽才是合法的女王。更有一些故事称，人们将王冠呈给简时她曾表达过震惊，因为人们也为吉尔福德做了一顶王冠；简鼓起勇气，坚称自己只想封他为克拉伦斯公爵，而吉尔福德和其母不断给简施压，最后她不得不由他称王。这完全是胡说八道。吉尔福德获得国王的头衔早在人们预料之中，极有可能9月开议会时便会成真（之后两任英格兰女王的配偶都获得了这一头衔）。[7]人们提到他时已经称他为国王了。但在简倒台前，没有任何书面文件表明曾有人给她施压，要她在议会决策前敲定此事。

帝国使节提醒玛丽一世要谨慎，因为赦免简很可能"激起民愤，带来危险"，但在玛丽一世看来，让伊丽莎白成为新的中心意味着新教徒认为简的事已经是"烂尾"，而她也不想因处死一个年轻姑娘而搞坏自己的名声。日子已经确定，简会在11月接受审判，罪名是叛国，而玛丽一世打算借着审判帮助这位16岁的少女重新做人。在都铎王朝时期的英格兰，对叛国罪的审判主要在于将其广而告之，而不是确证罪行；既然简明显犯了叛国罪，她便肯定会被定罪。玛丽一世打算在定罪后确认简是被人操纵的并对其予以赦免，同时借此表明王室的仁慈和权势。但计划出了岔子，因为格雷一家反对玛丽一世的真实意图浮出水面。

11月初，国会上议院对废除爱德华六世宗教立法一事发起抵制，领导者是曾全力推动立法通过的哈里·格雷。11月13日，简也选择了宣扬自己的信仰。当天早晨她出了塔，随着一队人走向市政厅，预备接受审判。带队的男人扛着一把斧头，表明受审人所犯的是杀头的罪。吉尔福德穿得相当时髦，一身黑色的天鹅绒制成的衣裳，上面斜拼着白色缎子。走在他身后的简则选择了朴素的黑色，引人注目的是她手里拿着一本打开的祷告书，腰间还挂着一本，封皮是黑色天鹅绒的。[8]这是在公开宣告她的新教信仰。对简的审判没有留下文字记录，但据说即便是听到结果时，她依然保持着镇定——她被判了火刑，上火刑柱是对被判叛国罪的女性默认的刑罚。[9]

玛丽一世将怒火发到哈里·格雷头上，不出所料，急于保护女儿的他为自己在国会中引发的麻烦道了歉。他一度激烈反对女王与西班牙人腓力的亲事，此时也住了口，而事实上这门亲事就要成了。女王宽宏大量，12月还放宽了对简的活动限制。然而，能在塔中女王的花园里散步虽然令简愉快，但在12月15日王家公告宣布恢复弥撒时，这位少女也感到了恐惧。简在塔中写了一封公开信，收信者是她以前的一位老师，此人最近重新归附天主教。简在信中将他描述为"魔鬼的丑陋儿女"（这也是在影射全部天主教徒），呼吁善良的民众起来反对弥撒，称弥撒实际上是一种邪恶的食人行为。"基督来这里是要叫地上动刀兵"*，简提醒自己的读

* 《马太福音》10：34—36，《路加福音》12：49—53。——译者注

者，并鼓励他们"回转吧，再次回转到对基督的战争中"。[10]

不论简是否意在呼吁人们拿起武器，她的父亲此时已经聚集了一班志同道合的新教徒士绅，谋划造反，阻止女王嫁给西班牙人，并抵制天主教仪式的合法化。然而，他们并未计划助简复辟。他们意识到英格兰民众想要的是出自都铎家族的王，于是打算拥立伊丽莎白，还要令她同考特尼成婚。玛丽一世的担忧是对的：妹妹伊丽莎白此刻对她构成极大的威胁。哈里·格雷或许曾因女儿被囚塔中而有过顾忌，但他知道造反的罪不会归到女儿头上，也相信他先前的罪能获得赦免已经表明女王不同于无情的亨利八世。她肯定会饶简一命的。众盟友也向他保证，一旦造反成功便会立即释放他的女儿，并将玛丽一世关进去。

玛丽一世的宫务大臣已有74岁高龄，几名卫兵也没有太多武装，这些人在圣詹姆斯宫的大门外遭到反叛者的攻击。[11]他们朝宫殿奔去时，老迈的大臣跌进冰冷的烂泥里，他穿着缝在布上的铁甲，因而身体更加沉重，他的手下把他拉起来继续逃命。[12]正站在门楼廊下的玛丽一世看见人们奔回院中，又听到女官们纷纷惊叫："今晚我们死定啦！"逃命的卫兵们踏着重重的步子从大厅外的门廊跑过，穿过厨房和后门，把门关得砰砰响，一路冲到闸门处。在一片喧嚣声中不时有人高喊："反了！反了！"消息传开来：女王的司令官彭布罗克伯爵威廉·赫伯特倒戈投敌了。[13]但守卫宫殿的门房表现出了忠心和勇气，他们在反叛者的箭雨中关上宫门。

哈里·格雷及其盟友原定于3月发动的造反计划在1月21日就曝光了。各处早早开始了行动，哈里·格雷喊着"抵制西班牙人"的口号，想争取到中部地区的支持，但失败了。而在肯特郡，情况完全不同。伦敦的民兵集体反叛，投靠了托马斯·怀亚特（诗人怀亚特之子）。枢密院早已力劝女王离开伦敦，但她不仅没有听劝，反倒在一周前的1554年2月1日来到伦敦市政厅，向众官员发表了她生平最重要的一场演讲。"我已经嫁给这王国了，"她说，声音响亮，"婚戒将一直戴在我的手上，永不摘下。"她告诉伦敦城的一众要人，臣民就是她的儿女，而"要是能这么说——要是能说君主爱臣民就像母亲爱儿女一样，那么我向你们保证，我——你们的君主、你们的女王，是真切地在爱你们、维护你们"。[14]她承诺：若国会认为她同西班牙的腓力结婚于王国无益，那么她不会一意孤行。人们对演讲报以高声喝彩——但这就够了吗？

"这是什么景象啊！女王的私室里挤满了手持武器的男人，从来没人见过也从来没人听说过这种事。"女人们抱怨道。[15]在圣詹姆斯宫与玛丽一世一道的仅有约70名有经验的士兵，其中一些还是新教徒——如爱德华·昂德希尔，其子吉尔福德是简·格雷的教子，且在简在位的最后一天受洗。七天前玛丽在市政厅已经尽其所能地争取过伦敦市民的支持，此刻她又不得不争取这些士兵的支持。她从门廊的窗口探出头来，向他们发表了一场即兴演讲。她告诉士兵们，他们"这些君子是她唯一信任的人"，并请求他们寸步不离地保障她的安全。[16]她说这话是在唤起他们的侠义精神——保护手无寸铁的女性是这一古老价值观的核心。这一小群护卫在她窗下来来回回地踱起方步，而女王心里清楚，即便如此，自己仍有可能下一秒就蒙羞受死。

伦敦城依然是一片混乱，但王宫没有再遭攻击。傍晚时分，形势明朗起来：反叛者已被击败。伦敦塔的牢房陆续被新进来的人填满，是时候对那些先前被关进去的人做些艰难的决定了，而简和她的丈夫也在其中。二人已经受过审，定了罪，那天早晨，女王在二人的死刑执行令上签了字。女王本可能再度大发慈悲，不签执行令。她一直以来都宣称格雷一家不过是达德利野心的牺牲品，但这一说法此刻已经显得十分可笑，也相当离谱。后来有传说称，人们花了很大力气才说服玛丽一世批准处死这对年轻的夫妇。不过女王依然需要表现得仁慈。她派自己的私人神父去见简，指望着她能改宗，但先前改了宗的约翰·达德利也未能因此保住性命。

无论如何，简已决意殉教。这个勇敢而狂热的少妇把自己与玛丽一世的神父的对话记录下来，好在死后以此坚定新教徒们的决心。她还给13岁的妹妹凯瑟琳·格雷小姐写了一封绝笔信，信写在她那本希腊文《新约》的空白页上。这类书是当时人们的珍爱之物，如此可以保证这封信能作为自己最后的遗言保存下来且供人传阅。简在信中警告凯瑟琳，若是她信了天主教，"神必弃绝你，又要减少你的时日"，等待她的将是叛教者的地狱。接着简写道："论及我之将死，你当喜乐如我，因为我确信，失去必死的今生，是为叫我得不死的福乐。""永别了，亲爱的妹妹，"她的信结束了，"爱你的姐姐，简·达德利。"

说明严惩叛徒之必要的任务交给了温切斯特主教斯蒂芬·加德纳。那个星期日，他在女王面前公开布道。他提醒会众，自亨利八世过世后，英格兰便开始流行异端邪说。接着，他开始攻击新教的预定论（认为神预先确定了一部分人是可进天堂的"选民"），称神给了人自由意志，而善行便是进入天堂的途径之一。加德纳提醒会众，1553年时威胁女王的是一帮异端。当时玛丽一世以慈悲为怀，却"助长了明目张胆的反叛"。"现在她也当怜悯全体国民"，而"那败坏伤人的枝子"应当被"砍下来烧掉"。[17]他请会众为爱德华六世和已故信徒的灵魂祷告（只有天主教徒会这么做），人们毫不怀疑，接下来便会是"严酷而残忍的死刑"了。

简给父亲留下一封短信，信写在她与吉尔福德共同的一本祷告书中。她丈夫在后世的传说中备受诽谤，但在给父亲的信中，她本人的说法是，他是同她一道殉教的，到了天上也会与她同在。"尽管神照着自己的意思召走您的一双儿女，但我谦卑地请求阁下，不要以为您是失去了他们，反要确信，失去必死的生命，是为叫我们得不死的生命……阁下最谦卑的女儿，简·达德利。"简全然没有因既往的任何事指责吉尔福德，而且用了夫家的姓氏。[18] 1554年2月12日，星期一，早上将近10点，简望着她所嫁的这位"相貌英俊、品德高尚又讨人喜欢的绅士"被人带着走向陶尔希尔的绞架。[19] 没有神职人员来照料吉尔福德，这说明他表示过不需要。他只做了祷告，然后便就着枕头木躺下去。一斧挥下，他的头便落了地。

　　不幸的简不得不眼看着吉尔福德的尸首被装在一辆马车上运回来，头裹在一块浸满血的布里。她勇敢地保持了镇静，跟在中尉后面向着伦敦塔高墙之内的那座绞架走完她人生的最后一程。简穿上了受审时穿过的那套黑衣，并且又一次打开祷告书。简在书中给中尉留了一句遗言："生亦有时，死亦有时；而死的那日好过我们生的那日。您的朋友（愿主鉴察！）简·达德利。"[20] 死刑总是残忍的，而这个才华出众的年轻姑娘的惨死尤其骇人。当简最后被蒙上眼睛，一面绝望地摸索着寻找枕头木，一面喊着"我该怎么办？那东西在哪儿？"时，那一幕相当可怖。最后有人——很可能就是刽子手——走上前为她带路。在简死在血泊中的同时，伦敦城各处竖起更多的绞架。次日开始，更多的人被处死，伊丽莎白也被召到伦敦。

第三十一章

婚姻和子嗣

伊丽莎白是从赫特福德郡阿什里奇（Ashridge）的家中被召来的。1554年2月23日，她来到白厅，那天也正是哈里·格雷被砍头的日子。死前他曾供认，反叛者原本打算立伊丽莎白为王。人们进一步又发现，其兄弟托马斯·格雷曾往她家致信说明他们的谋划，而伊丽莎白收到的其中一封信的副本在法兰西使节的外交邮袋中被发现。[1] 这表明反叛者至少在伊丽莎白家中的关键人物中有一些朋友。玛丽一世不愿向自己的妹妹下剥夺令，比起二人的父亲亨利八世，她更尊重法律。但人们正在审讯怀亚特和其他被捕的反叛者，以进一步搜集证据，好在审判时定伊丽莎白的罪。

三周后，哈里·格雷的遗孀弗朗西丝·布兰登嫁给了自己的骑兵统领，此人是个狂热的新教徒，名叫阿德里安·斯托克斯（Adrian Stokes）。[2] 与平民结婚确保了弗朗西丝不会被指控觊觎王位，而她的惧怕不无理由。西班牙人正议论纷纷，称为了保护天主教，必须对格雷家族的男丁斩尽杀绝。3月9日，托马斯·格雷被判死刑，那天也是她同斯托克斯结婚的日子。托马斯是怀亚特叛变后被处决的近百人之一。人们正在秘密筹备出版简的信件和文章，包括她写给弗朗西丝的次女凯瑟琳的信，因此，正照管凯瑟琳的弗朗西丝更需要与反叛者撇清关系。伊丽莎白一世年间的威廉·卡姆登后来曾表示，嫁给斯托克斯是"（弗朗西丝的）耻辱，但这是为了保住她的性命"。[3]

3月前几周时间的剑拔弩张在17日达到顶点：伊丽莎白得知自己会被送进塔中。20岁的公主给女王写了一封信，慌不择言地赌咒发誓，称自己对反叛之事一无所知，又乞求见她一面。伊丽莎白告诉女王，她听说护国公萨默塞特公爵曾表示，弟弟托马斯·西摩被捕时萨默塞特公爵要是见过他的面，必不会杀他；但萨默塞特公爵听信了别人的话，认为只要弟弟还活着，他的生命就有危险。"我谦卑地求您，您只需亲口回答我一句。"她央求女王说，"陛下最忠实的臣仆（起初是，现在是，至我身之终也将一直是），伊丽莎白。"玛丽一世没有回信，而且因人们竟允许伊丽莎白给自己写信而极为恼火。

玛丽一世的恼火是有理由的。伊丽莎白在信中以托马斯·西摩自比，实际上暗含威胁之意。托马斯·西摩是在同伊丽莎白的仆人们密谋娶她之后被捕的。伊丽莎白是在宣称，自己家的人又一次背着她行动，给她带来了生命危险。而伊丽莎白重提托马斯·西摩的事也是在发出警告。1552年萨默塞特公爵被一纸剥夺令定罪后上了断头台，玛丽一世相信这是神在惩罚他，因为1549年他杀害了自己的弟弟托马斯·西摩。而女王真的要重蹈萨默塞特公爵的覆辙，冒着触怒神的风险处死亲妹妹吗？这一弦外之音女王不会读不出。

第二天，伊丽莎白到了伦敦塔，住进母亲上断头台前住的王室套房。然而，她并不会有性命之忧。怀亚特利用自己在绞架下的讲话为她开脱罪责。而关于是否以叛国罪起诉伊丽莎白，枢密院的人们意见不一。处死年仅16岁的简·格雷后，让陪审团定公主的罪就更难了。玛丽一世决定相信伊丽莎白构成的最大威胁已是过去式。5月19日，伊丽莎白被提出塔，转而软禁于牛津郡的伍德斯托克宫。女王认为，伊丽莎白很快会变得无关紧要：她已经做好与腓力结婚的准备，而蒙神的祝福，二人很快就会有孩子了。

7月20日，27岁的腓力在英格兰登陆。四天后，女王在温切斯特见到自己的王子。人们手持火把领他去大教堂的教长家中，"走在他前面的是一众贵族，整整一条街上都站着身穿华美外套的女王侍卫"。玛格丽特·道格拉斯之夫的一名仆人记下了他的模样："论及容貌，他相当俊美，前额宽阔，一双灰眼睛，鼻梁挺拔，面孔充满阳刚气"，而且"身体、手臂、腿并其余一切肢体的比例均极佳，简直再不能有比这更完美的身段了"。晚上10点，用过晚餐，人们领着腓力沿一条"秘密的路"去见女王，她"相当亲切地，而且几乎是极为喜悦地接待"他。然而，与年长自己11岁的新妇见面时，腓力所怀的与其说是喜悦，不如说是一种责任感。腓力是顺从父亲查理五世的意愿接受这门亲事的，而很明显，女王是一个会令他尊敬的女性。一名外交官表示，"她不仅英勇无畏"，而且有"一种令人赞叹的庄重和高贵，同听命于她的政治家中最高明的那些人一样，她晓得对一位君主而言什么是合宜的"。可惜过去这20年的辛苦都写在她的脸上，她"满脸皱纹，与其说是因为年龄，不如说是焦虑所致"。[4]然而，腓力非但没有表现出丝毫失望，反而颇费心思地讨在场的人欢心，甚至还说了几句英语。这就足以为他赚得"意气风发，幽默机智，性情极为温和"的评价了。[5]玛丽的王国需要一个国王，虽然出了名仇外的英格兰人更想要一个有着王室血统的英格兰人当国王，但作为冈特的约翰的后代，腓力比吉尔福德·达德利要好多了。甚至当他的同胞已经不再受英格兰人待见时，腓力在英格兰却依然相当受人尊敬。

结婚庆典于1554年7月25日在温切斯特大教堂举行，夫妇二人穿着白色和金色的礼服，浑身的钻石闪闪发光。音乐人人都爱，而婚礼上唱的弥撒则被认为优美绝伦。但观察员们报告的最重要的细节都是关于位次的。根据同西班牙的婚约，腓力不会得到头衔或者土地，就算女王死时无儿无女，他也不能接手英格兰。国会已经确认玛丽享有国王的一切权力，在婚礼上玛丽也站在腓力的右侧，这表明她的地位更高。温切斯特主教斯蒂芬·加德纳向参加婚礼的众人展示了婚约，这是在表明婚事是经国会认可的。玛丽要顺从王国的意愿结婚——照着怀亚特反叛期间她在市政厅演讲时所做的承诺。而此刻她要做的就是为自己的王国，也为自己的夫君生下他们所期盼的继承人。

接下来的几周时间里，一个西班牙人记录称，腓力和玛丽仿佛"世上最幸福的一对儿，二人的爱超乎言语所能描述。腓力寸步不离女王，在路上时他总是在她身侧，帮她上马下马"。[6]简而言之，腓力继续完美地扮演着自己应当扮演的角色。11月，女王确信自己已经怀孕。27日，她为出席国会开幕式穿上天鹅绒和貂皮长袍，由仪仗队护送着走进白厅的谒客室坐下来，"穿得相当华美，且显出肚子来，好叫所有人看到她怀孕了"。[7]

玛丽一世的孩子和她的王国要在天主教会中开创未来。爱德华六世在位期间的事实已经表明，国王至尊难以保护英格兰不受异端侵扰。流亡20年后，红衣主教波尔回来了，女王昔日的女家庭教师索尔兹伯里伯爵夫人的这个儿子将协助她与罗马重修旧好，而国会则要在其中发挥关键作用。29日，国会两院议员再次来到白厅。曾经激烈反对玛丽天主教信仰的人此时都不作声。一些人向国王和女王呈上一份请愿书，请二人代他们向波尔说情，好让英格兰能在对圣教会的"全然顺服"中服侍"神和国王、女王陛下"。[8]波尔接受了请愿，与罗马的决裂成了历史。当时有人写道，"打这天起，一切出错的、失序的事都开始合乎规矩了"。[9]

复辟受到普遍的欢迎。在伦敦以外，一个教区立刻卖掉"在邪恶的分裂期间教堂里领圣餐用的台子"，换上圣坛；在其他教区，居民们将先前藏着不让国家官员发现的圣像和圣袍送回教堂，或者另买了一些。[10]人们重新建起了唱诗班，又开始了狂热的游行。但时针并非简单地拨回当年。此刻，女王正准备启动一场英格兰的反宗教改革运动。在她的支持下，波尔以教宗使节的身份，后来又作为坎特伯雷大主教，在英格兰实现了人文主义者憧憬的天主教改革教会。他委托人重译《新约》；支持印刷其他宗教文本，既有拉丁语的，也有英语的；鼓励培养神职人员；高度重视仪式，尤其礼拜是音乐仪式。

上教堂的人和投身神职者的数量在亨利八世在位期间大幅下降，爱德华六世在位时甚至急剧下滑。玛丽一世的一系列改革带来了一股全新的能量。英格兰天主教复兴绝非因循守旧，其改革中的许多措施都预表了特兰托公会议的决策，但直到玛丽一世去世后，1562年至1563年开最后几场会时，这些措施才被整个天主教会正式采用。[11]

宫中也充满了活力和生机。有腓力在女王左右，人们常能享受假面舞会和比武。女王身边绝非如某些传说所言仅有虔敬的天主教徒。[12]很快，她甚至向格雷一家敞开大门，安排简的妹妹凯瑟琳·格雷进了自己的枢密室。在她的旧敌中，吉尔福德·达德利的几个兄弟有时也会上场比武。然而，所有人都必须信仰国教，顽固不化者均被劝离英格兰。没有走或走不了的则依照1555年1月恢复的与异端相关的法律处置。女王本打算只惩戒几个异端杀鸡儆猴，结果却南辕北辙。新教徒尽管仍是少数，但信仰极为坚定，在英格兰东南部尤其如此，当地的人们曾热情高涨地接受了爱德华六世的宗教改革和圣像破坏运动。[13]玛丽一世在位期间，有284人勇敢地坚守信仰，被烧死在火刑柱上，其中绝大多数是普通百姓。[14]这为她赚得"血腥玛丽"之名，这一17世纪末发明的绰号已然成了她的代名词。

对我们这些将死刑视作野蛮的人而言，要理解当时人们的心态依然相当困难。在16世纪，因偷盗而将人绞死是司空见惯的事。人们认为传播异端邪说的罪更重，因为这可能盗人灵魂。玛丽一世烧死的人当中，有许多在亨利八世年间都曾在别人受火刑时做过监督，而人们印象最深的一个是伍斯特主教休·拉蒂默（Hugh Latimer）。他同伦敦主教尼古拉斯·里得雷（Nicholas Ridley）一道上的火刑柱，死前留下了一句著名的话（虽然真实性可疑）："里得雷先生，有点男人的样子吧；蒙神恩典，我们今天要在英格兰点亮一盏灯，我确信这盏灯永远不会熄灭。"然而，在亨利八世年间监督别人用一幅著名威尔士圣徒的圣像当柴烧，给一位谨行托钵修士套上枷锁，把他悬在"慢火"上烧死的正是拉蒂默本人。那位修士当年过了两小时才断气，其间，行刑的人们对其大加嘲弄，而拉蒂默却袖手旁观。[15]至于再洗礼派（Anabaptists，主张成人洗礼，反对动武和起誓），他们就连爱德华六世统治时期也被烧过，而这些人在伊丽莎白一世年间还会再上火刑柱。[16]总之，被玛丽一世烧死的人数量惊人：在英格兰史无前例，在欧洲也无人能比。[17]

从前，人们一度以为女王这样做要么是受了教士的摆布，要么是在复仇，要么就是一时情急不择手段。事实上，她的所作所为正是要表明她作为都铎君王的冷血。火刑是1555年2月开始的，当时的她正处于权力的巅峰，她的思考着眼的是未来而非过去。她想要消灭的是一小股颠覆力量，而这股力量在她弟弟治下已经飞速壮大起来。人们对此反应不一：有些地方的人会把木材藏起来，让当局立不了火刑架，也堆不了柴；有些地方的人们却会兴高采烈地围观行刑，还有人在观众间叫卖草莓。尽管如此，那一堆堆燃烧的柴连同那些死去的普通人的模样依然在人们的脑海中挥之不去：一个老人一瘸一拐地走向火刑架，"义无反顾，愤怒又固执"，他身后还跟着一个失明的男孩子，也是要受死的。

然而，实现玛丽所预想的未来，最关键的是她腹中的孩子。4月，人们纷纷传说这事的进展不大正常，甚至还有人说她中了法术。玛丽一世决定对伊丽莎白严加看管，于是把妹妹召至汉普敦宫，姐妹俩表面上和解了：伊丽莎白跪下来，赌咒发誓称自己全然顺服。

22岁的公主已经长成一名年轻的女士，人们说她"与其说俊美，不如说有魅力"，"身段极佳，皮肤也好，不过是浅褐色的"[18]。

这同看上去又老又病的姐姐玛丽形成鲜明的对比。5月，人们发现伊丽莎白家的人雇了巫师约翰·迪伊（John Dee）为女王占卜。此人被逮捕了。当月又有谣言传出，称女王诞下一子，于是阖城大喜，伦敦城各处的人们都上街庆祝。之后人们发现预产期已过，却不见孩子的影子，于是又开始传说女王根本没有怀孕，只是病了。玛丽一世还是不愿放弃为人母的希望，直到8月，她才最终接受自己肚里没有孩子的事实。[19]

我们不大可能确定是什么导致玛丽一世产生怀孕的幻觉。她月经异常已有多年，而且当时已经相当消瘦。不过，她的症状很像自身免疫性甲亢，这种病会影响患者的精神状态，一些个案记录表明，其影响也包括让人产生怀孕的错觉。[20]

8月，玛丽一世和腓力从汉普顿宫经伦敦来到格林尼治。民众见到她大感安慰，大街小巷挤满了人，众人在她出现时高声喝彩。但玛丽一世艰苦奋斗所获得的一切都正在分崩离析。权力意志、勇气、聪明、铁石心肠，这些都不能改变她不孕的事实，也不能让她的身体好起来。此刻除了她自己，已经没有人相信她还能生下孩子，而很明显，作为玛丽一世的法定继承人，伊丽莎白终有一天会坐在她的位置上。

两天后，玛丽一世与丈夫道别——他得回欧洲大陆去。他父亲曾统治一个庞大的帝国，此刻却想退位过自己的私人生活。1555年10月，查理五世宣布放弃对荷兰的统治权，将之移交给腓力；1556年1月，他又移交了西班牙王冠。[21]腓力建议自己痛苦的妻子把心思放到国事上，但玛丽一世晓得前面是什么，她害怕面对这一未来。敌人们嗅到了她的软弱，因为没有了孩子，玛丽一世的计划也就没有了未来。很快，她的王位和性命都将面临一次又一次的威胁。

第三十二章

一星微火

1556年夏天，玛丽一世极少出现在公众面前。而在私底下，她显得相当憔悴，睡眠也很不好。这年春天，一个推翻她的阴谋败露，此事令她大为震惊。密谋者之一是在国库做事的人，他向上告发了自己的同谋，曝光了好几个职位很高的新教徒士绅，为此有10个人被处死。但后来人们发现伊丽莎白家的人早已知晓此事，其中包括伊丽莎白的女家庭教师卡特·阿斯特利，据说公主爱她之深"令人惊叹"。[1]卡特在塔中被关了几个月，然后被遣走，伊丽莎白因此十分伤心。然而，玛丽一世同样需要重新想想该拿伊丽莎白如何是好。

腓力二世写信来，求玛丽不要做什么妨害伊丽莎白未来登基的事，因为要是她无权继位，英格兰王冠就会传给苏格兰女王玛丽，也就等于落入法兰西人之手。于是玛丽一世勉强决定试着补偿妹妹。两名仆人给伊丽莎白送去一枚钻戒，以表明女王对她的信任。但到了7月，又有一个阴谋被揭露。约克郡的一名校长自

　　　　　　　　都铎王朝

称考特尼，还宣布有意同伊丽莎白结婚。这又一次提醒玛丽一世，一切阴谋推翻自己的预期受益人都是伊丽莎白。这个冒牌货立即被处决。9月，真的考特尼也死在帕多瓦（Padua）。但在11月，一班信仰新教的领头人物正密谋把加来交给法兰西人。此事败露后，玛丽一世的抑郁更甚。据说她终日"流泪、悔恨，又写许多信给丈夫，求他回来"。腓力二世尽量和善地回了信，但他也有自己的国家要治理。而且他还要妻子安排伊丽莎白嫁给帝国的一个盟友，对无儿无女的玛丽而言，这等于戳她的痛处。一次，在读过丈夫的信后，女王怀着对自己的厌恶将镜子扔到房间的另一头。

然而，玛丽一世也尽其所能地向丈夫和自己的国家尽了义务，那个圣诞节她还宣召伊丽莎白入宫。公主带着200名身穿制服的骑手到了伦敦，得到全城人民的喝彩欢迎，这让人想起1553年2月玛丽来看望病重的弟弟时的情景。伊丽莎白曾写信给玛丽一世说，但愿有"能解剖人心的好大夫，好叫他们将我的所思所想都呈现在陛下面前"。伊丽莎白保证自己的所思所想无不忠诚，又向姐姐承诺，她将以行为补足"我的所思所想中无法表白的"。[2]玛丽一世现在想要让她兑现这番承诺。女王以相当的尊重和友善接待了伊丽莎白，之后要求她接受一门亲事，对象是腓力二世的堂弟萨伏依公爵（Duke of Savoy）。[3]后来每逢想起当时与姐姐的对话，伊丽莎白仍会微笑。[4]玛丽一世不想违背她的意愿逼她结婚，她因此占了上风。三天后动身回赫特福德郡的哈特菲尔德时，伊丽莎白依然是个快活的自由身。腓力又写信来，力劝妻子强硬些，叫伊丽莎白改变心意。玛丽一世回敬道，他大概应当回英格兰来，好帮她实现这一壮举。1557年3月，腓力终于回来了，还带来丹麦的克里斯蒂娜和自己的姐姐——父亲的私生女帕尔马的玛格丽特，好叫二人也帮忙向伊丽莎白提亲。

一回到玛丽身边，腓力又成了曾经那个殷勤的夫君。一名威尼斯人记录道，"其举止和品格足以迷倒任何人"，而事实上"作为丈夫，他对她的好也无出其右，而且又如此和善"。然而，玛丽越来越清楚，"没人相信她会有子嗣，她眼看着自己的权威和因之而来的尊重日复一日地减少"。[5]尽管玛丽自始至终都"以各种各样的礼貌和尊重"对待伊丽莎白，同她的谈话也从来"只涉及愉快的话题"，但显然，看到自己的妹妹，玛丽仿佛就又回到了年少时的屈辱岁月，而得知这个"罪犯的私生女"作为自己的继承者受到了举国关注更令她痛苦不堪。[6]伊丽莎白从未忘记姐姐所受的屈辱，也未忘记姐姐所面临的危险，她决意永远不让自己陷入同样的境地。与此同时，帕尔马的玛格丽特和丹麦的克里斯蒂娜开始劝说伊丽莎白嫁给腓力的堂弟，但腓力又一次失望了，伊丽莎白对二人的花言巧语无动于衷。她丝毫无意限制自己未来的行动自由。

腓力还想劝妻子加入对法战争，玛丽虽不情愿，但在这事上，腓力到底还是遂了愿。他抵达英格兰后不久，又有人密谋推翻玛

　　　　　　　　都铎王朝

丽一世。一群新教流亡者——有人说是30人，有人说是100人——乘坐一艘法兰西船在斯卡伯勒（Scarborough）登陆。人们围捕了这些反叛者，将他们同另外24人一道处死。但法兰西人三番五次的挑衅终于令玛丽厌倦了，这年夏天，在丈夫的鼓动下，她对法兰西宣战。相比自己的父亲，她打仗的理由无疑要正当得多。

玛丽一世的军队旗开得胜，圣昆廷（Saint-Quentin）被英格兰人俘虏，一道被俘的还有其西班牙盟军。一名西班牙军官写道："双方作战都很审慎，而英格兰人尤其精明。"[7]但因为这场战争，玛丽一世与其法兰西的盟友教宗保罗四世闹翻了。虽然罗马教廷和英格兰并未因此发生宗教分裂，但这依然是一场严重的政治争执。生于博斯沃思战役前的保罗四世是个极端保守的那不勒斯人，对西班牙怀着强烈的敌意，脾气也相当坏，据说走路时脚后跟甚至会火星四溅。为惩罚玛丽一世发动战争，保罗四世召红衣主教波尔回到罗马，想要把他当成异端审问，因为他曾试图同路德宗就因信称义的宗教理论达成和解。玛丽一世相当震惊：波尔为弥合裂痕做了如此之多，教宗竟然忘恩负义。她拒绝交人。

英格兰与罗马教廷的关系恶化了，法兰西方面的事态也进展不顺。1558年元旦，2.7万名法兰西士兵向加来发动袭击，加来很快失守。多年来，英格兰为保卫加来付出的成本极高，与贸易所得不相上下，加来失守乃是国耻。人们因此再度想起亨利五世去世之后英格兰被法兰西夺走的一切，而这也标志着可怕的一年之始。国家接连歉收，接着又暴发流感，对民众而言无疑是雪上加霜。1557年至1558年，英格兰多达18%的人口死于疾病与饥荒——相当于今天的1000万人——创了之后200年间英格兰死亡率的最高纪录。[8]再度失去腓力陪伴的玛丽身体越来越差，失眠、抑郁、视力衰退、头痛频频发作。[9]体虚令她又一次产生怀孕的错觉。3月写遗嘱时，她将王位传给了腹中的孩子——她坚称自上次见到丈夫后自己已有八个月的身孕。伊丽莎白要冷静得多，当时她已经同自己的地产测量官、37岁的威廉·塞西尔爵士一道计划起玛丽的死和自己的登基了。

在外国观察者眼中，24岁的伊丽莎白"前额宽大而美丽"，鼻梁"中部有点隆起"，而"其（整个）面庞略长"，为人"傲慢自大"。她为母亲的名誉辩护，称安妮·博林一度拒不与国王非婚同居。她也为自己的名誉辩护，称既然她的父母在她出生时彼此认可为夫妇，她便是合法子女。她尤其为自己的父亲自豪，"因为人人都说她比女王更像他，而他也因此一直喜欢她"。[10]而在知人善任这一点上，她无疑正表现出同父亲一样的好眼光。

塞西尔曾做过爱德华六世和简·格雷的国务大臣，就连他的对手们也认为他"德才兼备"。[11]他是个能鼓舞人心的人，早年的事业已经证明他是个有天分的政治家，而且相当善于隐忍不发。就意识形态而言他是个新教徒，但他常在玛丽一世宫中伪装成天主教徒与红衣主教波尔共进晚餐，同时让伊丽莎白随时了解政治态势和其中的危险。爱德华六世在世的最后几个月到简登基的这段危险时期，他可能是伊丽莎白的首要线人。而在1558年夏天女王健康恶化时，他更是扮演着这一角色。到了10月，人们认定抱病已久的女王已经时日无多，与此同时，伊丽莎白和塞西尔的计划也就位了。

女王从未给妹妹设置过什么障碍。相反，在28日，她还给自己的遗嘱添了一项附加条款，确定将王位传给自己的法定继承人。11月7日，她又进一步，当着一班国会代表的面指定继承人是伊丽莎白。不论她怎样看待伊丽莎白，她都不希望英格兰发生内乱。伊丽莎白曾赌咒发誓，称自己信的是天主教，女王肯定不相信，但她选择将余下的事交托给神。

腓力二世无法回英格兰照料将死的妻子。他正为安排父亲查理五世的葬礼忙得不可开交，于是派亲英的卫队长费里亚伯爵（Count of Feria）作为代表前去探望。11月9日，费里亚伯爵抵达伦敦，发现议员们非常担心，不知道伊丽莎白一朝当上女王后会如何待他们。次日，费里亚伯爵到哈特菲尔德附近的一户人家中拜访伊丽莎白。她全然不似玛丽一世般的严肃，如这位使节所言：说不上对人多和善，但更爱逗趣，也没那么不依不饶，倒颇为精明。他们共进了晚餐，他回忆称"我们开怀大笑，颇为尽兴"。然而，晚餐后与她私下谈话时，这个西班牙人感到郁闷。费里亚伯爵努力劝说伊丽莎白，称她能得到王冠全拜腓力二世所赐——尽管她同推翻玛丽一世的一系列阴谋有千丝万缕的联系，但腓力二世仍然保住了她的性命，保住了她在继承顺序上的位置。伊丽莎白却明确表示，她感到姐姐待她极不公正，而她能有眼下的位置多亏了英格兰的普通民众，同腓力二世，"同这个王国的贵族都没什么关系"。

伊丽莎白没有忘记1553年的事，当时普通民众支持都铎姐妹俩，政治精英们却拥护简·格雷。"她是个虚荣而狡猾的女人，"费里亚伯爵最后写道，又颇具洞见地加了一句，"她决意不受任何人的辖制。"[12]

11月17日，在圣詹姆斯宫的一场私人弥撒上，42岁的玛丽一世过世。同一天过世的波尔曾如此描述她的一生："仿佛一星微火，风暴一次次打来，想灭尽她，但凭着自己的纯洁，凭着充满活力的信心，她一直继续燃烧。"[13]就连从没爱过她的腓力二世也为其过世而感到"哀伤"。玛丽一世相当不幸，在登基后短短一年的时间里她的身体便垮了，而且还是以假孕这种相当公开的形式垮掉的。她没有完成最重要的任务——生儿育女。如她所料，伊丽莎白执政后（史称"伊丽莎白一世"。——编者注）废掉了她宗教遗产的绝大部分——但并非全部。尽管在伊丽莎白一世执政末期，英格兰已经不是天主教国家，但为玛丽一世的反宗教改革所恢复的天主教认同经受住了后来数个世纪的抹黑和迫害。

英格兰宗教改革战争的最终胜利者是新教徒，玛丽一世的名声便难以避免地遭了殃。其结果是人们更记得她的失败而非成就。但伊丽莎白一世尊敬姐姐，认为她是个能干的女王，也承认她当时面临诸多困难。玛丽一世的统治也开了英格兰女王当政的先河，为伊丽莎白一世的执政树立了样板。

常有人称玛丽一世不具备伊丽莎白一世的领导力，但她在病倒之前在这方面多有表现，包括1553年迎战简的时候，以及1554年在市政厅演讲、鼓舞整座伦敦城为她而战的时候。当时玛丽一世谈到自己同王国的结合，将自己的加冕戒指说成婚戒，又将自己对臣民的爱比作母亲对儿女的爱。伊丽莎白一世后来也会反复使用这一系列说法和主题，而这也成了其女王身份的绝对核心。

伊丽莎白一世能获得国王的诸项权力实在是玛丽一世的功劳，她想要照自己的意思打造一种宗教方案，而这也是玛丽一世曾经做过的。最后，玛丽一世的执政还给伊丽莎白一世发出预警，让她明白了前方的危险。英格兰正与法兰西交战，虽然她想要停战，苏格兰女王玛丽现在却已经嫁给了法兰西王太子（甚至还在餐具纹章图案中加入英格兰的徽记，表明自己的继承权在私生女伊丽莎白之上）。面对法兰西的威胁，玛丽一世曾选择嫁给西班牙人，但让伊丽莎白一世极为警觉的是，这门亲事的宣布在当时引发了一场动乱。而能做她夫君的还有谁呢？一名议员曾向费里亚伯爵表示，对她而言，"没有能让她（平平安安）嫁与的人，王国内外都没有"。[14]她自己也赞同这个结论，但独自当政的危险还不止于此。

这年夏天，善辩的新教徒克里斯托弗·古德曼（Christopher Goodman）发表文章称，臣民是否顺服取决于君主是否顺服神的律法，而根据这一律法，女性不应当掌权。这一观点几周后在约翰·诺克斯的《抵挡妖魔众妇的第一声号角》（*The First Blast of the Trumpet Against the Monstrous Regiment of Women*）中得到了更有力的重申。根据诺克斯的说法，女王当政"是违背自然的，这是对神的侮辱，是严重违逆神启的旨意和许可的惯例；最后，这还是对良善秩序、对一切公平和正义的颠覆"。

伊丽莎白一世为自己在玛丽一世手上所受的苦而愤怒，许多人以为这意味着她会怀着报复心对待玛丽一世的葬礼。但互为姐妹，同为都铎人，如今又同为女王的她俩有多么相似，伊丽莎白一世比谁都清楚。她下令，丧事必须一丝不苟地遵循亨利国王的葬仪书办理。

12月13日，玛丽一世葬礼的最后一系列仪式开始了，仪仗队护送她的遗体出了圣詹姆斯宫，向威斯敏斯特修道院进发。装载棺木的马车顶棚上照例安放着已故君主的雕像：身披绯红色天鹅绒，石膏制的头上戴着一顶冠冕。玛格丽特·道格拉斯担任主殡礼人，她一身黑衣，长及地面。在玛丽还是亨利八世的继承人时，玛格丽特曾做过玛丽的高级侍女，也目睹过伊丽莎白出生后家仆被遣散的玛丽所受的屈辱。她见证了玛丽重获父亲的喜爱，而且在她当上女王后再度回到她身边。一个威尼斯人评论玛丽一世称，她多年来"不论遭遇逆境还是危险，都没有（显露出）一点怯懦或优柔寡断，相反，总是保持着令人赞叹的庄重和尊贵"。[15]

修道院院长在门口迎接玛丽一世的遗体。和他一道的有4名主教——他们是为棺木焚香的。那天晚上有100名黑衣绅士为她守更，同时还有女王的众侍卫。人们手中都举着燃烧的火炬，一遍又一遍地为逝者祷告。次日，人们为玛丽一世举行了安魂弥撒，温切斯特主教约翰·怀特在葬礼上布道——玛丽一世去世时他也在场。他称她"是王后也是女王"，而正是在"这间教堂，她将自己嫁给这个王国。作为信仰和忠诚的标记，她戴上一枚钻石戒指，据我所知自那以后毕生都没有摘下来过"。她看重"自己对王国的承诺"和臣民，至死不渝。但她对未来没那么乐观。主教表示，现在伊丽莎白一世凭着与玛丽一世一样的"头衔和权利"掌管王国，又祝愿她的"统治繁荣昌盛、平安稳定"。

玛丽一世被葬在圣母堂中，与自己的弟弟爱德华六世、祖父母亨利七世和约克的伊丽莎白、曾祖母玛格丽特·博福特同眠。她的雕像被摆了出来，供人观瞻。雕像的手臂和双腿采用的是带关节的现代工艺，因此可以安放在王位上。据说玛丽一世生前的目光极具穿透力，被她盯着看的人在尊敬之余还会感到恐惧，她的声音也很响亮，人们在很远的地方就能听见。但被雕成木像的她是沉默的，大大的眼睛空洞地望向将来的年月：教堂中的雕像、圣坛、染色玻璃再度被砸毁，一个全新的新教秩序建立了。

第三十三章

有妇之夫

令人不安的是，在法兰西宫中效力的著名巫师诺斯特拉达姆士（Nostradamus）预言称，伊丽莎白一世年间将有大灾："会有分门别派、改弦易辙、怨恨礼教的事，会有争端、辩论、诉讼、仇怨、喧嚣、不和……"一个信奉新教的女王统治一个天主教国家，发生这些事再正常不过。为了安抚人心，议会请来巫师约翰·迪伊来占卜，希望有一个更积极的运势。

1555年玛丽一世自以为怀孕时，伊丽莎白就是请迪伊来给玛丽占卜，还有传说称伊丽莎白加冕的日子也是迪伊定的。事实并非如此，但伊丽莎白的正式进城的确被设计成一种统治宣言、一个政治预言。[1]1559年1月14日，星期六，仪式在伦敦塔开启。正午，宫廷大臣们聚集在塔外等候在房中用餐的女王。天空上偶尔飘起一阵小雪，细碎的雪花纷纷落下，在光线反射下熠熠生辉，一个围观的威尼斯人感到"整个宫廷被光芒四射的珠宝和金领装点得闪闪发光，简直令空气都清新了"。午后不久，伊丽莎白一世现身，游行开始。

从黑衣修士地到圣保罗教堂的街道两侧都设了木栅栏，倚着栅栏站着各行各业的商人和手艺人，这些人穿着红黑相间的带兜帽的长礼服，身边插着各自的旗帜和横幅。天气不好，人马又拥挤，街道变得泥泞不堪，但所幸提前铺了沙石。这威尼斯人数着，过了1000匹马，女王才出现，"坐的轿子四面敞开，由顶及底都装饰着厚厚的金色织锦，拉轿的是两匹相当漂亮的骡子，也披着同样的布料"。

伊丽莎白一世金红色的头发散在玛丽一世加冕时穿过的金布斗篷上，她修长的双手拿着一副手套。随轿步行的有"许多男仆，都穿着带厚重镀金银纽扣的绯红色天鹅绒马甲，前胸和后背各有一红白两色玫瑰的图案，侧面印着代表伊丽莎白女王（Elizabetta Regina）的'ER'字样"。[2]紧跟在女王之后的是她的骑兵统领，这个一身红色金袍的英俊男人"身量高大，面容充满阳刚之气，皮肤略带些棕色，五官分明，身体各部分比例也相当合适"。[3]此人名叫罗伯特·达德利，是诺森伯兰公爵约翰·达德利的儿子，也是简·格雷的丈夫吉尔福德的兄长。对那些紧靠在栅栏上或正从窗口探头张望的人而言，这意味着爱德华六世时期许多不得民心的精英将东山再起了。

游行队伍停了几次，好让女王能欣赏自己的国务大臣威廉·塞西尔协助组织的一系列露天表演。这些色彩缤纷的场景处处散发着政治信息——不仅是向人民，也是向女王发出的。第一处场景在恩典堂街（Gracechurch Street），是一座巨大的凯旋门，分为三层。底层是亨利七世（面前有一朵很大的红玫瑰）和约克的伊丽莎白像（面前有一朵很大的白玫瑰），二人都穿着王袍。中间一层是亨利八世像，面前有一朵红白双色玫瑰，身旁是安妮·博林，仿佛二人离婚和安妮被处死等事从未发生过似的。从官方意义上来讲，这应当被忘掉。布景的第三层是伊丽莎白本人的像，她独自一人站着，仿佛只是在等伴侣来。这是在提醒女王，作为君主，她的关键职责在于实现和平与和睦。一桩婚事能为宗教政策确定方向，而若有了儿女，未来的稳定也就有了最好的保障。

接下来的三处场景暗示，在玛丽一世治下，宗教走上了错误的道路，而在伊丽莎白一世治下的未来会更有生机，更加幸福，也更虔诚。然而，让伊丽莎白一世最感兴趣的却是位于舰队街（Fleet Street）的最后一处场景，因为此景对约翰·诺克斯攻击女性治国做了官方回应。此景中的伊丽莎白一世穿着国会袍，脚边站着一些人，代表着贵族、教士和平民三大阶级。这是为了提醒女王"要建设她的人民当有的政府"。[4]议会已经托人撰文进一步阐述这一主题，文章题为《驳近来关于妇人执政的号角声》，文中称伊丽莎白一世远比绝大多数妇人优秀，因为多数妇人"本性多愁善感，愚蠢，反复无常，饶舌……方方面面都被魔鬼的粪渣糊住了心窍"，而一个虔诚的女王总是在包括顾问、贵族和国会成员的众多男性的辅佐下治国的，并且"统治国家的不是她而是法律"。[5]换言之，只有当相对男性主导的政府而言君王地位无足轻重时，才能允许女性执政——即便执政的是伊丽莎白。但伊丽莎白对这一场景的信息反应如何，我们不得而知。她扮演着自己的角色，却不表达自己的意见，正如她的一句座右铭所言，"我看见，却沉默"（Video et taceo）。

翌日早晨，伊丽莎白一世在威斯敏斯特修道院加冕，仪式处理得相当隐蔽：女王是在帘子后领的圣餐，好叫人难以确定她遵循的是天主教的规矩还是新教的规矩。流亡的新教徒正纷纷回国，虽然这些人及其盟友正向伊丽莎白施压，但她并不想违逆人民的意愿推进一场迅猛而彻底的宗教政策变革。然而，事情也不能仍旧同玛丽一世治下一样。伊丽莎白的父母结婚后紧接着便是同罗马的决裂，她就是这一决裂的真身，又是改革派养大的。变化会有的，不过要谨慎行事。

加冕仪式结束，伊丽莎白一世走出教堂大门，一手拿着权杖和宝球，一手拿着王冠。她"对每个人都露出最灿烂的笑容，一次又一次地向他们致意"。在威尼斯使节看来，她的微笑已经超越了"严肃和庄重的度"。作为女王，玛丽一世在公众面前从来都表现得"非凡地庄重和高贵"，但后来就连伊丽莎白一世的对手们也承认她有着"令人着迷的力量"。她正在争取普通民众的支持，她的王位是他们给的，她希望最终他们也会帮助她稳固地位。但伊丽莎白一世毕竟还是个新手，加冕后不到三周，她便犯了误判民众情绪的危险错误。

1559年2月2日，一个下议院特别委员会正式向伊丽莎白一世提出请求，要她结婚。令这些人惊愕的是，女王在回复中宣称自己情愿终身不嫁，并说"最后给我立一块碑，上书女王当政多少年，终其一生为处女，就够了"。[6]贞洁被视作女性的首要美德，而玛丽一世也常说自己更中意独身——但这是在她当上女王之前。玛丽一世曾直言，自己之所以结婚，是因为这是实现王国稳定所必需的。虽然伊丽莎白一世看到，姐姐宣布结婚带来的全然不是稳定，但要是想搁置这一问题，她的算盘就打错了。得知她如此表示的人无不震惊。女王主动提出要选一名够资格的继承者，但这只不过导致人们开始传说她生不了孩子。[7]继而又出现了另一种不无可能的解释：她已经偷偷恋爱了——对方是个有妇之夫。

伊丽莎白一世的骑兵统领罗伯特·达德利常同她在一起，人们不时看见二人随意彼此接触，私下里互相打趣。他十几岁时娶了一个叫埃米·罗布萨特（Amy Robsart）的贵妇人。虽是两情相悦，但这份爱如今已成过去。4月，费里亚伯爵报告称"甚至有人说女王陛下不分昼夜地往他的私室跑。人们谈起这事来毫无顾忌，甚至说他妻子胸上生了恶疾，还说女王就等她死掉好嫁给罗伯特勋爵"。[8]二人都精力充沛，富于幽默感，而且都很讲实际。二人的父亲都曾手握重权，又都有非凡的个人魅力，二人也都曾在丧父后经历过危险。玛丽一世当政时，二人还曾同时被关在塔中，伊丽莎白一世还声称后来他曾借钱给她救过急。但最像在解释为什么爱达德利的话是她在将他同他的一个兄弟比较时说的：她认为达德利有一种特别的"可爱"。

在费里亚伯爵看来，无论达德利的事如何发展，西班牙同英格兰继续保持友好关系都相当重要。女王已经与法兰西签订和约，如果将和约再发展成盟约，西班牙在荷兰的统治就会受到威胁。[9]费里亚伯爵建议腓力二世考虑同达德利和解，以防他最后坐上英格兰的王位。然而他也提醒国王，达德利这个姓氏相当不得民心，女王将来要是嫁给他，英格兰便很可能发生动乱，而法兰西的亨利二世也就有了可乘之机——打着自己16岁的媳妇（苏格兰女王玛丽）的名号入侵英格兰。伊丽莎白一世要是被推翻，腓力二世就需要预备好继位的候选人。费里亚伯爵提出，最好的候选人是18岁的凯瑟琳·格雷——被处死的简女王的这位金发妹妹是亨利八世遗嘱确定的伊丽莎白的继承者。

玛丽一世在位期间，凯瑟琳·格雷受到了不错的照顾。虽然姐姐简曾激励她，要她杀身成仁，但她依旧参加宫中的弥撒，还进宫服侍女王。凯瑟琳是个漂亮、善良而生性浪漫的姑娘，费里亚伯爵还（错误地）以为她仍是天主教徒。不过他看准了一点：她正因受到伊丽莎白一世的苛待而恼恨。凯瑟琳被这位新晋女王逐出显贵的枢密室，降格至整个上层士绅阶级都通行无阻的谒客室。凯瑟琳愤怒不已，甚至有一日情绪失控，"在女王陛下面前说了些极其傲慢、不得体的话"。凯瑟琳告诉费里亚伯爵，她觉得"女王不想让她继位"，而事实的确如此。[10]女王相当害怕：如果自己没能找到能让民众满意的夫君并产下子嗣，或者没能如一些人所愿地表明自己是新教徒，这些人某日便会反对自己而支持凯瑟琳·格雷，就如他们当年反对玛丽而支持简一样。

伊丽莎白一世着手制定宗教方案时面临的一系列复杂问题更是加剧了她的这一担忧。这位女王有时被人描绘成本性世俗之人，但事实并非如此。与亨利七世一样，她相信全靠"神无上的恩惠"的庇佑，方能"守得云开"而终于"走到这一步，坐上王位"[11]。但她并非教条主义者，此刻她正努力制定一种令尽可能多的新教徒满意的宗教方案，教众既包括路德宗，也包括瑞士归正宗，而为了缓和这一转变在保守派臣民中造成的压力，也要有些天主教的表面粉饰。尽管决定恢复1552年版的《新教公祷书》，但她也不顾塞西尔及其爱德华六世时代的旧友的意愿，力促了数项妥协，包括规范教士在圣餐礼上的服饰及分发面饼与葡萄酒时诵念的祷词——可以认为祷词暗示着基督以面饼与葡萄酒的形式临在，至少在某种属灵意义上如此。与父亲的教会一样，这一方案也是女王的创造；而与父亲一样，她也想要保持对宗教政策的控制。

女王将要承受持续的压力，尤其是来自陆续回国的流亡新教徒的压力——他们要求彻底变革，第一项就是取缔教士的法衣。在顶住压力的同时，女王意识到，极为重要的是保证候选人凯瑟琳不因结婚和生下男性继承人而更具吸引力。而要让待嫁的凯瑟琳显得尽可能地讨厌，女王的办法是回避她。西班牙人得知了凯瑟琳的失意，又从费里亚伯爵那里听说她是天主教徒，便打起她的主意，商量着如何将她偷运出境。但6月30日过后，这一谋划便不了了之，其时法王亨利二世在一场骑马比武中受伤，继而不治身亡。[12]苏格兰女王玛丽的夫君弗兰西斯二世继位。新国王年仅15岁，年纪太小无法发动对英格兰的战争。而对西班牙人的谋划毫不知情的凯瑟琳反倒陪着女王踏上其首次夏日巡幸之旅。

女王计划巡访几处宫殿和私宅，接受民众瞻仰，并享受舞会和狩猎。这个夏天，罗伯特·达德利一直陪伴她左右，事事都令她顺心。达德利夫人埃米原本计划跟他多待一些时间。在8月7日写给他俩的代理人的信中，她为没能偿清某项债务而道歉，并解释说："我忘了在我主走前知会他料理这事——他重任在身，而我又为这突然的分别而颇为烦忧。"[13]这"重任"包括为女王巡幸安排最好的马匹，而这一分别突然到他全然将她抛到九霄云外。

埃米写信的当天，达德利正与女王享受着在英格兰前无古人后无来者的奢靡。在萨里郡幽静的无双宫（Nonsuch），阿伦德尔伯爵亨利·菲查伦（Henry Fitzalan, Earl of Arundel）安排了各种娱乐，有酒会、化装舞会和狂欢，常常持续到凌晨3点。47岁的伯爵巴望着伊丽莎白一世能看中自己当她的配偶。他家世古老，他本人也相当古老（至少在女王眼中如此），而且"粗野"又虚胖。在外交官们看来，他是个"轻佻无能的人"，而伊丽莎白一世早已告诉过费里亚伯爵她"跟他合不来"。她眼里只有她的"小知更鸟"*，虽然她并没把已故继母凯瑟琳·帕尔的告诫全然抛在脑后：要保护自己的声誉，尤其是关系到有妇之夫的时候。

人们正风传她同达德利有性关系，为了回击越来越盛的传言，女王和她昔日的女家庭教师卡特·阿斯特利共谋，在众人面前演了一出戏。阿斯特利忽然在女王面前跪了下来，央求自己的女主人终结关于她和达德利的关系那些恶意的流言蜚语；接着，女王回答称，自己身边总有许多女官，所以她不可能做出什么有损名誉的举动。接着她又解释称自己需要达德利的陪伴，因为自己生命中的"快乐太少了"。[14]

女王最大的乐事便是与达德利一道骑马，他命人从爱尔兰运来了一批骏马，这些马全都生气勃勃，相当漂亮，有着"枣红马""大萨伏依"之类的名字。他担心地表示，"她一点不爱惜体力，跑得飞快。我很怕这些马，但她一定要试试它们"。而她也的确这么做了，常常叫努力要跟上她的人精疲力竭。她喜欢这种脱逃的快感。

在巡幸的路上，女王也视察了各个教区，以确保其宗教政策

---

* Robin，指罗伯特·达德利。——译者注

得到落实，令行禁止。拉依（Rye）地方狂热的新教徒早就把自己的圣坛砸了，但更常有的情况是天主教的各样圣物被人们藏起来。一部分原因是人们喜爱这些物件，但也是因为没人能肯定伊丽莎白一世和她的宗教方案究竟能存在多久。伊丽莎白一世派驻法兰西的使节报告称，有人偶然听到苏格兰女王玛丽说："既然神定意……（让）她当上了法兰西的王后和苏格兰的女王，她便确信自己也将坐上英格兰的王位。"[15]教区的人们没有砸掉圣坛，而是在上面简单支上木板，做成临时的新教圣餐台。[16]圣坛某天还可以恢复使用，而防止这一情况发生并阻止苏格兰女王玛丽登上英格兰王位则成了威廉·塞西尔毕生的工作。伊丽莎白一世享受着夏日时光的同时，塞西尔却没有闲着：苏格兰刚刚爆发一场反叛，而他正琢磨如何最大限度地对此加以利用。

反叛是一些信仰新教的贵族发动的，这些人想要推翻信仰天主教的摄政王——（苏格兰女王的母亲）吉斯的玛丽。塞西尔看到了建立不列颠新教、实现英格兰北疆安定的机会，他开始给伊丽莎白一世施压，要她同意向反叛者提供武力援助。给对抗合法君主的人提供支持令伊丽莎白一世极为反感，但塞西尔求了她几个月，还以引退相逼，她只得让步。

英格兰支持反叛者对事态发展起了决定性作用。1560年7月，吉斯的玛丽过世不久，和约签订。苏格兰国会继而通过了一项宗教改革方案：不再承认教宗，查封修道院，禁止弥撒。但要保障英格兰新教的未来，伊丽莎白一世必须有儿子。而令塞西尔不安的是，达德利和女王比先前任何时候都走得更近了。

为了迎娶安妮·博林，亨利八世设法废除了自己同阿拉贡的凯瑟琳的婚姻，但女王知道自己无法照着父亲的样子简单废除达德利的婚姻，然后嫁给他。她已经受过劝诫，明白一个女王不应一意孤行，而要听取各方意见。她永远无法像父亲一样将自己的意志强加于人。不过，虽然不能采取积极行动，她却可以拖延，而在结婚这一关键问题上她正是这么做的。她宣称自己想一辈子不嫁，结果反倒惹了麻烦，于是她明白了：她需要装出正在寻找如意郎君的样子，而且要装得像。她正被自己英俊的骑兵统领迷得神魂颠倒（这是再清楚不过的），事实证明，要在这种情况下装假是不可能的。宫中众人对女王这位至爱的怨恨日增，几乎带上杀气。就连塞西尔也毫无顾忌地承认，他情愿达德利死掉。[17]

　　　　　　　　　　　　　　　　　　都铎王朝

第三十四章

危险表亲

1560年9月7日，伊丽莎白一世打猎归来，给汉普顿宫带回一个惊人的消息。听到女王说罗伯特·达德利的妻子埃米"死了，没死也差不多了"，西班牙新近派来的使节［主教阿尔瓦雷斯·德夸德拉（Alvarez de Quadra）］大为震惊。她爱的男人很快就会是自由身了，但二人若要结婚，需要有坚强的后盾。如果女王指望德夸德拉会立即表示西班牙支持他俩，那她就要失望了。他认为这是"可耻的勾当"。虽然他没有明说，但看他的反应她已经明白了。她要他暂时不要把这消息宣扬出去。她自己的感受则隐藏得更好：在德夸德拉看来，她现在会不会同达德利结婚似乎无法判断。[1]

那天晚些时候，女王公开证实埃米已死，并用意大利语解释说，这位28岁的妇人"摔断了脖子"。[2] 原来，埃米的尸首是前一天晚上在达德利一个朋友家的楼梯底下被发现的。她从未如女王对德夸德拉所说的有过"差不多"要死的时候。而就在前一天，威廉·塞西尔曾向使节透露，他担心支持达德利的人正打算杀死埃米，为他扫除障碍，以便他能娶伊丽莎白。如此一来，这消息带给使节的震动就更大了。同样，虽然有些廷臣相信官方说法，即埃米是意外身亡，但其他许多人明显怀疑是达德利派人杀害了妻子。

埃米的尸检结果表明，她的头部受过伤。伤口可能是摔下时撞到石制台阶边缘导致的。有报告称她先前身体不适，所以当时她可能晕倒了。但伤口同样可能是受人击打所致。验尸官陪审团后来检视尸体，并做出意外死亡的裁定，还提出有自杀的可能性。埃米和达德利结婚时正在热恋中，而有迹象表明在他离开期间她开始闷闷不乐。塞西尔刻薄地将整件事总结为一场"始于淫乐，终于哀哭"的"肉欲婚姻"。对女王和达德利而言更重要的是，这场婚姻也终于丑闻，而且引发了骚乱。

这事似乎很可能是达德利的仆人们揣测达德利心意后的作为。然而他相当清楚，埃米的突然死亡事实上毁了他的指望。他请了一名表亲来调查此事——他主要是想搞清楚"我怎么会摊上这倒霉事，想想看这个邪恶的世界会议论些什么"。宫中上下都惊恐不安，不仅是因为女王可能嫁给一个杀人犯，也是担心她若是真的嫁给达德利，那些1553年让达德利的父亲做了简·格雷事件替罪羊的人可能会遭到他的报复。气氛相当紧张，以至于德夸德拉报告称，暴动已经一触即发："这些人高呼不想再被妇人统治，（女王）和她的这位至爱说不定哪天早上就进监狱了。"塞西尔担心她已经决意"效法父亲行事"，不顾公众的感受嫁给自己想嫁的人。[3]但即便如此，女王也得先考虑清楚自己有多么容易被取代。

玫瑰战争期间，亨利六世受过约克公爵理查的威胁，后来更是被约克公爵的儿子推翻。伊丽莎白一世要提防的亲戚不止一个——都铎家的简直是条九头蛇，不过幸好在她的继承人中排前几位的都是女性。[4]伊丽莎白一世在位期间，都铎的家族继承问题聚焦于其中三人。此时，女王需要掂量她们的相对强弱。根据亨利八世的遗嘱，她的继承人中最年长的是凯瑟琳·格雷小姐，但她没有结婚[*]——朝臣们既然恼火于女王对达德利的举动，必然不愿意考虑这样一个人。另一位继承人是女王的血亲苏格兰女王玛丽，她倒是结了婚，但嫁的是英格兰人痛恨的法兰西国王，所以她也不是个受欢迎的选项。最后还有亨利八世外甥女中最年长的玛格丽特·道格拉斯，她是女王在都铎家族一边的最后一位初代表亲（久病的弗朗西丝·布兰登已于1559年过世）。

有过8个子女的玛格丽特已经45岁，时光的流逝与生育之苦让这位夫人昔日出名的美貌已荡然无存，但丈夫依然爱慕她。玛格丽特·道格拉斯懂得如何施展自己的魅力，夫妇二人经历了一代又一代都铎朝廷变幻莫测的凶险浪潮，一直走得很稳。事实上，

---

[*] 凯瑟琳·格雷12岁时与亨利·赫伯特结婚（见第二十八章），约一年后由大主教克兰默宣布二人未曾圆房，婚姻废除。——译者注

玛格丽特已经成长为一名政治经营家，与同名的曾祖母玛格丽特·博福特不相上下。数年来她一直参与苏格兰的各项密谋，一方面致力于恢复丈夫的伯爵地位，另一方面也争取她作为父亲安格斯伯爵（于1557年过世）继承人的权利。但令伊丽莎白一世最担心的是，玛格丽特·道格拉斯的两个儿子凭父亲有权继承苏格兰王位，凭玛格丽特有权继承英格兰王位，而且以血缘论是两国王位男性继承者中位次最靠前的。

玛格丽特相当清楚自己正受到严密监视，并且不悦地向德夸德拉抱怨称，自己简直像个犯人。但伊丽莎白一世监视她是有理由的，毕竟玛格丽特曾请求过西班牙提供经济援助，以支持她继位。[5] 而德夸德拉却情愿静观其变。塞西尔先前告诉他，不顾一切地想找一名成年男性当王的众廷臣正仔细考虑都铎家族外的一位白玫瑰候选人：亨廷登伯爵亨利·黑斯廷斯（Henry Hastings, Earl of Huntingdon）。此人是个新教徒，是爱德华四世的弟弟克拉伦斯公爵之后。然而，塞西尔也很辛苦，他要向女王解释清楚，若是嫁给达德利，她就会被推翻。

女王喜欢想象卸下自己职务的重担当一个王后会是什么情景，并认为自己会做得相当好。"我感谢神，我实在领受了各种恩赐，就算我穿着衬裙被人赶出这个国家，也能在基督教世界的任何一个角落活下去。"她后来表示。[6] 但这完全是异想天开。自1399年理查二世被废起，所有丢掉英格兰王冠的人都先是失去自由，接着又丢了性命。

塞西尔的严重警告极具说服力。10月，女王向他保证，自己不会同罗伯特·达德利结婚。这一决定带来的痛苦一个月后才显现出来。当时人们向她呈上一份晋升达德利为贵族的特许书——若他要成为她的丈夫，这是必需的一步。在幸福和王位之间，她选择了王位：她拿刀朝着特许书又戳又砍。然而，塞西尔依然放不下心，因为女王还没有就是否嫁给达德利做出最终决定。女王眼下的危险虽然暂时过去，但法兰西事态的发展又会让她陷入新的困境。

弗兰西斯二世身体一直不好，这年11月，他的健康状况急剧恶化。年轻的妻子一直照料他，但三周后，12月5日，他去世了，还有三天才满18岁的苏格兰女王玛丽成了寡妇。此时谁若娶了玛丽，便能当上苏格兰的国王，不仅如此，此人有一天还可能坐上英格兰的王位，于是她成了各国竞相争夺的结婚对象。在英格兰，包括玛格丽特·道格拉斯在内的一些人开始谋划政治上的全新可能。玛格丽特的小儿子查尔斯·斯图亚特勋爵（Lord Charles Stuart）不过5岁。[7]但长子达恩利勋爵亨利已经15岁，玛格丽特认为他是苏格兰女王再觅郎君的绝佳人选。[8]达恩利勋爵个子相当高，而且十分英俊，跳舞、骑马、音乐、诗文样样精通。玛格丽特和朋友们在亨利八世当政时开始编纂的那部诗集里甚至也有他的作品。更重要的是，他是个英格兰人，又有王室血统。同他结婚多少可以应对人们对苏格兰女王玛丽的外国出身的质疑，从而令她更有权继承英格兰王位。

玛格丽特·道格拉斯立即给这位新寡妇写信说媒。1561年2月，苏格兰开始有谣言称达恩利勋爵去了法兰西。事实上，他曾于1559年见过苏格兰女王玛丽，当时玛格丽特派他去恭贺弗兰西斯二世登基。虽然没有证据表明他又去了法兰西，但复活节时，玛格丽特确实同时向法兰西和西班牙派出了使节，为这一婚姻大计寻求支持。[9]大约六个星期后，她还与苏格兰贵族取得联系。1561年夏天，苏格兰女王玛丽会回来统治故国——就是自己已故的母亲曾以摄政王身份一直统治到1560年的国家。女王回国后，玛格丽特已经预备好再度同她联系，她的使节很快抵达斯特灵城堡，面见女王。[10]

苏格兰女王玛丽继承了约克先祖的身材和美貌，她身高5英尺11英寸，有着一对杏眼，优雅又性感，极富个人魅力。她与使节一道走进自己的私室，同在的只有她的几名侍女。她显然已不大记得1559年同达恩利勋爵的会面，但现在知道了他的"身量、年纪、品格、能力和朋友"，她似乎相当满意。[11]这次成功的会面之后，玛格丽特·道格拉斯继续与苏格兰方面秘密通信——她以"鹰"为代号以表示苏格兰女王玛丽。[12]

然而，威廉·塞西尔已经开始在玛格丽特家中寻找线人。对塞西尔这样狂热的新教徒而言，任何信奉天主教的继承人都非常危险。玛格丽特·道格拉斯的宗教信仰此时使得她极易受到犯罪指控。她遵循伊丽莎白一世的法律，每周参加一次新教的圣事，以免被罚款，但私底下仍继续听弥撒。[13]伊丽莎白一世对此原本是容忍的，但复活节时，塞西尔上演了一出威胁女王性命的戏。几个信奉天主教的绅士遭到逮捕并被定罪，罪名是与外国势力勾结，要施巫术杀害伊丽莎白一世。坚信神秘力量的女王被吓得不轻，甚至允许塞西尔直接对英格兰天主教徒发动迫害。[14]

然而，对于自己的天主教徒继承人的信仰问题，伊丽莎白一世并没有塞西尔那么深的担忧。事实上，她相当厌恶16世纪50年代新教徒试图以自己的教义定义"真正的"王权的做法。伊丽莎白一世没有借信仰之名攻击玛格丽特·道格拉斯，而是倾向于进一步演绎亨利八世的声明，即玛格丽特是私生女。伊丽莎白一世无力改变她本人的私生女身份。要国会除掉她的私生女污点等于重提父亲与姨母玛丽·博林的旧事。但她可以损害玛格丽特的地位，为此她派人去苏格兰详细调查玛格丽特父母的婚姻。[15]但眼下，伊丽莎白一世害怕自己的新教徒表妹凯瑟琳·格雷远甚于担心玛格丽特·道格拉斯。毕竟1553年篡位的是凯瑟琳的姐姐简。同样，塞西尔也很心焦：他急于让女王不要太忧虑此事。女王要是有什么三长两短，他愿意拥立为王的很可能便是凯瑟琳。

1561年春天，听说21岁的凯瑟琳终日与时髦少年赫特福德伯爵爱德华·西摩"亲密相伴"，塞西尔深感担忧。[16]赫特福德伯爵快满22岁了，身量纤细，长了个鹰钩鼻，他是护国公萨默塞特公爵的继承人，母亲是爱德华三世之后。简而言之，他是一位新教王后最合适的王婿人选。赫特福德伯爵和凯瑟琳这样的一对要是结婚，不仅会吓坏女王，更会激怒她。因此，为了使二人分开，塞西尔替伯爵安排了一趟环游欧洲的长途旅行。他于5月启程，而凯瑟琳则再度陪女王踏上夏日巡幸之旅。

7月14日，巡幸的队伍从格林尼治出发，当天晚些时候抵达埃塞克斯郡罗姆福德（Romford）附近的旺斯特德（Wanstead）和黑弗林（Havering）。一趟东部诸郡之旅开启了。女王先前已经要赫特福德伯爵托一名法兰西金匠为她的女官打些帽饰、项链和手镯，"好叫大家预备巡幸时开心些"。包裹从法兰西寄来，见到自己要的东西样样齐全，她很高兴。[17] 女王或许也看出凯瑟琳因为赫特福德伯爵没有来信而沮丧，但她什么都没说。

队伍继续前行，7月16日抵达黑弗林庄园边缘的皮尔戈（Pirgo）。罗伯特·达德利正同身穿绿色新制服的仆人们一道恭候女王。她依然爱着他。王室巡幸的队伍继续前行，穿过埃塞克斯进入萨福克，一路上达德利一直在她身边。在以狂热拥护新教教义著称的镇子伊普斯威奇（Ipswich），女王发现教堂的牧师们在圣餐礼上没有穿白色圣袍，许多人还有家室且生了孩子，她因此火冒三丈。1559年，绝大多数新教徒曾以为她的宗教方案仅仅是第一步，以为她最终将全面扫除英格兰的"教宗把戏"。在圣餐仪式上穿圣袍表明相信基督在面饼与葡萄酒当中的真实临在，因而尤其为人不喜。然而女王决意掌控宗教政策，对她而言，王国在自己执政期间的宗教方案已经确定。虽然神职人员可以结婚，但她并不喜欢这样。8月9日，她下了一道命令，禁止妇女住在大教堂和学院里。未来她会将是否穿着白色圣袍作为判断是否服从她宗教方案的一项标准。不符合这项标准的人后来被斥为"清教徒"。

次日早晨，伊丽莎白一世和女官们领了一次圣餐。会众不住地窃窃私语，但既不是因为白色圣袍，也不是因为住在大教堂里的妇女。直到第二天达德利求见时，女王才知道人们在议论什么——凯瑟琳·格雷前一天晚上到达德利在伊普斯威奇的住处拜访了他。达德利的弟弟吉尔福德娶了简·格雷，所以他算是格雷家的亲戚。凯瑟琳跪下来，求他帮助。这个20岁的漂亮姑娘解释说，圣诞节前她与赫特福德伯爵已经秘密成婚，而她现在已有八个月的身孕。那天早晨，见到"男男女女交头接耳"，她意识到"人们已经看出她有了身孕"，她流着泪央求他"为她向女王陛下说些好话"。[18]她指望达德利能让女王息怒，但这指望落了空。

达德利讲着，女王越听越恐惧，越听越震怒。人们发现罗伯特·达德利的妻子死去、宫中濒临危机是在去年秋天，而紧接着凯瑟琳就结婚了。女王确信这是一场阴谋：当时她要是决定嫁给达德利，就会被取而代之。她相当清楚自己作为私生女能坐上王位完全是靠着一份国会法案赋予的权利，但以一份法案取代另一份法案是轻而易举的事。凯瑟琳被押往伦敦塔，关进简先前住过的房间，赫特福德伯爵则从法兰西被召回来——他也要进塔。

接下来的几场讯问搞清楚了这对年轻恋人的爱情故事。1558年夏，二人已经彼此有意，但他们陷入热恋是在1559年夏季巡幸的时候。1560年冬，几次幽会后，二人决定结婚，订婚戒指是钻石的，婚戒是金的，上面的铭文表示二人的结合是无人能够拆散的"秘密力量之结"。[19]还是个姑娘的女王甚至连二人圆房的细节都了如指掌。文件描述称二人赤身裸体，凯瑟琳只戴着小小的新娘面纱，他们同寝两小时，"有时在床这边，有时在床那边"。他们起来过一次，但春心荡漾的二人很快又上床，一直待到凯瑟琳不得不回宫用晚餐的时候。[20]女王得知在接下来的几个月里，凯瑟琳和赫特福德伯爵不仅在他伦敦的家中幽会，还在英格兰半数的王宫里相见且云雨过。虽然没有发现什么表明这桩婚事与哪个重要人物有关联的证据，但德夸德拉仍然怀疑这并非仅仅是个简单的爱情故事。

德夸德拉的怀疑对象包括1559年夏天曾追求过女王的虚胖中年贵族阿伦德尔伯爵亨利·菲查伦。迎娶女王的指望落空之后，他开始追求赫特福德伯爵19岁的妹妹简·西摩。这位小姐已于1561年春天过世，但哥哥与恋人幽会时她帮过忙，还见证了哥哥的婚礼。伯爵大概想着，即便当不了王婿，可一旦女王被推翻，赫特福德伯爵和凯瑟琳成了国王和女王，自己也能当上国王的妹夫。[21]

不过，德夸德拉的怀疑对象中最重量级的是威廉·塞西尔。他在初入任时服侍过赫特福德伯爵的父亲护国公萨默塞特公爵，又是格雷家族的亲戚。德夸德拉认为，埃米·达德利死后，因担心女王会在腓力二世的支持下嫁给达德利，塞西尔立即安排了这桩婚姻。而重获女王宠信后，他便将此事放下。

看到周围背叛自己的事层出不穷，又明白不能证明什么，女王陷入极深的抑郁。赫特福德伯爵的父亲任护国公时，她的处境一度极为危险，而此时西摩家又有一个人想要当王了！苏格兰女王玛丽的一名密使在参加赫特福德城堡9月8日的游行时发现，受惊的女王"极度消瘦，面若死灰"。[22]

苏格兰女王玛丽的众顾问已经建议玛丽放弃立即继承英格兰王位的权利（这一权利的基础在于她是亨利七世的合法后代中最年长者），作为交换，他们要求伊丽莎白一世承认玛丽为自己的继承人并做出有约束力的正式声明。玛丽的苏格兰政府是个新教政权。她接受新教为国教，与此同时，人们反过来保证她有弥撒可听。要在未来当上英格兰女王，这也是一个方案。"苏格兰的智慧之花"，莱辛顿的威廉·梅特兰（William Maitland of Lethington）也已经前来与伊丽莎白一世协商此事。塞西尔怕他会成功——他怕伊丽莎白一世会采取行动，永远灭绝格雷和西摩家族继承王位的指望。

伊丽莎白一世首先明确表示苏格兰女王玛丽继位是自己更希望看到的。"我注意到,"她对梅特兰说道,"您告诉过我……您的女王是英格兰王室的后人,您也说过我必须爱她,因为论血缘我们的关系比别人都近。我必须承认这句句属实。"她表示凯瑟琳·格雷的继承权不值一提,称"固然有人向世界宣称她俩比(玛丽)和我都更配当王,说她俩并非不孕,而是能生儿育女的",但怀孕的凯瑟琳和妹妹玛丽·格雷并不能"继承王位,原因是二人的父亲"已于1554年因叛国罪"被剥夺了继承权"。伊丽莎白一世让梅特兰放心,称"虽然最近与苏格兰交过战",但她从未对其女王"抱有恶意",而尽管玛丽曾经因"用我(伊丽莎白)的纹章,又称我的名号"冒犯过她,但她已经把这些事怪到别人头上。

伊丽莎白一世警告梅特兰,继承不是她愿意正式讨论的问题。但结束会面时,她重申自己个人对玛丽继位的支持:"我在此当着神的面向您声明:我个人不知道还有谁比她更有权(继位),我本人也没有更倾向的对象。甚至和您坦白讲吧,我也看不出还有什么情况能妨碍她继位。"梅特兰指望着再逼女王一下,她说不定会主动提出直接争取国会承认苏格兰女王玛丽为她倾向的人选。然而,最后一次谒见女王时,女王给出了三个原因,解释自己为什么绝不会这么做。

"首先",女王提醒梅特兰,对继承法的变动及关于"合法的与不合法的（婚姻）、正统儿女和私生儿女"的诸多争端所造成的不确定性已经在英格兰引发过一系列危机，自己不愿引起更多动乱。这也是"我至今仍约束自己没有选哪个人做夫婿"的缘故，她解释道。关于女王为何不结婚，人们猜测已久，通常认为她有某种情感障碍，或是与母亲的死有关，或是因为她9岁时——这是个易受影响的年纪——经历的处死凯瑟琳·霍华德的事。但似乎没有理由不相信她本人的解释，即她是因为不敢做这么重要的决定才不结婚的。女王目睹了婚姻给简·格雷和玛丽一世带来的灾难。埃米·达德利死后，宫中一度剑拔弩张，这叫她预感到自己如果嫁给罗伯特·达德利会发生的事。

"还有，"女王对梅特兰说，她准备讲第二条原因，"至于您说宣告您的女王为我的继承人会叫我们对彼此的爱更为坚定，我倒担心这反而会为至深的怨恨埋下种子。"她如何能相信一位来自一个与英格兰长年不和的邻国的强大君主不会对自己的新地位加以利用呢？"不过，"女王继续说道，"第三层考虑才是最重要的。"

伊丽莎白一世还记得，前任女王当政时人们多么指望利用自己，希望用她取代信仰天主教的姐姐。她担心有一天这些人也会想要推翻自己："我知道英格兰的人们有多么反复无常，他们总是厌恶现有的政府，眼巴巴地望着下一个继位的人。正如那句话说的，初升的太阳总比西沉的太阳有更多人朝拜。"从这一角度考虑，她要梅特兰自己判断提名苏格兰女王为继承人对她有多危险。

"我已经嫁给这王国，我常戴着这枚戒指，为这婚姻做证。无论事情如何发展，只要我还活着，我就始终是英格兰的女王。等我死了，就让最有权继承的人继承吧。"她的话说完了。

对伊丽莎白一世而言，确定继承人和自己的婚姻问题一样，最安全的办法就是拖延。"就让最有权继承的人继承吧。"即便伊丽莎白一世的做法使人不再怀疑她认为苏格兰女王玛丽是最有权继位的人，但她这么做主要是为了应对眼下对自己的王位已经构成威胁的凯瑟琳·格雷——削弱其继承权。伊丽莎白一世办不到的是阻止这个年轻的准妈妈实现王室女性的首要目的——生子。9月24日，凯瑟琳·格雷生下一个男孩——博尚子爵（Viscount Beauchamp）爱德华·西摩。

凯瑟琳的新生儿不仅是对伊丽莎白一世的威胁，还是对斯图亚特继承权的威胁。不出一周，玛格丽特·道格拉斯便送信给苏格兰女王玛丽，隐晦地问"她是否会信守她在法兰西做出的承诺"。[23]信被伊丽莎白一世的密探截下来。都铎王冠的家族竞争激烈起来，女王必须要谨慎地决定下一步怎么走。

第三十五章

王室囚徒

　　伊丽莎白一世邀请玛格丽特·道格拉斯到宫里共度圣诞节，这令她"大为惊恐"。玛格丽特对政治上一切异常的迹象都高度敏感，她意识到自己寄去苏格兰的信一定被截获了。她怕自己被关进塔里，更怕连儿子也会性命不保。但她也相当倔强。她做错了什么？她问西班牙使节。她不过是就婚姻问题给自己的外甥女提了建议，更何况苏格兰女王玛丽和达恩利勋爵结婚还可以保证伊丽莎白一世去世后英格兰不会陷入内战。德夸德拉知道答案是什么。伊丽莎白一世已经28岁，这个无儿无女的女人指望"稳坐江山，因为民众即使厌倦了她的统治，也找不到确定的继承人"。[1]

　　圣诞季来了，又过了。伦诺克斯伯爵全家都在宫中过节。人们一定都感到了这年的圣诞节相当恐怖，伊丽莎白一世也不例外，她几乎一辈子都在与那些计划着在她死后如何行动的人周旋。除了伦诺克斯伯爵一家，她还要面对凯瑟琳·格雷的儿子构成的威胁。1562年2月10日，女王成立了一个教会委员会（Church

Commission），以"对凯瑟琳·格雷小姐同赫特福德伯爵之间无耻的谈话和虚假的婚姻做出调查、审讯和判断".[2]根据教会法，只要新郎和新娘在见证人面前表示愿意彼此结合，其后发生性关系，婚姻即为有效。二人结婚时唯一的见证人简·西摩已死，到场的神父也寻不到了，这使委员会的工作变得相当简单：婚姻被判无效，凯瑟琳的儿子成了私生子。如此一来，女王得以再次集中精力对付来自伦诺克斯伯爵一家的威胁。

从伦诺克斯伯爵从前的秘书，一个名叫托马斯·毕晓普（Thomas Bishop）的专业探子那里，塞西尔收集到大量"罪证"，其中包括他们与西班牙使节的联系。但在宫中看到毕晓普的一个手下后，玛格丽特对毕晓普起了疑心，并开始攻击他的人品。她警告塞西尔：这人是个胆小鬼，是个下流胚，是个贼，还是个麻烦制造者，他甚至在她刚和伦诺克斯伯爵结婚时企图插足，惹得亨利八世大发雷霆。毕晓普极力为自己辩护，声称玛格丽特一直有心败坏他的名声以便"掌管"自己的丈夫，又说她对他的毁谤甚至惹恼了亨利八世，所以亨利八世的遗嘱才没有提及她的名字。[3]没有人把这话当真，但毕晓普大肆中伤这家人，他甚至声称1554年伊丽莎白被玛丽一世送进塔里是玛格丽特在幕后操纵的。而有些毁谤开始流传。[4]

伦诺克斯伯爵被案卷主事官派来的人看守起来，接着于3月11日被送进塔中。4月2日，玛格丽特和两个儿子也成了阶下囚，被关进了位于希恩的曾属于加尔都西会的修道院。伦诺克斯伯爵和赫特福德伯爵都进了塔，二人的妻子和孩子也都被囚。对此西班牙使节不由得表示："监狱很快就会满是离王冠最近的人了。"[5]对伦诺克斯伯爵的看守极严，"几乎像"关犯人一样，而让伦诺克斯伯爵恼火的是，赫特福德伯爵却获得了一些特权，还能托人送信给凯瑟琳。[6]玛格丽特·道格拉斯认为，这是伦诺克斯伯爵坚决为他俩的行为和名誉辩护导致的。[7]然而，她才是在人们看来更难对付的那一个。审问玛格丽特的人抱怨，针对当月对她的新指控，她"回答议会问题时表现得相当顽固"。[8]

对玛格丽特的新指控几乎不可能更重了。人们说她在最近与苏格兰的战争中犯了叛国罪，又说她在与一位外国君主（苏格兰女王玛丽）以及法兰西和西班牙使节秘密通信。人们还称有"证据"表明她"不爱女王"。仆人们说，她在提到伊丽莎白一世时称其为私生女，而在约克郡的纽塞姆神庙，她的弄臣知道她厌恶女王和罗伯特·达德利，常常毫不掩饰地模仿、取笑二人。[9]她曾将达德利及其兄弟称为"叛徒的鸟儿"，还说达德利是个浑身长着杨梅疮的杀妻犯。

但对玛格丽特而言，最危险的是她被控试图施法术取女王的性命，就像上个复活节被塞西尔逮捕的那些天主教徒一样。塞西尔已经计划在1561年密谋的基础上制造一起更恐怖的阴谋。他要通过恐吓伊丽莎白一世，让她相信苏格兰女王玛丽是这一系列索她性命的恶魔阴谋的核心人物，达到使伊丽莎白一世反对苏格兰女王玛丽的目的。红衣主教波尔的侄儿亚瑟·波尔（Arthur Pole，曾被逮捕，后于1561年获释）已经被安排指认苏格兰女王玛丽。[10]玛格丽特也面临被人如此利用的危险。人们发现玛格丽特是个天主教徒，常听"一位年轻的威廉爵士"念弥撒。不仅如此，人们还称她与"巫师和占卜师"有来往，甚至还说1561年基督圣体节时烧毁了圣保罗教堂尖塔的雷霆是她弄出来的。[11]

国会中弥漫着恐惧和偏执的氛围，也正是在此时，国会习惯法将巫术确定为一项罪行。同样，国会正准备恢复一项针对"不切实际、捕风捉影的预言"的法律，这也会给玛格丽特带来麻烦。[12]玛格丽特的仆人们揭发称，第一个儿子夭折于襁褓中时，曾有人向她预言说达恩利勋爵有一天会统一英格兰和苏格兰，而她因此颇感安慰。[13]玛格丽特请求面见女王为自己辩护，她引用了一句古老的谚语：一个人离宫廷越远，对他的毁谤中伤就会越猖獗。伦诺克斯伯爵也加入进来，称指控他们的人不过是些"剥削者、受雇者与其他异想天开的人"。[14]但最让玛格丽特生气的还不是有关叛国和行巫术罪名的指控——她也知道女王不会对此穷追不舍（女王怀疑她是被人操纵了）——而是已经策划一年有余，对她婚生地位的攻击。伦诺克斯伯爵不忠的旧仆托马斯·毕晓普说玛格丽特"不过是个杂种"，对此她在盛怒之下给塞西尔发了一封措辞激烈的信，提醒他"正如我是神所造，我也是苏格兰王后（玛格丽特·都铎）和安格斯伯爵的合法女儿，即便我父母仍然在世，也不能废掉我这地位而不失义"。[15]

再没有人控告玛格丽特了。但入秋以来，伦诺克斯伯爵的健康状况开始越发令她担心。她一次又一次地要求塞西尔，要么将他送来和自己关在一处，要么就将他俩一并释放。玛格丽特的忧虑不难理解。她的初恋情人，安妮·博林的舅父托马斯·霍华德勋爵就是在塔中死掉的，当时是1537年10月，而他比如今的伦诺克斯伯爵要年轻得多。10月25日，玛格丽特再度写信，央求塞西尔"向女王说情，求女王念及她丈夫身陷囹圄已久……再加上他还是被关在塔中，冬天又要来了，而那地方既不卫生又太冷"。[16]可惜当时的伊丽莎白一世已是爱莫能助。

1562年10月10日，在汉普顿宫的伊丽莎白一世开始感觉不适，头部和背部疼痛不止。她决定洗个澡再散散步，以为借此可以消除不适。然而，回到自己的私室后她开始发烧。医生被召来。让伊丽莎白一世恼火的是，医生诊断她患了天花——这病极可能致死。因为尚未出现水疱，她拒不接受这一诊断，但接着她开始呕吐、腹泻，并出现谵妄症状。10月16日，女王已经说不出话了。17日，她陷入昏迷。

伊丽莎白一世在位已近4年，比姐姐当政的时间仅少1年。她要是死了（许多人都认为她必死无疑），关于她执政的日子人们会记住些什么呢？伊丽莎白一世制定了宗教方案，但除了她本人，没人认为宗教问题就此得到解决。连她自己的一位主教也说这方案"既沉闷又平庸"。在军事方面，人们虽然仍记得玛丽一世如何丢掉了加来，却已经彻底忘记了伊丽莎白一世以失败而告终的努力——她曾试图攻取勒阿弗尔（Le Havre）并以此为谈判筹码去收复加来。1562年8月，勒阿弗尔战役结束，英格兰人伤亡惨重，多达2000人丧命。然而，当时最令人不安的是接下来会发生什么的问题：玛丽一世本人虽然对妹妹没有好感，但依然指定她为自己的继承人，王位从而得以和平传承；而伊丽莎白一世至今依然不肯指定任何人。在醒过来的片刻，认定自己行将就木的她反要人立罗伯特·达德利为护国公，还为他安排了一笔2万英镑的年金。议员们承诺会实现她的愿望，背地里却开始激烈地争论起继承一事到底要如何继续。

伊丽莎白一世的继承人中位次靠前的都是女性，故而一些人依然有意在都铎家族以外寻找人选，以便可以将王位直接传给男性。塞西尔早就为此担忧，所以先前才做了那些"巫术"的把戏。作为爱德华四世的弟弟克拉伦斯公爵的后人，亚瑟·波尔和兄弟埃德蒙已经遭到逮捕并被关进塔中，二人的继承权从而被否定。也有一些人准备考虑克拉伦斯公爵的另一位继承者——信仰新教的亨廷登伯爵亨利·黑斯廷斯。[17]但议会中绝大多数人并没有考虑白玫瑰的残枝余叶，而是把目光投向都铎家族。

议员们吵得发了狂。与此同时，伊丽莎白一世身上开始出现天花水疱。最初是在喉咙和嘴里，接着向外蔓延到面部和身上。她却感觉好些，而且几天以后又能说话了。11月24日，女王下令放伦诺克斯伯爵出塔，他获准去希恩与玛格丽特相聚。任他死在塔中将成为一桩丑事，而这是再度面临解决继承问题压力的女王想要避免的。议会已经决心在接下来国会开会期间彻底解决这一争端，而女王最担心的依然是来自凯瑟琳·格雷的威胁。

1563年1月12日，在国会开幕大典的游行仪式上，女王穿戴得极为华丽，纯金色的头发，穿一身红色天鹅绒。明智的女王"装扮得极富王者风范……因为她相当清楚浮夸的仪式之中深藏治国的奥秘：人们总是自然而然地为外在表现所吸引和控制。华美的服饰、装饰、美好的仪容……抓住了人们的眼睛和心灵，他们在满足和景仰之间目眩神迷"。但女王身上也留下天花的疤痕，让人想到当时命悬一线的不仅是她，还有她的王国。

于是议员们立即开始讨论继位问题，并很快拟好一份请愿书，谦卑地请求女王结婚，同时坚决要求她就算结了婚也必须指定一名继承人。在对上议院议员们的回复中，女王措辞激烈地表示，天花在她脸上留下的是疤痕而非皱纹，而和施洗约翰的母亲圣伊丽莎白一样，自己也依然能生儿育女[*]。她警告众人，若是她

---

* 见《路加福音》1章。伊丽莎白是祭司撒迦利亚之妻，只是他们没有孩子，因为伊丽莎白不生育，两个人又老迈了。一日撒迦利亚入殿中烧香，得天使指示伊丽莎白将生育一子，夫妇二人依命而行，后伊丽莎白生施洗约翰，自遇天使那日即受罚失语的撒迦利亚至约翰受割礼暨命名那日才重新说话。——译者注

宣布了继承者，"便会叫英格兰流许多血"。[18]然而议员们依然争论不休，正在这时，惊人的消息传来：22岁的凯瑟琳·格雷就要生第二胎了。

原来，5月时，赫特福德伯爵贿赂了两名守卫，守卫给他开了门，又开了附近凯瑟琳房间的门。24日，夫妻二人在凯瑟琳床上织锦的被褥间云雨一小时。四天后他又来了，夫妻二人再度同寝。[19]接着守卫不愿再这么干了，也可能是上面的某个人听到了风声。第三次，赫特福德伯爵又趁天黑过去，却发现凯瑟琳房间的门被锁了。[20]他没能同妻子相会，但显然之前的两夜已经足以让凯瑟琳怀孕。此时已很难否认他们的婚姻。他们被坎特伯雷大主教审问，又受了高级议员的讯问，在所有人面前他们都说视彼此为夫妻。根据教会法，有这样的声明，接着又发生了性关系，婚姻便合法成立了。

1563年2月10日上午10点15分，凯瑟琳产下一子，即托马斯·西摩勋爵。女王下令将看守伦敦塔的中尉囚禁在他自己的房间里，因为他没有把赫特福德伯爵看好。百姓却开始要求解释"为什么要（阻挠）夫妻二人结合"。[21]然而，女王继续坚持不承认二人的婚姻。到了夏天，伦敦瘟疫肆虐，女王趁机将二人提出塔送去城郊，关进两栋相隔很远的房子里。

凯瑟琳想念赫特福德伯爵想得发了狂。"我渴望与你一道快乐，我晓得你也如此渴望，就像我俩在塔中孕育我们可爱的宝宝（托马斯）那时的快乐，"她写到二人的春宵一刻，"当你第三次来到我门前，门却锁着，那时的我有多难过啊——我有多少难过，便愿你照样有多少快乐。你以为我会忘记我们之间的点点滴滴吗？我不能。我想起这一切的时候之多超乎你的想象……我甜美的床伴啊，我爱你无尽无穷，我曾怀着喜悦的心与你同寝，也会再度来到你的榻上。"[22]凯瑟琳央求女王宽恕她，但女王不仅不让她见赫特福德伯爵的面，还将她的长子也带走了。

大约在这一时期，宫廷女画师勒维纳·特林克（Levina Teerlinc）为凯瑟琳和襁褓中的博尚子爵画过一幅微缩画，至今仍是所知最早的英格兰的母子画像。对凯瑟琳而言，这画像是个悲伤的纪念，诉说着她所失去的一切。但在他人眼中这幅画却是代表未来的圣像，是圣母马利亚怀抱着耶和华的受膏者——英格兰的下一任君王。人们制作了不少这幅画的副本，甚至450年后依然有一些存世。凯瑟琳和赫特福德伯爵的许多朋友依然指望能逼女王确定凯瑟琳或她的一个儿子为继承人。

支持凯瑟琳的人当中有一位名叫约翰·黑尔斯（John Hales）的国会议员，他在后来的几个月间写了一本书，阐明何以凯瑟琳有权继位，而苏格兰女王玛丽无权继位。他的最成功之处在于发掘了一条可追溯至爱德华三世统治时期的法律——出生于王国以外的人不可继承英格兰的土地。1564年春天，黑尔斯写书的事被女王知道了，人们称她的反应堪比一场暴风雨。约翰·黑尔斯为此在塔中蹲了一年，接着又被软禁四年。令女王尤其不满的是"此书全然是为否定苏格兰女王的权利而写的"[23]。而这妨碍了她以阻挠苏格兰女王玛丽再婚为核心的最新防守计划。

伊丽莎白一世可以宣布凯瑟琳的两个儿子为私生子，但苏格兰女王玛丽要是结婚，她便不能再如法炮制了，所以她必须尽可能地在此事上拖延，最好是一直拖到玛丽生不了儿子为止。伊丽莎白一世计划让玛丽相信，要得到英格兰的王位，她只需嫁给自己唯一信任的人——罗伯特·达德利。要说服玛丽嫁给区区一介英格兰臣子需要时间，伊丽莎白一世的计划是，一旦成功说服玛丽，就在最后关头再制造一些障碍，让她所力促的婚事无法成真。伊丽莎白一世虽然已经接受自己嫁不了达德利的事实，却一如既往地认为他完全为自己所有。

为了表示自己对斯图亚特家族继位的全力支持，伊丽莎白一世开始对重获自由的伦诺克斯伯爵一家做出各种施恩的举动。伦诺克斯伯爵获准回苏格兰索求当年他来英格兰服侍亨利八世时失掉的权利，玛格丽特·道格拉斯和一众子女则被邀请进入宫中。30岁的伊丽莎白一世早已脱去爱德华六世和玛丽一世年间那身朴素的衣装。在这一时期的一幅画像上，她穿着一套绯红色的华美礼服，裙子是当时正流行的圆锥形，上面嵌了金线，闪闪发光。女王应当穿得像个女王，伊丽莎白一世此刻也追随起当年那个喜欢"将自己打扮得优雅而华美，超乎一切"的姐姐来。[24]

这年夏天，光艳动人的伊丽莎白一世对达恩利勋爵关怀有加，令他受宠若惊。他会弹鲁特琴，她对此非常欣赏，9月29日，在伊丽莎白为册封罗伯特·达德利为莱斯特伯爵（Earl of Leicester）而举行的一系列仪式上（要让达德利成为一个有吸引力的郎君，赢得苏格兰女王玛丽的认真考虑，就必须提升他为贵族），达恩利勋爵又得到一份殊荣。[25]圣詹姆斯宫举行游行，达恩利勋爵手举国剑，走在伊丽莎白一世前面，进了预备仪式开始的房间。达恩利勋爵身上有种娇生惯养的女人气，法兰西宫中的人们认定他是个"纨绔子弟"。[26]苏格兰的密使也这么想。他也向伊丽莎白一世表达过自己的看法，即这个高挑少年"与其说是个男人，不如说是个妇人：情欲旺盛，没有胡子，又长了一张女人面孔"。伊丽莎白一世确信苏格兰女王玛丽肯定情愿选罗伯特·达德利当丈夫。当达德利在伊丽莎白一世面前跪下，低下一头黑发的头颅时，她忍不住"将她的手伸到他的脖子上，笑眯眯地挠了挠他"。[27]

伊丽莎白一世确信，被关押的经历已经让玛格丽特·道格拉斯学乖了。塞西尔也认为有着过人魅力和智慧的玛格丽特已经同自己建立起一种相互敬重的关系——1564年7月，玛格丽特还同他女儿伊丽莎白·塞西尔一道作为教母出席过一场洗礼。[28]玛格丽特仿佛也同被自己之前斥为浑身长着杨梅疮的杀妻犯的罗伯特·达德利成了朋友。后来的一些事件表明，伊丽莎白一世允许纨绔子弟达恩利勋爵去苏格兰与父亲相聚，部分是因为罗伯特·达德利为他说话。然而伊丽莎白一世很快意识到自己的算盘打错了，而且这是个灾难性的错误。玛格丽特和罗伯特·达德利即便没有真的交上朋友，也成了政治盟友。达德利开始明确表示自己无意离开英格兰，而1565年年初，他与所谓的配偶，苏格兰女王玛丽的亲事成了泡影。英格兰需要一位继承者，罗伯特·达德利选择与苏格兰女王玛丽站在了一起，而他在某天与伊丽莎白一世结婚的可能性依旧存在。

伊丽莎白一世意识到，在别人的劝说之下给了玛格丽特的儿子通行证，等于给人机会逼她允许其同苏格兰女王玛丽结婚并确定二人为她的共同继承人。恍然大悟的她惊慌起来，为清楚地表明自己不会因受胁迫而确定任何人为继承人，伊丽莎白一世给苏格兰女王玛丽送去一条惊人的消息：她已经决定在"结婚或宣布决意终身不嫁之前"不指定继承人。然而，这么做让伊丽莎白一世失去了对玛丽的控制，后者冷冰冰地表示："恐怕这会叫她丢脸，而不会给我造成什么损失。"英格兰使节央求苏格兰女王玛丽的顾问们劝她不要草率行事，但顾问们打断了他。苏格兰女王玛丽很快就会结婚，而且夫君是她自己选的，她的顾问们告诉使节："事情已成定局。"[29]

第三十六章

煮豆燃萁

1565年3月5日，在度过一个愉快的晚上后，伊丽莎白一世回到宫中，坐下，准备用晚餐。她刚同玛格丽特·道格拉斯一道看了一场骑马比武。参加比武的挑战者和对抗者共有24名，主持比武的罗伯特·达德利也亲自上场，角逐异常精彩。他还安排了更多的娱乐活动。晚餐后，所有客人都聚到女王的住处，观看他策划的一出喜剧。剧中有两位女神在讨论婚姻相比守节的诸多德行。"所有内容都是针对我的。"女王厌烦地表示。直到开始跳舞时，她才恢复了好兴致。这是场假面舞会，男人们装扮成森林中的诸神与女士们共舞，刚才参与过比武的人也在其中，他们手里还拿着武器。到结束时，人人都兴奋得红光满面，而且再度饥肠辘辘，于是大家聚到一张巨大的桌边，享用起满桌的鲱鱼和各种小鱼做的点心以及蛋糕和甜点。[1]

差不多三周后，西班牙新派来的使节唐迭戈·古斯曼·德席尔瓦（Don Diego Guzman de Silva）见到女王，她又说起人们催她结婚的事："我向您保证，要是现在就能指定一位让我和国家都满意的王位继承人，我也不会结婚，对这事我从来就没什么兴趣。然而我的臣民们硬要我结婚。所以我必须要结婚，要么就走另一条路，不过这条路相当难走。这个世界上有一种相当强烈的观念，认为女人若不结婚就没法活，或者无论如何都认定，女人要是不结婚必然是有什么见不得人的原因。这些人先前说，我之所以不结婚是因为喜欢莱斯特伯爵（罗伯特·达德利），又说因为他已经有妻子，所以我没有嫁他。现在他在世上已经没有妻子了，我还是没有嫁给他……但我们又能做什么呢？我们没法把所有人的嘴都堵上，唯有尽我们的本分聊以自慰罢了。"[2]

二人又谈到玛格丽特的儿子达恩利勋爵企图同苏格兰女王玛丽结婚的事，伊丽莎白一世要使节放心，称少年5月就会同父亲一道返回英格兰。然而，玛格丽特早已告诉过使节，少年并无回英格兰之意。[3]苏格兰女王玛丽已经明白伊丽莎白一世不可信，若想继承英格兰王位，自己需要在英格兰有一批支持者。玛格丽特·道格拉斯已经将同她儿子结婚在这方面的诸般好处——对她详陈过。国会议员约翰·黑尔斯就继承问题所写的主张外国人不能继承英格兰王位的书，也增加了少年的英格兰出身对玛丽的吸引力。玛格丽特告诉使节，谈判已有长足进展，而她也正陆续向苏格兰寄去各样贵重的珠宝，确保获得各路关键人物的支持。

伊丽莎白一世和塞西尔发现达恩利勋爵和苏格兰女王玛丽真

有可能结婚时已经是几天后了。二人惊恐万状。塞西尔认为，多数英格兰人已经视苏格兰女王玛丽为伊丽莎白一世的合法继承者了，而二人结婚还会更进一步让玛丽拥有资格。伊丽莎白一世为此忧心忡忡，怕她确保自己的王权"没有确定继承者"的政策会因此受影响。[4] 她开始送信给玛丽，一封比一封慌不择言，她警告玛丽不要同这个少年结婚。到4月，玛丽依然无视她的信，伊丽莎白一世感到是时候提醒少年，他的母亲在她手里。

玛格丽特·道格拉斯再度到白厅拜访伊丽莎白时，女王严厉斥责了她。接着，女王又对她下了一道软禁令。人们告知玛格丽特她犯了罪，"因为她未经女王允许就接收外国国王（苏格兰女王玛丽）的信，也未上报信的内容"。玛格丽特极力辩解，称自己正要将信呈给女王时就被逮捕了。女王这次学聪明了。6月22日，在被亨利八世送进伦敦塔（1536年）二十九年后，玛格丽特又被送进塔中。[5]

然而，伊丽莎白一世的行动完全没能改变苏格兰女王玛丽的心意。达恩利勋爵被宣告为苏格兰国王，1565年7月29日，他和玛丽结婚了。这对新婚夫妇打赌，伊丽莎白绝不敢加害玛格丽特，二人又以国王和女王的名义共同重申了玛丽的承诺：保证新教在苏格兰的国教地位。二人现在只需生下一个儿子，英格兰的王冠到时就会落入他们手中了。玛格丽特的子嗣有一日会统一英格兰和苏格兰——这则预言从未如今日这般接近成真，玛格丽特为此欢欣鼓舞。

次月，西班牙使节见到伊丽莎白一世时，法兰西人正催逼她释放玛格丽特。罗伯特·达德利先前曾向使节发出邀请，问他是否愿意"来（里士满）看看猎场"。二人足足骑垮了"三匹马，见到许多猎物"。回来的路上，二人"绕道上了一条小路，穿过树林往河边女王的住处走。来到她的住处时，莱斯特的弄臣开始大喊大叫地呼唤女王，弄得她还没穿衣服就来到窗边"。伊丽莎白一世有次坦白说"我不是会早起的那种女人"。有急事的时候，她可能会在上午10点前同官员会面，但身上仍然穿着类似晨衣的服装。她通常喜欢读点什么，要么就坐在窗边看着世上的熙熙攘攘。见到二人过来，她下了楼，不过她花了一个半小时才穿戴整齐。伊丽莎白一世和使节一道"边走边谈，聊了好一阵子"。[6]她确认自己目前还无意在玛格丽特的事上向法兰西人屈服。

玛格丽特·道格拉斯被关在塔中的女王房，时间一个月又一个月地过去，服侍她的仆人们都用在壁炉上刻自己的名字来消磨时间。玛格丽特也没有闲着，她与自己在欧洲各地、英格兰和苏格兰的熟人联络着，努力保持消息灵通。然而，她还不知道儿子的婚姻很快就会发生灾难性的转折。19岁的少年受不了给女王妻子当副手，她则认为他既吃不了苦，又没有统治苏格兰这样一个动荡不安的国家所需的智慧。二人的婚姻破裂后，他开始夜夜往爱丁堡的各间妓院跑，她则拒绝给他可让他同享王权的"并肩皇冠"（crown matrimonial）。仅在一点上，少年尽了自己王婿的义务：12月，他满20岁时，妻子怀孕了。

爱儿子爱到盲目又与世隔绝的玛格丽特将二人的争吵归咎于苏格兰女王玛丽，给她写了许多怒气冲冲的信，这些信"大大触怒"玛丽。[7]在苏格兰，玛丽正面对着极具威胁的敌人——她信仰新教的同父异母的兄长，詹姆斯五世的私生子莫里伯爵（Earl of Moray）及其盟友。这些人已经在利用她那娘娘腔丈夫的无能，以玛丽对自己的意大利秘书大卫·里乔（David Riccio）的信任勾起他的醋意。打倒"坏"顾问一向是贵族夺权的托词，而里乔成了被打倒的对象和发动政变的借口。1566年春天玛格丽特才得知此事：她听说里乔被害，而自己的儿子也参与了此事。

这起传到英格兰的谋杀案的细节相当骇人。当时苏格兰女王玛丽正在自己的房间里与里乔共进晚餐，其丈夫忽然带着一伙人闯进来。她试图拦住这些人，不让他们带走里乔，但他们拿枪指向她。里乔抓住她的裙子，手指却被掰开。玛丽被人拦住，与此同时里乔被人推到屋外。人们在里乔的尸体上发现了55处刀伤，还有达恩利勋爵的匕首——盟友们将匕首留在尸体上，好证明他也参与其中。伊丽莎白一世听闻大为震惊："苏格兰女王遇到的算什么事呢？居然有拿刀枪的男人像进风尘女子的房间一样闯进她的私室，还是为了无故杀人！"她问西班牙使节。而他同样认为"此事相当糟糕"，但他也认为"（玛格丽特）要是在苏格兰（就好了）……她儿子就不会被人引上邪路，这些争端也就不会发生，因为她既深谋远虑又有勇气，相比较父亲而言，她儿子更尊敬她"。[8]

伦诺克斯伯爵对苏格兰女王玛丽的丈夫大发雷霆，但他也相当恐惧，不知道接下来会发生什么。为使莫里伯爵的政变流产，苏格兰女王玛丽选择同丈夫和好，这令伦诺克斯伯爵如释重负。玛格丽特尽最大努力弥补自己的错误，她鼓励夫妇二人和好，又在第一个孙子快出世时给儿媳送去各种礼物。1566年6月19日，苏格兰女王玛丽产下一子。孩子受洗，起名叫查尔斯·詹姆斯（Charles James）：查尔斯是随教父法兰西国王查理九世，詹姆斯是随外祖父苏格兰国王詹姆斯五世。后来人们都称他为"詹姆斯"。玛格丽特立即联系1562年起就被关在塔中的波尔兄弟，说服二人将他们金雀花家族的一切王位继承权都转移给苏格兰女王玛丽。[9]这虽是出于好心，却几乎没有必要。玛丽已有足够的资格继承英格兰王位，詹姆斯的出生又进一步增强其优势。"据我所闻，我国国民听到苏格兰女王生子的好消息都相当高兴。"西班牙使节报告称。伊丽莎白一世当然并非如此，虽然她在使节面前装出一副高兴的样子，还打趣称自己可以派塞西尔去出席洗礼。[10]

如果玛格丽特指望孙子的出世能拯救苏格兰女王玛丽夫妇的婚姻，那她就要失望了。1567年2月初，玛格丽特写信给西班牙使节，告诉他见到儿子又同儿媳吵起来让她多么痛苦。[11]她说她非常渴望离开伦敦塔——哪怕换成软禁也好。最有可能说服伊丽莎白一世准她出塔的人是塞西尔，所以当19日塞西尔夫人来访时，玛格丽特很高兴。夫人还带来一位旧友——托马斯·霍华德勋爵的嫂子霍华德夫人，1536年托马斯·霍华德勋爵曾同玛格丽特订过婚，之后许多年，霍华德夫人一直是玛格丽特的知心密友。但玛格丽特很快就明白了两位夫人不只是来探望她那么简单。伊丽莎白一世选了两位最和善的人给她带来了可怕的消息：玛格丽特身在苏格兰的21岁的儿子被人暗杀了——从前无数苏格兰国王的命运也降临到他头上。

达恩利勋爵是九天前被发现遇害的。那天凌晨2点，一声猛烈的爆炸惊醒了爱丁堡的人们。爆炸显然发生于柯克·奥菲尔德（Kirk o' Field），有些人朝那儿奔去，发现老教长寓所（Old Provost Lodging）已经成了一片瓦砾。这是达恩利勋爵过夜的地方，他的尸体在附近的果园里，但是没人注意到。他只穿着睡衣，旁边还有一个死去的仆人。玛格丽特·道格拉斯立即认定儿子是被他的妻子派人杀害的，而且几乎所有人都是这么想的。她被厌恶和悲痛压垮了，"事情太骇人，她激愤得发了狂，怎么也平静不下来"。召过医生后，伊丽莎白一世同意放悲痛欲绝的表姐出塔。于是玛格丽特回到次子查尔斯身边，得到了一个支持凯瑟琳·格雷的家族的悉心照料。[12]

这一事件也令伊丽莎白一世深感震惊，但主要令她担忧的是苏格兰女王玛丽。她一向极爱听人谈玛丽。1564年，她曾要苏格兰密使告诉自己，玛丽同自己相比如何：她有我高吗？有我漂亮吗？在音乐才华方面呢？就像父亲亨利八世一样——他也问过别人弗兰西斯一世同自己相比如何。伊丽莎白一世固然有点争高下的意思，其实也是担心玛丽作为自己的继承人所带来的威胁。然而尽管玛丽稳坐苏格兰王位，同为女王的伊丽莎白却有些心有戚戚。此时她写信给玛丽："夫人，听到您夫君遇害这一骇人的坏消息，我真是目瞪口呆，我的心如此惊恐，甚至几乎无力动笔。但我无法隐瞒自己的悲痛——更多是为您而不是为他。作为您忠实的亲戚和朋友，我必须劝您一定要保住您的荣誉，不要不敢向那些——就像人们说的——向您做了这'妙事'（tel plaisir）的人复仇。我劝您要用心处理这事，好向世界表明您是怎样一位高贵的女王、怎样一位忠诚的妻子。"[13]伊丽莎白一世极力劝她找出杀害丈夫的凶手，定这些人的罪，好终结关于她参与其中的谣言。玛丽却对这劝告置之不理。

在苏格兰，玛丽"深感苦恼，而且极为恐惧"，怕暗杀达恩利勋爵的人现在会来杀掉她，然后将她尚在襁褓中的儿子立为傀儡国王。[14]接着，惊人的消息传来：1567年5月，苏格兰女王玛丽结婚了，对方是杀害达恩利勋爵的首要嫌疑人之一——信仰新教的博斯韦尔伯爵（Earl of Bothwell）。她说自己完全是因为此前被俘且被强奸才这么做的，许多历史学家现在也接受这一说法。[15]另有一些人则认为她是在寻求保护。不论她的真实动机是什么，这桩婚事都给了博斯韦尔伯爵昔日的新教贵族盟友以反叛的借口。博斯韦尔伯爵逃亡了，很快，玛丽也被送到利文湖（Loch Leven）上的一座岛，被关进岛上的一座城堡。1567年7月24日，玛丽襁褓中的儿子詹姆斯加冕为苏格兰国王（史称"苏格兰的詹姆斯六世"。——编者注），厌恶女性的约翰·诺克斯在加冕礼上布道。

伊丽莎白一世对谋逆者大发雷霆，塞西尔警告她不要因莽撞行事而害玛丽丢掉性命，这才劝阻了她派军队去解救玛丽。叫女王更担忧的一向是凯瑟琳·格雷（此人离她近得多，简·格雷早先又篡过位），而凯瑟琳的继位此刻仿佛已势不可当。伊丽莎白一世叫人把她房间的所有钥匙都藏起来，只留下一把，对凯瑟琳的丈夫赫特福德伯爵的看守也更严了。[16]这年冬天，凯瑟琳被转去遥远的萨福克，关进科克菲尔德宫（Cockfield Hall）。这位信仰新教的27岁王位继承人认为自己获释无望。

这是凯瑟琳7年内待过的第五处监牢。房子的主人欧文·霍普顿爵士（Sir Owen Hopton）后来成了看守伦敦塔的中尉。塞西尔一直对看守凯瑟琳的狱卒人选相当上心，找的都是他认为会善待她的：欧文就是她的一个亲戚。引人注目的是，此人的外祖父是欧文·都铎的私生子大卫，亨利·都铎1485年登陆威尔士时曾册封大卫为骑士。[17]令欧文担忧的是，他发现凯瑟琳极度沮丧，甚至想要自杀。他写信给塞西尔，向他发出警报：凯瑟琳病了，更糟的是她但求一死。[18]

宫中派出的医生面对凯瑟琳束手无策。1568年1月26日，凯瑟琳告诉床边的人们自己就要死了。他们尽了一切努力要她振作起来，告诉她"蒙神帮助，你还会活着享受许多年月"。但凯瑟琳坚决地回答道："不，不。我不愿再活在这世上。"[19]次日早晨六七点钟，凯瑟琳给欧文·霍普顿爵士捎去最后一条消息。她求伊丽莎白一世"善待我的孩子……和我主（赫特福德伯爵），因为我晓得我的死对他而言会是极沉重的消息。"[20]她给丈夫送去订婚时他送她的钻石、自己的金婚戒，还有一枚警诫莫忘有死的戒指，上面刻着"我生属你"。[21]1568年1月27日，星期二，上午9点，凯瑟琳过世，都铎家族的又一场爱情悲剧落幕了。伊丽莎白一世做出了亲人死去当有的悲痛模样，但人们认为她的表现并不令人信服。"她怕她。"西班牙使节表示。[22]

格雷三姐妹中现在只剩下最年轻的玛丽·格雷还在世，而她同样名誉扫地。玛丽·格雷相当瘦小，西班牙使节认为她"驼背且十分难看"。1565年，19岁的她嫁给一个巨人——宫殿的守门人托马斯·凯斯（Thomas Keyes）。她可能同理查三世和爱德华六世一样，也患有脊柱侧凸，只是更为严重。高大魁梧的凯斯先生显然并不介意，但塞西尔描述称二人的身高差"大得可怕"。

玛丽·格雷指望自己的行为能获得伊丽莎白一世的宽恕，毕竟她嫁了一个平头百姓，也就断送了自己的继承权。但她也被送到乡下关了起来，凯斯则被塞进舰队监狱的一间小牢房。

1554年，怀亚特一党攻击圣詹姆斯宫时，卫兵们都逃了，是这个守门人关了宫门，救了玛丽一世的性命。伊丽莎白一世感到凯斯背叛了自己，故而他在狱中受到虐待。而玛丽·格雷虽然并不构成什么威胁，伊丽莎白一世却打算拿她杀鸡吓猴，告诫都铎家族的年轻一代：他们在婚事问题上要顺从她，否则等待他们的就是严惩。

王室表亲这条九头蛇的一颗脑袋既被砍掉，另一颗就不可避免地变得更强了。伊丽莎白一世已经34岁，生子的希望日渐渺茫，而此时25岁的苏格兰女王玛丽又一次成了英格兰的未来。但凯瑟琳过世四个月后，1568年5月，玛丽又走了一步错棋。她从岛上的监狱逃走，乘船到了英格兰，抵达后给伊丽莎白一世寄去一封信。与自己同为女王的伊丽莎白必会帮助自己重新坐上王位——玛丽对此毫不怀疑，而且表示"我对您有信心，我相信您不仅能救我的性命，还会支援我打赢这场正义之战"。玛丽还期待着同女王的首次会面，她继续写道："我恳求您尽快派人来接我，因为我的境况相当悲惨，别说是女王，就是贵妇也受不了，除了逃亡时带的东西，我一无所有。""我盼着当面讲给您听（自己趁夜穿越苏格兰逃亡的经历）——要是这能叫您同情我"，玛丽的信到此结束。

伊丽莎白一世不愿让苏格兰女王玛丽来宫里，因为那样她就不得不以国君之礼待她，而这等于进一步承认玛丽为自己的继承人。但控制住玛丽是有好处的，而伊丽莎白一世打算就这样一直控制下去。她下令叫北方的人把玛丽看守起来，与此同时，议会开始讨论接下来她应当拿这位被迫逃亡的女王怎么办。玛丽指望过去曾支持过她的那一群为数不多的新教徒能再度支持她，这些人也确实这么做了——至少最初如此。包括罗伯特·达德利在内的一些人依然抱着务实的态度，认为为了英格兰的长治久安，必须指定一名继承人。这些人认为，虽然玛丽是天主教徒，但只要她同英格兰的贵族之首、第四任诺福克公爵托马斯·霍华德结婚，问题就能迎刃而解。公爵是弗洛登战役的胜利者之曾孙，是个新教徒，而且年轻英俊，还相当得民心。人们向玛丽提亲后，她积极回应，在灵修冥想时甚至开始使用新教徒的公祷书。玛丽如果被确定为伊丽莎白一世的继承者，塞西尔的政途自然尽毁，但不少人都认为是时候杀一杀他的锐气了。可惜伊丽莎白一世并不在此列。

伊丽莎白一世表明决不允许玛丽嫁给诺福克公爵后，隐藏在这门亲事背后的行动溃败了。塞西尔赢了，而他的对手们认定他会报复。对此最为担忧的是诺福克公爵的两名北方朋友：信天主教的威斯特摩兰伯爵（Earl of Westmorland）和诺森伯兰伯爵。两位伯爵怕死在狱中，又受到各自妻子的鼓动，遂在北方发动了一场反对"新宗教异端""保卫苏格兰女王"的反叛行动。伊丽莎白一世一直害怕有人通过造反来支持她的继承者，现在事情果然发生了。但北方这场反叛并非当年的恩典朝圣。两位伯爵起初有4000名步兵和2000名骑兵，1569年11月攻下达勒姆（Durham）时，二人的军力已经一天比一天弱。不到六周，反叛被平息。但反叛触到女王的痛处，而她复仇的规模之大在都铎家族中绝无先例。

伊丽莎白下令在所有参与反叛的村庄执行绞刑。1570年1月23日，在约克郡北赖丁区（North Riding），她的官员报告称处死"600多人"，又称人们"惊惧无比，我甚至确信这一地区再不会有此类事情发生"。十二天后，另一名官员确认称他们"已经处死500多名穷人"。[23] 据估计，死亡的总人数有800～900人，是伊丽莎白父亲在恩典朝圣之后绞死、斩首和烧死的4倍还要多，而当年上战场的反叛者总数达3万人之多。这一数字还是她姐姐玛丽一世在怀亚特叛乱后处死人数的9倍，而当时反叛者几乎已经在整个宫廷横行无阻。1570年，伊丽莎白一世也得到了"血腥"的绰号。

伊丽莎白一世的主教们对她施压，要她更进一步，处死一切威胁新教江山的人——包括苏格兰女王，并称这是她的义务。但伊丽莎白一世没有听从。玛丽的处境同她本人在玛丽一世手下的遭遇太过相似，当时人们也一再地将各种推翻姐姐的阴谋归到她头上。她回忆道："姐姐所遭的敌对我多少也遭遇过。"她也清楚记得"当年我时不时地有性命之忧，因为姐姐对我极为恼怒"。[24] 伊丽莎白一世过去也关押过其他亲属，均收效良好，她认为处死君主这一危险的先河无须由她来开。然而，苏格兰女王玛丽意识到现在自己已成困鹿：一群狗正逼上来朝她狂吠，盯着她的脖子，只等猎人一声令下，就会终结她的性命。

第三十七章

玛格丽特·道格拉斯离场

英格兰王室现今最重要的珍宝之一，是人称"伦诺克斯之心"（Lennox Jewel）的一枚心形盒式项链坠。这枚坠子是玛格丽特·道格拉斯和丈夫托人打造的，它讲述着这对夫妇幸福的婚姻，对达恩利勋爵的哀悼，还有他们保护詹姆斯的决心。盒身是金的，镶嵌着宝石，边缘的一圈白珐琅上以苏格兰文写着："恒久忍耐期望者，终必能获胜得位。"这"位"便是统一于詹姆斯的苏格兰和英格兰王位。

打开坠盒，跃入眼帘的是为一支箭所射穿的两颗心，心上有"MSL"字样，代表玛格丽特和马修·斯图亚特·伦诺克斯（Matthew Stuart Lennox，原文如此。——编者注）的名字的缩写。上面写着，唯有"死才能消灭"二人的婚姻，而另一句苏格兰文的格言则提醒着人们"我们的决心"。背面画着的是逝去的王婿，身侧还有一顶王冠，是他作为王婿曾戴过的苏格兰王冠。王冠中生出一朵向日葵——詹姆斯——朝着代表英格兰王冠的太阳。此外，还有一幅被称为《鹈鹕怜子》(*Pelican in its Piety*)的画，描绘了一只鸟正从胸前取血喂养自己的幼雏，正如玛格丽特和其丈夫也甘愿尽一切可能养育詹姆斯，直到他当上英格兰国王。[1]

玛格丽特和丈夫为詹姆斯的未来焦虑是不无道理的。1570年1月23日，伊丽莎白一世的盟友摄政王莫里伯爵在苏格兰被枪杀，人们再度为苏格兰人的残暴所震惊。玛格丽特夫妇本已开始视莫里伯爵为詹姆斯的保护者。莫里伯爵既死，玛格丽特下定决心：詹姆斯必得由他们夫妇二人亲自照顾。"我毫不怀疑您多少知道我经历过几多丧亲之痛"，玛格丽特写信给塞西尔，又表示她怕自己还会失去更多。她提醒塞西尔，自己结婚已有二十六年，却无法叫丈夫少一些忧虑，因为"他看得明白：那无辜的小小国王不久就要被人毁掉了"。她劝女王不要因他俩的信仰问题而有什么疑虑，央求女王准许自己的丈夫回苏格兰保护詹姆斯。[2]

结果见证了玛格丽特惊人的说服力：丈夫获得了塞西尔和女王的允许，回到苏格兰取代莫里伯爵做了詹姆斯的摄政王，玛格丽特则作为詹姆斯的使节留在英格兰宫中。夫妇二人保持着密切联系，丈夫依然信赖自己的"好梅格"(Good Meg)的建议和智慧。但翌年(1571年)，伊丽莎白的囚徒、苏格兰女王玛丽的支持者突袭了斯特灵城堡，伦诺克斯伯爵背部中了枪。詹姆斯当时5岁，他永远不会忘记留着"西瓜头"的祖父被抬进城堡的样子。伦诺克斯躺在血泊之中，央求苏格兰众贵族保护詹姆斯。"若这孩子平安，一切就都平安了。"他在弥留之际还不忘叫人给玛格丽特捎去自己的爱。"如此，背叛夺走我的儿子，又夺走我的伴侣。"后来一首纪念玛格丽特·道格拉斯的诗这样写道。

伊丽莎白一世很快也遭到暗杀的威胁。就在几个月后，威廉·塞西尔——此时他已被授予伯利勋爵（Lord Burghley）的头衔——发现了一场叫伊丽莎白一世极度震惊的阴谋。主谋罗伯托·迪里多尔菲（Roberto di Ridolfi）是一名佛罗伦萨银行家，也是个双重间谍。他们计划趁伊丽莎白一世夏日巡幸时将她抓起来，然后在6000名西班牙侵略军的支持下以苏格兰女王玛丽和诺福克公爵取而代之。1572年1月，诺福克公爵接受审判，被判叛国罪，后于6月2日清晨被处决。伊丽莎白一世依然不肯处死玛丽，但她对这位女王的态度已经彻底改变。玛丽曾是北方两位伯爵反叛的焦点人物，现在又成了迪里多尔菲阴谋的主角。伊丽莎白一世毫不怀疑这类事还会再有，她在一首诗中怒称玛丽为"争端的女儿，总是播种不和"。

为向支持格雷继位的人们示好，北方发生反叛后，伊丽莎白一世准许丧妻的赫特福德伯爵回宫。处死诺福克公爵几天后，她又释放了被囚多时的玛丽·格雷。她的丈夫托马斯·凯斯在前一年9月已死，玛丽·格雷直到成了寡妇才得释放。如今，挂在首相乡间别墅契克斯（Chequers）里的一幅玛丽画像依然诉说着她的怨恨：玛丽·格雷的头发上戴着表示爱、忠贞和纪念的康乃馨和紫罗兰，一只手举起，好让人看到她的婚戒。玛丽·格雷又过了几年平静的日子，1578年瘟疫暴发期间去世，无儿无女。

亨利八世两个姐妹的孙辈中仍未结婚的仅剩一人——玛格丽特·道格拉斯的小儿子查尔斯·斯图亚特。玛格丽特急于为他寻一位新妇，但格雷姐妹及二人的配偶所受的苛待——更别提诺福克公爵所遭的处决——使贵族当中无人愿意因接受这门亲事而惹怒伊丽莎白一世。玛格丽特指望塞西尔能帮忙，于是向他暗示自己年少的儿子需要父亲的关怀。[3]她希望塞西尔答应当这个男孩的监护人，同时为他的婚事担一些责任。塞西尔婉拒了这个诱饵，但在1574年，伊丽莎白时代英格兰最积极向上爬的一个女人却找上了玛格丽特，此人便是哈德威克的贝丝（Bess of Hardwick）。

贝丝一头红发，相当聪明，曾服侍过格雷三姐妹的母亲弗朗西丝·布兰登。她同自己的第二任丈夫威廉·卡文迪什爵士（Sir William Cavendish）是在格雷家的莱斯特郡庄园结的婚，格雷家中至少有四人曾给他俩的儿女当过教父（母）。她留有一幅简·格雷的肖像和她的几封信，而且奉之为圣物。贝丝当时已经嫁了第四任丈夫，也是她历任丈夫中最有钱的：第六任什鲁斯伯里伯爵乔治·塔尔博特（George Talbot, 6th Earl of Shrewsbury），他是苏格兰女王玛丽的看守。贝丝已经安排长子和长女同什鲁斯伯里伯爵的两个孩子结了婚。三女儿伊丽莎白·卡文迪什还待字闺中，但贝丝找不到合自己心意的人选。于是，贝丝决定以自己通过几次结婚获得的财富为诱饵，把都铎家的未婚子查尔斯·斯图亚特钓上来。玛格丽特积极回应贝丝的提亲，她知道贝丝不是个傻瓜。伊丽莎白一世也一向很喜欢贝丝，而这婚事公开是会有好处的。

1574年仲夏，两位母亲定好计划。10月，万事俱备，只待执行。[4]玛格丽特带着19岁的儿子离开伦敦，向北前往在约克郡的家，一路上相当招摇。玛格丽特一行人每到一座村庄，村中都会预先鸣钟，人们也纷纷从家中出来，要在这位亨利八世最后的外甥女和她儿子经过时看上一眼。车马抵达诺丁汉郡后，一名信使先被派去见了贝丝。"碰巧"坐在她丈夫拉福德修道院（Rufford Abbey）的座位处的她出来迎接了玛格丽特和查尔斯，又请他们住下。没过多久，什鲁斯伯里伯爵收到妻子的一封信。贝丝告诉他，抵达拉福德后不久玛格丽特就病了，五天来一直卧床不起，而查尔斯·斯图亚特已经在这期间爱上了她的女儿。贝丝告诫丈夫称，查尔斯爱得极深，甚至都病了，而她认为为了他的身体，应当尽快让他同女儿结婚。[5]不久后——自然是在有人能出来干预之前——二人果真结婚了。

查尔斯·斯图亚特与平民结婚，对伊丽莎白一世而言，这桩婚事远没有查尔斯的兄长同苏格兰女王玛丽的婚事那么危险。然而，伊丽莎白一世的确想知道玛丽是否插手过这桩婚事。至少从1574年仲夏开始，玛格丽特便一直同玛丽的一些亲密盟友有联系，她曾向伊丽莎白一世表示有意拜访贝丝，当时女王告诫她不要去关押玛丽的谢菲尔德小屋（Sheffield Lodge）。[6]要是她这么做了，人们会以为她"确实支持苏格兰女王"，女王厉声解释说。玛格丽特不客气地回答称，自己是个"有感情的活人，永远不会忘记我孩子的惨死……要是忘了，我就是恶魔"。[7]而此时玛格丽特向塞西尔解释说，拉福德是她北上的必经之地，离大路只有1英里远，贝丝又亲自邀请她和查尔斯住下来，她不可能拒绝自己的朋友。她认定女王不会觉得去拉福德是越界，因为那里离关押苏格兰女王玛丽的"谢菲尔德还有差不多30英里远"。

最终，伊丽莎白一世认定玛格丽特之子和贝丝之女的婚姻仅仅是"为了钱"。而由于没有什么别的"叫人恼火的事"，在哈克尼（Hackney）家中被软禁几个月后，玛格丽特获释了。[8]贝丝则不过在新年时送了女王一件昂贵的绣花披风，便轻而易举地重获女王的宠信。

然而，玛格丽特很快与苏格兰女王玛丽达成和解，伊丽莎白一世的担心成了真。玛格丽特并未忘记儿子的惨死，但此时她已确信玛丽是清白的——从未参与其中。苏格兰政府曾寄过一系列文件到英格兰，作为玛丽的罪证，这些文件被称为"银匣信件"（Casket letters）。1568年，约克和威斯敏斯特的法庭确定了其真实性，从而似乎证明了玛丽有罪。我们今天知道这些信件有不少是伪造的，但在当时根本不存在独立调查分析的可能，最简单的反驳办法是以牙还牙。玛丽的朋友便是这么做的：他们伪造了一份博斯韦尔伯爵的临终忏悔，称玛丽从未参与杀害丈夫一事，并且将矛头指向9岁的詹姆斯新上任的摄政王莫顿伯爵詹姆斯·道格拉斯（James Douglas, Earl of Morton）。[9]道格拉斯已经承认听说过此事，而这已经足够说服玛格丽特了——此时她已不再怨恨苏格兰女王玛丽，而是将自己的憎恶转移到"那邪恶的总管"身上。

詹姆斯的安危是母亲和祖母共同的牵挂，在1575年11月致玛丽的一封信中，玛格丽特·道格拉斯坦承自己相当担忧，怕"我们亲爱的孩子、苏格兰的无双珍宝"由莫顿伯爵照料并不安全。不过，此刻的玛格丽特也有了另一个要挂心的孙辈：查尔斯和妻子生了一个女儿——阿贝拉·斯图亚特（Arbella Stuart）。玛丽已经给这个小女孩送去各样礼物，玛格丽特则表示希望阿贝拉"有一天能服侍陛下"。[10]此后两个女人一直互表好意，也继续通信。玛格丽特曾亲手做过一件极为精美昂贵的刺绣送给玛丽，绣时还用自己的头发来表明忠诚。玛格丽特对玛丽态度的惊人转变得到了极为重要的回报：玛丽修改了自己的遗嘱，将查尔斯确定为其侄子詹姆斯国王的继承者。

1576年，查尔斯去世，死因不明，玛格丽特又承受了一重"丧亲之痛"。她8个儿女中的最后一个也不在了，但小阿贝拉和母亲过来与她同住，使痛苦的她得了些安慰。阿贝拉23个月大时，玛格丽特托人为她画过一幅像，画中的小女孩有着一双淡褐色的眼睛，手拿一个打扮时髦的布娃娃。阿贝拉项上戴着一条三股的金链子，链子上挂着一枚盾形徽章，徽章上画着伯爵夫人的小冠冕，还有伦诺克斯伯爵的一句箴言，是用法文写的："为成功，我忍耐。"阿贝拉在英格兰王位继承顺序上的位置同16世纪30年代时的玛格丽特很像。当时按照长子继位的传统，玛格丽特居第二，排在詹姆斯五世之后，但她有生于英格兰这一优势。阿贝拉也居第二，排在詹姆斯六世之后，同样有英格兰出身的优势。尽管如此，至少对玛格丽特而言，英格兰王位依然注定是詹姆斯的，也本应归他所有。

在约克郡和哈克尼两地的家中，玛格丽特同自己日渐长大的孙子保持着联络。她给詹姆斯寄去许多历史著作，有一次还寄去一副漂亮的装饰着珍珠的驯鹰手套。但他的仆人约翰·菲利普斯（John Philips）回忆称，1578年时，62岁的玛格丽特似乎已经被痛失所爱的愁苦压垮了，因为丈夫和儿女俱已不在人世。她手头也不宽裕。玛格丽特向贝丝借了钱，每年仅利息就要还500英镑。尽管存在各种困难，但玛格丽特依然积极参与政治活动，也继续接待各路显要。1578年2月，她还请罗伯特·达德利来共进晚餐。这个女人曾同亨利八世相友善，又在王后的枢密室中近距离见证了安妮·博林和凯瑟琳·霍华德的倒下。她同罗伯特·达德利之间也有许多往事。[11]

罗伯特·达德利已经不再支持苏格兰女王玛丽了，反倒在1569年的反叛及迪里多尔菲阴谋后成了清教徒（指那些希望在英格兰教会实现更进一步改革的新教徒）的捍卫者。在这方面他同玛格丽特毫无共同之处。后来有人称，他在最后的晚餐里给她下了毒。也可能是食物不适合她，她病了——恰如六十年前她的祖先玛格丽特·博福特在吃过小天鹅肉之后病倒一样。

1578年2月26日，依然"头脑清楚""身体强健"的玛格丽特写下自己最后的遗嘱。在遗嘱中，她要人们在自己死后将儿子查尔斯的遗骨从哈克尼家中的坟墓迁来，与自己同葬在威斯敏斯特修道院。她已经在葬着祖父亨利七世的圣母堂为自己选好墓址。她预备了1200英镑作为自己葬礼和下葬事宜的花销，又另预备了1200英镑施舍给穷人。她送给威廉·塞西尔一套带4颗钻石的黑珐琅戒指，给罗伯特·达德利的则是一串装在金丝网中的香珠。她还将自己保存的亨利八世像牌留给罗伯特·达德利。要贿赂当贿赂之人，就算是死也不可疏忽，若是想要在威斯敏斯特修道院办一场盛大的葬礼就更得如此。

3月10日，玛格丽特·道格拉斯过世。4月3日，人们为她举行了葬礼——排场同王族相称，仪式则是伊丽莎白一世认可的。[12]她的遗嘱中没有任何信息表明她究竟是天主教徒还是新教徒，而在她的葬礼上也没有任何体现天主教信仰的符号。[13]玛格丽特严守法律，这是她的义务，而她公开的表现也一向如此。她的秘书托马斯·福勒（Thomas Fowler）后来照她的意思为她立了墓碑。墓碑与伦诺克斯伯爵那句"为成功，我忍耐"的箴言相呼应，赞美

"一位有着极虔敬的品格、百折不挠的精神和无与伦比的坚定的夫人"，她"德行非凡"，"血统更为非凡"。她墓碑上列出的王室先祖之众，修道院中很少有墓碑能比，但更令她自豪的是，因儿子（人称苏格兰国王亨利的达恩利）和孙子（詹姆斯），她成了"王公之母"。她希望有一天詹姆斯也能长眠于这修道院中——以英格兰国王的身份。

第三十八章

童贞女王

一位女王无法结婚，从来不曾感受过爱会更好吗？伊丽莎白一世在诗中求人"或叫我生多些甜美/或任我死，永忘爱的意味"。[1]她父亲亨利八世曾担心，要为一位都铎女王找一个"让全国都能够也愿意接受的"王婿会很困难，而父亲的担忧成了真。[2]1561年，她曾向苏格兰女王玛丽的密使表达过自己的焦虑：担心自己结婚必会引起动乱。见过玛丽两次灾难性的婚姻后，她的焦虑更加剧了。为了顺从国民的期望，女王继续公开寻觅夫君，而她也必然希望还有可能找到合适的人，但这个人迟迟不出现，她便勉强接受了与罗伯特·达德利的某种类似无性婚姻的关系。这也算是一种"甜美"吧。

女王和达德利一道出现时总能引起人们的争相围观。古董商约翰·斯托曾于1566年亲眼见过二人相会。他回忆道，达德利进伦敦城时带着一大队人马——贵族、骑士和绅士共有700人之众，随行的男仆有达德利的，也有女王的。一行人从坦普尔巴（Temple

Bar）出发，穿城而过，经伦敦桥进了索斯沃克。与此同时，"女王悄悄带了两名女官，乘一条小船，荡着双桨"过了河。下船后，伊丽莎白进了一辆蓝色的马车。达德利的队伍在大路上同她相会，她下车问候他，同他亲吻，接着上马，二人一道往格林尼治宫去。当夜，斯托看到达德利先女王一步回了伦敦城，北极光奇特的光辉照亮了他前行的路。[3]

9 年后，1575 年，为迎接女王的到访，罗伯特·达德利在自己位于沃里克郡的凯尼尔沃思城堡准备了为期十八天的盛大款待活动。开场那天，女王在一座特别建造的凉亭中享用了一场盛筵，接着同达德利一道骑马去了他的城堡，摇曳的烛光从窗户透出来，反射在湖面上，闪烁如童话仙境一般。在接下来的两周半里举行了多场假面舞会，上演了许多露天表演和戏剧，而婚姻则是剧中永恒的主题。但女王到 1578 年就满 45 岁了，二十年来，追求者们来了又去，她一直装出会结婚的样子，但这样的装假就快结束了。

关于结婚所做的最后一次严肃讨论是在法兰西国王亨利三世的弟弟、24 岁的安茹公爵（Duck of Anjou）来求亲的时候。英格兰与西班牙之间旧日的友好已经不存：两国有宗教分歧，英格兰海盗还常常劫掠西班牙人从美洲殖民地带回来的黄金。伊丽莎白一世需要法兰西这个朋友，对身陷困境的英格兰天主教徒而言，这也是绝境中的一线希望：他们所遭受的迫害日益残暴，而这门亲事或许能终结这种迫害。

伊丽莎白一世登基时曾立过新法，要求所有神职人员、平信徒官员和大地产继承人宣誓不承认教宗权威。除了一位仔细挑选的马里安主教，其他全部拒绝宣誓，继而丢掉职位，这同亨利派众主教形成了鲜明对比。同样，除了一人，牛津大学各学院的院长或是引退，或被解雇。各教区的天主教徒大多失去了领袖：神父们要么成了新教牧师，要么离了职。

在接下来的几年里，会众们困惑地看着雕刻着基督、马利亚和圣约翰的残存的路得屏风被撤下，换上了英格兰教会最高领袖的王室徽记。新刷白的墙上唯一的装饰是《圣经》语录，不再有人洒圣水、画圣十字，蜡烛也没有了，一切都平淡无奇，没有色彩，繁复的音乐也被摒弃，因为会被认为容易令人分心，无法专注于祷告。

这场宗教革命并不完全合伊丽莎白一世的口味。她在王室礼拜堂雇了天主教作曲家托马斯·塔利斯（Thomas Tallis）和威廉·伯德（William Byrd）。她发表了许多公告，努力要保护古老的雕像、洗礼盒和圣坛，使其免遭灭顶之灾。女王认为，路得屏风"倒是对教会有益"，她自己礼拜堂的圣餐台上也保留了烛台和十字架。[4] 1565年，圣保罗教堂的主任神父在一次布道时指责一些天主教文章赞美十字架，她打断他，大声说："别谈这个。"[5] 但就连女王那朴素的银十字架也被人称为放在"令人生厌的圣坛上"的"可憎的圣像"。这十字架被摔断过两次，又屡次被她的神职人员在布道时攻击。

面对狂热的圣像破坏者，她的臣民们要保护自己的教堂就更加无能为力了。

1562年，达勒姆主教詹姆斯·皮尔金顿（James Pilkington）曾嘲讽自己教区的人们，学他们哭哭啼啼的样子："我到教堂该干吗呢？我的（玫瑰经）念珠不让携带了，教堂就跟废马厩一样；没有画像供人参拜了，没有圣像供人行礼了，什么都没有了，有的不过是一点儿读经与布道，我却不明白说的都是些什么。我真是手足无措。"[6]但不上教堂是不被允许的，对违者的处罚也越来越重。结果，新长成的一代人开始习惯白墙，也习惯以早祷代替弥撒的新规。有些旧习——比如在坟墓上立十字架——很难破除，而许多人依旧对新教的基本教义一无所知。寻常百姓仍然相信善行能帮他们得救，人们理解不了（或说是不愿理解）神预定了一部分人为"选民"这一新教教义。正如当时有人所说，"大批大批"的人"抛弃了旧宗教，却没有发现新信仰"。[7]但总体而言，人民渴望忠于国王，官方又做了一系列宣传活动，包括给各教区分发福克斯描述玛丽一世如何烧死新教徒的《殉道史》（Book of Martyrs）一书，而且人们也害怕反抗会带来恶果——这些因素都促使各种新的礼拜方式为人们所接受。

天主教的社区日渐萎缩，同时又受到伊丽莎白政权的猛烈攻击。1569年北方反叛后，尤其是在作乱的两位伯爵请求教宗庇护五世（Pope Pius V）开除女王的教籍，而教宗回应称"剥夺她自封的王权"后，这一情况急剧恶化。绝大多数的天主教徒依然忠于女王，而在天主教依旧强势的汉普郡等地也没有丝毫反叛迹象。[8]尽管如此，这也意味着天主教徒仅仅因为信仰原因就可以被打成叛国贼。1577年，数名神父受车裂而死，成为被伊丽莎白一世处死的无数天主教神职人员中的第一批。

英格兰的天主教徒想着，女王若是嫁给一个天主教徒，她的忧虑必会大大减少，他们盼望她与安茹公爵的亲事能成。但与此同时，新教徒们则在激烈反对。新教徒浸淫于《启示录》的大灾叙事，深知新教内部不论国内外都有诸多信仰分歧，他们大大高估了天主教徒的团结。1572年，玛丽的吉斯亲戚在巴黎发动了一场对新教徒的屠杀，这令人们开始害怕新教徒会被天主教徒灭绝，而一些在欧洲受过教育、正陆续回国的英格兰教士也被视作危险的第五纵队。那年夏天女王巡幸了东安格利亚，关于安茹公爵亲事的诸多争端这时都被搬上舞台。

依照惯例，人们提出了一份巡幸路线建议，接着建议会得到女王的批准，而她还要挑选衣服。女王已人到中年，下颌的线条显得更方了，鹰钩鼻的尖端有些下垂，更像一只钩子。尽管青春已逝，她的服饰却越来越华美。16世纪60年代西班牙风格的圆锥形裙子，到了16世纪70年代已经让位于更饱满的裙子和重重绣花的布料，而本就精致非凡的襞襟甚至更为繁复了。巡幸路上的每一站需要哪些衣服、襞襟和首饰，女王并不总记得清。一次，一个第三次被派

都铎王朝

回王宫取衣服的车夫拍着大腿抱怨道："我可看出来了，女王真是个妇人……和我老婆一样。"这话被伊丽莎白听见了。伊丽莎白有着超乎自己都铎先辈的幽默感，她在窗后大声问道："这是哪家的坏蛋啊？"接着，她给了他3枚硬币，"好叫他闭嘴"。[9]

那次夏日巡幸的仪仗队抵达诺里奇时是1578年8月16日，星期六，各样节目即将上演，节目策划人当中有一位诗人，名叫托马斯·丘奇亚德（Thomas Churchyard）。凯瑟琳·格雷的鳏夫赫特福德伯爵也是他的资助者之一，他即将演出的一个关键主题是守节的德行。他已经在诺里奇排练几周，但不确定自己何时何地才能上场，而天气也阴晴不定。到了星期一，没有下雨，丘奇亚德决心抓住机会演出第一幕。

晚餐前的某一刻，女王同众女官一道站在窗边。丘奇亚德的演员们开演了。女王看见一辆奇特的马车出现在脚下的花园里，车上画着各种鸟儿和赤裸着身子的小精灵，带一座装饰着玻璃首饰的塔，塔顶是一束白色的羽饰。马车驶过，一个扮演墨丘利（Mercury，飞速奔跑的信使神。——编者注）的男孩跳下车来，跃了一两步，然后发表了一篇演说，主题是神的愿望："揭穿悖逆的心，造就忠诚的臣民/播种完美和平，根除一切争端。"伊丽莎白看上去相当满意，但他的演出还没有结束。[10]

第二天，一个朋友提前向丘奇亚德通报了女王会走哪条路去用餐。他们在一片野地上迅速布好景，人们都聚上来围观。丘奇亚德安排了一整场道德剧，剧中情爱、荒淫和骚乱三股力量联合起来攻击贞节和她的三名助手：谦逊、节制和知耻。等女王一到，剧情就在她面前展开，赞颂起禁欲的生活来。她礼貌地说些"亲切的话"，认可了丘奇亚德的努力，但依然没有意识到自己所见所闻的真实所指。[11]

"童贞女王"这一著名说法是星期六终幕剧上的发明，但丘奇亚德在野地里的这场表演是对女王这一身份的首次歌颂。这一称号将伊丽莎白一世与对圣母马利亚的崇拜联系起来，而随着与安茹公爵的亲事同先前一样不了了之，一个新的标志诞生了，这标志既利用了基督教的符号，也附会了古代典故。廷臣们托人创作的伊丽莎白一世画像里最喜欢用的一个主题是古代的维斯塔贞女（Vestal Virgin）传说：这个姑娘用筛子从台伯河打水上来送到维斯塔神庙，从而证明了自己的贞洁。在流传至今的1579年至1583年间的画像中，至少有8幅描绘的是持筛的伊丽莎白。有几幅女王画像上绘有帝国的标志：与安茹公爵的亲事作罢，这与英格兰建立新教帝国的激进的外交政策相关。然而，尽管这些画像表现的是一位伟大的、依然为我们所纪念的女王，在这标志背后的却是一个孑然的身影。

伊丽莎白一世那首表达了"或叫我生多些甜美"的渴望的诗应该是在安茹公爵离开英格兰时写下的。但诗中所描述的伤痛和爱恋的源头必然是她真心所爱的那人——罗伯特·达德利。

我恸而不敢露烦怨，
我爱却须强装厌憎，
我愿而须臾不敢表心念，
我似冰冷寡言心却多声。
是我而非我，如冰还焚，
因我已换了本身。

日头之下牵挂如影，
我逃它追，我追它走，
或立或卧，行我所行。
卿卿殷勤叫人悔忧。
胸怀伊人无从得遣，
到了才抑斯情斯感。

或愿柔情潜入心曲，
因我有柔肠似雪融化；
或当断情，或当相许。
或沉或浮，或高或下。
或叫我生多些甜美，
或任我死，永忘爱的意味。[12]

1565 年，女王曾告诉西班牙使节德席尔瓦，若罗伯特·达德利是国王之子，自己肯定早就同他结婚了。然而，达德利早已不再做娶她的梦了。他现在只求能有个儿子继承自己的头衔和土地。1578 年 9 月 21 日，"童贞女王"这一称号发明一个月后，达德利娶了玛丽·博林的外孙女——孀居的埃塞克斯伯爵夫人莱蒂丝·诺利斯（Lettice Knollys）。女王得知此事已经是一年之后的 1579 年冬天。莱蒂丝酷肖年轻时的女王，而这不过令女王徒增痛苦。消息据说是法兰西使节告诉她的——为了报复达德利反对与安茹公爵的亲事。达德利被冷落了好几周，而女王毕生都没有原谅莱蒂丝。[13]

1579 年夏天和接下来的冬天，女王又一次不快地意识到自己终身不婚的代价。事情关乎罗伯特·达德利的一位朋友，论血统，此人在宫中仅次于女王：她是亨利八世的妹妹法兰西王后唯一尚存的外孙女，是埃莉诺·布兰登的独女，而且也叫玛格丽特。她娘家姓克利福德，她当时是德比伯爵夫人。按照亨利八世遗嘱的规定，在 1578 年玛丽·格雷死后，伯爵夫人成了伊丽莎白一世的继承人。她曾同罗伯特·达德利一道反对过与安茹公爵的亲事。1579 年 8 月，安茹公爵秘密造访伊丽莎白一世，她却把此事捅了出去。伯爵夫人被逮捕，其仆人也被叫去问话。在审问过程中，人们发现她雇过巫师给女王占卜，从而得知她的死期。这让人想起人们看出玛丽一世怀胎的进展不正常时伊丽莎白家的人雇巫师约

　　　　　　　　　　　　　都铎王朝

翰·迪伊的事。幻想国君之死是叛国大罪，然而比起玛丽一世，迪伊的事似乎更让伊丽莎白一世害怕。1555年，迪伊曾逃过一劫，而威廉·塞西尔一直到16世纪90年代还在拿他的预言做文章，威胁天主教徒。玛格丽特·克利福德的巫师（她称此人不过是自己的医生）被处死了。伯爵夫人活到1596年，却再未重获女王的宠信。[14]

虽然如此，人们也清楚伊丽莎白一世不可能长生不死，而可能继承其位的是一个比狂妄、愚蠢的玛格丽特·克利福德危险得多的角色。伊丽莎白一世一度是玛丽一世身边的"第二位"，她也常常忆起在这个位置上"姐姐所受的敌对我多少也遭遇过"。"我确实同她有信仰上的分歧，我也为许多（推翻她的）阴谋接受过调查。"1566年伊丽莎白一世曾回忆道。苏格兰女王玛丽此时便处于这样一个位置上，即便1569年对北方反叛的血腥镇压确保再不会有类似的反叛，但对伊丽莎白一世而言，被人暗杀或遭到入侵的危险依然存在。随着与安茹公爵亲事的告吹，不断缩小的天主教社群开始分裂。绝大多数人依然寻求与政府的和解，希望政府有一些宗教宽容的举措，但有一些人决定反抗。

新近从欧洲回国的教士中有一些人属于反宗教改革的耶稣会，这些人坚定了天主教徒们的决心——拒不参加新教敬拜仪式，就算这意味着罚款、坐牢甚至死亡。随后又一批人被处死，其中既有神父，也有掩护他们的人。血债血偿，一小群激进的天主教徒已经预备为推翻女王用尽一切手段——包括谋杀。

第三十九章

争端的女儿

1579年，伊丽莎白一世的竞争者，36岁的（苏格兰女王）玛丽依旧美丽动人，还留着时髦的卷发。不过在尼古拉斯·希利亚德（Nicholas Hilliard）的一幅微缩画上，玛丽的面庞比年轻时更丰满些。同约克的伊丽莎白一样，人到中年的她也开始发福，为伊丽莎白所囚而不得不久坐不动又令这一问题更加严重。她原本体格强健，而且认为新鲜空气和高强度的运动对健康是必不可少的，但整整十年间，她不仅两样都得不到，还频频生病。直到活泼好动的小阿贝拉·斯图亚特来到看守她的什鲁斯伯里伯爵和夫人贝丝家中，才给她的生活带来几分生气，为此她相当感激。

玛格丽特·道格拉斯死后，阿贝拉得到伊丽莎白一世的允许，来与母亲同住，由贝丝照料二人。"我向陛下致以我最谦卑的谢意，感谢的理由有无数重，我无法全部表达。"贝丝为此曾写信给伊丽莎白一世，感谢她的"仁慈善良"。她知道好几个人都在争夺阿贝拉的监护权，故而"我更是不得不效忠您、感谢您、服侍您"，她如此表达自己的感激之情。

玛丽渐渐喜欢上先夫的这位侄女。她竭力劝说儿子詹姆斯承认阿贝拉有权继承伦诺克斯伯爵的头衔。在自己的遗嘱中，她甚至将最私人的一件物品——自己的法语祷告书——留给阿贝拉。不幸的是，1582年阿贝拉的母亲去世后，玛丽对自己侄女的感情开始因贝丝的举动而变得复杂起来。

什鲁斯伯里伯爵夫妇的婚姻破裂了，而贝丝为此责怪玛丽。玛丽虽为囚徒，但身处僵尸般的宫廷中，有一整班仆役服侍，出钱和监管的都是什鲁斯伯里伯爵，伊丽莎白一世只是间或给一点钱。什鲁斯伯里伯爵同贝丝常为了钱的事争吵，他不得不在自己看守的人身上投入巨大的心力，这也叫贝丝越来越嫉妒。玛丽患上关节炎，行动日益不便，背也驼了，尽管如此，她依然是个好友伴，有着惊人的能力，能叫任何同她说话的人都自我感觉良好。什鲁斯伯里伯爵对玛丽的敬重和喜爱令妻子大为恼火，她开始散布恶意的流言，称玛丽和什鲁斯伯里伯爵有一腿。更叫玛丽生气的是，贝丝在阿贝拉的事上一天比一天野心勃勃。1584年3月，玛丽写信给法兰西使节表示："最令我同伯爵夫人疏远的是她对阿贝拉的那些不切实际的幻想，她指望给阿贝拉戴上王冠，甚至想通过将阿贝拉嫁给莱斯特伯爵的儿子来达成这一目的。"不久后小男孩死了，这一计划也随之而流产。为报复贝丝所传的恶意流言，玛丽给伊丽莎白一世写了一封信，复述了贝丝所讲的宫廷故事。

正如精明的西班牙使节费里亚伯爵1558年所言，伊丽莎白一世极为虚荣。根据贝丝的说法，廷臣们常常恭维日渐老迈的女王，还会比谁拍马屁拍得最无耻——一面互拼下限，一面绷着不笑出来。贝丝还向玛丽宣称，伊丽莎白一世睡过罗伯特·达德利，还睡过其他人——至少在她还有能力的时候。玛丽的信最后到了威廉·塞西尔桌上，而他选择不让伊丽莎白一世看到。但1584年8月，玛丽被从什鲁斯伯里伯爵处转走了。

詹姆斯此时已经18岁，英格兰正与之谈判立约：可以释放其母玛丽，前提是他保证她，也保证法兰西国王不造次。玛丽期盼着谈判能成功，但人们再度为伊丽莎白一世的安全担忧起来，因为有消息传来，称带领荷兰人造西班牙反的奥兰治的威廉（William of Orange）被人暗杀了。一个月前，一名狂热分子独自行动，潜入他的府邸射杀了他——这是在政治暗杀中第一次以枪取人性命。[1]人们的担忧达到极点，生怕伊丽莎白一世的性命也面临类似的威胁。

威廉·塞西尔和其他议员下定决心：要是伊丽莎白一世死了，就要玛丽陪葬。这年10月，他们制定了一份被称为"联合契约"（Bond of Association）的文件。这相当于一份暗杀许可。签署者起誓，对他们认为当对伊丽莎白一世之死负责的人要格杀勿论，而这将一切信仰天主教的英格兰王位继承人都包括在内。契约传遍全国，好让各地名人也在上面签字。愿意在针对玛丽的谋杀计划上签名的人之多，足以表明英格兰自16世纪60年代以来经历了怎样的巨变：当年多数政治精英仍然对天主教徒抱有同情，包括罗伯特·达德利在内的许多枢密院新教议员也曾将玛丽视为最佳继位人选。新教已经被广泛接受，而1569年北方反叛以来，天主教徒又开始对伊丽莎白一世构成威胁，这使得玛丽在英格兰人眼中被妖魔化了。

塞西尔计划紧随联合契约之后出台一项法律，保证伊丽莎白一世一死就启动有权选择继承人的大议会（Grand Council）。[2]伊丽莎白一世断然否定了这一通过选举确定君主的新共和制方案，但联合契约保留下来，这令玛丽极为惊恐，担心自己留在英格兰迟早会送命，人们恐怕还会认为杀她宜早不宜迟。她唯一的指望是从还在襁褓之中时一别便再未见过面的儿子会来救自己。1584年8月，她派一个叫阿尔贝·德丰特奈（Albert de Fontenay）的法兰西人作为密使，去苏格兰见詹姆斯：她要明白自己能不能指望儿子，又能指望多少。

到达苏格兰后，德丰特奈受到热情接待，甚至受邀在霍利鲁德宫（Holyrood Palace）住下。这座宫殿有着宏伟的石砌庭院和高塔，在德丰特奈看来有几分像尚博尔城堡（chateau of Chambord），他发现詹姆斯这位伊丽莎白一世身后第一顺位男性继承者是个"少年老成的人"。这个18岁的少年肩膀很宽，身材中等，穿着朴素，浅红的头发剪得短短的。他下肢有些缺陷，可能是童年时患佝偻病所致。德丰特奈还发现"他步态很难看，走路不稳"，"但他一点也不娇气"。事实上，詹姆斯精力十足，打猎给了他一些释放精力的机会。而且听说他常常一天骑六小时的马，"信马由缰地在每个地方追猎"。[3] 德丰特奈得以不时地见到詹姆斯——常常是同他一道打猎。很快，一份对国王的品格、外貌和能力的详细评估报告被寄到英格兰，收信人是玛丽的秘书克劳德尔·诺（Claude Nau），此人也是德丰特奈的妹夫。

除了打猎，詹姆斯对宫廷中惯常的消遣活动都不感兴趣。"他讨厌舞蹈和音乐，哪种都一样"，德丰特奈报告称。詹姆斯也不赞成人们在宫中穿着太华美，不喜欢男人留长头发，"最不能容忍的是戴耳环"。詹姆斯身上明显缺少母亲的影响，他"不论谈吐、吃相、举止，不论是在比武场上还是在妇人身边，都表现得相当粗鲁和野蛮"。不过，德丰特奈也发现詹姆斯才智非凡——在他小时候，杰出的人文主义学者乔治·布坎南（George Buchanan）是他的首席导师，而这能从他身上体现出来。

"以他的年龄论，他是世上最非凡的国王，"德丰特奈评价道，"他的三种心智能力可谓完美：他有清晰的理解力、明智的判断力，记忆力也很好。他提出的问题尖锐又深入，而他的回答则有理有据……他在语言、科学和国务上都受过良好的（甚至我敢说是超乎他王国里所有人的）教育。简而言之，他才智非凡，也有极高的抱负，而且自视甚高。"[4]

不过，德丰特奈觉察到国王在品格上的缺陷。首先是詹姆斯偏狭的傲慢，这令他"对自己的力量过于自信而对其他君王不屑一顾"。其次是他的任性——詹姆斯对自己的几个男性宠臣爱得太过分了。而且他还很懒，总是逃避行政事务。最后，童年的血腥经历似乎给詹姆斯留下了深深的创伤，这也令德丰特奈担心，他感到"喝着恐惧的奶水长大的"詹姆斯永远不会有勇气对抗那些大贵族。

令人赞叹的是，詹姆斯心平气和地接受了母亲派来的这个法兰西人对他的批评，又向他表示，自己真要工作起来也能干得很快，而且"贵族们没有什么事是瞒着他私下干的，因为他安排了探子在这些人门口早蹲晚守，然后再回来巨细无遗地向他汇报"。[5]但若说詹姆斯算是精明，德丰特奈便是狡猾，虽然詹姆斯满口答应会帮母亲，但德丰特奈注意到"他从未问过一句女王的身体怎么样、人们待她好不好，也没打听过她的仆人、她的起居、她的饮食、她的消遣或者类似的事情"。[6]

真实情况是，玛丽对儿子而言是个陌生人，而儿子身边的人提起她时鲜有什么好话。许多年来，人们一直告诉詹姆斯，是她杀了他的父亲。而不论他信或不信，他最关心的都是自保。詹姆斯后来曾说过，他的臣民比英格兰人"要野蛮得多，也顽固得多"。他的首要目的是继承伊丽莎白一世的王位，尽他所能地快些离开这倒霉的苏格兰。

翌年（1585年），玛丽发现詹姆斯和伊丽莎白一世达成协议：英格兰国王会给他一笔年金，玛丽则要留在牢里。在给伊丽莎白一世的信中，詹姆斯甚至称英格兰女王为他的"夫人和母亲"。玛丽又恨又怕，开始迫切寻找其他逃离英格兰的途径。她相信即使儿子不帮她，"在基督教世界的地盘上我总能找到足够强的继承人——有足够强的爪，能抓住我要交到他们手里的东西"。[7]其中为首的便是西班牙的腓力二世。1585年8月，伊丽莎白一世向造他反的荷兰新教徒提供武力支援，从而成了冈特的约翰的这位后人痛恨的仇敌。

1586年年初，西班牙的腓力二世已经在计划入侵英格兰。他的目的既在于终结英格兰对荷兰叛军的支援，也在于终止英格兰海盗对带着一船又一船黄金从美洲殖民地返回的西班牙人无休无止的劫掠。但腓力二世不希望人们将西班牙攻打英格兰看作单纯的征服或惩罚。作为伊丽莎白一世的姐姐玛丽一世的丈夫，他曾经是信仰天主教的英格兰的国王，而后天主教信仰被推翻，天主教徒继而受到迫害，几近灭绝。腓力二世希望此役成为一场圣战。为此，他需要精力十足的新一任教宗西克斯图斯五世（Sixtus V）的支持，但教宗并不愿意支持他。

生于教宗国[*]的教宗此时已经60多岁，他相信"西班牙国王的

---

[*] 教宗国（papal states）为教宗统治的世俗领地，建立于8世纪，位于亚平宁半岛中部，以罗马为中心。至1870年领土退缩至仅剩梵蒂冈城，名存实亡。教宗庇护十一世时签订《拉特朗条约》，标志着教宗国正式灭亡。——译者注

对外政策完全是为图一己私利，而非为了教会"。[8]此时，腓力二世不仅是西班牙的国王，也已经成了葡萄牙的国王。教宗曾抱怨称，自己同这位统治第一个日不落大帝国的国王相比简直就像一只苍蝇和一头大象相比。腓力二世有可能变得更强且不令他中意。然而，他也得顾及英格兰天主教徒的死活：根据英格兰法律，在国外领受圣职都是叛国罪，许多神父正因此被处死。教宗决定支持腓力二世，前提是腓力二世得胜后玛丽要得到英格兰王位。

玛丽最担心的是，就算腓力成功入侵英格兰，她也会在有人来相救前便被杀掉。她意识到，要想活命，她需要英格兰人的帮助。慌不择路的她开始将得救的指望寄托在先前联系过她的一群年轻天主教廷臣身上，这些人正密谋要杀伊丽莎白一世，而这似乎并不困难。伊丽莎白一世完全清楚自己有性命之忧，但她依旧同自己的女官和几个廷臣外出散步，而无论她何时出现，民众都会立即围上来向她致敬，她也会回应人们对其表达的爱戴。"这些人想取我的性命，但我并不为此烦恼，"伊丽莎白一世表示，"在上的神一直保护我到如今，也会继续看顾我，因为我信他。"[9]

谋划暗杀伊丽莎白一世的为首的廷臣名叫安东尼·巴宾顿（Anthony Babington）。24岁的他"面孔、身材都相当吸引人，敏捷聪明，讨人喜欢，好开玩笑"，但事实证明他是个蹩脚的谋划者。[10]一名政府探子已经被安插在密谋者中，而巴宾顿联系玛丽的事枢密院早就知道。他在给玛丽的信中承诺，"6名高尚的绅士都是我私交很好的朋友，为了心中所怀的对天主教事业的热忱，也为了效力于陛下，愿意亲手执行这一悲剧性的处决"，"将这个篡位者迅速处理掉"。[11]玛丽于1586年7月回了信，不幸的是，8月，她的几个秘书、巴宾顿及其共谋者就都被捕了。

伊丽莎白一世决心严惩这些密谋杀害自己的人，以杀鸡吓猴。1569年北方反叛以来，她曾下令绞死过数百人，追随诺森伯兰伯爵和威斯特摩兰伯爵二人参与反叛的村民，差不多一村一个。将近20年过去了，再没有人造过反。此刻，她开始特别关注处决巴宾顿及其朋友的各种细节，于是吩咐议会尽量叫这些人死得痛苦些，"好引发更多的恐惧"。[12]人们响应她的命令做了安排：犯人仅仅被吊了一小会儿，就上了巨大的绞架，当着众人的面被开膛破肚并阉割，而犯人在被处决过程中完全清醒，尖叫不休。接下来要处死的就是玛丽。

伊丽莎白一世和枢密院最担心的是，不知詹姆斯对处死母亲会有何反应。他有可能会撕毁苏格兰与英格兰新签订的协议，向西班牙或法兰西求助，以报杀母之仇。他们想尽办法刺探詹姆斯的口风，但他没有领会其中的意思，仅仅表示他本人可以接受把玛丽关进塔里，绞死她的仆人——"他只求留她性命"。[13]然而，他很快得知并不存在这个选项。

任人将母亲斩首，不论对詹姆斯还是对苏格兰来说都将是奇耻大辱。但詹姆斯知道，英格兰国会已经排除了所有在推翻伊丽莎白一世的密谋上有份之人继位的可能。要是太强硬地维护玛丽，他当上英格兰国王的指望——无论实际有多大的可能性——大概就没了。然而他说服了自己，认为可以说服伊丽莎白一世相信，处死与她同为国君的玛丽对她不会有什么好处。

10月，玛丽受审。她极有技巧又不失尊严地为自己辩护，但审判结果早已板上钉钉。12月，国会发出了死刑判决令。19日，玛丽写信给伊丽莎白一世，求女王"看在您的祖父，也是我的外祖父亨利七世的分上，看在我们共有的荣耀和尊贵的分上，也看在我们同为女人的分上"，允许她的仆人见证她生命的终结（好知道她得了好死），也允许人们把她葬在法兰西。[14]此时，詹姆斯倒开始求伊丽莎白一世保全母亲的性命了，他特别向女王指出母亲"与她同样为王，也同样是女人"，但他从未以撕毁苏格兰与英格兰的协议相逼。

正如詹姆斯所料，伊丽莎白一世确实不愿背负杀王的罪名。她担心，在欧洲，"人们会传说一个独身的女王为了自己性命无忧，竟然愿意流他人之血，甚至杀害自己的亲人"。更糟的是，砍君王的头会打破君王神圣存在的观念。但一面是正为入侵预备着所谓"无敌舰队"的腓力二世，一面是预备谋害她的英格兰臣民，伊丽莎白一世认为留下玛丽的命等于——正如她对詹姆斯所说——"爱惜一把剑，好拿它割断我的喉咙"。伊丽莎白一世想避免依法公开处决，因此竭力劝说玛丽的几个看守，要他们按照联合契约的要求杀死这名囚徒。

玛丽的最后一处关押地点是位于北安普敦郡的福瑟林赫城堡（Fotheringhay Castle），约克家族的先祖曾在这里住过，疯国王亨利六世就是这些人杀害的；但在塔中两位王子中年长的爱德华五世失踪时，受害的也是这些人。然而事实证明，伊丽莎白一世的仆人们不如她的先祖那样愿意听从王命实施谋杀，于是她不得不提笔在玛丽的死刑执行令上签了字。尽管如此，她却没有发出执行令——威廉·塞西尔凭自己的权力代行了，而她必然也知道他会这么做。

伊丽莎白一世已经吩咐在中庭内处决玛丽，不要叫她死在福瑟林赫又冷又湿的庭院里。但她拒绝了玛丽要求仆人陪同的请求。伊丽莎白一世不愿冒险：这些仆人可能会将玛丽之死传开，还会传得令人们对玛丽产生同情，而这等于是谴责自己的行为。然而玛丽依然如愿以偿了：她不依不饶地求了11个小时，称"对比我卑贱得多的人都不会连这么小的一点恩惠都不给"，在场的人们羞愧地让了步。[15]

1587年2月8日，玛丽走进处决她的房间。她面带微笑，身后跟着仆人们隆重的仪仗队。先前人们杀英格兰国王都是悄悄处理的，与之相反，玛丽的死却成了一台大戏。作为曾在无数大场面中做过主角的玛丽，明白该如何最大限度地利用人们给自己的舞台。她将自己装扮成一个为天主教事业献身的殉道者。她手持十字架，腰带上挂一对玫瑰经念珠，被人脱掉外衣后，她穿着衬裙站在一众见证者的面前：裙子上身和袖子都是红褐色的，这是礼拜仪式中代表殉教的颜色。

人们蒙上玛丽的眼睛，祷告过后，她依然挺直上身跪着。从未见过英格兰死刑的她以为人们会照着法兰西处决贵族的传统以剑斩首。但人们是要拿一把斧子砍掉玛丽的头，"类似那种砍木头的斧子"，她的医生厌恶地表示。刽子手相当粗鲁，甚至没有开口叫玛丽自己趴下，而是直接粗暴地将她的头往枕头木上按下去。玛丽继而放平身子，下巴搁在木头上，双手放在其下，开始祷告："主啊，我独信你，求你叫我永远不受迷惑。"（In te Domine confido, non confundar in aeternum.）场上担任行刑官的是玛丽昔日的看守什鲁斯伯里伯爵乔治·塔尔博特——现在是马歇尔伯爵——举起职杖，示意开始行刑，但因怕看到接下来的一幕，他移开目光。所以他没有注意到——但此刻刽子手注意到——玛丽的双手也会同她的头一道被砍下来。他的随从于是上前抓住玛丽的双手，将之反剪到背上，于是玛丽的脸贴在枕头木上。

"我们听她念着'主啊，我将我的灵交在你手里'（In manus tuas, Domine, confido spiritum meum）*，房间里死寂一片。"医生回忆道。刽子手踌躇着预备挥斧，与此同时，她一遍又一遍地念着

---

* 《诗篇》35：1。——译者注

这句诗。当他终于挥动斧子时，房间中紧张的气氛达到顶点。斧子砍到玛丽的头上。有些人感到听见一声呼喊。第二斧下去，几乎斩断她的脖子。接着，刽子手像用砍刀切鸡翅膀一样挥动着斧子，把玛丽的头砍下来。头既落地，刽子手一面高呼"天佑女王"，一面要将之举起，结果头颅掉了下来，他手中只抓着她栗色的假发——刽子手用斧用得太笨拙，把假发根砍断了。行刑官哭了。与此同时，刽子手们开始从尸首上剥去女王的长筒袜——刽子手可以得到受刑之人的衣服，或留或卖，算是这份工作的一点额外好处。玛丽的小狗原本躲在她的裙底，此时被人们的举动惊动跑了出来。浑身是血的小狗在玛丽的尸体边跑来跑去，哀号不休。[16]

玛丽已死的消息传到宫中，伦敦全城点燃了欢庆的篝火。巴黎的人们却为这位昔日的法兰西王后举哀。有人厌恶地说起，伦敦那些乌合之众还跑到法兰西使节家中，讨要更多的木柴以点火庆贺玛丽被处死。[17]伊丽莎白一世却穿上丧服，还向法兰西使节保证玛丽的死会"终其一生都叫她心痛"。在某种意义上确实如此。不得不杀掉同为女王的玛丽并没有让伊丽莎白一世愉快，此刻她必须集中精力对付当下的危机。她给詹姆斯寄去一封信，发誓称玛丽的死罪不在她，又将之归咎于那些发出死刑执行令的人。詹姆斯好几天拒不接见信使，但他最终接受了伊丽莎白一世对此事的说法。

玛丽曾求伊丽莎白一世准许她与母亲同葬法兰西，这最后的请求没有获准——并非出于恶意，也非因女王残忍，而依然是出于政治上的担忧——在法兰西举行葬礼极有可能增加人们对已发生之事的愤慨。任玛丽的尸首停在福瑟林赫腐烂六个月后，伊丽莎白一世决定将她葬在彼得伯勒大教堂，那里还安息着另一位天主教王后——阿拉贡的凯瑟琳。而此时，伊丽莎白一世不得不迎战凯瑟琳的甥孙腓力二世，开始对抗这世界第一强国的大军。

第四十章

无敌舰队

"国王和他的无敌舰队已经成了笑话。"教宗向罗马的威尼斯使节表示。玛丽被处死五个月后，出兵英格兰的腓力二世得到了教宗的支持——不仅是道义上的，也有资金上的。但到了1588年新年时，教宗已经认定腓力二世征服伊丽莎白一世治下小小岛国的计划获得成功的可能性微乎其微。腓力二世一次又一次延期，迟迟不出兵，而教宗发现自己反倒钦佩起敢于迎战腓力二世的伊丽莎白一世来。"这女人要是个天主教徒该多好，我们必会爱她甚于爱其他君主，因为她能力非凡。"他叹了口气。[1]玛丽既死，腓力二世便可以凭着冈特的约翰之后的身份亲自索要英格兰王位了。1527年洗劫过罗马城的男人之子未来的权力还会更大：这并非什么令教宗心情愉快的图景。

1588年春天到了，腓力二世又来要钱，但被教宗拒绝：他不愿再多出一分钱，除非腓力二世先出兵实现推翻伊丽莎白一世的目标。教宗还宣称，自己有"强烈的预感"，这目标实现不了。[2]尽

　　　　　　　　　　　　　都铎王朝

管如此，5月30日，无敌舰队还是起航了。载着1.8万余人的130
艘军舰从里斯本出发，进军英格兰。按照计划，无敌舰队会到荷
兰同帕尔马公爵（Duke of Parma）的军队会合，而帕尔马公爵的
军队会成为进攻的主力。8月7日，舰队排成完美的新月队形抵达
加来，旌旗招展的军舰仿佛一座座橡木城堡。然而，此景虽然壮
观，木制船身却令其极为怕火，当英格兰舰队的8艘火炮船开入这
片木头堡垒之间时，西班牙人的阵势开始乱了。接着，火炮隆隆，
炮弹射向舰队。

英格兰人于8月8日早上8点开始炮轰，一直到晚上7点仍未
停火，而此时无敌舰队已经"在预备撤退"。一位名叫库埃利亚
（Cuellar）的西班牙舰长报告称，他的"圣佩德罗号"（San Pedro）
军舰，已经千疮百孔，有炮轰的大洞，也有不那么明显的枪弹孔，
水也正不断地从孔洞里涌进来。风把他们朝北面推去，"我不知道
能怎么说——敌军的舰队穷追猛打，要把我们赶出他们的国家"，
他写道。[3]

西班牙舰队继续北上。与此同时，伊丽莎白一世乘着游艇从
圣詹姆斯宫来到格雷夫森德（Gravesend）。她知道无敌舰队已经
受到重创，敌军也在英格兰的炮轰之下死伤惨重。但战斗还没有
结束，而当"衣着华美、装扮富丽"的伊丽莎白一世在西蒂尔伯
里（West Tilbury）下船，预备检阅军队时，她迎来了自己在位期
间决定性的一刻。

要如何应对接下来的大场面是伊丽莎白一世需要慎之又慎的。对这一时期的英格兰人而言，女人打仗是违背自然的，就像狗能说话或孩子生下来长着牛头差不多。[4]不过，她姐姐玛丽一世已经相当出色地完成过一次阅兵任务了。1553年7月20日，已经做好准备要从篡位的简·格雷手中夺回王冠的玛丽一世骑着马"出了弗拉姆灵厄姆庄园城堡，要召集并检阅最出色、最忠心的军队"。当时有人描述道，玛丽一世的士兵们立正排成一列，"旌帜展开，军旗竖起"。她身骑白马，见她走近，人们纷纷跪下。来到队伍面前时，玛丽一世的马惊了，于是她下马，一面走，一面同士兵们挨个讲话。此刻伊丽莎白一世骑马经过她的军队，"她忠心的士兵，不论贵贱，纷纷跪下来"。她的马比姐姐的表现好些。伊丽莎白一世得以一直骑在马上，当看见远处山坡上的大部队时，"她在马上坐直身子，挥着高贵的手……将帽上的羽饰抛出去"。[5]

第二天，伊丽莎白一世回到蒂尔伯里，预备检阅大军。负责建营的罗伯特·达德利在那里迎接她。昔日的恋人如今都老了。罗伯特·达德利面色很红，一副病态，而伊丽莎白一世此时已经54岁，比1553年检阅大军时的玛丽一世老了将近30岁。尽管如此，伊丽莎白一世却又一次"英勇地骑上一匹高大的骏马"，而这次与她同行的是一大队排场隆重的人马，罗伯特·达德利和军队的元帅走在她前面，二人各将自己带羽饰的帽子拿在手上。[6]8名男仆走在她两侧，戴着钻石、穿着金布的女官们跟在她后面，而她光彩夺目，"装扮得像个明艳的天使"，手持一枝象征权力的杖。[7]有人描述她"仿佛武装的帕拉斯（Pallas）"。[8]这曾令许多人误以为伊丽莎白一世当时身着戎装。事实上，这是在将伊丽莎白一世比作古典传说中的智慧女神雅典娜。当年玛丽一世登基时，佛罗伦萨的一出露天历史剧也拿她与雅典娜相比。两次比喻都是为了在战争背景下树立起一个女性的正面形象。检阅列队行进的大军时的伊丽莎白一世很可能穿着白色和金色相间的服装，但必然不是现代电影中想象的那种护胸甲。

伊丽莎白一世的军队停在原地，她只身骑马，同罗伯特·达德利一道检阅部队。前一天看到士兵们跪在烂泥里，她表示不喜欢如此，于是这次她检阅军队时，士兵们不再下跪，而是各自以枪、旗、矛触地，向女王致敬。此刻，伊丽莎白一世骑马上了一处高地，预备发表演说。1554年玛丽一世发表的演讲曾鼓舞了伦敦全城群起反对怀亚特一党，当时有人传说她"甚至提出要亲自上场作战"。[9]根据当时一首民谣的说法，伊丽莎白一世此时也承诺"你们众兵之中，亦会有我同往／好做你们的喜乐、你们的向导、你们的安慰，甚至在你们之前迎敌而上"。几十年后，当年在蒂尔伯里的一名神父凭记忆复述了伊丽莎白一世的整场讲话。[10]人们曾担心伊丽莎白一世去蒂尔伯里会遭人暗杀。罗伯特·达德利驳斥了这种忧虑，并告诉女王，因她到场而"得到安慰的将不仅是在那里的几千人，还有更多听说此事的人"。[11]伊丽莎白一世的著名演讲收到了远超预期的成效，而且至今仍是最为激动人心的英语演讲之一：

> 我忠心的人民啊，有些在意我安全的人曾劝我，跟拿刀枪的群众说话要注意方式——他们担心我会遭人背叛。但我向你们保证，我不愿活在忠于我的人民的不信之中。叫暴君们去害怕吧，我一向如此——在神的面前，我已将我主要的力量及我的安全都交托给了我臣民的忠心和善意。所以此刻我来到你们中间——如你们所见——不是为了自己消遣娱乐，而是因为我决意来到战场上，在这危急关头，在你们中间，与你们同生共死。为着我的神，我的王国，也为着我的人民，我将我的尊贵丢在尘土里，甚至也将我的血一同洒下。我知道按着肉身，我不过是个软弱无力的妇人，但按着心志胸怀，我却是个王，而且是英格兰的国王。任他是帕尔马还是西班牙，还是欧洲任何一国的君王，若敢侵犯我王国的边境，我必不容忍这屈辱，我必会亲自举兵，我必会亲自做你们的将军、士师，照着你们各人在战场上的表现给你们奖赏。[12]

幸而在英格兰的土地上没有发生战斗，西班牙人的船继续往北开，沿着英格兰东海岸而行，并绕过苏格兰。缺水的人们不得不将马抛下船去，这些动物不顾一切地划着水，想要靠岸——但

都铎王朝

它们永远上不了岸。过不了多久，它们的主人也会划起水来，因为在回家的漫漫长路上，船只陆续失事沉没。库埃利亚忆起自己在斯莱戈湾（Sligo Bay）如何紧紧抓着将沉船的船尾，"我目不转睛地看着这可怕的一幕"——在风暴之中，其余西班牙船也陆续毁坏："许多人被困在将沉的船上。一些人跳海，沉下去就再也没有上来；一些人坐在木筏和木桶上，还有些绅士伏在碎木头上。"这个西班牙人上了岸，艰难地向一座修道院走去，指望在那里寻到庇护。"结果那地方已经废弃了，礼拜堂和圣徒画像都已经被烧毁，堂里还挂着12具西班牙人的尸体，是信路德宗的英格兰人叫人干的，这些人四处搜寻，要索我们的性命。"[13]

无敌舰队损失了至少9000人，这些人或是溺死，或是被谋其金银的人所杀，或是到爱尔兰后被人交给英格兰当局，然后立即被处决。伊丽莎白一世写信给苏格兰的詹姆斯，称计划推翻她的腓力二世"反而成就了我最大的荣耀"。[14] 她的话没错。但战争还未结束，而伊丽莎白一世最艰难的岁月也还没有到来。[15]

第四十一章

日暮

打败无敌舰队后几周，罗伯特·达德利启程回沃里克郡的凯尼尔沃思，在路上，他写信问候伊丽莎白一世，想知道"我仁慈的小姐感觉如何，近来的疼痛有无缓解"。他也病了，但他叫她放心，说自己一直在服用她送来的退烧药，又说这叫他感觉"好多了，比我收到的其他任何东西都有效得多"。事实证明，这药并不足以救他的命，六天后他逝于牛津郡的康伯里（Cornbury）。"他的最后一封信"，伊丽莎白一世悲伤地在信上写道，并将之放进自己床边的柜子里，柜中收藏的都是她最珍贵、最私密的物品。[1]

达德利的去世标志着旧秩序已成过去，但伊丽莎白一世依旧指望能继续照着自己那句座右铭——"始终如一"（Semper eadem）——施行统治。一年又一年过去，服侍她的人陆续过世，她没有换掉旧仆，要么就是找近似的顶替失去的。取代达德利的是其继子，高挑英俊的士兵兼学者，第二任埃塞克斯伯爵罗伯特·德弗罗（Robert Devereux），渴慕战场上的荣耀和名望的他代表着郁郁不得志而又充满热望的新一代臣子。1593年加入枢密院时，埃塞克斯伯爵27岁，而当时他在枢密院的同侪平均年龄已近60岁，73岁高龄的伯利勋爵威廉·塞西尔稳坐头把交椅，有着至高无上的权威。除了他，年轻的议员只有一人，即伯利勋爵的儿子罗伯特·塞西尔，他是1591年28岁时当上议员的。如同埃塞克斯伯爵取代达德利一样，罗伯特也正预备取代自己的父亲。

罗伯特·塞西尔生得很矮，身高不过5英尺2英寸，还是个驼背。伊丽莎白一世常常亲昵地称塞西尔为她的"小矮人"，但他的诸多对头更愿意叫他"魔鬼罗伯特"。甚至在腐败已是司空见惯的当时，他的贪污依然臭名昭著。同西班牙作战花费巨大，朝廷官员盗用公款更加重了这一负担，进一步耗竭了女王的资财。她尽其所能地省钱，还因此被人指责"到老（变得）相当贪婪"。据说，伊丽莎白一世对朝廷疏于管理，而"人们（也）厌烦了被一个老妇人统治"。[2]追随埃塞克斯伯爵的人们为对抗西班牙而苦战，忠心没能为他们换来什么好处，两个"鹅毛笔老爷"——耍笔杆子的塞西尔父子——却中饱私囊，赚得盆满钵满，这令人们相当气愤。这些人似乎越发开始将希望寄托在童贞女王的离世上。

讨论继承问题是被禁止的，这已经成了叛国罪，但埃塞克斯伯爵和塞西尔两派相互竞争，疯狂地——虽然也是秘密地——活动，要为他们认为最能代表各自利益的未来继承者稳固地位。[3]威廉·塞西尔既与詹姆斯之母玛丽之死有牵连，便继续联合支持凯瑟琳·格雷继位的人们：他依然与鳏夫赫特福德伯爵保持着友好关系。对塞西尔父子而言，不幸的是，凯瑟琳·格雷的长子已经结婚，而对方的父亲仅是一介绅士，对提高其王室地位毫无帮助。

埃塞克斯伯爵的盟友则是一个强大得多的候选人——詹姆斯。他本人毫无疑问是王族，而他的妻子（丹麦的安妮）还在1594年生下第一个儿子亨利。作为王位候选人，詹姆斯的优势还在于能吸引各个宗教派别的追随者，所谓的清教徒支持詹姆斯。因为比起伊丽莎白一世所允许的教会来，苏格兰教会的新教精神要凸显得多。另一方面，詹姆斯的母亲在天主教徒们眼中几乎是个殉教者，很多人相信他会允许天主教徒有信仰自由。

但还会有人最后一次试图在都铎家族的血脉之外寻人继位：一班天主教徒怀疑詹姆斯不会实行宗教宽容政策，于是想寻觅一名天主教徒继位者。1595年11月，英格兰耶稣会士们以R.多尔曼（R. Doleman）的名义出了一本书。这本《论英格兰王冠下任继承事宜》（*A Conference About the Next Succession to the Crowne of Ingland*，原文如此。——编者注）对继承问题的讨论产生了极大的影响。

这位"多尔曼"宣称，英格兰事实上一直以来都是选举君主制。按照血统，亨利七世原本无权继承英格兰王位，但国会认可了他的继位。很明显，最重要的并不"单单（是）血统家世"。然而，"多尔曼"也承认，君主具有王者必备的诸项尊贵品质是至关重要的，而他认为都铎家族中并没有这样的候选人。除了詹姆斯，人人都有污点：或是私生子（女），或是下娶（嫁）。而根据英格兰法律，因为母亲密谋推翻伊丽莎白一世，詹姆斯已经丧失了王位继承权。

排除了都铎家族中的候选人后，"多尔曼"在书中宣布：在为伊丽莎白一世寻找继承者时"首先应当考虑的是神和信仰问题"。[4] 16世纪50年代，新教徒也曾提过同样的主张，一个世纪之后，天主教徒无权继承王位还会被写进英格兰法律。据此，英格兰会接受荷兰和德意志的新教徒为统治自己的王。"多尔曼"的主张是这一法律的前身：天主教徒被告知他们可以到欧洲找一位同他们信仰一致的君主，而蒙神保佑，他们已经有了一位杰出的人选，那便是腓力二世钟爱的女儿、29岁的公主伊莎贝拉·克拉拉·欧亨尼娅（Isabella Clara Eugenia）。

同父亲一样，伊莎贝拉也是冈特的约翰的正统后裔。她是"一位能力非凡的公主，集美貌、智慧和虔敬于一身"，她的祖国也相当富有，不大会像一穷二白的苏格兰的詹姆斯一样对手下的英格兰人民敲骨吸髓。[5] "多尔曼"的各项论点重创了凯瑟琳·格雷长子的继位指望，同时利用英格兰人敌视"穷鬼世仇"苏格兰人的民族情绪。因而，1597年法兰西国王亨利四世的使节安德烈·于罗·西厄尔·德迈斯（André Hurault Sieur de Maisse）抵达英格兰时，一切障碍都已扫清。

伊丽莎白一世治下的王国已经陷入混乱。玛丽一世过世前的情景复现：连年歉收、瘟疫不断和劳民伤财的战争令百姓苦不堪言。举国上下怨声载道，伊丽莎白一世又常常生病——德迈斯也很快发现了这一点。因为女王牙痛，他的初次觐见延期，但12月8日他终于收到了白厅宫中的邀请。这个法兰西人的船在近白厅门口处靠岸，他沿着一条有顶棚的幽暗小径来到一间低矮的门厅。他跑上楼，经过一连串又小又阴森的房间，然后由人领着走进枢密室。房中霍尔拜因的壁画上，亨利八世仿佛巨人一般，护阴袋向前凸出，亨利七世和约克的伊丽莎白的身影则又小又暗淡。在房间另一端的是女王的众女官和几个议员。威廉·塞西尔也在其中，他已经"相当老迈"，甚至不得不"坐在一把椅子上由人抬着"。同样坐着的——不过是坐在华盖之下、高台之上——还有形容枯槁的伊丽莎白一世。

女王站起身来迎接使节，德迈斯看见她身穿一件极为奢华的礼服，料子是银色薄纱和白色缎子的。袖子上饰有猩红色条纹，还缝着假袖，长及地面。她红色的假发上装饰着金银饰片，两绺少女气的卷发垂下来，几乎触到她的双肩。然而，她的面庞却"十分苍老"，"又长又瘦，牙齿……极黄，且不整齐"。事实上，她掉了太多牙齿，他甚至发觉"在她说话很快的时候，人们不大容易听得明白"。伊丽莎白一世显得很焦躁，不断地玩弄自己的假袖子，绞成一团又放开，还抱怨冬天室内太热了。怕热和焦躁、爱摆弄东西可能是甲状腺疾病的症状，她的姐姐玛丽一世也患过此病。虽然12月的天气寒冷刺骨，但她仍然不断地拉开自己的银色礼服，露出满是皱纹的胸脯，最后还叫人拿水浇熄了火。[6]

德迈斯注意到，伊丽莎白一世常常穿着低胸的衣服，一副未婚姑娘的装扮。她担心人们越是认为她老，认为她时日无多，她的仇敌就会越嚣张，所以她总打扮得很青春，粉也涂得厚厚的。每次二人会面后，她总会偷偷溜回自己的房中，几乎像在卖弄风情似的。一次，她打趣称自己"又老又蠢"，德迈斯意识到她正等着他表示反对。他经常听见伊丽莎白一世自豪地谈起"人民对她的爱，以及她爱人民如何不比人民爱她少，她情愿死也不要看见这种爱或那种爱有丝毫减少"。[7]但他同样清楚地看到，她宠爱的臣子威廉·塞西尔"不可思议地"被寻常百姓憎恶，而一些廷臣对她则几乎怀着轻蔑之情。

在过去的一个世纪里，曾有人指出过国王"衣着理应比其他人都华贵，为着配得上其尊贵"。同样的道理对女王也成立，但伊丽莎白一世有时不得不提醒服侍她的人明白这一点。伊丽莎白一世的教子约翰·哈灵顿爵士（Sir John Harington）讲过一个著名的故事，说有一次伊丽莎白一世的一名未婚侍女穿了一件天鹅绒外套，以金子和珍珠绳边，极为华美，人们纷纷对其投去嫉妒的目光，伊丽莎白一世大为恼火，于是决定要来衣服自己穿上。但这衣服对她来说太短了，她穿了出来，问衣服的主人是否也觉得她穿"不合身"。这姑娘提心吊胆地承认确实如此。"嘿,既然衣服太短了不适合我,那么我觉得这衣服太华丽了也永远不会适合你。也就是说,这衣服既不适合你,也不适合我。"伊丽莎白一世说着,"哼"了一声。这姑娘从此再也没有在伊丽莎白一世的宫中穿过这件衣服,但她只是将衣服收了起来,指望等女王死后再穿。[8]

比伊丽莎白一世的侍女们的傲慢无礼更危险的是,女王的宠臣埃塞克斯伯爵(使节认定他"是个胸怀大志的人")代表高层人士向使节表达的态度。伯爵曾恼火地向这名使节诉苦,称伊丽莎白一世总爱拖延不做决定,又说"这宫中有两件事叫他们举步维艰:一件是拖延,一件是反复无常",而他认定这是"由于女王是个妇人"。[9]埃塞克斯伯爵极为渴望同西班牙来一场激战,但每走一步都会遇到阻挠,威廉·塞西尔担心军事的开支会酿成社会动荡。女王也有同样的忧虑。但身为女人,她对和平的盼望仅仅被解释成了缺乏尚武精神。德迈斯报告称,宫中的人让他强烈地感到,英格兰人再也不会服从女性统治了。

1598年的新年,一名廷臣回忆道:"人们开始有了一种疲惫感,世界好像变老了(mundus senescit)。"[10]1598年8月4日,77岁的威廉·塞西尔过世,女王痛失臂膀。无敌舰队一役发生已近十年,但战争仍然望不到头,仅仅十二天后,爱尔兰又爆发了独立战争。正是在这场战争中,埃塞克斯伯爵对女王军事领导能力的轻蔑态度表现得最为强烈。被伊丽莎白一世派去镇压反叛头子蒂龙伯爵休·奥尼尔（Hugh O'Neill, Earl of Tyrone）的他无视女王的命令，与之休战。1599年9月，埃塞克斯伯爵回到宫中，想着可以为自己的行动辩护。然而，伊丽莎白一世对这位昔日宠臣的信任已经尽失。她将他拒之门外，又停了他的薪俸，叫他财路政途并毁。"女王深知如何叫心高气傲的人低下头来"，她的教子哈灵顿表示，但他也预料到"那心高气傲的人不明白要如何顺从"。[11]

1601年2月7日晚，埃塞克斯伯爵的一班密友花40先令雇了宫务大臣的几个戏子，要他们演出威廉·莎士比亚那部"讲理查二世国王被废被杀的戏"。戏子们提醒他们，这出戏太老了，根本没人再演，不会有什么观众。但花钱的人坚持要他们演，开幕时虽然场上座位大多空着，但至少花钱的人都到了，其中包括查尔斯爵士、蒙蒂格尔勋爵乔斯琳·珀西爵士（Sir Jocelyn Percy, Lord Monteagle），还有许多时髦的宫中人。剧情一路展开，冈特的约翰开始为英格兰哀哭，因为人们任由这个国家陷于毁灭。"这王权的岛……这嵌于银海上的宝石……这土地，这国家，这英格兰被卖了"，而且"蒙羞忍辱"。观演的这班遍身绫罗的武士此时要扶正祛邪：这出戏标志着一场政变的开始。[12]

翌日，埃塞克斯伯爵带领300名年轻的追随者从拉德盖特出发，浩浩荡荡地往圣保罗教堂开进。新一代贵族中最杰出的人都在其中，包括蒙蒂格尔勋爵和拉姆利勋爵（Lord Lumley），还有南安普敦（Southampton）和拉特兰的两位伯爵。只要人民肯响应埃塞克斯伯爵的号召，都铎家的最后一人就会被推翻。但1559年1月加冕礼后，已经被伊丽莎白一世的微笑征服的伦敦人依然忠于女王。当埃塞克斯伯爵一行人穿过一条条窄窄的街巷时，人们只是目瞪口呆地望着这班武士，而且"相当惊讶，因为这些人竟然会在和平时期——还是星期日——以这副模样跑出来"。

埃塞克斯伯爵投降后不到两周，伊丽莎白一世就在他的死刑执行令上签了字。他生前壮志未酬，死后倒成了英雄。在威廉·莎士比亚笔下，冈特死时仍然指望"我生时所劝理查纵使不听／我死之悲剧或许能叫他不再耳聋"。成就埃塞克斯伯爵声望的民愤依然没有熄灭：英格兰"可耻"的境况没有变，威廉·塞西尔虽然死了，却有其子"魔鬼"罗伯特来填补空位。百姓希望伊丽莎白一世此刻能想起埃塞克斯伯爵的控诉，而埃塞克斯伯爵的形象也被理想化了：尽管他是因叛国被处死的，人们却为他编了许多民谣，甚至在宫廷中也有传唱。[13]

伊丽莎白一世的健康和精神状态在接下来的几个月间开始走下坡路，到了10月，她已经处于一种身心衰竭的状态。1601年11月，在最后一次主持国会开幕时，她几乎被自己的礼服压垮。在国会接下来的多场讨论中，人们对伊丽莎白授予宠臣们的各种垄断权大加批评。罗伯特·塞西尔凭着自己对淀粉浆的垄断权，将其价格提高到了原先的3倍。尽管他和其他有垄断权的人极力为自己辩护，但公众表现出的愤怒令伊丽莎白一世相当忧虑，她承诺会以女王公告的形式对之予以废除或修正。

几天后在白厅的会议室，伊丽莎白一世接待了国会代表团，这些人极尽溢美之词地向她表达感谢。接着他们住了口，恭听女王讲话。"尽管神将我高举，但我是凭你们的爱戴统治的，我也要将我王冠的荣耀归于此，"她对这些人说，"至于我自己，我必须说……我的心从未留恋过世上的好处，相反总是全然为着我臣民的好处。你们所给我的我都不会留着，我所领受的都将还给你们。"这番话被称作她的一系列"金句"之一。但在1601年12月国会散会时的闭幕讲话中，伊丽莎白一世却回顾了那些试图用尽"各种阴谋诡计"害她性命的人。[14]

伊丽莎白一世担心自己同人民之间的纽带正在断裂。1602年6月，有人听见她向罗伯特·塞西尔诉苦，女王绝望地表示"国家一穷二白，声讨无休无止，各种人都心怀不满"。她向法兰西使节承认自己已经活得不耐烦，还为埃塞克斯伯爵的死而悲叹。[15]他曾是女王年轻时爱过的男人留下的唯一纪念，但这样一个人却背叛了她，而此刻他还被人当作偶像崇拜——人们甚至不顾他曾威胁过她的性命。这一年为歌颂伊丽莎白一世上演了最后一批露天历史剧，她被尊为永恒不易的"爱与美的女王"。但随着伊丽莎白一世日渐消沉，人们关于继承问题的窃窃私语再度变得多了起来。

詹姆斯的密探正在全力寻求各大家族的支持，承诺"保障宗教信仰自由，确认各项特权和自由权，扶正祛邪，恢复各人的荣誉、头衔和官职"。许多人积极回应，但原因仅仅在于英格兰没有出众的候选人。西班牙的伊莎贝拉也好，苏格兰的詹姆斯也罢，都不是人民想要的统治者。有传言称，为了造出一个合格的英格兰继承人，一班廷臣正为玛格丽特·道格拉斯的孙女、27岁的阿贝拉·斯图亚特和凯瑟琳·格雷之孙、16岁的威廉·西摩（原文 Edward Seymour 有误。16岁也疑为14岁之误。——编者注）二人谋划婚事，"好叫继位之事顺势而成"。[16] 这叫人想起当年亨利七世和约克的伊丽莎白的结合。这桩亲事若是成了，亨利八世两个姐妹的血脉便能统一于一个新的联合王朝。但这是否也能为一个前途未卜的民族带来和平呢？答案似乎没那么确定。

第四十二章

空王冠

　　1602年的圣诞节，伊丽莎白一世的教子约翰·哈灵顿爵士到白厅过节，见到女王时他大吃一惊。她正端着一只金茶杯在啜饮，好令发炎的喉咙舒服些，她现在只能低声细语。她承认自己几乎吃不下饭，当人们谈到爱尔兰的反叛，又提到埃塞克斯伯爵的名字时，她流下眼泪，不停地捶打着自己的胸膛。

　　过了几天，人们又发现伊丽莎白一世变得越来越健忘了。她要一群人来见她，而人来了她又发怒，称没有召过他们。她已经病得很重，却没人敢言明，但哈灵顿确信她只剩几个月了，而他也发现廷臣们已经开始展望未来，"有些人并不那么关心很快会失去的东西，反倒更在意未来可能得到的东西"。[1]

　　过了一两天，12月30日，在托特纳姆（Tottenham），凯瑟琳·格雷的鳏夫（63岁的赫特福德伯爵）家中来了一位客人。来者是给阿贝拉·斯图亚特送信的。这位27岁的姑娘上次在伊丽莎白一世宫中露面已是10年前，当时人们对她赞叹不已：金发碧眼的她衣着优雅，"受过上等教育，语言能力出众，对音乐的判断力与品位极佳"。[2]伊丽莎白一世开始焦虑，怕人们会以公主为中心结党，于是自那以后一直不许她进宫，她便去了乡下外祖母处，住在贝丝哈德威克的新庄园中。阿贝拉十分孤独，而且渴望结婚，可她知道女王绝不会同意。但阿贝拉常听人说起自己父亲（达恩利勋爵的弟弟查尔斯·斯图亚特）和贝丝的女儿秘密结婚的事，说起赫特福德伯爵同凯瑟琳·格雷（她母亲的教母）秘密结婚的事。她希望赫特福德伯爵现在不仅能同情她的处境，也能为她做些什么以改变这一境况。

阿贝拉的一位侍从曾同她提到过赫特福德伯爵的孙子威廉·西摩（原文 Edward Seymour 有误，以下统一修正。——编者注）称此人是她的完美郎君。这名侍从的父亲大卫·欧文·都铎是阿贝拉的亲戚，二人同为欧文·都铎之后——侍从的祖上是都铎的私生子大卫·欧文爵士。欧文这支"别系"在后来渐渐被人遗忘，但此刻，在都铎王朝历史的末章却会扮演不大但颇重要的角色。根据此人的说法，赫特福德伯爵有次曾找到他的父亲，希望他帮忙探探贝丝的口风，看阿贝拉和自己孙子之间的婚事能不能成。几年后阿贝拉才知道此事，但依然不顾一切地要让赫特福德伯爵知道她此刻想要立即成就这门亲事。送信人向伯爵转达她的提议：威廉·西摩要乔装来哈德威克庄园。阿贝拉警告称，要是让她外祖母贝丝发现了他是谁，他就会被拒之门外。她提议西摩带上"简·格雷夫人的一幅画像或一份手稿"以便确认身份。[3]
阿贝拉提出"最好"就是简在临刑前夕写给妹妹凯瑟琳的绝笔信。

阿贝拉的信使说着，赫特福德伯爵越听越害怕，也越听越愤怒。因为埃塞克斯伯爵的死，罗伯特·塞西尔得以同詹姆斯秘密达成和解。不同于威廉·塞西尔，罗伯特与处死玛丽一事并无瓜葛。赫特福德伯爵明白，没有罗伯特·塞西尔的支持，他想为自己的后人赢得王冠是没有指望的。他认定苏格兰的詹姆斯六世很快就会成为英格兰的詹姆斯一世，于是想要尽力将损失减到最小。他自然不希望再有人提起他从前的那些打算和指望。翌日，赫特福德伯爵将信使押往罗伯特·塞西尔处。

得知阿贝拉的行动之后，女王大为恼火。她又想起40年前听闻凯瑟琳·格雷嫁给赫特福德伯爵时的黑暗一刻，那消息曾叫她"面若死灰"。但到哈德威克审讯过阿贝拉和家中的仆人后，人们却发现只有几个仆人和最亲近的家人知道阿贝拉的打算。罗伯特·塞西尔认为可以安心地将阿贝拉留给她的外祖母看管——这必然比关她进塔更安全，因为一旦送她进塔可能会稍微有点过于引人注目。伊丽莎白一世大感宽慰，甚至身体也似乎好了起来。2月中旬，她已经感觉相当不错，甚至在祖父最爱的带塔楼和14重"高耸入云"的尖顶的里士满宫接见了到访的威尼斯使节。[4]

这个威尼斯人第一次见到伊丽莎白一世时，她正坐在宝座上，穿一条低胸的裙子，料子是银白两色相间塔夫绸的，镶着金边，还戴了一顶夸张的假发，"颜色是自然界里从没有过的"。事实证明，伊丽莎白一世鲜明的个人形象与历代都铎君王所建造的所有宫殿一样经久不衰，这个威尼斯人被伊丽莎白一世摇摇欲坠的华美迷住了：她瘦骨嶙峋的前额隐藏在"一颗颗梨一般"硕大的珍珠后面，头戴帝王的冠冕，三角胸衣上镶满珠宝，腕上同样绕着一圈又一圈珍珠。她身边站着一众议员，而会客室余下的地方则"满是绅士淑女，还有一些乐手——此前这些人一直在奏着舞曲"。伊丽莎白一世年轻时爱跳舞，老了仍旧乐于看别人跳。她起身迎接使节，二人不友好地交流了几句，使节抱怨英格兰海盗太猖獗，她则表示"威尼斯共和国……除非有求于我，否则从不上门来"，又说不知道"我哪里做错了，莫非就因为我是个妇人"。[5]

这威尼斯人看不出女王身上有什么健康状况不佳的迹象，但她修长的双手已经肿了。那个星期晚些时候，她不得不叫人把加冕戒指剪断便于将其摘下。由于玛丽一世确立了以加冕戒指象征女王与王国"结合"的传统，此刻她摘下戒指引发了新的担忧，人们怕伊丽莎白一世的统治就要到头了，到时王位空置，各方必然会相争夺权。[6]因为阿贝拉曾经试图联络赫特福德伯爵，宫中许多人认定她参与了阻挠詹姆斯继位的阴谋。玛格丽特·道格拉斯的孙辈似乎成了竞争王冠的对头，威尼斯的使节向参议院发了快信，报告在人们看来二人的胜算孰大孰小。

詹姆斯认定自己是新的"亚瑟王……凭着正当的权利来索要

我的位置和我的宝座"，据说他身上还有一枚狮形的胎记，表明称王乃他命定之事。[7]他最重要的支持来自枢密院，但也有许多人谈到他的继位在法律上存在一系列障碍："首先，他不是生在王国内的，因此没有资格继位；其次，他母亲被处决后，国会已经宣布她为叛国者，不能继位，其子的继承权因此也被剥夺。"这将阿贝拉推向前台。她是在英格兰生的，"极为美丽且才华出众。蒙神恩赐，她多才多艺，除了母语英语外，又通晓拉丁语、法语、西班牙语和意大利语"。[8]伊丽莎白一世曾把她赶出宫，强使她离得远远的，指望人们会忘记她，但阿贝拉失败的求婚确保了人们如今都对她印象深刻。人们后来发现公主对英格兰王冠不感兴趣，但又有报告称西班牙正在扩建海军。一些人猜测西班牙此时打算对抗詹姆斯而支持阿贝拉继位。可能之后还会安排她同一位西班牙的盟友结婚。

然而，依旧令伊丽莎白一世担忧的不仅是阿贝拉的行动，还有爱尔兰传来的消息。曾几何时——在埃塞克斯伯爵政变失败前，伊丽莎白一世还能同她目前在爱尔兰的代理人打趣。一次，他抱怨自己的工作太烦人，说就像厨娘干的活儿一样。她听说后写信给他，称他为"厨娘夫人"，还表扬他，说他拿着"煎锅和厨房里的其他玩意儿"给叛党造成的打击"比那些光说不练的人"还多。[9]反叛者蒂龙伯爵领导的独立战争已经接近尾声，蒂龙伯爵眼看要败了。她的代理人此时不住地求她赦免蒂龙伯爵，以实现双方最终和解。罗伯特·塞西尔支持他，称要想抵御西班牙人，就必须确保爱尔兰的稳定。伊丽莎白一世拒绝了，她担心要是放过了这一个，"未来的叛国贼又怎么能受到震慑"。[10]最终，在塞西尔的劝说下，她改变主意，但赦免仇敌蒂龙伯爵——为了此人，她曾被迫砍掉英格兰英雄埃塞克斯伯爵的头——却令她又一次深陷抑郁。

2月25日，是处死埃塞克斯伯爵2周年的日子，伊丽莎白一世躲进自己的私室。此前一天，她的一名博林家的侍女死了，这更加剧了她的痛苦。[11]关爱姨母玛丽·博林的后人曾是她缅怀自己母亲的唯一途径——她还悄悄地在所戴的一枚闭口戒指内存着母亲的画像。过了几天她才重新出现在公众面前，人们称她出现时"极度忧郁，几乎要死"。而阿贝拉的几封信更是雪上加霜，在信中她提醒女王莫忘埃塞克斯伯爵的惨死，还宣称宫中有她的一位秘密的倾慕者。这些信东拉西扯，满纸非难，尽是一个独自一人待得太久的女人自恋的偏执。塞西尔在阿贝拉的一封信上写了一句评语："我觉得她脑子有点进水了。"[12]

伊丽莎白一世依然极度焦虑。她怀疑身边的人们居心不良，且常因阿贝拉和一切可能支持她的人发牢骚。[13]3月9日，塞西尔写信给爱丁堡的英格兰使节乔治·尼科尔森（George Nicholson），称女王几乎已经吃不下饭，而且口干舌燥，胸口发热；她睡不着觉，而且既不愿待在床上，也不愿吃药。三天来一直在花园里焦躁不安地走来走去，还穿着夏天的衣服，叫众人都感到不安。宫中的气氛相当阴郁，人人都"愁容满面"。高层人士都在备武买马，而支持詹姆斯的人们正用尽一切办法败坏阿贝拉的名声，四处散布谣言说她疯了。[14]

詹姆斯依然处于继位最有利的位置，但他远远称不上众望所归。而威尼斯使节注意到，西班牙和法兰西两国国王的代理人都已经表明自己的主人不承认詹姆斯，而是双双支持阿贝拉继位。法兰西的亨利四世极怕不列颠统一，怕自己与苏格兰的旧日盟约走到尽头。而腓力二世的儿子，时任西班牙国王腓力三世则愿意支持任何人——哪怕是阿贝拉这样的新教徒——只要这个人能阻止詹姆斯当上英格兰国王。他认定詹姆斯是个骗子，他迷惑了天主教徒，叫他们相信他会给他们宗教自由，事实上他却完全无意如此。而且他竟然容人杀害自己的母亲，是可忍，孰不可忍。

许多人深感担忧，怕外国军队——要么就是支持阿贝拉的西班牙人，要么就是支持詹姆斯的苏格兰人——入侵英格兰就在旦夕之间。但西班牙议会还不愿发动进攻。詹姆斯则愿意等着罗伯特·塞西尔和枢密院将王冠拱手呈上。这些议员最担心的是受苦受难的穷人们可能会揭竿而起。为了预防伊丽莎白一世离世时发生社会动乱，3月15日，议会在里士满宫启动永久会议，王宫的守卫数量也翻了一番。贵族们被召进宫，而可能制造麻烦的人则要么被强征入伍，要么被关起来。

伊丽莎白一世仍然没有睡觉。人们报告称她很虚弱，但除此之外没有明显的症状，"仅有下颌处一处腺体略有肿胀，后来肿包自然破裂并排出少量物质"。[15] 又有报告称，两天后她坐在一堆垫子上，盯着地面，手指含在嘴里。3月19日，星期六，在接见罗伯特·凯里爵士（Sir Robert Carey）时，她依然坐在垫子上。凯里是她已故的姨母玛丽·博林最小的孙子。伊丽莎白紧紧握着凯里的一只手，伤心地对他说："小知更鸟啊，我很难受。"他竭力鼓励她，想叫她打起精神来，却发现她"心中的忧郁太深了"。一些法兰西人已经告诉伊丽莎白一世，她宫中的几个人正在秘密同詹姆斯联络，所幸她不知道凯里也是其中之一。当晚他写信给詹姆斯，告诉他女王快死了，又承诺会亲自把她的死讯带给他。他姐姐斯克罗普夫人（Lady Scrope）在女王的卧室服侍，斯克罗斯夫人有一枚蓝色戒指，可作为詹姆斯想要的物证。

第二天是星期日，早晨伊丽莎白一世没有上王室礼拜堂做礼拜。她依旧坐在枢密室里那堆垫子上。她坐在那儿不肯挪窝，这样又过了两天两夜，与此同时，惊恐的伦敦人都躲进家中，关上门。到了星期二，伊丽莎一世白终于被人从垫子上搀起来送到床上。她没写过遗嘱，议会也清楚她父亲的遗嘱依然有效。根据其条款，王冠将从伊丽莎白一世传至弗朗西丝·布兰登的后人（凯瑟琳·格雷的子女和孙辈），弗朗西丝若没有后人，则传给埃莉诺·布兰登的后人；只有在以上各人都无法继位的情况下，詹姆斯才能成为国王。于是人们决定再求行将就木的女王最后一次，要她指定自己的继承人。星期三下午，伊丽莎白一世回话，召众人谒见。

伊丽莎白一世躺在床上，她要人拿些水来，好润润发炎的喉咙，以便说话。众议员则表示听到他们报出"合她心意"的继承者的名字时她动一动手指就好。[16]关于接下来发生了什么，则有各种说法。有人称报出詹姆斯的名字时，伊丽莎白一世把手举到齐头高，另一些人则说她没动过。但正如宫中一名官员所言，不论哪种说法属实都无关紧要。枢密院已经认定了詹姆斯，而其他备选人的实力都不足以阻碍他们做出这样的决定。那天晚上6点，坎特伯雷大主教和伊丽莎白一世的其他牧师来同她一道做了祷告。几小时后，人们都退了下去，她身边只留了几个女官。翌日（1603年3月24日）凌晨2点前的某刻，女王在这些人的陪伴下过世，"走得很平静，仿佛一只熟了的果子落下来"。上午10点，凯里已经在路上了，他策马北上，带着姐姐给他的那枚蓝色戒指，作为女王已经过世的物证。

荣光女王（Gloriana）这一符号化的伊丽莎白一世的形象——正如当时有人所说——"描绘的是一张毫无阴影，因此也没有生命的面孔"。作为一个有感情的活人，真实的伊丽莎白一世更加脆弱。她登基时，西班牙使节费里亚伯爵曾表示，伊丽莎白一世决意不受任何人的辖制，又说她发布命令时就同父亲一样威风。但支持伊丽莎白一世的新教徒们——威廉·塞西尔等人——却认为，合法的女王必须要顺从虔敬之人（也就是新教徒）的意见施行统治。事实上，伊丽莎白一世无法像父亲亨利八世一样将自己的意志强加于人。她所能做的就是拖，就是不点头。对于以贵族为代表的精英们，她的信任并不比祖父更多。她登基时有57位贵族，到她死时还剩55位。和亨利七世一样，她也减少了贵族的数目。亨利七世依靠的是那些一切都拜他所赐的官员，而伊丽莎白一世依靠的是平民百姓，就是1553年曾经群起支持过玛丽一世的人民。她曾告诉费里亚伯爵，自己的王冠是拜人民所赐，与其他任何人无关。

然而，后来的事实也令伊丽莎白一世明白，能利用舆论的不仅是她。埃塞克斯伯爵曾注意到，女王"若非十万火急绝不做决定"，而人们也越来越倾向于借着寻求民众的支持来逼她行动。正是出于这一动机，16世纪60年代，议员们发动宣传战以支持当时他们拥护的王位继承者，后来他们又以类似的方式先后迫使伊丽莎白一世杀掉诺福克公爵和苏格兰女王玛丽。这一以阴谋为核心的公共论调和选择性叙事原本是为着说服女王和其他人相信存在来自天主教徒的威胁，但后来议会以外那些无权无势的人——包括天主教徒和清教徒——也开始使用这一手段，这也成了伊丽莎白一世留给后人的危险的遗产。

伊丽莎白一世曾写道："不幸此生我所承载／服侍暴民，其愚蠢我尽忍耐／遂他人愿毕生至终／而竟无一慰我心胸。"[17]然而，伊丽莎白一世在世的日子，英格兰却享受了一段长久的安定时期。这一安定是否能持续下去，当下则不能确定。

罗伯特·凯里策马北上赶往苏格兰，与此同时，伊丽莎白一世的议员们紧张不安地出了白厅，来到外面的草地上。矮小的罗伯特·塞西尔宣读了公告，确定苏格兰的詹姆斯六世为英格兰国王（史称"英格兰的詹姆斯一世"。——编者注）。公告对亨利八世遗嘱的规定和詹姆斯继位的其他法律障碍只字未提，反而罗列了他的各种个人品德，宣称他"心智和体格都天赋异禀"，又提到了他的血统，称他是"至高荣耀的国王亨利七世……和约克的伊丽莎白之女玛格丽特之身所出"。亲耳听到宣读的人四散而去，开始传播这一新闻。与此同时，嘉德骑士团和传令官带领仪仗队往拉德盖特走去，接着又向齐普塞街的高十字街（High Cross at Cheapside）进发。到了11点，那里已经聚集了一大群人。"寻常百姓数不胜数，此外还有英武的骑士、勇敢的绅士要人，都骑着好马。"[18]

塞西尔又宣读了一遍公告，声音既洪亮又清楚。听罢，众人高呼"天佑国王"。但一个当时在场的人描述称，人们反应"冷淡"。威尼斯使节则推测道："很明显，既没有人为女王去世而悲伤，也没有人为新国王继位而高兴。"压倒一切的情感是恐惧，基本食品的价格陡涨。不过，夜幕降临时——一名伦敦人在日记中写道——"城里没有出现骚动，也没有出现冲突或者混乱；人们各忙各的，从容、平静、安稳，就好像什么都没有改变，也未曾听到过关于竞争者的什么消息似的。"[19]

人人快慰喜悦。一座又一座小山丘上点起篝火，一名廷臣则在日记中写道："提心吊胆地等了四十年都不知道谁会继位，这种担忧却在一分钟之内就化解了。城里城郊的人们欢欣雀跃，没有人愿意女王再活下去。"[20]一座又一座英格兰的城镇里开始回荡起钟声。不过一个世纪，属于都铎诸王时代的文艺复兴式的浪漫与哥特式的恐怖便落幕了，属于斯图亚特的新纪元——也是火药阴谋（gunpowder plots）、内战和革命的年代——开启了。"曾有几多优雅，红白玫瑰之佳/好花已凋，缎叶枯槁，"一位诗人写道，"玫瑰衰萎，繁华尽毁。"[21]

后　记

稍稍弄乱那弦——只消一丁点儿，

然后，听啊，多么刺耳！事事都

成了对头……

权力生意志，意志生欲望；

而欲望，这匹吞尽一切的狼，

有意志和权力这一双帮手，

必会一切尽吞，

最终吞掉自己。

——威廉·莎士比亚，《特洛伊罗斯与克瑞西达》

（*Troilus and Cressida*）第一幕第三场

2012年9月，在莱斯特一处停车场地下发现了理查三世的遗骨。当年埋葬他遗体的修道院就位于此地，但修道院在宗教改革期间被毁，许多中世纪的藏书、艺术品和乐谱也随之尽失。这一事件的后果之一是，我们对这段历史没有直观感受：因为被毁，所以变得陌生，于是我们极力要将之套进熟悉的框框里，戴着我们各人的眼镜看它。要理解都铎王朝，我们必须记住都铎家族所处的时代背景——决定因素是15世纪的历史，而不是决定了我们视角的后宗教改革、后启蒙运动时代。

理查三世的世界很血腥，从他下葬的地方掘出的断骨便是明证。这些遗骨令人——甚至包括我们——对15世纪末那真刀真枪的暴力有了真切的感受：理查三世的头盖骨被一名都铎士兵砸碎，脑浆迸裂，臀部也被刀刺穿。这令人想起1471年"高贵的骑士""造王家"沃里克伯爵死后尸身所遭的凌辱，还有1461年在陶顿战役中死去的数千人被砸烂的骨头。这些也表明了理查三世作为国王的失败，因为确保和平与和睦是国王至关重要的义务，而这正是顶替他位置的都铎诸王存在的意义，直观表现了民族和解与救赎的双色玫瑰那引人注目的形象便是这一意义的符号。

今天，我们依然致力于实现和平与和睦，只是方式变了：我们依靠民主机制。但这对于我们的祖先是不成立的。在都铎时代的人们眼中，国王是保护者，是防止出现无政府状态的保障。今天的我们是幸运的，对于混乱之恐怖仅是偶有见识。2003年巴格达被洗劫后，唐纳德·拉姆斯菲尔德（Donald Rumsfeld）曾轻描淡写地表示"自由就是又脏又乱……自由的人民可以自由地犯错、自由地犯罪，可以自由地行恶"。15世纪的英格兰人会立即明白巴格达事态的严重：问题不是自由不自由，而是有人太放肆。强者掠夺弱者，完全顺着自己的欲望——就是威廉·莎士比亚笔下那匹"吞尽一切的狼"。今天的人们容易将法律和秩序同法庭和警察画上等号，但对当时的人而言，二者的意义远不止于此。

人们尊重法律，是因为其本就神圣。法律存在于一个有序、理性而万物相通的宇宙。然而，存在于这一宇宙中并不意味着一个人的地位在出生时便已确定。居于高位者的勤勉义务（duty of care）之一便是资助有才干的人，提高他们的地位。正义在今天被我们称为"人权"，在当时则在于各得其所，而野心之所以是罪，是因为人觊觎太多。有野心的要夺王冠，或者心怀不满的要反抗合法的王，就像路西法造反一样。这极有可能开启地狱之门，令世界陷入混乱。这便是亨利六世和爱德华五世的对头将二人称为"伪王"的原因。如此便有正当的理由将其推翻。这也说明为什么后来的历代君王都一定要向人民表明自己是"真正"的王的原因。在这一方面最显而易见的资格是王室血统，但王的"真"也反映在其治国能力上。为了确保和平与和睦，王要秉公治国，要为国家征战，并且要确保后继稳固，为未来的安定打下基础。统治权不是争来的，谁做王是预先定下的，故而王死后，权力就传给其继承人。"真"的王权的归属、国家安定的保障、明确后继的需要，这一系列问题在整个都铎时代一次又一次地显现。事实上，这些问题在都铎王朝时期反复出现。

这便是为什么研究都铎家族历史极为重要的原因。

1483年夏天，理查三世在加冕时曾宣称，被他推翻的爱德华五世是伪王，这一说法并非人人都接受。在人们看来，只要爱德华五世和弟弟还在世，理查便是个篡位者。理查因而有极强的动机除掉两位王子，因为他们很可能成为反抗的中心。对理查而言不幸的是，二人已死的传言扩散后，10月爆发叛乱，表明国家依然不和谐。理查的儿子和继承人翌年的死似乎进一步证明他是个为神所诅咒的篡位者，1485年他葬身博斯沃思更证实了这一论断。得胜令亨利七世得以主张自己为王是神介入的结果。他凭着自己从母亲那里继承的兰开斯特血统而有的继位权微不足道，所以他把自己打扮成一个"无名才俊"：他是"真正"的君王，原本默默无闻，有一天却以真命天子的形象出现，坐上王位，就像传说中的亚瑟王一样。为了支持这个说法，他还发明了"圣徒"亨利六世预言他称王的故事。

尽管博斯沃思的胜利已经提供了关键证据，表明他确实得到了神的祝福——国会后来也接受了这一事实，但他依然需要像"真正的"王一样施行统治，实现国家统一，并且稳固后继。1486年他迎娶了约克的伊丽莎白，意在与约克人和解，使他们顺服。不到9个月，二人就有了一个儿子：双色玫瑰和兰开斯特与约克两家的和解化为了一个鲜活的生命。对亨利七世而言，实现联合表明自己得权靠的不是婚姻，但婚姻依然至关重要，否则他的权力就会系于妻子的性命，他子女的继承权就会更多地来自她而非他，而之后另娶的妻子所生的子女也都不会被视作"真正"的继承人。他因此继续将自己称王说成天意——有着王室的渊源，但却是个新起点，而前路会更美好——怀着这一希望，他给儿子起名为亚瑟。

尽管如此，他不满的臣民们却从未忘记消失于塔中而血统比他显赫得多的两位王子。现代关于究竟是理查三世还是亨利七世导致了两位王子的死的争论，模糊了两位国王在此事上的共同之处。作为王子的顶替者，二人都没完全获得认可；二人都没有为王子公开举行葬礼或安魂弥撒——而这一点对破解这一长久以来吸引着人们的谜题相当关键。

时隔500年后，现代研究工作并不能证明塔中两位王子是被男管家用烛台杀害的。现代法医心理学家向我们保证理查三世不是个变态狂，也说明不了什么问题，因为不是只有变态狂才会想要干掉与自己竞争王位的人，更不要说维持稳定还是王的义务。[1]要解开两位王子的消失之谜，最重要的是明白沉睡于当今莱斯特停车场之下的那失落的世界是什么样的。

在今天的英格兰，我们没有像法兰西卢尔德（Lourdes）*那样

---

* 1858 年，圣母在法兰西卢尔德显现于圣伯尔纳德面前，自称是"始胎无玷者"，证实了教宗庇护九世 1854 年宣布的"圣母始胎无染原罪"的信理。圣母嘱伯尔纳德念玫瑰经，为罪人祈祷，并使山间流出一道灵泉，以治病人。——译者注

的圣地——去那里寻求疗愈或灵性更新的朝圣者每年有数千名之多。但我们还能想起威尔士王妃黛安娜死后白金汉宫外聚集的大批民众。想象一下朝拜两个无辜小王子的圣陵与墓碑的人们会怀着怎样的感受和狂热，更不用说当时的人本来便感到与死者亲近。膜拜两位王子对理查三世和亨利七世来说都是极大的伤害。因为理查三世夺了二人的王位，而亨利七世则娶了他们的姐姐伊丽莎白，伊丽莎白同样是王位继承人，因此亨利七世担心自己被人轻看成王婿。这便是为什么两位王子仅仅是"消失"，为什么没有为他们立碑，为什么无论何处都没有二人的正式纪念的原因。然而，亨利七世既不曾安葬两位王子，二人的魂灵也就一直纠缠他到死。当儿子亚瑟·都铎死时，亨利七世似乎也和理查三世一样受了诅咒。但他的王朝挺了过来——靠着铁腕的统治，而更关键的是因为他有一个家，包括一个还活着的儿子。

1509年亨利八世登基时，似乎英格兰再度有了一位"真正的"王：他是两位失落的王子的男性亲属中最年长的。而令亨利八世"更受拥护和认可"的也是他酷肖自己光辉的外祖父爱德华四世——而非酷肖父亲亨利七世——的方面。此后20年间，亨利八世实现了父亲未曾实现的理想，他成了"侠义王"的化身。亨利八世的王室血统、他的光芒、他的尚武精神、魅力和虔敬结合在一起，力量巨大。佛兰德的人们说，少年亨利八世"之高贵、之显赫……超乎亚瑟王之后的一切君王"。

关于好宴乐的"率真王哈尔"（bluff King Hal）的各种传说继续活在民众的记忆中，一直流传到新世纪。詹姆斯一世时期，塞缪尔·罗利（Samuel Rowley）写过一出戏剧《如你所见》（*When You See Me You Know Me*），此剧曾激发威廉·莎士比亚创作了《亨利八世》。剧中国王微服出行，与自己的臣民打成一片；他同人打架，甚至还遭到逮捕。我们无法想象谁会以亨利七世为主角写这样一出戏。甚至在今日，较之那位衰老又不举的暴君，我们更愿意记住的依然是那位年轻而英武的亨利八世。导致亨利八世暴虐的自然是他的焦虑：因为他同阿拉贡的凯瑟琳没能生下儿子。他曾表示，"要是我死的时候留你们在纷争中，我认为我毕生所做的一切显然都会打折扣，都会变得不值得纪念"。因为肯定自己是"真正的"国王，他坚信必然是自己的婚姻有"假"且因此受了诅咒。毕竟膝下无子不仅是个人意义上的不幸，还意味着未来可能会出现继位之争——他的姐妹和她们的继承人在未来的继位之争中获得了重要的地位。亨利八世在位期间有两大关键问题对其统治产生了决定性的影响：其一是"真正的国王"的本质，其二是有己出的继承者以保障国家和谐与未来稳定的重要意义。自然，儿子不仅需要有王来播种，也需要有王后来孕育——而关于亨利八世，人们今天记得最清楚的可能便是他的一众王后了。

然而在继承问题上，重要的不仅是他的诸多妻子。本书第二部分开篇再现了弗洛登战役，采用的是两位王后的视角：一位是亨利八世的姐姐苏格兰王后玛格丽特·都铎,其夫詹姆斯四世死在战场上;另一位是英格兰军队的总指挥阿拉贡的凯瑟琳,詹姆斯四世便是为她所戮。苏格兰一败涂地,但在继承一事上,比打胜仗更重要的是有子女。命中注定使都铎血脉延续下去的将是战败的一方,具体来说是玛格丽特王后的儿子(苏格兰的詹姆斯五世)和女儿玛格丽特·道格拉斯——此人长期以来不受重视,但事实上,作为都铎家族未来继承人詹姆斯的祖母,她相当重要。弗洛登战役十七年后,少女玛格丽特·道格拉斯来到舅父亨利八世宫中。此时英格兰正要脱离罗马,亨利八世和韶华渐老的凯瑟琳的婚姻行将废除,新王后安妮正待加冕——亨利八世指望着她能为自己生一个儿子。玛格丽特·道格拉斯见证了这一系列事件,也见证了安妮的倒台,还有都铎版的卡默洛王朝(Tudor Camelot)的崩坏——安妮被以剑斩首,剑是亚瑟王的标志,而亚瑟王也曾被王后吉尼维尔背叛。亨利八世依旧没有儿子,而1536年夏天,玛格丽特·道格拉斯亲身体验了亨利八世对她同样身为王位继承人的姐妹的攻击,亨利八世的两个女儿此刻都成了私生女,他却试图借由二人的潜在权利安排继承事宜。

在伦敦塔的高墙之外,和平与和睦也正在高调瓦解:亨利八世遭遇了150年来英格兰最大的一场反叛。玫瑰战争所代表的旧日分裂已经为宗教冲突所取代。反叛虽然失败,却对亨利八世的自尊心造成巨大的冲击。后来他解散修道院,又对宗教保守主义者与改革派人士一视同仁地处以死刑，都是在试图于一个民族主义的、亨利八世的公教会内建立新的宗教统一体，实现和睦。

在教会的事上他失败了，但他做成了另一件事：1537年，他给英格兰生了一个王子，意味深长的是，他给儿子起名为爱德华。然而，亨利八世死时，爱德华六世甚至比塔中两位王子消失时的年纪还小。都铎家族的人们向来是从历史中寻求榜样、吸取教训的。决心不再重蹈理查三世覆辙的亨利八世在遗嘱中将王子托付给先前的臣仆，同时又确保在扩大的都铎家族中的各继承者都弱到不足以对其子爱德华构成威胁。接下来发生的事——爱德华的舅父领导发动了一场政变，他成为护国公——这是个极有价值的提示，告诉我们历史原本可能是什么情形。爱德华六世最终的命运恰恰是理查三世害怕侄子爱德华五世会遭遇的：被外戚操纵，而对外戚势力构成威胁的王室成员一律后果不妙。最终，爱德华六世的母系家族西摩并没能从这位国王身上捞到什么好处。但在爱德华六世死时，他没有考虑自己都铎家的姐妹，却将王位传给信新教的简·格雷夫人，她是伊丽莎白·伍德维尔和其首任丈夫兰开斯特骑士之后。理查三世对伍德维尔这家暴发户的担忧在都铎人那里变成了现实。

1553年，玛丽一世打败了简，一度为人嗤之以鼻的都铎家族得胜，这也是一个阶级制度根深蒂固的社会在惩罚吉尔福德·达德利这个没有王室血统的王。玛丽一世也证明了自己有能力成为英格兰的首位女王。性别和宗教偏见极大地影响了玛丽一世在人们眼中的形象。她常常被描绘成一个软弱而缺乏政治技巧的人，但她曾争取到军队和人民的支持，也极为成功地离间了她的对头。她将自己打算以简·格雷的公公诺森伯兰公爵约翰·达德利为替罪羊的意图广而告之，同时表明基本上愿意宽恕其他任何人。玛丽一世借此做出承诺：她会实现简的政权所没有实现的和平与和睦。她希望借着劝走新教主要人物并令其流亡国外，重建一个统一的天主教国家，恢复与罗马的融洽关系，但她所展望的教会同时也是一个人文主义的、改革的教会。

然而短短六个月后，玛丽一世便遭受了一场致命的打击：新教徒造反了（后称为"怀亚特叛乱"）。叛军当头的她就自己之为"真"王发表了一场演讲。即便她"独独借着神的恩典"得了王冠，他们也应对她怀有"尊重和应有的顺服——为着（加冕礼的）圣油的膏抹"。然而她也是为这王冠上过战场的，还是"按照公正的继承法并你们（国会）齐心的表决和无异议的投票"而坐上王位的。但打败叛军之后，她明白必须进一步表明自己有权称王——必须取得她依然未得的和平。

如果说理查三世作为一个好国王、一个虔敬的人，为了实现国家统一却依然命人杀害了两个孩子令人难以置信，那么我们也不妨思考一下接下来发生的事：玛丽一世处死了16岁的简和年轻的吉尔福德，原因仅仅是他们有可能激发新教徒再度造反，而这

　　　　　　　　　　　　都铎王朝

必然会危及稳定。新教徒一再谋反，玛丽一世也随之变得更为残暴，而最臭名昭著的便是她烧死新教徒的举动，其目的在于消灭这个在她看来顽固而且暗中颠覆自己的少数人群。在今天看来，这样做的她仿佛一个狂热分子。但在她看来，被她消灭的人才是狂热分子，而且是最危险的那种——既悖逆神，又造女王的反，是无可救药的叛徒。她也需要做一些建设性工作，需要创造一个未来，但她不能生育，身体也正在走下坡路，这一未来因此而瓦解。她在最关键的生育问题上失败了，而这意味着扩大的家族再度成为决定未来的关键。她倾向的继承人玛格丽特·道格拉斯竞争不过亨利八世的次女伊丽莎白，而正如伊丽莎白所意识到的，正是因为人们知道她会接替姐姐当王，才会不断地发生骚乱，才会不断地造反。

玛丽一世在世的最后一年，加来失守，她的对头因此轻而易举地便将伊丽莎白这位年轻新教徒的登基描绘成辉煌的黎明——直到今天人们依然是这样描绘的。提起玛丽一世，人们想到的依然是17世纪末人们给她的绰号"血腥玛丽"，依然是最近伦敦地牢一则著名广告上描绘的她那张似魔鬼又似僵尸的面孔。与之相反，在一系列电影中出演伊丽莎白的却尽是美貌的女演员：伊丽莎白永远是凯特·布兰切特（Cate Blanchett），是天仙女王；玛丽则永远是凯西·伯克（Kathy Burke），苦大仇深，面色阴沉。然而，妹妹并非完美的女英雄，姐姐也不是十足的恶棍。两姐妹都是身处其时的统治者，而要理解伊丽莎白，我们必须同她一样清楚都铎姐妹二人有多少共同之处，而她又能从姐姐身上学到些什么。[2]对伊丽莎白而言，最为重要的是姐姐的新教徒对头们试图重新对"真正的王"下定义。这些人认为，比起血统，比起打仗得胜，信仰更为重要——真正的王必须信新教；而天性决定了所有的女人都不适合统治男人。作为回应，妹妹在普通民众面前演戏，将自己呈现为一个真正的统治者，其种子却是怀亚特叛乱时姐姐的演讲埋下的——她表示自己爱臣民就像母亲爱儿女一样。在此，一位女性掌权者被接受，成了神圣秩序的一部分。

伊丽莎白一世同样竭力实现稳定。她的保守主义和实用主义做法使她在人们口中成了一个宗教温和主义者，与其姐姐这个"狂热分子"形成鲜明对比。但作为一个大体上保守的国家新任的新教徒女王，伊丽莎白一世必然是温和的，而随着她在位的年月渐长，我们发现她也同其姐姐一样，受到威胁时可以变得极度残忍。北方反叛后她处死数百名村民，规模之大远远超过历任先辈在类似情况下所做的一切，而她后期对天主教徒的迫害也相当残酷无情。

伊丽莎白一世真正不同于姐姐之处是对继位问题的处理。在民众看来，确保后继有人依然是君主保障未来稳定这一职责的重中之重。但吸取了玛丽一世和简·格雷的教训的伊丽莎白一世却另辟蹊径。1561年，她曾解释她至今仍"约束自己而没有选哪个人为夫婿"是出于担心引起动乱的缘故。自那以后这一论调不曾变过，通过确保没有"确定的继承人"，她继续稳固着自己的地位。对她而言，王室并不能在未来保障稳定，反倒会在当下构成威胁。

伊丽莎白一世把众多表亲关了起来，其中有新教徒，也有天主教徒；有凯瑟琳·格雷和玛丽·格雷，也有玛格丽特·道格拉斯和苏格兰女王玛丽；还有玛格丽特·克利福德。对这些人，她要么宣布其子女为私生，要么伺机害其性命，把她们逼入绝境，甚至逼得发疯，以使自己能以女王的身份寿终正寝。对头们将她比作无儿无女的理查二世，但与其不同，她达到了目的。都铎家族的最后一位王在威斯敏斯特修道院入土，与祖父亨利七世和祖母约克的伊丽莎白同葬。然而三年后，人们将她迁往圣母堂北侧廊她姐姐的墓中。人们也给她雕了一尊像，但詹姆斯在南侧廊为母亲苏格兰女王玛丽立的碑要壮观得多，碑两侧还有一些墓碑，属于其他国王的母亲：玛格丽特·博福特和玛格丽特·道格拉斯。[3]伊丽莎白一世处死苏格兰女王玛丽，但都铎姐妹俩所代表的王朝已经走到尽头，英格兰的未来也已经到了新王族手中。詹姆斯计划把伊丽莎白一世为自己选定的墓穴据为己有，以表明自己是亨利七世和约克的伊丽莎白真正的继承者。[4]

然而，詹姆斯登基后没几年，他的挥霍无度，包括他那已经成了重大政治问题的对男性宠臣的迷恋，令人们开始伤感地怀念起他们的都铎女王，怀念起那位抠门的老姑娘来。人们最想念的是伊丽莎白一世年间的那些描绘王室与人民相亲相爱的戏剧。1607年，一名威尼斯人报告称，人们正恼火地抱怨詹姆斯"不宠爱人民"，"这位国王对他们（非但）不屑一顾，甚至还怀着轻蔑和厌恶，其结果是人们也看不起他，甚至几乎恨他"。很快，作为民众用以批判其继承者的方式，"赞美伊丽莎白"开始流行起来。都铎王朝成了英格兰民族的伟大王朝，而事实上这一声望很大程度上源其继承者斯图亚特王朝的失败。几百年来英格兰的国王都依赖人们自愿的服从（这样的服从不是白来的），而我们已经看到，这正是历代都铎君王行事时关注的焦点。詹姆斯的儿子查理一世会发现，没有这样的服从他就无法统治国家。虽然爆发过内战，查理国王被斩首，而最后一任斯图亚特国王詹姆斯二世也被推翻，但从欧文·都铎和瓦卢瓦的凯瑟琳开始的王族经由亨利七世的年轻后裔，在一个半选举半世袭的君主制中延续下来。

在今天，都铎王朝历史的人气之高前所未有，而其争议之大则一如既往。在关于全球宗教复兴的两极分化的写作和思考中，我们看到了宗教改革斗争的回响。这反过来又影响了人们对都铎王朝时期的态度，最明显的例子是谢卡尔·卡普尔（Shekhar Kapur）的电影《伊丽莎白》，腓力二世在其中被塑造为一个天主教徒兼伊斯兰教徒。这一与不相调和的宗教"他者"不共戴天的建构根深蒂固，甚至在女性继位一事上的弱势地位即将为当前的联合政府所改写的今天，法律却依然将天主教徒排除在继承者之外。

今天在威斯敏斯特修道院依然可以看见瓦卢瓦的凯瑟琳出殡时棺木上的那尊雕像，筒裙漆成红色，而她的遗骨则安息于亨利五世捐建的小教堂的圣坛下。[5]可惜开启这段故事的欧文·都铎却无人纪念。1538年赫里福德灰衣修士教堂解散后，他的墓碑就不见了。都铎君王共同的祖先，也是自那以后所有不列颠君王的祖先所安息的坟墓上方此刻是一片建于20世纪70年代的住宅区。可能和理查三世一样，也会有人愿意为他觅一处更有尊严的地方。[6]对那些生活于都铎君王治下的人们而言，重要的不是都铎一家的威尔士血统，而是双色玫瑰所标志的王室联姻——这朵玫瑰象征着和平、和睦与稳定——1603年，詹姆斯被宣布为双色玫瑰的继承人。然而对我们而言，这玫瑰的名字却是都铎。这段家族历史以欧文开始，而在其结束时，我们要向那笨拙的仆人致敬——他转了个圈，跌了个跤，就跌进英格兰王室历史的怀抱。

附　录

附录一

詹姆斯四世遗体的下落

　　根据1575年的一本散文和韵文小册子的说法，詹姆斯四世在弗洛登战役中落马而死后，其尸首被人抬着走过伦敦的大街小巷，就如同博斯沃思战役后理查三世的尸首被运到莱斯特示众一样。[1]尸首之后被运至希恩的加尔都西会修道院，交给阿拉贡的凯瑟琳，但詹姆斯四世还不能入土：要把这个被开除教籍的人葬在神圣的土地里，需要先获得教宗的允许。亨利八世很守规矩地请示教宗，称他打算最终把这位国王葬在圣保罗大教堂，而人们通常也以为他被葬在那里。事实上，虽然利奥教宗批准了亨利八世的请求，但詹姆斯四世的尸首却留在希恩，没有入土。[2]

　　伊丽莎白一世年间的古董商斯托后来见过詹姆斯的尸首，它"被扔在一间老旧废弃的房间里，混在一堆破木头、石块、铅块和碎砖烂瓦中间"，自希恩的修道院解散后便一直是这种境况。伊丽莎白一世年间的一些工匠"胡闹取乐"，把詹姆斯四世尸首的头砍下来。头上还留有他的红发和红胡子。后来一个伦敦人把尸首抢救出来，在自己家中放了一阵子，还称其味道很好闻。不过最后他花钱叫人把尸首葬在伦敦城内伍德街的圣迈克尔教堂（St Michael's Church, Wood Street）。[3]教堂在伦敦城大火中被毁，其遗址上如今是一座酒吧。

詹姆斯四世的英格兰妻子的命运也好不到哪儿去。1559年5月，玛格丽特·都铎的坟墓被一群激进的新教徒捣毁，之后其遗体便失踪了。其坟墓所在的珀斯（Perth）加尔都西会的小隐修院遭到这群人的攻击，他们还杀害了一名修士，之后亵渎了玛格丽特·都铎的遗体。

附录二

亨利八世和玛格丽特·道格拉斯的争执之谜

迄今为止，历史学家们一直主张，亨利八世是在1546年秋天与玛格丽特·道格拉斯发生争吵后决定将其排除在自己遗嘱确定的继承人之外的，而且认为二人是因宗教问题发生的争执。[1]这一猜测是错误的。

据我们所知，玛格丽特在宫中至少一直待到1546年8月，当时她还从国王的药剂师那里买过一些药。历史学家们认为，她与亨利八世发生争执就是在这一时期，依据是她丈夫昔日的秘书托马斯·毕晓普1562年所写的一份备忘。[2]当时（伊丽莎白一世年间）玛格丽特和丈夫正在密谋促成儿子达恩利勋爵和苏格兰女王玛丽的亲事，而毕晓普则在挖掘夫妇二人的丑事。夫妇二人也竭力败坏毕晓普的名声。根据伦诺克斯伯爵的报告，"苏格兰国王詹姆斯五世过世后，毕晓普回到他的国家（苏格兰），受雇于伦诺克斯伯爵。亨利八世以为他忠心服侍这位伯爵，于是给他俸禄，就是此刻他有的那些。国王后来后悔了，因为发现他到处钻营，在伯爵及其夫人之间挑拨离间"。³夫妇二人指责毕晓普长期惹是生非，不仅在夫妇二人之间，还在二人的仆人中搬弄是非，又说他还是个胆小鬼，是个贼。

在历史学家们引用的毕晓普的备忘录中，毕晓普为自己辩护，罗列了自己为伊丽莎白一世的两位前任所做的一切工作，称虽然玛格丽特对他百般阻挠，但他依然干得不错，而且因此获得奖赏。1546年，"当时国王陛下（亨利八世）已经不久于人世，在同我的主母闹翻后，他并不后悔先前赐我和我的子嗣的土地、年金……"这是指亨利八世这年10月赐给毕晓普土地的事，人们想象中的玛格丽特与亨利八世那场争吵的时间也由此确定为在那之前不久。毕晓普没有说她同国王为什么争吵，却诉苦称自那以后她一直对自己满心怨怒。他还服侍过爱德华四世的众位议员、萨默塞特公爵和诺森伯兰伯爵，接着又为"玛丽女王（效力），不过我的主母对她说我是个异端，她不知道女王陛下……又恢复了我的年金"。他甚至宣称，玛丽女王信任他超过信任自己这位天主教徒表姐和旧友。在备忘录的结尾，他写道："我相信女王陛下会善待我，像您仁慈的父亲、我的主人（亨利八世），像您的前任陛下、我的主人在类似的境况下曾善待我一样，而我将无惧我的主母，也无惧任何人，忠实而毫无恶念地为您效劳……"⁴

人们曾经以为，玛格丽特与亨利八世的这场可疑的争吵是为了宗教问题。但其实毕晓普在另一份手稿中澄清过此问题，只是先前一直被人们忽略。他宣称16世纪40年代伦诺克斯伯爵夫妇对自己的一系列不实控告令亨利八世大怒，以致"（国王对玛格丽特的）喜爱自那之后就少了几分，在他死时表现出来"。[5]换言之，亨利八世在继承位次上降玛格丽特的级是因为她对托马斯·毕晓普无礼！亨利八世显然很赏识毕晓普，但他在1536年已经试图将玛格丽特称为私生女，这表明亨利八世早在毕晓普来英格兰之前很久就有心在继承位次上降她的级。虽然毕晓普在1562年2月写下这份备忘录，伦诺克斯伯爵和玛格丽特·道格拉斯又在3月和4月相继被囚，二人受到诸多指控，人们又尤其着力淡化伦诺克斯伯爵效力于亨利八世期间的出色工作，但除了这份备忘录，没有任何一份1562年的其他文件（除了毕晓普，也没有任何一个1546年时活着的其他人）表明，玛格丽特曾与亨利八世发生过争吵。

毕晓普后来的生涯表明，他这个都铎家的仆人并没有自己标榜的那么可靠。1569年，人们发现他同被囚的苏格兰女王玛丽的一些追随者有来往。他最终被关进伦敦塔，一直到1576年。玛丽被处死后，他得到詹姆斯六世的允许，回到苏格兰。[6]玛格丽特1578年过世时依然珍藏着亨利八世的一块像牌，在遗嘱中她将像牌留给莱斯特伯爵罗伯特·达德利。[7]这像牌可能便是指保存于大英图书馆的那本带亨利八世画像的书。这是一本属于都铎家族的腰带祷告书[*]，镂空的金色珐琅外壳是1540年打造的，小小的书中仍然保留着原始的书页，还有一幅华美的亨利八世的微缩半身画像。[8]此书在被大英图书馆收藏之前存于萨默塞特公爵威廉·西摩后人所拥有的一座图书馆中，萨默塞特公爵是玛格丽特的孙女阿贝拉·斯图亚特留下的鳏夫。阿贝拉小时候曾与罗伯特·达德利短命的合法儿子定过亲，但男孩后来夭折，书可能便是定亲时到她手上的——虽然可能并非一直由她保管。

附录三

吉尔福德和简·达德利

在关于简·格雷的诸多传说中，其夫吉尔福德·达德利的形象很不明晰。一些故事几乎把吉尔福德说成了一个爱发牢骚、娇生惯养的强奸犯。为了给他正名，我们不妨根据1553年7月19日之前的文献，就吉尔福德与其年轻妻子的关系记下我们所知的几件事。

这对夫妇的婚姻是包办的，是按照贵族子女的惯例，在通常的年纪办的。意大利人所讲的关于简对此表示过抗拒的故事常常被人提起，但在简倒台前没有任何书面文件能佐证这一说法。

吉尔福德获得国王头衔在人们的预料之中，极有可能9月开议会时便会成真。之后两任英格兰女王的配偶都获得了这一头衔，爱德华六世提到吉尔福德时也说他是"生来要得显名的"，是其臣民可以寄予"厚望"的。[1]虽然后来出现了各种故事，但说简曾对此表示反对似乎十分可疑。她的欧洲老师、常与她通信的海因里希·布林格（Heinrich Bullinger）表达过这样的观点：按照自然和神的律法，妇人不应当执政。有时人们提到吉尔福德时会称其为"国王"，而简则被称为"女王"。但同样，在简倒台前，没有任何书面文件表明曾有人给她施压，要她在国会就头衔一事做出决策前敲定此事。宣告简为女王那天，走在游行队伍中的吉尔福德不过是她的夫婿。宣告简为女王的公告中没有提到他的名字，她在官方文件上签名时，"女王简"三个字的旁边也没有他的签名。

后来由三名意大利人撰写的威尼斯系列报告很可能是曲解并篡改7月19日后塔中的简为求赦免而写的一份请愿书所得的产物。[2]报告将1553年7月一些人阻挠玛丽一世继位的责任归咎于约翰·达德利想让儿子当国王的野心。报告中"简"描述了她同达德利母子二人就吉尔福德想当王一事曾发生的激烈争吵。尽管三个意大利人猜测这对夫妇之间有嫌隙，但他们后来也讲过另一个故事，说在二人在世的最后一晚，吉尔福德如何请求见她一面，好最后一次拥她入怀。根据这些人的说法，她断然回绝了他，称这会叫他们二人都过于痛苦，又称为即将到来的事情做最好的准备是祷告。这一画面颇具意大利特色：多情的少年想着肉体的事，而虔敬的简却专注于神。

我们不大可能确定报告中哪些故事是出自简的，哪些不是，但我们不妨将所确知的和我们所听说的做一下对比。我们所确知的是，在位的最后一天，简给自己的教子起名为吉尔福德。这至少表明她是尊敬他的。她后来亲笔所写、所签署的一系列文件中关于吉尔福德的评价也证实了这一正面感情，因此也就比报告中转述的话更有分量。在这些文件中，她称他是同自己一道殉教的。同样值得注意的是，她的几封绝笔信的签名都是简·达德利夫人——使用的是夫家的姓。[3]

当时的英格兰人称吉尔福德是个"相貌英俊、品德高尚又讨人喜欢的绅士"，说他是"极为无辜地受死"的。[4]总体来看，所有证据都表明他的妻子也是这样看待他的。

附录四

弗朗西丝·布兰登的虐童传说

笔者相信，围绕弗朗西丝的形形色色的谣传已经通过我写的弗朗西丝三个女儿简·格雷、凯瑟琳·格雷和玛丽·格雷的传记被澄清，但依然有一件事每每成为人们支持关于弗朗西丝谣传的"证据"。

人们指控弗朗西丝虐童的根据是一则关于简的故事，故事出自一本名为《教师手册》（*The Schoolmaster*）的书，书写成时简已过世近十年，其作者罗杰·阿斯卡姆（Roger Ascham）曾当过伊丽莎白·都铎的老师。书中写道，13岁的简在莱斯特郡布拉德盖特（Bradgate）的家中阅读柏拉图用希腊文写的《斐多篇》（Phaedo），家中其他人都出去打猎了。她安静地读书，中间停了片刻。她喜欢学习，因为对受到父母虐待的她而言（只要她有什么没有做到完美，父母就会对她又捏又掐），听自己和蔼的老师讲课是一种暂时的喘息。"神给我的最大的恩赐之一，便是给了我如此苛刻严厉的父母和一位如此温柔的老师。"阿斯卡姆笔下的她说道。今日诋毁弗朗西丝的人们便以此为证据，认为这是"简亲口所言"。事实当然并非如此。这些话是转述的，撰写者是罗杰·阿斯卡姆。

正如我在《王者姐妹：玛丽、凯瑟琳和简·格雷夫人的悲剧》（*The Sisters Who Would be Queen: The Tragedy of Mary, Katherine and Lady Jane Grey*. 简称《王者姐妹》。——编者注）一书中所写，罗杰·阿斯卡姆确实见过简，但几个月后他写信给她谈到两人的会面时，却只是说她父母为她的成绩深感自豪。与此同时，她"温柔的"老师约翰·艾尔默（John Aylmer）却正在一封接一封地给一位瑞士神学家写信，抱怨少女"正在自行其是的年纪"，又向其讨教如何更好地管教这个精力充沛的姑娘，"给倔马戴上嚼环"。

那么阿斯卡姆为什么要讲这个故事呢？他的《教师手册》一书意在推广一种不同于通常的棍棒教育的教学方法，以对付桀骜不驯的学生。不过同样值得注意的是，阿斯卡姆是在1563年开始写《教师手册》的，这一年，凯瑟琳·格雷生下第二个儿子，而国会议员约翰·黑尔斯也正在写他那本论证凯瑟琳为伊丽莎白一世继承人的书。当年出版和再版的一系列哀歌和民谣都赞美简的品德，也都将她因叛国罪被处死归咎于其他人：要么是她父亲，要么是她公公，要么是残暴的玛丽一世。显然，关于简的文章呼应这一论调对凯瑟琳是有利的。阿斯卡姆后来回忆称，那年夏天他是在威廉·塞西尔的建议下写作此书的，而塞西尔是凯瑟琳·格雷的头号保护者。

《教师手册》是1570年（在阿斯卡姆死后）出版的，一年前刚刚发生过天主教徒造反以支持苏格兰女王玛丽继位的事。同年，新版的福克斯《殉道史》收入了一封伪造的信，据说是简写给父亲的，在信中简将自己的死归咎于父亲的作为。关于阿斯卡姆的故事还有最后一点要说明：其与意大利人讲的故事（意大利人曾传说简是被父母逼着嫁给吉尔福德伯爵的，详见附录三）有一个共同之处，就是在其中，弗朗西丝的名字并不比丈夫的名字出现得多——事实上夫妇二人的名字总是一道出现的。而现代文献却把她变成了主导人物，其用意和通过玛丽一世来衬托伊丽莎白一世是一样的，即借其来衬托女主人公的形象，使之更显光辉。

弗朗西丝和丈夫很可能相当严厉——这一时期关爱子女的父母本来便应当"苛刻严厉"。但简的意大利语教师米歇尔·安吉洛·弗洛里奥（Michel Angelo Florio）也说过，简同母亲尤其亲近，而1559年弗朗西丝过世时，依然在世的两个女儿也都在她身边。

附录五

鲜为人知的王位继承人玛格丽特·克利福德在1578年至1596年

　　玛格丽特·克利福德是独生女，她的父亲是坎伯兰伯爵亨利·克利福德，母亲埃莉诺·布兰登是亨利八世的妹妹（法兰西王后）的幼女。埃莉诺于1547年早逝后，坎伯兰伯爵极度悲伤，甚至不得不由仆人们喂人奶续命。爱德华六世年间，坎伯兰伯爵远离宫廷，避世索居。1552年，他又拒绝了吉尔福德·达德利的求亲，甚至爱德华六世施压也没能让他改变主意。翌年，在爱德华六世不久于人世时，他才同意——是谁逼他的只有天知道——给玛格丽特定亲，只是对象成了吉尔福德上了年纪的叔父安德鲁·达德利爵士。

　　简·格雷倒台后，亲事废了，玛格丽特·克利福德嫁给斯特兰奇勋爵——亨利七世继父的这位后人后来成了德比伯爵。1555年二人结婚时，玛丽一世和腓力国王都到了场，婚礼的排场很大，算得上玛丽一世年间宫中最宏大的盛典之一。因为玛丽一世明显不希望伊丽莎白成为自己的继承人，玛格丽特·克利福德便指望玛丽一世会指定自己，她认为按照亨利八世遗嘱的规定，格雷姐妹既因父亲叛国而失去继承权，接着就轮到她了。[1]

伊丽莎白一世统治期间，玛格丽特·克利福德依旧自高自大。她挥霍无度，甚至以高等贵族的标准衡量，其生活也极为奢侈。1567年，玛格丽特·克利福德和丈夫吵翻了，接着二人分居。对宫中丑事极度敏感的伊丽莎白一世竭力劝二人和好，但没有成功。1578年，玛丽·格雷过世，凯瑟琳的两个儿子被宣布为私生子，玛格丽特·克利福德以为，按照亨利八世的遗嘱，自己显然已经是伊丽莎白一世的继承人了。而她在世的儿子中至少有两人的合法性是不容置疑的，这更加巩固了她的地位。

1579年的新年（按照传统，这时人们会互相送礼），玛格丽特收到女王给众女官的礼物中最昂贵的一件。她的地位得到认可：就王室血统论，她在宫中仅次于伊丽莎白一世。但这年夏天她失宠了，而且是相当令人震惊的失宠。8月，安茹公爵来向伊丽莎白一世求亲，在格林尼治宫同女王共度数日。虽然这一切都高度保密，但消息仍然传了出去。人们认定是玛格丽特·克利福德和"贝德福德伯爵（Earl of Bedford）的一个女儿"泄的密。[2]如西班牙使节所言，作为王位继承者中最年长者，玛格丽特·克利福德的名字意义更为重大；她被抓起来，随后被关进伦敦一名绅士家中。

众所周知，玛格丽特·克利福德和罗伯特·达德利关系密切，而后者的兄弟安布罗斯（Ambrose）的妻子安妮可能也是玛格丽特的同伙（安妮是贝德福德伯爵的女儿）。但她的动机又是什么呢？由于克利福德一家在宗教上的保守主义倾向，玛格丽特的举动可能代表着达德利的清教徒一派和一些天主教徒的联盟——这些天主教徒反对与安茹公爵联姻，因为担心如此会削弱低地国家的哈布斯堡家族。[3]但她的遗嘱表明，去世时的她是个新教徒。[4]无论如何，她的主要动机似乎同信仰毫无关系，而在于她指望有一天能当上女王。

玛格丽特·克利福德的仆人受审时，其中一人描述了她如何找人给伊丽莎白一世占卜，要晓得女王几时死。[5]玛格丽特坚称所谓的"术士"不过是自己的医生，又称自己5月就雇了他，因为自己四肢疼痛需要他来涂药。这医生因行巫术被处死，而玛格丽特·克利福德再未重获女王的宠信。[6]玛格丽特·克利福德的几个儿子吸取母亲的教训，后来从未参与过任何有关继位的阴谋。在这方面几个儿子也得到了母亲迟来的帮助。1593年，一名流亡的天主教徒找到了她的长子，想鼓动他夺位，她劝儿子把这个人交给当局，儿子也照办了。[7]她死于1596年，是亨利七世的重孙一辈中最后一个离世的。

说明及致谢

在贝尔沃城堡（Belvoir Castle）紧闭的档案馆中尘封着一份神秘的都铎家谱手抄本。这卷书没有书名。翻开书，120页（对跨页）上写满人名和头衔，以黑色的墨线彼此相连。家谱一路上溯到传说中不列颠人（Britons）的最后一位王。家谱上有些是王室成员，有些仅仅是士绅。书中有一些不寻常的细节：凸显了某个叛国贼，却忽略了某位君主。这卷书仿佛一个谜，正等着人来解开。

为什么书里没有伊丽莎白·都铎父亲的名字？母亲安妮·博林的名字在其中，下面还以拉丁文写着"英格兰王后，亨利八世之妻，被斩首"。当时人人都知道在处死安妮之前已经出台了国会法令，伊丽莎白的私生女身份被写进法律。她没有出现在都铎的谱系上，只被列在外祖母一线的原因是否在此？她当上女王之后必然没人再胆敢将她划到王室之外了吧？然而，伊丽莎白名字下方的拉丁文却写着她是"英格兰现任女王"（regina angliae presens）。

书的作者可能是从早年的一些传令官书卷上抄录的信息，在此过程中又更新了细节。这便解释了为何此书只字未提被判定为私生女的玛丽·都铎（原文如此，指玛丽一世。——编者注），却提到其夫西班牙的腓力，还称其为"英格兰国王"。但这手抄本的目的何在？各大家族间的一条条连线仿佛一张政治地图，那些血脉相通的人或是有权有位，或是有土地，或是有着为神所拣选的统治者家族宝贵的王者血液。不论委托者是谁，制作这本手抄本可能都是为了看看他们在图上的位置。这些人的自尊便源于此。将自己看作一条连接着过去和未来的线上的一个点，这激发了他们对家族、对承载其财富和权力的土地的强烈忠诚。大家族顶端的人（在父权社会中站在这个位置上的几乎永远是男性）是其家业的管家，而将家业传给自己的后嗣是他的义务。同样，他也要捍卫家族的荣誉，维护家族的影响力。

15世纪时，为一家之长效力效忠的不仅是仆人和佃户，还包括他的众亲属，这些人会随他上战场——欧文·都铎的私生子大卫·欧文爵士便为侄子亨利七世征战过。一个世纪之后，亲属不再有为一家之长流血的义务（如果流血是为造国王的反，便更不可能），但家依然是稳定的象征，在属世的意义上如此，在属灵意义上也一样。早年埋葬骑士的坟头会放置各人穿盔甲的雕像，人们也常来坟前为其灵魂祷告。即便宗教改革之后人们已经不再祷告，各大家族依然会在墓碑上刻上各自的纹章图案。这些图案固然都是男性的象征，但家族荣誉和影响力对女性同样意义重大，而女性扮演的角色也很重要，这尤其体现在保护儿子并为其寻找晋升机会方面。

到伊丽莎白一世统治时期，都铎家族已经时日无多。本书是我关于都铎诸王的第三本书，也汇集了自己15年研究工作之大成。这些年来，我竭力解谜揭秘，记录他们的故事。我先前两本书都是围绕都铎家族后期历史展开的，当时想到要谈论更早的诸王，我颇有些忐忑。鼓励我开始挖掘博斯沃思战役之前历史的是大卫·斯塔基在其少年亨利八世的传记《美德之王》（*Virtuous Prince*）中的一句话："亨利·都铎（亨利七世）排除万难得到自己的王位，又克服更大的困难娶到自己的新妇，这必将成为世上最伟大的传奇之一。"听上去真是难以抗拒——说真的，要是故事从1485年才开始讲起，人们又怎么能理解这位国王呢？

2008年启动研究时，我在《泰晤士报（文学增刊）》（*TLS*）上偶然读到了另一篇鼓舞人心的文章，作者是著名历史学者克利夫·戴维斯（Cliff Davies）。文章大概是说都铎王朝实际上是不存在的，而且在都铎家族统治时期很少有人使用这一提法，也很少有人听过这一说法。读者们可能会以为，既然我就都铎王朝写了这么一本大部头，戴维斯的这个说法大概会令我失望，但读过他就这一问题所写的其他文章后，我被深深地迷住了。我相信都铎家族的人们都有极强的家族感——即使他们未必吹嘘自己卑微的威尔士出身；但克利夫·戴维斯帮我转换了视角，令我得以看得更真切——不是从我们的角度出发，而是去研究都铎家族的人是如何看待自己的。都铎家族的人们不断地从历史中寻求行动指导。要明白这些人做过什么、为什么这么做，我们必须了解他们的历史。了解都铎的历史使我得以回答一系列问题：1483年两位王子为何"消失"在塔中，而1485年亨利七世又为何没有就二人的"消失"展开调查？而正是他的不调查促生了无数阴谋论。我也因此得以解释安妮·博林为什么会被用剑斩首（线索是亨利八世不知道她想要何种死法）。这一视角也引导我发现了亨利八世与外甥女玛格丽特·道格拉斯1547年那场可疑的争吵的真正缘由。

同我的上一本书一样，本书的写作也令我发现，把后人对都铎家族女性人生的评论同她们真实的人生区分开来可以揭示许多问题。在后人的笔下，这一时期的女性常常要么相当无能，要么虽成功却很可疑——人们认为她们在有些方面"不自然"，或者说有点癫狂。同弗朗西丝·布兰登类似，玛格丽特·博福特受到不少毁谤，玛丽·都铎也一样，我并未粉饰她们的所作所为，但希望我的工作也能为进一步消除这些人在旧时的不实形象做一些贡献。我也对玛格丽特·道格拉斯的一生十分感兴趣。我在写作格雷姐妹传记时研究过凯瑟琳·格雷，因而对16世纪60年代已经有一些了解，而玛格丽特·道格拉斯在十年的时间里，在继承问题和家族政治中发挥的重要作用，又为我的认识增加了另一重维度——但真正非凡的是她的整个人生：从她颇具戏剧性的出生，到她在亨利八世宫中度过的年月，到她密谋促成儿子达恩利勋爵和苏格兰女王玛丽的亲事，再到孙子詹姆斯在她死后成为英格兰国王。再次涉及格雷一家时，我总是尽力为自己先前写作的三姐妹传记做一些补充。比如，通过从玛丽的视角观察简，我得出结论：无辜叛贼（Innocent Traitor）这一传说的始作俑者竟是玛丽（这颇有些讽刺）。

听上去可能令人难以置信：我已经努力把书中的人名减到最少。许多知名人物本书都只字未提，而提到的人有时是以头衔称呼，有时不是：选择原则是方便读者记忆。比如，如果这些人在几页纸间或几章之间换了头衔，或者紧随着另一个同样头衔的人之后，或者二人共享一个头衔（贾斯珀·都铎和威廉·赫伯特），我便会一直使用人名，以免读者混淆。本书将两种斯图亚特（Stewart and Stuart）的拼法合并成一种（Stuart）——虽然在苏格兰女王玛丽之前这种拼法并不存在，但毕竟统一拼法更容易让人明白这些人来自同一家族。我的关注点在家族成员上，明晰的家谱也会有助于读者理解。文中有争议的地方我没有一一详尽论证，不过多数疑问读者应该都能在注释中找到解答。

写书这个古老的行当是寂寞的，但幸运的是，我与许多研究都铎王朝历史的学者交了朋友。尤其是埃里克·艾夫斯，我常常同他交流。我写作格雷姐妹的传记时，他正在为简作传，当时我们时不时地有些接触。我们在很多方面意见不一致，却不妨碍我们成为好朋友。写作本书时，不论是灵光一闪还是对什么感到困惑，我都会立即打电话给他（我们依然并不总是意见一致）。他于2012年过世，自那以后我一直十分想念他。

埃里克过世后，彼得·马歇尔（Peter Marshall）和汤姆·弗里曼（Tom Freeman）江湖救急，慷慨地承担了本书书稿的审阅工作。汤姆是我认识的人中最优秀的，他有自己的研究工作要做，还有一些幸运的学生等着他的指导，所以他极为忙碌。我相当感谢他抽出时间阅读我早期书稿的部分章节并提出建议。而令我尤其感激的是，他还把自己一篇尚未发表的研究福克斯和凯瑟琳·帕尔的论文发给我。而彼得则在撰写自己即将出版的一本关于宗教改革书稿的同时通读了本书后期完整的书稿。他不吝付出自己的时间，分享自己的知识，对他惊人的慷慨我深怀感激。

许多历史学者、档案管理员和图书管理员也曾相当热心地为我答疑解惑，提供帮助。我要特别感谢大英图书馆的约翰·盖伊（John Guy）（在我阐述过我的猜测，即玛格丽特和亨利八世之间从未发生过争吵之后，他提醒我注意到托马斯·毕晓普的一系列重要手稿）、克里夫·戴维斯、拉尔夫·格里菲思（Ralph

Griffiths）、罗斯玛丽·霍罗克斯（Rosemary Horrox）、肖恩·坎宁安（Sean Cunningham）、詹姆斯·卡利（James Carley）、朱莉娅·福克斯（Julia Fox）、苏珊·多兰（Susan Doran）、迈克尔·凯斯捷（Michael Questier）、斯蒂芬·爱德华兹（Stephan Edwards）、克莱尔·里奇韦（Claire Ridgway）、安德烈亚·克拉克（Andrea Clarke）和凯瑟琳·多伊尔（Kathleen Doyle），坎特伯雷大教堂档案室的马克·贝特森（Mark Bateson），威斯敏斯特大教堂档案室的克里斯蒂娜·雷诺兹（Christine Reynolds），温莎圣乔治礼拜堂档案馆和分会图书馆（St George's Chapel Archives and Chapter Library）的克莱尔·赖德（Clare Rider）和埃莉诺·克拉克内尔（Eleanor Cracknell），小马尔文修道院档案室（Little Malvern Priory Archives）的安妮·伯奇（Anne Burge），梵蒂冈机密档案室的卡洛塔·贝内代蒂（Carlotta Benedetti），贝尔沃档案室的彼得·福登（Peter Foden）。我还要感谢伦敦图书馆的各位工作人员，尤其是国别数据部门的戈西亚·拉维克（Gosia Lawik in the Country Orders department）。

我非常感谢哈丽雅特·乔伊（Henrietta Joy）和多米尼克·皮尔斯（Dominic Pierce）两位朋友的指导。希望哈丽雅特留意到，我按照她的建议开始了本书的第一章。也感谢齐亚·苏西尔（Zia Soothill）耐心地听我每周的牢骚，并为我按摩疼痛的双手。我要感谢我火眼金睛而效率极高的新编辑查托的贝姬·哈

都铎王朝

迪（at Chatto, Becky Hardie），同时也感谢朱丽叶·布鲁克（Juliet Brooke）的贡献。最后，我还有世上最好的经纪人乔治娜·卡佩尔（Georgina Capel）：在生命中能遇到乔治娜这样的人——仅仅为此，成为一名作家就很值得。

注　释

简写[*]

ASV 梵蒂冈秘密档案（Archivum Secretum Vaticanum）

CSPD 国家文件记录（国内）（Calendar of State Papers, Domestic）

CSPF 国家文件记录（国外）（Calendar of State Papers, Foreign）

CSP, Milan 国家文件记录（米兰）（Calendar of State Papers relating to Milan）

CSPS 国家文件记录（西班牙，1485—1558）（Calendar of State Papers relating to Spain, 1485—1558）

CSP, Scotland 国家文件记录（苏格兰）（Calendar of State Papers relating to Scotland）

CSPS Simancas 国家文件记录（西班牙西曼卡斯，1558—1603）[Calendar of State Papers relating to Spain（Simancas），1558—1603]

CSP, Venice 国家文件记录（威尼斯）（Calendar of State Papers relating to Venice）

HMC 历史手稿委员会（Historical Manuscripts Commission）

L&P（国内外书信和公文，亨利八世）（Letters & Papers Foreign and Domestic, Henry VIII）

PRO 公共档案室（Public Records Office）

---

[*]　此处所列简写均为不列颠历史在线（https://www.british-history.ac.uk）网站的类目。——译者注

引言

1. P. S. Lewis, 'Two Pieces of Fifteenth-Century Political Iconography' in *Journal of the Warburg and Courtauld Institutes* 27（1964），pp. 317–320.

2. Edward Hall, *Chronicle*（1809），p. 231.

3. 见克里夫·戴维斯多篇富有见地的文章。

4. 事实上，连克里夫·戴维斯也承认这一点（至少在亨利八世之后）。

5. 对此的最新研究见 Jason Scott-Warren, 'Was Elizabeth I Richard II?: The Authenticity of Lambarde's "Conversation"' in *Review of English Studies*（first published online 14 July 2012）。

第一部分　都铎王朝的到来：一位母亲的爱

第一章　一介凡夫

1. 金缕红布是以金线织成的，以金箔或金丝包裹线芯（例如蚕丝）就制成了金线。以此织成的布料相当华美，也十分挺括、厚重且昂贵。金线常与另一种颜色的线合织，以使布料带上一层红色或金色（类似在纯金等金属中加入铜，使合金带上红色光泽）。感谢沃茨公司的理查德·沃克（Richard Walker from Watts and Co.）提供信息。

2. Westminster Abbey Muniments MS 19678; Philip Lindley, 'The Funeral and Tomb Effigies of Queen Catherine of Valois and Henry V' in *Journal of the British Archaeological Association* 160（2007），pp. 165–177.

3. 亨利五世的墓上有一座木雕像，头部和各种王族装饰都是银的，身披银甲。但后来的约克国王爱德华四世似乎对亨利五世的雕像不怎么上心。到1479年时，雕像头顶的天使、脚边的狮子、一头镀金银羚羊和两根权杖都不见了。1546年1月，几个贼趁夜闯进修道院，偷走了剩下的银饰。当时亨利八世的执法官们正在全国上下搜刮教堂的财物，这些贼似乎也加入进来见者有份了。后来的几个世纪间，无头的亨利五世雕像每每引发观光客的疑问。1971年，路易莎·博尔特（Louisa Bolt）用聚酯纤维给雕像重新做了头、双手和冠冕，五官是照着国王当年的（也是最早的）一幅肖像复原的。

4. 最早提到欧文在凯瑟琳王后宫中当差的文献是John Rylands Library, Latin MS 113（a chronicle roll of *c.*1484）。

5. 法令原文见 R. A. Griffiths, 'Queen Katherine of Valois and a Missing Statute of the Realm' in *Law Quarterly Review* 93（1977）, pp. 248–58; Elis Gruffudd and the Giles Chronicle, *Incerti Scriptoris Chronicon Angliae, etc.*（ed J. A. Giles）（1848）, Pt IV, p. 17; Hall, *Chronicle*, p. 185）。

6. *Incerti Scriptoris Chronicon Angliae*, Pt IV, p. 17.

7. Polydore Vergil, *Three Books of Polydore Vergil's English History*（ed. H. Ellis）, Camden Society Old Series, Vol. 29（1844）, p. 62.

8. 威尔士人伊利斯·格鲁福（Elis Gruffudd）尤其热衷这一说法。

9. 欧文·都铎的遗言似乎印证了这个故事，见第三章，第24页。

10. Michael Drayton, 'England's Heroicall Epistles'（1597）.

11. 埃德蒙的名字表明，他的教父可能是国王的表亲埃德蒙·博福特（Edmund Beaufort），凯瑟琳在嫁给欧文前同此人走得很近。孩子是由教父或教母起名的，用的也常常就是教父或教母的名字。有人声称埃德蒙是博福特之子，但这一猜测并无依据。

12. 这位17世纪早期的历史学者名叫乔瓦尼·弗朗切斯科·比翁迪（Giovanni Francesco Biondi）。R. S. Thomas, 'The political career, estates and "connection" of Jasper Tudor, earl of Pembroke and duke of Bedford（d.1495）', PhD diss., Swansea（1971）, p. 22。

13. 这一理论继承自古希腊人，他们认为女性宫寒，若要幸福健康，子宫需要有温热精子的持续充盈。希腊语中"歇斯底"（*hyster*）是"子宫"的意思，"歇斯底里"（Hysteria）一词源于人们认为导致女人情绪容易失控的是子宫的猜想。

14. Croyland Chronicle, Cliff Davies, 'Information, disinformation and political knowledge under Henry VII and early Henry VIII' in *Historical Research* 85, issue 228（May 2012）, pp. 228–253.

15. Sir John Wynn of Gwydir, *The History of the Gwydir Family*（ed John Ballinger）（1927）, p. 26.

16. 在这一时期的浪漫故事中，借着比武场上的英勇，被当成农民养大的贵族能表明自己隐秘的血统，而勾引王室女性并同她在地板上做爱则会暴露冒牌王子的低贱出身。

17. Sir John Wynn of Gwydir, *The History of the Gwydir Family*, p. 26.

18. 参见凯瑟琳的遗嘱。

19. Sir Francis Palgrave, *The Ancient Kalendars and Inventories of His Majesty's Exchequer*, Vol. 2（1836）, pp. 172–175.

20. Maurice Keen, *English Society in the Later Middle Ages*（*1990*）, pp. 109, 110.

21. *Proceedings and Ordinances of the Privy Council of England*（ed Sir Harris Nicolas）（7 vols, 1834–7）, Vol. 5, p. 48; Thomas, PhD diss., op. cit., p. 25.

22. 与此类似的女圣徒木雕在宗教改革中尽毁，无一幸存。Anthony Harvey and Richard Mortimer, *The Funeral Effigies of Westminster Abbey*（1994）, p. 42; Westminster Abbey Muniments MS 19678。

23. *Rotuli Parliamentorum*, Vol. 3（1783）, p. 423.

24. *Proceedings and Ordinances of the Privy Council*, Vol. 5, p. 48; Chancery Warrants for the Great Seal, 708/3839（15 July 1437）.

25. 1436年，杂货商托马斯·诺尔斯（Thomas Knolles）慷慨捐资，为监狱铺设了自圣巴塞洛缪医院（St Bartholomew's Hospital）蓄水池引水的铅管。

26. Margery Bassett, 'Newgate Prison in the Middle Ages' in *Speculum 18*, No. 2（April 1943）, pp. 239, 240.

27. 修士欧文·都铎据说是在1498年至1501年间过世的，凯瑟琳死得更早些，过世时还相当"年轻"：Hall, *Chronicle*, p. 185。在巴金修道院，都铎家的一双儿女得到了萨福克公爵的妹妹、院长凯瑟琳·德拉波尔（Katherine de la Pole）的照管。欧文·都铎和凯瑟琳王后可能还有一个叫塔西娜（Tacina）的女儿（死于1469年），嫁给了威尔顿第七任格雷男爵雷金纳德·德格雷（Reginald de Grey, 7th Baron Grey of Wilton）。不过有时塔西娜——也可能叫托马辛（Thomasine）——也被说成是萨默塞特公爵约翰·博福特的私生女。

28. 他的骸骨长5英尺10英寸。R. A. Griffiths, *The Reign of Henry VI*（1981）, p. 241。

29. John Blakman, *Henry the Sixth*（ed M. R. James）（1919）, pp. 8, 9.

30. Thomas, PhD diss., op. cit., p. 34. 最后的仪式是1月6日在伦敦塔的主显节宴会上举行的。1453年3月，埃德蒙在泰晤士河畔宏伟的贝纳德城堡住了下来。Griffiths,

The Reign of Henry VI, p. 299。

31. 玛格丽特是瓦卢瓦的凯瑟琳的旧友埃德蒙・博福特（埃德蒙此后继承了兄弟的萨默塞特公爵头衔）的侄女。

第二章　小小新娘

1. 玛格丽特・博福特生于1443年5月31日，她的父亲于1444年5月过世，很可能是自杀。他自小命途多舛。16岁在法兰西作战时被俘，之后当了十七年俘虏，成了百年战争期间被俘最久的贵族。最终为了获释，他还付了一笔巨额赎金。靠结婚得利是指望不了的：娶不了金贵的贵族姑娘的他只能凑合娶一个绅士的女儿，布雷特苏的玛格丽特・比彻姆（Margaret Beauchamp of Bletsoe）。女方是个寡妇，先夫名叫奥利弗・圣约翰（Oliver St John）。萨默塞特公爵曾想着回法兰西一雪前耻，但在亨利六世看来，他在那儿赚的钱还不够弥补因此给英格兰国王造成的损失，于是他被逐出宫。根据克罗兰修道院（Crowland Abbey）编年史学家的记载，有谣言称那之后不久他便自杀了。他的女儿后来同母亲一道加入修道院的姊妹会。因此玛格丽特对这地方很熟悉，威尔士勋爵莱昂内尔（Lionel, Lord Welles）是她母亲的第三任丈夫。

2. 玛格丽特这时住在北安普敦的马克西城堡（Maxey Castle）。

3. Anthony Emery, *Greater Medieval Houses of England and Wales, 1300—1500: Volume 3, Southern England*（2006）p. 242.

4. 约克公爵理查，为爱德华三世第五个儿子兰利的埃德蒙（Edmund of Langley）的后代。

5. 后来国王以专利特许证（1397年发布，1407年再度确认）的形式确立了博福特夫妇的正统地位。但特许证中有一点很关键，即特别说明博福特夫妇无权继位。

6. HMC Third Report, Appendix p. 280. Thomas, PhD diss., op. cit., p. 36.

7. 此人即萨福克公爵威廉之子约翰・德拉波尔。萨福克公爵曾任国王的家庭管家，1450年遭暗杀，人们将政府在国内外的诸多失败皆归咎于他。他的妹妹在1437年至1442年间照料过埃德蒙和贾斯珀兄弟二人。

8. Michael K. Jones and Malcolm G. Underwood, *The King's Mother: Lady Margaret Beaufort, Countess of Richmond and Derby*（1992），p. 38. 书中有一处小错误：忏悔节期间玛格丽特进宫必然发生在2月14日之前，因为这天是当年的大斋首日（圣灰

星期三）。感谢埃里克·艾夫斯提供细节。

9. 主教名叫罗素（Russell），当时是1483年。

10. 詹姆斯一世加冕礼上的祷词，见 Leanda de Lisle, *After Elizabeth*（2005），p. 311 and note。

11. Calendar of State Papers and Manuscripts, existing in the Archives and Collections of Milan, 1385—1618, London HMSO（1912），pp. 18-19. 王后到3月满23岁。

12. PRO E404/69/145.

13. 圣尼古拉是4世纪的一名圣徒。据传说，为了让一位贫穷的父亲有钱嫁女，他偷偷往这位父亲家里扔了几袋金子，金子掉进挂在炉火边的长筒袜里（自然，到了现代，他便成了圣诞老人，这个名字来自古老的英格兰民间故事）。

14. *English Works of John Fisher, Bishop of Rochester*（1469—1535）: *Sermons and Other Writings, 1520—1535*（ed Cecilia A. Hatt），p. 9; *Caroline Halsted, Life of Margaret Beaufort*（1839），p. 11.

15. Jones and Underwood, *The King's Mother*, p. 38.

16. 法兰西国王腓力四世之女伊莎贝拉。

17. 疾病源自乔治三世的祖先。Lindsay C. Hurst, 'Porphyria Revisited' in *Medical History* 26（1982），pp. 179-182。

18. 王子是由王后起的名，用的是忏悔者爱德华的名字，这位圣徒也曾是英格兰的国王。这一点在后续正文中也被提及。此处未提是为了防止一大波名字把人弄糊涂。

19. 修道院长名叫约翰·威瑟姆斯特（John Whethamstede）。Peter Burley, Michael Elliott and Harvey Watson, *The Battles of St Albans*（2007），p. 35。

20. 其灵感很可能源于威廉·莎士比亚的《亨利六世》（第一部）。剧中有一幕：约克公爵理查与玛格丽特·博福特的叔父——第二任萨默塞特公爵埃德蒙·博福特起了争执。二人要其他人表明各自的立场——要选一朵玫瑰：红色代表支持萨默塞特公爵，白色代表支持约克公爵。"玫瑰之争"的说法于1646年首次出现。见 Michael Hicks, *The Wars of the Roses*（2010），p. 13。而"玫瑰战争"一词则是沃尔特·司各特在其1829年的小说《盖尔斯坦的安妮》（*Anne of Geierstein*）中首创的。

21. 根据我的研究，最早以红玫瑰表示兰开斯特家族的是亨利·博林布鲁克的帐篷上的彩绘，帐篷是1398年为他同诺福克公爵托马斯·莫布雷（Thomas Mowbray）比武审判预备的（后来比武取消）。据法国人写的编年史《叛国与死亡》（*Traison et*

Mort）所述，帐篷上画满了红花（*rouge fleurs*）。Dan Jones, *Plantagenets*（2012），p. 573。正是由于都铎王朝，到威廉·莎士比亚写《亨利六世》（第一部）时，红玫瑰已经与兰开斯特家族永远联系在一起，正如白玫瑰与约克家族联系在一起一样。

22. 白玫瑰虽然与约克家族联系在一起，但据我所知，约克公爵理查并未使用过白玫瑰徽记。不过，有人曾猜测其祖上的几任马奇伯爵（Earl of March）用过这一图案。这一家族后来在约克继承权中所占的重要位置表明这很有可能。他的儿子爱德华四世、女儿勃艮第的玛格丽特和另一个儿子理查三世都使用白玫瑰徽记。

23. 1471 年在蒂克斯伯里战役中为兰开斯特上过战场的库金顿的威廉·卡里爵士（Sir William Cary of Cookington）的纹章上绘有白玫瑰。见 Davies, 'Information, disinformation ...', op. cit., n. 75。

24. Galar y Beirdd: *Marwnadau Plant* / Poets' Grief: *Medieval Welsh Elegies for Children*（ed and tr. Dafydd Johnston）（1993），pp. 53–55.

25. 1442 年至 1459 年，英格兰和威尔士有 11 年的瘟疫记录。

26. 亨利七世在方济各修道院礼拜堂为父亲立了一座波白克大理石碑，也留下一些钱，让人为父亲的灵魂祷告、念弥撒。碑是 1503 年立的，当时亨利七世已在位十八年，而他每年为父亲做弥撒支出 8 英镑。见 Cliff Davies, 'Representation, Repute, Reality' in *English Historical Review* 124, issue 511（December 2009），pp. 1,432–47。埃德蒙之孙亨利八世在位期间解散修道院时，墓碑被毁，埃德蒙的遗骨则被迁至圣大卫大教堂（St David's Cathedral）。修道院的旧址上如今建起商业步行街。此地原本随修道院叫灰衣修士地，但 2010 年时人们将之重新包装，改名为默林步道（Merlin's Walk）。当地议员们称，传说比小镇的真实历史更"畅销"。

27. 这是她后来同约翰·费希尔说起此事时的表示。Jones and Underwood, *The King's Mother*, p. 40。

28. 80 年后，一位到访城堡的游客发现这间可以俯瞰河流的房中增建了一处壁炉。壁炉上雕刻着首位都铎君主的徽记和纹章图案，这处壁炉是为纪念其出生而建的。*The Itinerary in Wales of John Leland*（ed Lucy Toulmin Smith）（1906），p. 116。

29. 亨利·斯塔福德的兄长（于这年晚些时候过世）已经娶了博福特家的一位表亲，且育有一子。这位表亲叫玛格丽特，是战死于圣奥尔本斯的第二任萨默塞特公爵之女。

30. 出自约翰·费希尔在玛格丽特葬礼上的布道。见 *English Works of John Fisher*, op.

cit。

31. 玛格丽特用餐的惯例与约克公爵夫人塞西莉十分相似。

32. 无人能确定究竟是什么激发了反叛，但据说反叛是在神向众天使表明他的儿子会在基督身上降世成人，又说基督要受众天使的敬拜之时发生的。

33. Brut Chronicle, quoted in Keen, *English Society*, p. 194.

34. Dominic Mancini, *The Usurpation of Richard the Third*（ed C. A. J. Armstrong）（1969），pp. 100, 101.

第三章　得到体面抚育的囚徒

1. 公爵是在回顾亨利六世祖父的历史：亨利·博林布鲁克（后称亨利四世）推翻昏君理查二世夺了位，成为其继承人。约克宣称，自己的先祖马奇伯爵罗杰·莫蒂默才是合法的王位继承者。他的王室血统来自爱德华三世的孙女菲利帕（Philippa），且是这一支上最年长者。但爱德华三世限定，王冠只能由男性传承，而亨利六世的先祖是其第四个儿子兰开斯特家族的奠基者冈特的约翰（亨利四世之父）；约克公爵理查则是其第五个儿子兰利的埃德蒙之后。约克很快发现没什么人支持自己继位。尽管如此，这套说法在他死后依然流传了很久。

2. *Three Fifteenth-Century Chronicles*（ed James Gairdner），Camden Society New Series XXVIII（1880），p. 77.

3. 当时是 1460 年 2 月 20 日。W. H. Blaauw, 'On the Effigy of Sir David Owen' etc., in *Sussex Archaeological Collection* 7, 845, p. 24。

4. Ralph A. Griffiths and Roger S. Thomas, *The Making of the Tudor Dynasty*（2011），pp. 52, 53, 192.

5. 大卫·欧文生于彭布罗克郡。见 Davies, 'Representation, Repute, Reality' in op. cit. Also Blaauw, 'On the Effigy ...' in op. cit., p. 25。贾斯珀同样没有忘记自己的父亲，在遗嘱中他安排了一笔钱，让人们为他双亲的灵魂祷告，又把自己最好的金布礼服送给灰衣修士，用来作圣袍。*Testamenta vetusta: being illustrations from wills, of manners, customs, &c. as well as of the descents and possessions of many distinguished families. From the reign of Henry the Second to the accession of Queen Elizabeth, Volume*

1（ed Sir Harris Nicolas）（1826），p. 430。

6. 300万总人口中出兵3万人似乎是可能的。见Michael D. Miller, at http://www.warsoftheroses. co.uk/ chapter_56.htm。不过其他研究估计的数字比这大得多。一向相当谨慎的查尔斯·罗斯（Charles Ross）估计总数有5万人。见Charles Ross, *Edward IV*（1974），p. 36。

7. 人们在1996年发掘一处大型坟墓，大量尸体的头骨和前臂均多处受伤（士兵们曾高举双臂护头）。

8. D. H. Thomas, *The Herberts of Raglan*（1994），p. 26.

9. Blaauw, 'On the Effigy ...' in op. cit., p. 25.

10. 与贾斯珀·都铎和埃德蒙·都铎一道获得亨利六世册封成为骑士的赫伯特在这年7月晋升为贵族。

11. 该总管是约翰·斯基德莫尔爵士（Sir John Skidmore）。

12. 主要是她在林肯郡的伯恩（Bourne）的产业和斯塔福德之父在沃里克郡的马克思托克（Maxstoke）的城堡。

13. Kate Mertes, 'Aristocracy' in *Fifteenth-Century Attitudes*（ed Rosemary Horrox）（1994），pp. 55, 56.

14. Mancini, *Usurpation of Richard the Third*, p. 65.

15. 这并非新观念。长长的王室谱系在过去也很流行——亨利六世的一份家谱甚至一直上溯到亚当（亨利七世后来以此为据编写了自己的家谱，伊丽莎白一世过世时，这份家谱还挂在里士满宫中）。家谱是手写的，因为直到1476年，威廉·卡克斯顿（William Caxton）才在英格兰启用第一台机械印刷机。

16. 说玫瑰图案代表爱德华四世也有一层更个人的意思。约克一派的诗人们称爱德华为"鲁昂的玫瑰"（rose of Rouen）："玫瑰"表示此人品质出众，而鲁昂则是其出生地。

17. Livia Visser-Fuchs, 'English Events in Caspar Weinreich's Danzig Chronicle of 1461—1495' in *Ricardian* 7, No. 95（December 1986），p. 313.

18. 同上。

19. 国王之前也对玛格丽特有一些恩宠的表示，如1466年将博福特家族先前被没收的在萨里的沃金庄园赐给她。

20. 15世纪的七鳃鳗做法见http://www.gode cookery.com/nboke/nboke68.html。

第四章　命运之轮

1. Thomas, *The Herberts of Raglan*, p. 61.

2. 联合指挥官是德文伯爵。

3. 丫杖标记比沃里克伯爵印章上使用的熊和丫杖图案要简单，是一截树枝。传说一位先祖曾用它杀死一名巨人，有时也单独用熊作为徽记。

4. 这位亲家是费勒斯勋爵沃尔特·德弗罗（Walter Devereux, Lord Ferrers），他后来随理查三世出征博斯沃思并战死。他的一个女儿后来同欧文·都铎的私生子大卫的儿子结婚。赫伯特由爱德华四世册封为彭布罗克伯爵，也就是说他得到了贾斯珀的头衔。

5. Jones and Underwood, *The King's Mother*, p. 49.

6. 当时沃里克伯爵和爱德华四世都还没有儿子，沃里克伯爵想着，若自己的女儿嫁给爱德华四世的继承人，未来他的外孙就能当上国王。克拉伦斯公爵同意废掉兄弟，顶替他为王，并娶沃里克伯爵的女儿为王后。这对夫妇的两个孩子后来在亨利七世和亨利八世年间成为重要人物。但艾吉柯沼泽战役并未以爱德华四世下台而告终。克拉伦斯公爵会比爱德华四世做王做得更好绝非显然，作为弟弟，他的权力不如兄长大，故而没有多少人支持他继位。沃里克伯爵和爱德华四世因此不得不各让一步，达成妥协——虽然二人没能和平相处太久。

7. 哈勒赫沦陷时，费勒斯勋爵也在场。

8. 流传至今的行军曲《哈勒赫人》（*Men of Harlech*）记录了赫伯特的军队抵达哈勒赫的情形：

> 哈勒赫人哪你空空荡，
> 听见了吗？像滔滔海浪，
> 后浪推着前浪，
> 那远方战斗的声响，
> 是萨克森敌人在踏步走，
> 萨克森的矛兵和萨克森的弓箭手，
> 任他是骑士，是步兵，是童，是妇，
> 人人都要一命呜呼！

9. Eric Ives, *The Reformation Experience*（2012）, p. 38.

10. Pamela Nightingale, *A Medieval Mercantile Community: The Grocers Company*（1995）, pp. 519, 535.

11. Vergil, *Three Books*, p. 135.

12. 同上，第143页。

13. Jones and Underwood, *The King's Mother*, pp. 54–55.

14. Vergil, *Three Books*, p. 146.

15. 报告作者是剑桥大学彼得学院院长约翰·沃克沃斯（John Warkworth）。

16. David Clark, *Barnet - 1471: Death of a Kingmaker*（2006）, p. 56.

17. Cora L. Scofield, *The Life and Reign of Edward the Fourth: King of England and of France and Lord of Ireland*（1923）, Vol. 1, p. 587; HMC Report 12, Appendix 4, p. 4。克拉伦斯公爵目睹了爱德华王子的死，且两天后便在一封信中提到此事；兰开斯特家族的指挥官萨默塞特公爵埃德蒙·博福特（玛格丽特的堂兄，也是博福特家族最后一位有婚生身份的男性）成功逃进当地的修道院，他指望寻求圣所的庇护，却被人捉住处死。爱德华四世同时代的辩护人称，修道院无权保护叛贼。Mancini, *Usurpation of Richard the Third*, n. 54, p. 177。

18. 见约翰·沃克沃斯的记录，Scofield, *The Life and Reign of Edward the Fourth*, Vol. 1, p. 594。据说，当时爱德华四世最小的弟弟格洛斯特公爵理查也在场。

19. J. L. Laynesmith, *The Last Medieval Queens: English Queenship* 1445—1503（2004）, p. 175.

20. Griffiths, *The Reign of Henry VI*, p. 892；后于1475年溺水而死的埃克塞特公爵亨利·霍兰被法兰西编年史学家菲利普·德科米纳视作"兰开斯特家族下一个继位者"，但此人并非冈特的约翰之后。亨利·都铎才是兰开斯特家族活在世上的最后一人。

21. 此人为罗杰·沃恩爵士（Sir Roger Vaughan）。

22. John Leland, quoted in Thomas, PhD diss., op. cit., p. 224.

23. Philippe de Commynes, *Memoirs, The Reign of Louis XI*（ed and tr. M. Jones）（1972）, p. 353.

24. Griffiths and Thomas, *The Making of the Tudor Dynasty*, pp. 76, 77; Jones and Underwood, *The King's Mother*, p. 58; *Memorials of King Henry VII* (ed James Gairdner) Rolls Series (1858), pp. 15, 16; Vergil, *Three Books*, p. 155.

25. 斯坦利勋爵是1471年年末被任命为国王的家庭管家的，因而在二人结婚时仍算是新任，而任命时可能恰是玛格丽特考虑夫君人选的时候。

26. 勋爵的头衔是他13年前自父亲那里继承的。

第五章　理查三世登场

1. Jones and Underwood, *The King's Mother*, p. 146; J Hoult, *The Village, Manor and Township of Knowsley* (1930), p. 32. 玛格丽特同自己的继女也十分亲近，后来还为她置办过衣物。

2. *The Travels of Leo of Rozmital* (ed and tr. M. Letts), Hakluyt Society, additional series cviii (1957), pp. 46, 47.

3. Mancini, *Usurpation of Richard the Third*, p. 67; Rosemary Horrox, 'Edward IV', *Oxford Dictionary of National Biography*.

4. 法兰西编年史学家菲利普·德科米纳将之视作亨利六世死后"兰开斯特家族下一个继位者"。

5. 曾访问英格兰的罗马学者多米尼克·曼西尼（Dominic Mancini）说缸中装的是甜酒，而菲利普·德科米纳则明确说是马姆齐（一种希腊进口的甜酒）。今天布兰迪的克拉伦斯·马迪拉公爵（Blandy's Duke of Clarence Madeira）还在使用克拉伦斯的名字。

6. 赦免草案写在册封其父为里士满伯爵的特许令背面，因而得以保存下来。

7. Mancini, *Usurpation of Richard the Third*, p. 59。其他一些文献提到他是过量饮酒或过量食用蔬菜致死的。

8. 理查是从北安普敦"策马疾驰"抵达斯托尼斯特拉特福的。Mancini, *Usurpation of Richard the Third*, p. 77。

9. 同上，第137页，附录。描述来自路遇他的尼古拉斯·范波佩罗（Nicolas von Poppeleau）。

10. 这种脊柱侧凸称为特发性青少年脊柱侧凸（idiopathic adolescent onset scoliosis）。理查可能是10岁后发病的，随着年纪渐长，他的病也渐重。他站立时的高度可能只有4英尺8英寸。遗骨的桡骨也很细，与称其四肢瘦弱的描述相符。对其外貌最早的毁谤见于约翰·劳斯（John Rous）的《英格兰诸王历史》（*Historia Regum Angliae*，成书于理查去世后）。理查"在母亲腹中待了两年，出生时已经长了牙，头发长及肩膀"，而且"身量很矮，脸很短，两肩不相平，右边高过左边"。脊柱侧凸常会遗传：根据一些描述，不仅是理查的曾曾侄孙爱德华六世的一肩高过另一肩，其曾曾曾侄孙女玛丽·格雷也极矮，"驼背而且十分难看"。至于书中关于理查的其他说法，例如出生时头发浓密、指甲也很长，似乎合理，但说理查出生时已经长了牙似乎太不靠谱了。Alison Hanham, *Richard III and His Early Historians 1483—1535*（1975），pp. 120, 121。

11. 这位冈特的约翰的季弟托马斯·伍德斯托克的后人是父系传承的，同时他母亲又来自博福特家族——第二任萨默塞特公爵埃德蒙·博福特之女。第二任白金汉公爵是玛格丽特·博福特的先夫亨利·斯塔福德的外甥。

12. Mancini, *Usurpation of Richard the Third*, pp. 78, 79.

13. DeLloyd J. Guth, 'Richard III, Henry VII and the City' in *Kings and Nobles in the Later Middle Ages: A Tribute to Charles Derek Ross*（ed Ralph A. Griffiths and James Sherborne）（1987），p. 187.

14. Laynesmith, *The Last Medieval Queens*, p. 177.

15. 托马斯·莫尔记录过开会前夜玛格丽特·博福特的丈夫斯坦利勋爵托马斯做噩梦的事。午夜过后不久，斯坦利勋爵惊醒了，他送信给黑斯廷斯勋爵，提议二人一起逃出城去。黑斯廷斯勋爵叫他不要在意这梦，因此赔上了性命。

16. 当天的一场公开布道宣称，爱德华四世不是约克公爵理查的儿子。19世纪晚些时候，法兰西开始流传一些谣言，称约克公爵夫人塞西莉承认在鲁昂时和一位叫布莱本（Blaybourne）的高挑白皙、金发碧眼的弓箭手有过一段风流事。伦敦这场布道没有言明谁是爱德华四世"真正"的父亲，相反，仅仅强调爱德华四世与约克公爵毫无相似之处，而这与"真正"的继承人理查三世形成鲜明对比。但无论爱德华四世的父亲是谁，都无法改变约克公爵理查承认他是自己的儿子这一事实，因此爱德华四世在法律上是正统的。理查后来承认爱德华四世是真正的国王，但也将其描绘成一个昏君，又宣布其子女为私生。Mancini, *Usurpation of Richard the Third*, pp. 94, 97。

17. 这位主教名叫罗伯特·斯蒂灵顿（Robert Stillington），女人的名字是埃莉诺·巴特勒（Eleanor Butler），事实上早在两位王子出生前她便过世了。

18. *Rotuli Parliamentorum*, Vol. 3, p. 419.

19. 其伯爵头衔继承自母亲（"造王家"沃里克伯爵的长女伊莎贝拉）。

20. Mancini, *Usurpation of Richard the Third*, p. 105. 伦敦城里的人们曾投票决定为恭贺爱德华五世加冕奉上1000英镑，后来长者们屈从了，将这笔钱给了爱德华五世的叔父理查，因为他们认为理查继位在所难免。

21. 医生名叫约翰·阿根廷（John Argentine）。Mancini, *Usurpation of Richard the Third*, p. 93。

22. Ann Wroe, *Perkin*（2004），p. 68. 作者引用的是勃艮第编年史学家让·莫利内（Jean Molinet）的说法。

23. Mancini, *Usurpation of Richard the Third*, p. 93. 作者认为二人是在加冕礼之前消失的。

24.（集结）始于7月3日。

25. "造王家"沃里克伯爵的幼女，也是兰开斯特的爱德华（亨利六世于蒂克斯伯里失去的儿子）的遗孀。

第六章　塔中王子

1. 让·莫利内是这么说的。Griffiths and Thomas, *The Making of the Tudor Dynasty*, p. 86。

2. Christopher Wilkins, *The Last Knight Errant: Sir Edward Woodville and the Age of Chivalry*（2010），p. 109.

3. 现存信件表明，理查三世7月时联系布列塔尼公爵弗朗西斯二世主要是为了爱德华爵士的事，但之后的信件表明，二人也谈到亨利·都铎。Charles Ross, *Richard III*（2011），p. 195。

4. *Rotuli Parliamentorum*, Vol. 3, p. 419.

5. York Civic Records: John Kendall from Nottingham to the City of York, 23 August 1483.

6. 2012年10月，在泰晤士河畔伦敦塔附近，人们发现了一枚这样的徽章，材质是铜合金的，图案是一头戴王冠的野猪。"野猪"（bore）可能是打乱了字母顺序的拉丁语的"约克"（ebor），"白色"野猪则延续了"白玫瑰"的传统。

7. John Ashdown-Hill, *Richard III's Beloved Cousin, John Howard and the House of York*（2009）, pp. 99, 100, 107. Also Michael Hicks, 'Unweaving the Web' in *Ricardian* 9, No. 114（September 1991）, pp. 106–109.

8. 玛格丽特·博福特同母异父的兄弟约翰·韦尔斯也造了理查的反，且8月中旬时已经逃往布列塔尼。

9. Thomas More, *The History of Richard III*, at http://www.r3.org/ bookcase/more/moretext.

10. 人们最后一次看见两位王子在塔中花园玩耍是在10月28日市长卸任的时候。当时的市长是埃德蒙·夏爵士（Sir Edmund Shaa），时间出自《伦敦大编年史》。克罗兰编年史则显示，两位王子至少直到9月的第二周还活着（托马斯·莫尔称二人此时已被杀害）。在那之后似乎一切希望都消失了。在一份与之完全同时代的记录，即写于9月29日或其前后的切尔斯科特宣誓书（Colchester Oathbook）中，爱德华五世被称为爱德华四世"已故的儿子"（尽管这可能仅仅是指他被宣布为私生子的事）。关于此事与七月阴谋参见 Ashdown-Hill, *Richard III's Beloved Cousin*, pp. 99, 100, 107. Also Hicks, 'Unweaving the Web' in op. cit., pp. 106–9。相当耐人寻味的是，9月23日，罗马西斯廷礼拜堂（Sistine Chapel）为"英格兰国王爱德华"举行了一场安魂弥撒。这可能是指爱德华四世，但此类弥撒通常是在梵蒂冈收到某位君王过世的消息后不久举行。见 Cliff Davies, 'A Requiem for King Edward' in *Ricardian* 9, No. 114（September 1991）, pp. 102–105。

11. 由于缺少铁的事实材料，关于此事乃何人何时所为的各种答案都源自虚构作品。一方面有威廉·莎士比亚笔下的理查三世：他就像《圣经》中屠杀无辜的希律王，驼背直接表明了其灵魂的丑恶。这是对传统上已经存在的叙事的延伸。然而都铎时代之后，威廉·莎士比亚对理查三世的妖魔化引发了反动，亨利·都铎被放在这一框架中。这类作品中最具影响力的是约瑟芬·铁伊（Josephine Tey）的侦探小说《时间的女儿》（*Daughter of Time*）。写作此书前不久，人们刚对斯大林（Stalin）进行了一系列作秀公审，公审对铁伊的立场产生了极大的影响，小说"证明"了两位王子之所以被害，是因为二人比亨利·都铎更有资格继承王位。

12. Davies, 'Information, disinformation ...' in op. cit., p. 24.

13. Commynes, *Memoirs, The Reign of Louis XI*, Introduction and pp. 354, 397.

14. 这是波利多尔·弗吉尔的说法。后来（亨利八世年间）托马斯·莫尔则称事实恰好相反：是莫顿说服公爵转而支持亨利·都铎这位并不突出的兰开斯特家族的继承人的。

15. Mancini, *Usurpation of Richard the Third*, pp. 90–91.

16. 医生名叫刘易斯·卡里昂（Lewis Caerleon）。

17. 伊丽莎白·伍德维尔从未对这门亲事表现出什么热情，1485年春天她认为亨利·都铎的事业已经烂尾，便不再考虑此事。

18. 同样表明其慎重态度的一件事是，他于翌年将亨利六世的遗体从萨里的彻特西修道院迁到了温莎的圣乔治礼拜堂。这是一个和解的表示（类似1413年亨利五世将理查二世的遗体迁葬于威斯敏斯特修道院），但也是为了利用和控制这一迷信。

19. 事实上，1485年后他的确成了这样一个角色。1485年（或1486年），威尔士诗人马塔法恩的达菲·押·卢埃林·押·格鲁菲兹（Daffyd ap Llywelyn ap Gruffydd of Mathafarn）第一个指责理查三世，称他是个"苦大仇深的撒拉森人"（注意，这是个反犹描述），是"屠杀基督众天使"的"残暴的希律"。Jonathan Hughes, *The Religious Life of Richard III*（2000），p. 8。

20. Barbara Harris, *Edward Stafford 3rd Duke of Buckingham*（1986），pp. 29, 30.

21. 关于两位王子的死，参见 *Great Chronicle of London*（ed A. H. Thomas and I. D. Thornley）（1938），pp. 234–237。这是当时一个伦敦人所写。并请参见 Mancini, *Usurpation of Richard the Third*, pp. 92–93；接着是托马斯·莫尔后来的详细阐述或者说发挥：*The History of Richard III*（ed R. S. Sylvester）（1963），pp. 88, 89；还有引述其妹夫约翰·拉斯特尔（John Rastell）的说法的 Desmond Seward, *The Wars of the Roses*（1995），p. 364。关于人们以放血治疗之名谋杀二人的故事，参见 I. Arthurson, 'Perkin Warbeck and the Princes in the Tower' in *Much Heaving and Shaving: Essays for Colin Richmond*（eds M. Aston and R. Horrox）（2005），pp. 158–217。波利多尔·弗吉尔的 *Anglica Historia*（ed and tr. D. Hay），Camden Third Series, Vol. 74（1950）提出，两位王子的死是对爱德华四世杀害克拉伦斯公爵的惩罚。

22. Griffiths and Thomas, *The Making of the Tudor Dynasty*, pp. 93, 94.

23. Croyland Chronicle at http://www.r3.org/bookcase/croyland/ croy8.html.

24. *Great Chronicle of London*（ed Thomas and Thornley），pp. 236–237.

第七章　亡命人

1. 亨利·都铎的大本营在厄米城堡（Chateaux de l'Hermine）。

2. 此人是被处死的理查·格雷的兄弟，也是塔中两位王子的半血兄弟。

3. 'The Song of the Lady Bessy'，Griffiths and Thomas, p. 168将之描述为"瘊子"。这部歌集在1500年前后相当流行，而今天存世的只有1个世纪后的几版抄本。全文见http://www.archive. org/stream/mostpleasantsong00londrich/mostpleasantsong00 londrich_djvu.txt。

4. 亨利·都铎可能也认为理查三世与亨利六世的死有牵连。"关于（亨利六世）的死有各种各样的说法，但最出名的说法是他是被匕首戳死的——下手的是格洛斯特公爵。"［Robert Gaugin's *Compendium*（1497）］。见Davies, 'Information, disinformation ...', op.cit., p. 22。

5. 1502年时，亨利·都铎仍在给大教堂送礼物，而在遗嘱中他也求圣樊尚为其代祷。Margaret Condon, 'The Last Will of Henry VII' in *Westminster Abbey: The Lady Chapel of Henry VII*（ed T. Tatton–Brown and R. Mortimer）（2003），p. 133。

6. Virginia K. Henderson, 'Rethinking Henry VII: The Man and His Piety in the Context of the Observant Franciscans' in *Reputation and Representation in Fifteenth-Century Europe*（ed D. Biggs, S. D. Michalove and A. C. Reeves）（2004），n. 111 p. 344.

7. 白金汉公爵昔日的囚徒成了盟友，伊利主教约翰·莫顿逃离英格兰，并在理查三世宫中安插了一名眼线。1484年8月（也可能是9月），莫顿同流亡勃艮第的亨利·都铎取得了联系，警告称布列塔尼有人正计划逮捕他。1476年人们要将亨利·都铎遣送回国时，最后一刻被公爵派来营救他的就是皮埃尔·朗代。关于布列塔尼公爵已经老糊涂一事，参见Robert J. Knecht, *The Valois*（2004），pp. 108, 109。

8. Vergil, *Three Books*, pp. 206, 307. 让留在布列塔尼的流亡者大感宽慰的是，发现都铎家族的两位客人被迫逃跑后，公爵相当难堪，甚至为这些人付了旅费，好叫他们去追随亨利·都铎。

9. 理查三世与布列塔尼公爵和解令安妮相当不快。但法兰西的形势远未稳定。王室中还有一位年长的男性——奥尔良公爵路易在与安妮竞争摄政权。

10. 有人认为伊丽莎白·伍德维尔后来回到宫中证明她并不相信两位王子乃理查三世

所杀。但这份文件相当清楚地写明了，她担心如果没有书面承诺，两个女儿在理查三世手中会遭遇什么。而即便无法确知两位王子的命运，理查三世处死了她的另一个儿子理查·格雷和她的兄弟里弗斯勋爵也是不争的事实。她不过是在尽其所能地保护两个女儿。几十年后，萨福克公爵夫人弗朗西丝也会做同样的事：1554年2月，在丈夫和长女简·达德利夫人被玛丽一世处死后，她和两个小女儿进宫，成了女王的侍女。British Library Harleian MSS 443, f. 308。

11. Davies, 'Information, disinformation ...', op. cit., p. 47.弗吉尔关于亨利·都铎打算转而与莫德·赫伯特结婚的说法是错误的。她已经嫁给诺森伯兰伯爵亨利·珀西（参见《牛津国家人物传记大辞典》相关词条）。莫德的兄弟（第二任彭布罗克伯爵）威廉·赫伯特已于1484年2月同理查三世的私生女凯瑟琳成婚。

第八章 博斯沃思

1. *Original letters illustrative of English history; including numerous royal letters: from autographs in the British Museum, and one or two other collections*（ed H. Ellis）（second series, 1827），Vol. 1, p. 163.

2. 'The Song of Lady Bessy'：Helen Cooper, *The English Romance in Time: Transforming Motifs from Geoffrey of Monmouth to the Death of Shakespeare*（2004），p. 346.

3. 莫蒂默家族是卡德瓦拉德的后裔，祖上是威尔士的卢埃林大王。与此相反，都铎家族可确证的与王室最近的联系是一名当过卢埃林手下军官的先祖。 Virginia K. Henderson, 'Retrieving the "Crown in the Hawthorn Bush"：The Origins of the Badges of Henry VII' in *Traditions and Transformations in Late Medieval England*（ed D. Biggs, S. D. Michalove and A. C. Reeves）（2002），n. 41, p. 255。

4. 故事附于宫内流传的图绘家谱中。Alison Allan, 'Yorkist Propaganda: Pedigree, Prophecy and the "British History" in the Reign of Edward IV' in *Patronage, Pedigree and Power in Later Medieval England*（ed Charles Ross）（1979），pp. 171-192。蒙茅斯的杰弗里著作第七卷第三章记载了默林的预言："不列颠的王沃蒂甘（Vortegirn）正坐在一个干涸了的池塘边，忽然来了两条龙，一条是白龙，一条是红龙。二龙离得很近，开始激战，随呼吸喷出火来。白龙占了上风，逼得另一条龙逃到池塘的另一端。

白龙紧追不舍，红龙虽脱逃但很忧伤，遂重新发动攻击，逼退了白龙。二龙交战后，王命安布罗斯·默林说明此事之意味。随后默林流下泪来，将他那先知的灵所启示自己的讲出来：'红龙有祸了，因为它必将一路被放逐。它纵使伏于洞中，也会为白龙所擒，这白龙就是你引来的萨克森人；而红龙就是不列颠国，这国将受白龙的压迫。因这压迫，其诸山必降低如谷，其谷中诸川必流淌鲜血。人民的敬拜要败坏，教堂都要毁废。最终这受压迫的会得胜，会反抗外邦人的暴虐。因为康沃尔的一头野猪将伸出援手，将他们的颈项踏在脚下。'" http://www. caerleon.net/history/geoffrey/Prophecy1.htm。

5. Sydney Anglo, 'The British History in Early Tudor Propaganda' in *Bulletin of the John Rylands Library* 44（1961—2），pp. 17–48, esp. pp. 23, 24, 37, 38. 受这些故事启发，又出现了更多预言。一则著名的预言描述了亨利·博林布鲁克如何推翻理查二世，又预言1460年会有一个王登基，为这一不义之举平反，而爱德华四世正是在1460年加冕的（根据当时的纪年方法——以3月25日圣母领报节为一年的开始——计算）。

6. David Starkey, 'King Henry and King Arthur' in *Arthurian Literature* 16（ed James P. Carley and Felicity Riddy）（1998），p. 181.

7. Philippe de Commynes, 引自 Griffiths and Thomas, *The Making of the Tudor Dynasty*, p. 129.

8. Blaauw, 'On the Effigy ...' in op. cit., pp. 25, 38, 39.

9. R. A. Griffiths, 'Henry Tudor: The Training of a King' in *Huntington Library Quarterly* 49, No. 3（summer 1986），pp. 208, 209.

10. 玛格丽特·博福特能保住生命也有性别的原因。如波利多尔·弗吉尔所言："人们认为妇人的智谋微不足道。" Vergil, *Three Books*, p. 204。

11. 威廉爵士是切斯特（Chester）的管家，也是北威尔士的审判长。

12. 据传说，棕母牛是一只"庞然大物，有4码高、6码长"，什普罗郡（Shropshire）的人们从棕母牛那里得到奶，而奶从来没有耗竭过。有一天，一位妇人决定拿一只筛子试试，看棕母牛能不能将其装满。棕母牛大怒，以致挣脱绳子横冲直撞起来。棕母牛在拉格比（Rugby）附近的邓斯莫尔荒原（Dunsmore Heath）被人杀死，而内维尔家族便自称是传说中手刃棕母牛的沃里克人（Guy of Warwick）之后。也有说法称"棕母牛"是"丹麦地"（Dena Gau）的讹误，并称其实沃里克人是在此打败丹麦人的。亨利·都铎能在内维尔家亲族中间征兵，是因为"造王家"沃里克伯爵是为兰开斯特家族战死的，虽然他的女儿安妮·内维尔嫁给理查三世，但她死后亨利·都铎的盟友们成功散布谣言，让人们相信是理查三世下毒害死了她。DeLloyd J. Guth 'Richard III, Henry VII and the City' in op. cit., pp. 192, 197, 198. In the seventeenth century the Cow's rib was at Warwick Castle。

13. Great Chronicle of London in *English Historical Documents* Vol. 5 1485—1558（ed David Douglas）（1967），p. 110.

14. 同上；Vergil, *Three Books*, p. 222.

15. *Great Chronicle of London* in op. cit., p. 110.

16. Mancini, *Usurpation of Richard the Third*, pp. 100, 101.

17. Vergil, *Three Books*, pp. 222, 223.

18. 神父名叫比戈德（Bigod），后来进了玛格丽特·博福特宫中当差。Quoted in Michael Bennett, *The Battle of Bosworth*（2000），p. 87。

19. Hall, *Chronicle*, p. 419. 作者提到"诺福克的小杰克"，威廉·莎士比亚则提到"乔基"（Jockey），二者都是约翰的昵称，"迪康"是理查三世的昵称，类似今天的"迪基"（Dicky）。

20. 莫德·赫伯特1485年时已经过世，但二人生育了几个子女。

21. 'The Ballad of Bosworth Field' in Bennett, *The Battle of Bosworth*, pp. 152–157; 弹石是以弹簧发射的。

22. 编年史家霍尔称，诺福克公爵"英勇战死……流芳后世"。见Hall, *Chronicle*, p. 419。另一些文献记录的情形则有所不同。1490年前后，勃艮第的让·莫利内写道，诺福克公爵是被俘的，且被亨利·都铎送到牛津伯爵处，被后者处死。关于其死亡的更多说法，以及对19世纪发掘出的疑似诺福克公爵的遗骨头盖骨上的洞的描述，见Ashdown–Hill, *Richard III's Beloved Cousin*, pp. 114, 115, 129。http://www.r3.org/bosworth/chron3.html. On Longe, see John Alban, 'The Will of a Norfolk Soldier at Bosworth' in *Richardian* 22（2012）也详细引述了包括莫利内在内的一些15世纪资料。

23. http://www.r3.org/bosworth/chron3.html: early 1486, Diego de Valera, Castilian courtier, in E. M. Nokes and G. Wheeler, 'A Spanish account of the battle of Bosworth' in

Ricardian 2, No. 36（1972）, p. 2. 这一情感在《贝西夫人之歌》（*The Song of Lady Bessy*）中也有体现："因我也愿同多人一样，死在这战场上。"http://www.archive. org/stream/mostpleasantsong00londrich/mostpleasantsog00 londrich_djvu.txt。

24. Hall, *Chronicle*, p. 418.

25. Recorded by John Rous of Warwick（d.1492）.

26. Hall, *Chronicle*, p. 419.

27. http://www.r3.org/bosworth/chron3.html molinet. 戟是一种长柄兵器，枪头为带尖锥和倒钩的斧刃。时至今日，戟仍是梵蒂冈瑞士卫队的礼仪兵器。

28. 根据最早流行于1500年的《贝西夫人之歌》的说法，"人们拿枪击他的头 / 直至脑浆迸裂血肉模糊"。其他一些记录也描述了理查三世的遗体被人施暴的情景，但其头盔必然没有损坏得太厉害，因为后来还用来给国王亨利加冕。

29. York Memoranda, 23 August 1485: see Bennett, *The Battle of Bosworth*, p. 131. 诺森伯兰伯爵没有为王而战，到最终也未获赦免。几年后，因为征税的事，约克郡一群愤怒的暴民向他发动攻击，而其众家臣则袖手旁观，任他被人以私刑处死。

一众男爵、骑士、扈从，

转脸不顾，任主人死，

呜呼，他那些金子、资财、每年的进税，

竟如此虚掷浪费！

（John Skelton 1460?—1529, 'An Elegy on Henry 4th Earl of Northumberland'）

30. 当时没有人提到博斯沃思有什么山楂树丛。绿色同样象征着新生，也为都铎家族所使用。Henderson, 'Retrieving the "Crown in the Hawthorn Bush"', in op. cit., pp. 170, 245。

31. *Great Chronicle of London*, in op. cit., p. 110.

32. Diego de Valera's account: see Bennett, *The Battle of Bosworth*, p. 138.

33. A. F. Sutton and L. Visser-Fuchs, *The Hours of Richard III*（1990）, pp. 39–40.

34. DeLloyd J. Guth, 'Richard III, Henry VII and the City' in op. cit., pp. 194–195.

第九章　玫瑰与受难

1. Mancini, *Usurpation of Richard the Third*, p. 103.

2. Thomas More, *The History of Richard III.*

3. Visser-Fuchs, 'English Events in Caspar Weinreich's Danzig Chronicle' in op. cit., pp. 316, 317.

4. 时间说法不一，见 *Great Chronicle of London* says 3 September in op. cit., p. 111; Vergil, *Anglica Historia*, pp. 2–5。

5. Griffiths and Thomas, *The Making of the Tudor Dynasty*, p. 167.

6. Sean Cunningham, *Henry VII*（2007）, p. 117.

7. *Great Chronicle of London* in op. cit., p. 111.

8. *The Parliament Rolls of Medieval England 1275—1504*（ed Chris GivenWilson）（16 vols., 2005）, Vol. 15（ed Rosemary Horrox）, p. 107.

9. 亨利·都铎的母亲拥有的物件可以说明一些问题。她后来遗赠的物品中有一件镶宝石的饰品：一朵"玫瑰，上面有我主的画像，每枚钉子上都有一颗钻石和四颗珍珠，背面是几个受难的标志"。Henderson, 'Retrieving the "Crown in the Hawthorn Bush"' in op. cit., p. 245. 同样与受难有关的还有流行的圣名（Holy Name）崇拜，玛格丽特·博福特对此相当热心，后来还大力推广。IHS（英文耶稣的缩写）标志后来甚至成了都铎家族的徽记之一，而且经常画在玫瑰图案的中心。Susan Wabuda, *Preaching During the English Reformation*（2002）, pp. 147-163。参见玛格丽特·博福特所译《罪人灵魂的金镜》（*The Mirror of Gold for the Sinful Soul*）第157页插图中的形象。红玫瑰在今天是爱的象征，在宗教意义上也是其一贯的象征。

10. Henderson, 'Rethinking Henry VII' in op. cit., p. 336.

11. *English Coronation Records*（ed Leopold George Wickham Legg）（1901）, pp. 203-206.

12. Harris, *Edward Stafford*, pp. 29, 30.

13. 同样如此受到控制的还有其弟亨利·斯塔福德。

14. 在后来的岁月中，二人之间甚至似乎连亲密也说不上——贾斯珀在其遗嘱中对凯瑟琳·伍德维尔只字未提。

15. 理查三世指定的继承人后来成了对抗兰开斯特家族的最后几朵白玫瑰。

16. 约翰·费希尔的回忆。

17. Ross, *Richard III*, pp. 136, 138.

18. 妻子的相貌如何对亨利八世而言相当重要，表明这一点的一件事是，1505年有人来提亲（对方是年轻的那不勒斯媚居皇后）时，他详细列出的关于女方的24个问题。他相当在意"她嘴唇上有没有毛"，还提了很多问题，要知道她的胸、头发和眼睛的颜色，还有肤色、手指、手臂、脖子，几乎包括她身上所有部位如何。*CSPS* 1（436）。关于约克的伊丽莎白雕像的细节，参见 Harvey and Mortimer, *The Funeral Effigies of Westminister Abbey*, p. 45。

19. 这位女继承人叫玛丽·博恩（Mary Bohun），关于此人和切肉官这一职位的信息，参见 National Archives, Cowdray 4934, f. 67。

20. Blaauw, 'On the Effigy ...', op. cit., p. 25, quoting British Library Cotton MSS Vitellius B XII, p. 124. 大卫爵士后来还出席过约克的伊丽莎白和亨利七世的两个儿子（第一个儿子亚瑟和未来的亨利八世）的洗礼仪式，亚瑟和阿拉贡的凯瑟琳结婚时他也在场。

21. 亨利·都铎重要的盟友伊利主教约翰·莫顿1485年初曾在罗马待了几个月，宣传让亨利·都铎当英格兰国王的好处。教宗在1486年3月27日便发出诏书，速度惊人。诏书确认亨利·都铎有权继位，因为战场上的胜利……"和这片土地上三大阶级组成的国会的法令和权力"都支持其继位。见 *Tudor Royal Proclamations*, 3 vols.（eds P. L. Hughes and J. F. Larkin）（1964—9），Vol. 1, No. 5, pp. 6–7。

22. 亨利七世也已经不再使用会令人想起内维尔家族的棕母牛纹章图案。

23. Anglo, 'Early Tudor Propaganda' in op. cit., p. 27.

24. 如果公开宣誓订婚后圆房，婚姻便可在婚礼前宣告成立。因此，约克的伊丽莎白可能在婚礼前怀孕了。Roy Strong, *Coronation: A History of Kingship and the British Monarchy*（2005），p. 139。

25. Raluca Radulescu, 'Malory and Fifteenth–Century Political Ideas' in *Arthuriana* 13, No. 3（2003），p. 39.

第十章 稳固后继

1. 这是一处本笃会（Benedictine）修道院。

2. Beaufort Hours, in F. Madden, 'Genealogical and Historical notes in Ancient Calenders' in *Collectanea Topographia et Genealogica* I（1834）, p. 279.

3. 托马斯·马洛里爵士的《亚瑟王之死》（1485）："而许多人说墓碑上写着：亚瑟安息于此，他是曾经为王的，又是将要为王的（*HIC IACET ARTHURUS, REX QUONDAM, REXQUE FUTURUS*）。"

4. *A Collection of Letters and State Papers, from the Original Manuscripts of Several Princes and Great Personages in the Two Last Centuries, etc.*（comp. Leonard Howard）（2 vols., 1756）, Vol. 1, pp. 228, 229.

5. E. M. G. Routh, *Lady Margaret: A Memoir of Lady Margaret Beaufort*（1924）, pp. 64, 65.

6. Griffiths and Thomas, *The Making of the Tudor Dynasty*, p. 183; Jones and Underwood, *The King's Mother*, p. 69.

7. 仆人亨利·帕克（Henry Parker）的记录见British Library Add MSS 12060。

8. 这位绅士名叫托马斯·凯姆（Thomas Kyme）。

9. Arlene Naylor Okerlund, *Elizabeth of York*（2009）pp. 95–97; *Excerpta Historica*（ed Samuel Bentley）（1831）, p. 285.

10. John Leland, *De Rebus Britannicis*（ed Thomas Hearne）（1774）, Vol. 4, p. 254.

11. 同上。

12. Davies, 'Information, disinformation ...' in op. cit., p. 6; *Ricardian* 7, No. 95（December 1986）.

13. Leigh Ann Craig, 'Royalty, Virtue, and Adversity: The Cult of King Henry VI' in *Albion: A Quarterly Journal Concerned with British Studies* 35, No. 2（summer 2003）, p. 190.

14. Condon, 'The Last Will of Henry VII' in op. cit., p. 133.

15. 关于伊丽莎白·伍德维尔后来所受的待遇和葬礼见第十一章。

16. 称亨利七世为"里士满国王"的但泽商人在自己的大事记中毫不怀疑地称这位王位觊觎者为"克拉伦斯公爵……之子"。Visser-Fuchs, 'English Events in Caspar

Weinreich's Danzig Chronicle' in op. cit., p. 317。

17. 在这场危机中，伊丽莎白·伍德维尔唯一幸存的儿子多塞特侯爵托马斯·格雷也遭到逮捕，这表明了亨利七世的疑心：就算是扩大的家族的成员也不可完全信任，不能认为这些人不会背叛自己。

18. 公爵1477年1月在南锡（Nancy）与瑞士人作战时阵亡，战败后勃艮第回到法兰西治下。

19. 关于兰伯特·西姆内尔之父的职业，各人说法不一（包括管风琴制造者、裁缝、理发师、糕点师等）。也有人指出，"西姆内尔"一名可能出自勃艮第公爵领地内。1486年7月，梅赫伦曾有记录提到某个"克拉伦斯的儿子"（Hicks, *The Wars of the Roses*, p. 243）。在英格兰，"西姆内尔"一词常用于甜面包或甜饼的名字。"兰伯特"则起源于职业名称，是"牧羊人"的意思，同时也是一个古老的英格兰名字（from Landbeorht）。而此人是否真叫兰伯特·西姆内尔则是另一个问题。有人曾听到人们同男孩说话时称之为"约翰"。

20. Vergil, *Anglica Historia*, p. 25.

21. 博福特祷告书（f.240v）：感谢埃里克·艾夫斯在拉丁文翻译上提供的帮助。

22. David Starkey, 'London: Flower of Cities All' in *Royal River: Power, Pageantry and the Thames*（ed Sue Doran）（2012）, p. 13.

23. John Leland, *Collectanea IV*（1774）, p. 259. 有意思的是，亨利八世和阿拉贡的凯瑟琳加冕时用的铺地布料是带条纹的。

24. Vergil, *Anglica Historia*, p. 25.

25. Desmond Seward, *The Last White Rose*（2010）, p. 40.

26. 考察的资料包括"消失的两位王子"的祖母、母亲和姨母的遗嘱。我也去小马尔文修道院和坎特雷大教堂——1482年，两座教堂都曾接受委托制作描绘两位王子的染色玻璃——做过调查，但一无所获。我找到的最接近纪念的存在是温莎的圣乔治礼拜堂的弥撒捐献，最初是爱德华四世的挚友威廉·黑斯廷斯所设。黑斯廷斯的遗嘱写于1481年6月27日，当时两个孩子仍然在世。他安排人们将他葬在国王为他分派的地方，又交代"在我下葬地附近的圣坛"做弥撒和礼拜。然而1504年捐建的礼堂完全建成时，两个孩子（可能）已经死了。他将法曼比（Farmanby）和东哈尔加斯（East Hallgarth）庄园赠予他人，附加的条件包括在每年6月10日要念弥撒：为着已故的黑斯廷斯勋爵威廉及其妻凯瑟琳、现任黑斯廷斯勋爵爱德华及其妻玛丽、各人父母的灵魂，为着爱德华四世及其妻伊丽莎白以及夫妇二人（尚未命名的）子女的灵魂，也为所有基督徒的灵魂。同时，每年要进行一次缅怀，纪念对象包括众子女，而爱德华五世和理查可能也在内。此外，每天要在安葬黑斯廷斯勋爵的礼拜堂的圣坛为上述两位勋爵的灵魂，也为前文提到的所有人的灵魂念弥撒。虽然没有特别提到，但负责黑斯廷斯勋爵的弥撒的神父每日祷告和年度缅怀的对象也包括爱德华五世和理查。感谢温莎圣乔治礼拜堂档案馆的埃莉诺·克拉克内尔。MSS refs SGC IV 8.2; SGC XV 58 C 17。

27. Henderson, 'Rethinking Henry VII' in op. cit., p. 325.

28. Vergil, *Anglica Historia*, p. 56.

第十一章　失落的王子

1. Laynesmith, *The Last Medieval Queens*, p. 217.

2. Ralph Griffiths, 'Succession and the Royal Dead in Later Medieval England' in *Making and Breaking the Rules: Succession in Medieval Europe c.1000—c.1600*（eds Michael Penman and Frederique Lachaud）（2008）, p. 102.

3. 勃艮第公爵夫人如何看待自己的侄子们——塔中的两王子于1483年的消失——我们不得而知。但她接受了理查三世的统治，1484年还同他常常联络，没有任何迹象表明二人之间有嫌隙。

4. 这话是马克西米利安1495年在沃尔姆斯（Worms）对威尼斯使节说的。A. J. J. Schnitker, 'Margaret of York, Princess of England and Duchess of Burgundy, 1446—1503: female power, influence and authority in later fifteenth-century North-western Europe', PhD diss., Edinburgh（2007）, p. 125。

5. 如此还有一个好处，即表明约克居于兰开斯特之下，他本人是兰开斯特公爵，后来这一头衔也一直属于历任君王，而约克公爵的头衔则一直属于次子。

6. Okerlund, *Elizabeth of York*, p. 192. http://www.archive.org/ details/privypurseexpens-00nicouoft, pp. 74, 75.

7. 谋反者是罗伯特·克利福德爵士（Sir Robert Clifford）。

8. 后来在1521年对第三任白金汉公爵所做的一系列调查中，有人回忆称，亨利七世"在控诉他们前两三年"就已经知道威廉爵士与其共谋叛变的事了。*L&P* 3（1283）。

9. Okerlund, *Elizabeth of York*, pp. 120, 121; *Great Chronicle of London*（ed Thomas and Thornley），p. 151.

10. 伊丽莎白一世的行为也类似。她登基时的57位贵族到她死时还剩55位。同祖父一样，伊丽莎白一世对各种联姻也非常关注。

11. 勃艮第公爵夫人为珀金提供了军队，作为交换，珀金承诺给勃艮第公爵夫人赫特福德郡的汉斯登（Hunsden）和约克郡的斯卡伯勒两处庄园，并保证她提供的钱财支持也会悉数奉还。马克西米利安可能获得的回报还要大：珀金提出，要是自己死时没有子女，则英格兰、法兰西和爱尔兰将由马克西米利安继承。

12. 詹姆斯四世曾向西班牙求亲，想娶其一位公主，若是西班牙人做出积极回应，詹姆斯四世立即就会抛弃珀金——但当时没有适婚的公主。见Norman Macdougall, *James IV*（2006），pp. 124, 125。

13. Davies, 'Information, disinformation ...' in op.cit., p. 3.

14. Vergil, *Three Books*, p. 89.

15. Raphael Holinshed, *Chronicle*（1587），Vol. 2, p. 782.

16. *CSPV* 1（751）（754）; *CSPM*（539）（540）.

17. 同上。

18. *CSPV* 1（751）.

19. *CSPM*（541）. 珀金还有一面军旗，表现的是一个狼口逃生的男孩，就像理查从预备杀害他的理查三世手中逃脱一样。

20. 珀金的供状收录于*English Historical Documents Vol. 5 1485—1558*（ed David Douglas）（1967），p. 118。

21. 这部历史可能出自盲诗人伯纳德·安德烈（Bernard André）之手，1485年9月在伦敦城郊念着长长的拉丁语诗欢迎亨利七世的也是他。前三场胜利描述了亨利如何逃脱爱德华四世和理查三世的魔爪（理查三世被塑造成了邪恶的化身，很大程度上是缘于"侄儿事件"）。但叙事的主要部分是围绕亨利七世和公爵夫人展开的。

22. 人们对公爵夫人的污蔑后来在英格兰流传开了。17世纪时弗朗西斯·培根

（Francis Bacon）附和《亨利七世的十二场胜利》的说法，称"有着男人的胆量和妇人的恶毒……（公爵夫人）之于国王，就如朱诺之于埃涅阿斯：为烦他扰他，她大闹天宫地狱"。Christine Weightman, *Margaret of York, Duchess of Burgundy*（1989），p. 154。

23. *CSPS* 1（221）. 珀金并非如人们常说的那样在地牢里。

24. 衣物订单上的日期是12月25日，National Archives, E36/209 f. 10v。

25. Condon, 'The Last Will of Henry VII' in op. cit., p. 130.

26. *CSPS* 1（239）.

27. 参见法医心理学医师兰·斯蒂芬（Ian Stephen）谈11岁起被监禁的乔恩·维纳布尔斯（Jon Venables）的文章，题目是"他可能陷入了自己受虐待和恐惧的童年"。见 *The Times*, Saturday 24 July 2010, p. 9。

28. *CSPS* 1（249）.

29. 至少弗朗西斯·培根是这样说的。

30. 墓地在伯克郡的比舍姆修道院（Bisham Priory），于宗教改革期间被毁。亨利七世的曾孙女苏格兰女王玛丽和来孙查理一世二人的头颅（后来）同身子也葬在此处。

31. Vergil, *Anglica Historia*, p. 119.

32. 同上。

第十二章　惩罚

1. *Original letters*（ed Ellis），Vol. 1, pp. 43–46.

2. Francis Bacon; see http://www.philological.bham.ac.uk/henry/ 11eng.html.

3. David Starkey, Henry: *Virtuous Prince*（2008），pp. 195, 196.

4. 最后一任博恩伯爵（Earl of Bohun）于1373年过世。之后，博恩家族的三处伯爵领地和广阔的土地由两位共同女继承人分而得之。二人都嫁给了当时的王室成员。年长的埃莉诺1374年嫁给爱德华三世的第七个儿子伍德斯托克的托马斯。年少的玛丽1380年（也可能是1381年）嫁给冈特的约翰之子亨利，即后来的亨利四世。天鹅和羚羊是二人的纹章图案。

5. Ian Arthurson, 'The King of Spain's daughter came to visit me: marriage, princes and

politics' in *Arthur Tudor, Prince of Wales: Life, Death and Commemoration*（eds Steven Gunn and Linda Monckton）（2009）, pp. 20–29.

6. Ives, *The Reformation Experience*, pp. 13, 14, 19, 20.

7. *CSPS* 1（312）.

8. 'Impression of England by an Italian Visitor, November 1497' in *English Historical Documents Vol. 5 1485—1558*（ed David Douglas）（1967）, pp. 188, 189.

9. 在接下来的一个世纪里，宫中许多显要的女性在子女结婚后也以类似的方式实现了自己的人生自己做主，这些人要么寡居，要么同自己的仆人结婚。这可能同玛格丽特·博福特的行为并无关系，但效仿她做学问的人相当多，而考虑到这一点，她的决定也会受到谨慎的对待。

10. 包括翻译《罪人灵魂的金镜》和托马斯·肯皮斯（Thomas à Kempis）的《效仿基督》（*The Imitation of Christ*）。

11. 当玛格丽特·博福特想要提名一位候选人为伍斯特主教时，教宗亚历山大来了一封信，告诫她亨利七世已经对王后承诺过，会委任她的候选人，于是玛格丽特不得不放弃自己的人选。Okerlund, *Elizabeth of York*, p. 136。

12. Starkey, *Henry*, p. 158.

13. Routh, *Lady Margaret*, p. 92.

14. Thomas More, *quoted in Starkey, Henry*, p. 143.

15. *The Receyt of the Ladie Kateryne*（ed G. Kipling）, Early English Text Society original series 296（1990）, p. 38.

16. 其中也有珀金·沃贝克的遗孀，昔日的凯瑟琳·戈登小姐。

17. 有些圣物盒中装的是冒牌货，就像今天的"疗愈水晶"一样：固然能给人以安乐的希望，但制品本身没有灵性价值。然而在此之外，也有许多是真正的圣物，它们原先的主人曾在生命中展现出诸多非凡的品质，因此受人景仰。今天的人们会到墓地缅怀已故的亲人，同样，对于在自己的灵性生命中占有重要位置的圣人，当时的人们也希望能与之有一些物理上的联系——英格兰人尤其如此。

18. *L&P* 4, Pt III, 2577; British Library Cotton MSS Vitellius B XII, f. 98.

19. Frederick Hepburn, 'The Portraiture of Arthur and Katherine', in *Arthur Tudor, Prince of Wales*（eds Steven Gunn and Linda Monkton）（2009）, p. 38.

20. Simon Thurley, *The Royal Palaces of Tudor England*（1993）, p. 31.

21. *CSPS* 1（176）.

22. Thurley, *Royal Palaces*, pp. 35, 36.

23. S. B. Chrimes, *Henry VII*（1999）. 书中全文引用了这段当时的描述：pp. 302, 303。

24. Okerlund, *Elizabeth of York*, pp. 185, 186, 204.

25. 参见 http://www.historyextra.com/henrypicture.

26. 虽然可能是个巧合，不过正是在亚瑟去世的那年（1502 年），亨利七世花钱为圣徒樊尚·费雷尔的圣坛所在的瓦纳大教堂做了一件华丽的十字褡（chasuble）和两幅圣坛帷幕。Condon, 'The Last Will of Henry VII', in op. cit., n. 4, p. 113。

第十三章 死亡和审判

1. *CSPS* 1, 295. 约克公爵亨利 1503 年成为威尔士亲王。

2. J. Scarisbrick, *Henry VIII*（1997）, p. 7.

3. 1507 年 1 月的苏格兰国库账目提到了这一点。*Accounts of the Lord High Treasurer of Scotland 1473—1513*（eds T. Dickson and J. B. Paul）（1877—1902）, Vol. 3, p. 250, cols i–iv。

4. Fiona Kisby, 'A Mirror of Monarchy: Music and Musicians in the Household Chapel of the Lady Margaret Beaufort, Mother of Henry VII' in *Early Music History, Vol. 16*（ed Iain Fenlon）（1997）, pp. 225, 227.

5. 此语出自西班牙使节唐佩德罗·德阿亚拉（Don Pedro de Ayala），引自 Macdougall, *James IV*, p. 283。

6. Maria Perry, *The Sisters of Henry VIII: The Tumultuous Lives of Margaret of Scotland and Mary of France*（1999）, p. 44.

7. Condon, 'The Last Will of Henry VII' in op. cit., p. 133. 有意思的是，据后来亨利八世年间发生的事，人们知道他在遗嘱中还留了一笔钱，安排人为自己画一幅镀银的像，放在坎特伯雷托马斯·贝克特的圣陵处。像上还要写上"求圣托马斯为我代祷"的字样。亨利七世另一幅大小相近的画像，后来放在著名的沃尔辛厄姆童贞圣母坛上，他曾来此祷告过，求圣母保佑他战胜王位觊觎者兰伯特·西姆内尔。

8. 修道院1509年获得的遗赠当中共有29套这样的圣袍。100年后仅剩下11套，1643年被清教徒付之一炬。不过1608年前，耶稣会已经带走了其中几套，有一套被保存下来。这套圣袍现在属于斯托尼赫斯特的耶稣会学院，其图案设计表现了对博福特和兰开斯特两家的歌颂：圣袍上绣着吊桥，顶端是一顶王冠，边缘表现的是兰开斯特的S图案领饰，玛格丽特·博福特的祖父墓碑上装饰的也是这种纹样。

9. *Testamenta vetusta* in op. cit., p. 430.

10. 这是20世纪的小说家T. H. 怀特（T. H. White）对托马斯·马洛里那句拉丁语（REX QUONDAM, REXQUE FUTURUS）的浪漫翻译。

11. Thomas Penn, *Winter King: The Dawn of Tudor England*（2012），pp. 166, 167.

12. Vergil, *Anglica Historia*, p. 129.

13.（已故的萨福克公爵）约翰·德拉波尔便是玛格丽特·博福特嫁给埃德蒙前曾经订婚的对象。如果当时公爵娶了她而非爱德华四世的妹妹（也叫伊丽莎白），他子女的人生就会相当不同。

14. *CSPS* 1（552）.

15. Jones and Underwood, *The Making of the Tudor Dynasty*, p. 89.

16. Margaret Aston, 'Death' in *Fifteenth-Century Attitudes*（ed R. Horrox）（1994），p. 203.

17. Starkey, *Henry*, p. 264.

18. Sydney Anglo, *Images of Tudor Kingship*（1992）p. 100.

19. 费希尔这句虔敬的评论常被人误解——人们以为他说这话有什么政治意图。见 Henderson, 'Rethinking Henry VII', pp. 333, 334。

20. 同上，第331页。先前三年的大斋期间，亨利七世已经花钱请人为他的身体、灵魂和家人念过不下1万场弥撒。

21. Hall, *Chronicle, in English Historical Documents Vol. 5 1485—1558*（ed David Douglas）（1967），p. 146.

22. 我怀疑这也影响了黑斯廷斯教堂1504年的温莎弥撒捐献，从而决定为爱德华四世的孩子们念弥撒。

23. More's *The History of Richard III*, 见 http://www.r3.org/bookcase/more/moretext.html。该网站提供了关于两位王子被害的详细记录（或者说是"故事"）。

第十四章 玛格丽特·博福特离场

1. 结核病是一种慢性致死病，患者常感疲劳。除了肺部，最常见的感染部位是泌尿生殖道。泌尿生殖道的感染又可能影响睾丸，亚瑟的情况便可能是这样。

2. Craig, 'Royalty, Virtue, and Adversity: The Cult of King Henry VI' in op. cit., p. 199.

3. Giles Tremlett, *Catherine of Aragon*（2010）, p. 164.

4. 亨利八世当时穿了一套红色和金色相间的礼服，装饰着貂皮，上面缀满红宝石、钻石、珍珠和绿宝石。

5. John Fisher, *A Mourning Remembrance of Margaret, Countess of Richmond*（1509）.

6. 根据后来的红衣主教雷金纳德·波尔的说法，玛格丽特的遗言内容是将亨利交托费希尔管教。玛格丽特·博福特是波尔主教的父母［克拉伦斯公爵的女儿玛格丽特·金雀花和玛格丽特的半血外甥理查·波尔（Richard Pole）］的红娘。

7. 祷告书现藏于大英图书馆中。

第二部分 继承：亚瑟的遗产

第十五章 姐姐：苏格兰王后玛格丽特

1. Margaret McIntyre, 'Tudor Family Politics in Early SixteenthCentury Scotland' in *History, Literature and Music in Scotland 700—1560*（ed R. Andrew McDonald）（2002）, p. 198.

2. *L&P* 1, Pt I（1775）.

3. William Shakespeare, *Henry V*, Act 4, Scene 3.

4. Suzannah Lipscomb, *1536: The Year That Changed Henry VIII*（2009）, p. 32；而"走运"则类似威廉·莎士比亚笔下英格兰阿金库尔战役得胜所实现的："从今天一直到世界的终点／在世上我们都会受人纪念。" Shakespeare, *Henry V*, Act 4, Scene 3。

5. Tremlett, *Catherine of Aragon*, p. 194.

6. "又高又壮"云云：*L&P* 1（2283）。

7. "有许多人"云云：John Sadler and Stephen Walsh, *Flodden 1513: Scotland's Greatest*

Defeat（2006），p. 76。教士不应当犯杀人罪，但在中世纪，他们常常自圆其说，称用狼牙棒和大棍同敌人打斗是可以的，只是不能拿刀砍。

8. 这些文字为18世纪所写。

9. 苏格兰王室的纹章是 "一头张狂红狮，爪和舌头为蓝色，双线的轮廓内有交错的花饰"。

10. J. Leslie, *History of Scotland*（1895），p. 95. 确认詹姆斯四世尸首的是戴克勋爵托马斯，此人同国王很熟。亨利八世也曾报告称詹姆斯四世被人发现死在战场上。但一个意大利人听说，詹姆斯四世曾被俘，但由于伤得太重，不到一小时便死去：*CSPV* 2（332）。被人发现时他可能还没完全断气。后来在苏格兰开始流传一些谣言，称他依然活着，只是藏起来了。

11. *L&P* 1（2246）.

12. *L&P* 1, Pt II（2283–84）；Macdougall, *James IV*, pp. 274, 275, 276. 亨利八世关于詹姆斯四世已死的报告见 *CSPM* 1（655）。

13. *L&P* 1（2460）.

14. *L&P* 1（4451）.

15. *CSPV* 2（316）.

16. *CSPV* 2（309），*CSPS* 2（142）. 关于詹姆斯四世遗体的命运见附录一。

17. *L&P* 2（2440）.

18. *L&P* 1, Pt II（2973）. 这是戴克勋爵向亨利八世做的报告。我对语言进行了现代化的处理。詹姆斯四世为恢复苏格兰的法律和秩序做了许多工作，但暴力卷土重来，更甚以往。

19. 安格斯伯爵的父亲已经战死在弗洛登。

20. Bishop Leslie, quoted in Caroline Bingham, *James V King of Scots*（1971），p. 32: and William Kevin Emond, 'The Minority of James V 1513—1528', PhD diss., St Andrews（1988），p. 24.

21. Erin A. Sadlack, *The French Queen's Letters*（2011），p. 156.

第十六章　妹妹：法兰西王后玛丽

1. 'Narrative of the visit of the duke de Najera' in *Archaeologia* 33（1831），p. 350.

2. *CSPV* 2（500）; *L&P* 2（395）.

3. *L&P* 2（227）.

4. *L&P* 2（327）.

5. *L&P* 2（228）.

6. *CSPV* 2, pp. 211, 496; Perry, *Sisters*, pp. 141, 142.

7. Michael Sherman, 'Pomp and Circumstances: Pageantry, Politics, and Propaganda in France during the Reign of Louis XII, 1498—1515' in *The Sixteenth Century Journal*（winter 1978）, p. 26.

8. *L&P* 1, Pt II（3416）; Perry, *Sisters*, p. 144.

9. Walter C. Richardson, Mary Tudor, The White Queen（1970）, p. 113.

10. 同上，第126页。

11. 与亨利八世类似，后来他的女儿伊丽莎白也曾想知道苏格兰女王玛丽长相如何、同自己相比怎样，她从父亲处继承了虚荣的本性。*L&P* 2（411）。

12. *L&P* 2（222）.

13. *L&P* 2（224）.

14. *L&P* 2（226）（227）; Richardson, *Mary Tudor*, pp. 174, 175.

15. Richardson, *Mary Tudor*, p. 173.

16. *L&P* 2（327）.

17. Richardson, *Mary Tudor*, p. 82.

18. *English Historical Documents*（ed Douglas）, p. 388.伊丽莎白一世有一件"法兰西之镜"，很可能便是这里的"那不勒斯之镜"。丹麦的安妮（詹姆斯之妻）的一幅画像中表现了一件与此描述相符的珠宝。詹姆斯在写给未来的查理一世的一封信中也提到过"法兰西之镜"，他在信中建议查理将之配上黑色羽饰戴在帽子上。这件珠宝似乎于1625年被典当，之后便消失了。Roy Strong, 'Three Royal Jewels: The Three Brothers, the Mirror of Great Britain and the Feather' in *Burlington Magazine* 108, No. 760（July 1966）, pp. 350–353。

19. *L&P* 2（343）.

20. 画像现存于巴黎的法兰西共和国国家图书馆。

21. Emond, PhD diss., op. cit., p. 52.

1. 玛丽亚·佩里（Maria Perry）、罗莎琳德·马歇尔（Rosalind Marshall）等人说是爱丁堡城堡，但我的研究表明并非如此。见 *L&P* 2（779）。

2. 同上。

3. 今日在爱丁堡城堡还能见到此炮，国王詹姆斯二世是1457年得到它的，为勃艮第公爵好人菲利普（Philip the Good, Duke of Burgundy）所赠。蒙斯梅格这个名字源于制造此炮的小镇蒙斯，此镇在今日比利时境内。

4. *L&P* 2（783）.

5. *L&P* 2（788）.

6. 9月16日时，这群人已经来到安格斯伯爵家（道格拉斯家族）的大本营布莱克德城堡（Blackadder Castle）。他们没有逗留太久，很快又启程，先到了英格兰的冷溪修道院（Coldstream Abbey），接着又继续前行。见 Emond, PhD diss., op. cit., p. 92。

7. *Original letters*（ed Ellis），Vol. 1, p. 266.

8. *L&P* 2（1380）.

9. Emond, PhD diss., op. cit., p. 112. 在这一时期写给奥尔巴尼的信中，玛格丽特王后不仅要他交还丈夫的几座城堡，还要求他释放被囚禁的丈夫的叔父加文·道格拉斯（Gavin Douglas）和祖父德拉蒙德勋爵（Lord Drummond）。虽然戴克勋爵谈到安格斯伯爵"离弃"玛格丽特，但这并不在计划之内，也非未经玛格丽特同意。

10. *L&P* 2（1829）.

11. Eric Ives, 'Henry VIII', *Oxford Dictionary of National Biography*.

12. Hall, *Chronicle*, p. 515. 此处的琴是一种羽管键琴。

13. *L&P* 2（1562）（1845）（1861）（1863）. 沃尔西是亨利·布兰登的教父，其教母是德文郡的伯爵夫人凯瑟琳。这位红衣主教也是玛丽·都铎的教父。至于教母，各种文献说法不一，有人称是亨利的姨母凯瑟琳，也有人称是诺福克公爵夫人。玛丽·都铎从母亲阿拉贡的凯瑟琳处得到冈特的约翰合法后裔的身份，亨利七世的王权也是由冈特的约翰而来（不过是来自其私生后裔）。亨利八世后来的历任妻子所生子女的地位不可与之相比。

14. *L&P* 2（1585）.

15. *L&P* 2（410）.

16. Sebastian Giustinian, *CSPV* 2（1287）.

17. John Stow, *A Survey of London*（2005）, p. 377.

18. *CSPV* 2（1287）.

19. Hall, *Chronicle*, pp. 595, 703. 她唯一存世的肖像是一幅铜板画像，画像上的她侧身跪着，铜板今日存于大英博物馆。

20. 同上，第703页。

21. 那些在未成年时即成为家族产业继承人的人会由国王监护。国王可以将监护权出卖或赠予他人，还可以为被监护人安排婚事。

22. *CSPV* 2（1287）.

23. *L&P* 3, calendared early 1519, quoted in Scarisbrick, *Henry VIII*, p. 120.

24. Vergil, *Anglica Historia*, p. 263.

25. *L&P* 3（1283）. 白金汉公爵之父也曾想拿匕首刺穿理查三世：白金汉公爵的这一性格缺陷（脾气火暴）其两位先人也有。第一任白金汉公爵1431年审讯贞德时曾试图用刀捅死贞德，人们不得不上去把他拦下来。第二任公爵相当不得人心，以至于被一名仆人卖给理查三世。与他们类似，爱德华·白金汉也极易"发火"。

26. *L&P* 3（1284）.

27. Then called Henton.

28. *L&P* 3（1284）.

29. *CSPV* 3（213）.

30. 同上。

31. 这是本书作者的翻译，原文为：*Dieu a sa ame graunte mercy car il fuit tresnoble prince & prudent & mirror de tout courtoise*（Yearbook Pasch.13 Henry VIII, p.1 f. 11）。感谢埃里克·艾夫斯提醒我注意这处细节。白金汉公爵的死多被归咎于亨利八世的首席大臣而非国王本人。人们写了不少诗谴责"残忍的红衣人"（穿着主教红衣的沃尔西），说这"卑劣的屠夫的儿子"毁掉了"那美丽的天鹅"（白金汉公爵）。白金汉公爵之孙托马斯·斯塔福德（Thomas Stafford）后来也企图推翻当时的都铎统治者。1557年他带兵进攻英格兰对抗玛丽一世，后被处死。

1. 帕维亚在米兰以南35公里，2月24日是查理五世的生日。

2. 理查·德拉波尔的长兄是林肯伯爵约翰·德拉波尔，据说理查三世曾指定约翰为自己的继承人。1487年，随兰伯特·西姆内尔从爱尔兰攻入英格兰后，约翰在斯托克战役中战死。他的另一位兄长萨福克公爵埃德蒙·德拉波尔被亨利七世关进伦敦塔，1513年时被行将出征法兰西的亨利八世处死。

3. Scarisbrick, *Henry VIII*, p. 136.

4. Beverley Anne Murphy, 'The Life and Political Significance of Henry Fitzroy, Duke of Richmond 1525—1536', PhD diss., University of Wales（1997）, pp. 80, 81.

5. 菲茨罗伊得到的土地在第一年的总收入达4845英镑。（1525年）6月22日，他被任命为进攻苏格兰的军队总监督；6月25日，他又加入嘉德骑士团。7月16日，他成为英格兰的海军上将。

6. *CSPV* 3（902）.

7. Henry, Lord Morley, The Prologue Royal MSS, British Library 17 C CVI f. 2v, quoted in A. Pollnitz, 'Humanism and Court Culture' in *Tudor Court Culture*（ed Thomas Betteridge and Anna Riehl）（2012）, p. 53.

8. *CSPV* 4（824）; G. W. Bernard, *Anne Boleyn: Fatal Attractions*（2010）, p. 19.并请参见安妮的纪念章（表现出其面孔形状）。

9. Retha Warnicke, *The Rise and Fall of Anne Boleyn*（1989）, p. 56.

10. 这是与埃里克·艾夫斯私下交流得出的结果。据说弗朗西斯后来表示，玛丽·博林是个臭名昭著的荡妇。她与亨利八世的情事，包括她可能曾出现在"金布场"上的事实可以提供一些解释；*L&P* 10（450）。讲述这一故事的法恩扎主教（Bishop of Faenza）的原话是"王后的姐姐"——当时的王后是安妮·博林。但我也注意到，王室的各种绯闻常常被人搞混。比如，查理五世的故事后来就被安到爱德华六世身上（查理五世与亨利八世的妹妹玛丽的亲事作废后，出现了一个"剥皮鹰"的故事，爱德华六世处死两个舅父后，故事便被安到他身上："鹰被拔了毛……正如我……被剥了皮"）。虽然尚无人提过，但我认为弗朗西斯所指的很可能是法兰西王后。丧夫不多时的她同查尔斯·布兰登的交往在法兰西已是一桩丑闻。弗朗西斯在她的肖像上写下"不似王后，反似烂泥"（plus sale que royne），其母也说过一些刻薄话，称王后嫁了一个"低贱"人。

11. 西翁的托马斯·斯凯德莫尔（Thomas Skydmore of syon）是一位宗教保守者，他声称"凯里的少爷"是亨利八世的儿子，也曾称亨利八世为强盗，还指控他睡了安妮的母亲。这些话是托马斯对艾尔沃斯的教区牧师约翰·黑尔（John Hale, Vicar of Isleworth）说的，黑尔是一位天主教殉教者。见 *L&P* 8（565）（567）。没有证据表明凯里的子女的亲生父亲是亨利八世。

12. James Butler. 托马斯·博林本人曾凭母系血统索要过这一头衔，最终也得到了。

13. George Cavendish, *The Life and Death of Cardinal Wolsey*（ed R. S. Sylvester）（1959），p. 30.

14. Baldassare Castiglione, *The Book of the Courtier* quoted in Elizabeth Heale, 'Women and the Courtly Love Lyric: The Devonshire MS（BL Additional 17492）' in *Modern Language Review* 90, No. 2（April 1995），pp. 296–313.

15. Hall, *Chronicle*, p. 707. 亨利八世在一封似乎写于1527年的信中称，自己与安妮·博林相恋已经约有1年。

16. Eric Ives, *The Life and Death of Anne Boleyn: The Most Happy*（2004），p. 75.

17. 路德还主张，面饼和葡萄酒都应当分给平信徒，而非只有神职人员才能喝酒，而且否定圣餐变体说。他宣称弥撒并非献祭，而且认为祭司身份特殊是一种幻觉。全体基督徒都是祭司，而圣餐礼人人都可以行。

18. 1532年的《真理之杯》（*A Glass of the Truth*）一书表明了亨利八世的态度。

19. Thomas P. Campbell, *Henry VIII and the Art of Majesty*（2007）pp. 180, 181, 183.

20. 前一年的10月，玛格丽特还发现安格斯伯爵趁她不在苏格兰期间利用她的地产牟利。见 Emond, PhD diss., op. cit., p. 121。

21. *L&P* 3（166），日期（1519年4月）有误。玛格丽特曾向亨利八世求助，但安格斯伯爵对英格兰相当有用，国王不愿帮她。

第十九章　受审的姻缘

1. *CSPS* 3, Pt II（70）.

注　释　549

2. 同上。

3. *CSPS* 3, Pt II（113）.

4. Ives, *The Reformation Experience*, p. 68.

5. Matthew 16:19. Maria Dowling, *Fisher of Men, A Life of John Fisher 1469—1535*（1999），
   p. 133.

6. *CSPS* 3, Pt II（224）.

7. Cavendish, *Wolsey*, p. 249; Shakespeare, *Henry VI Part III*, Act 5, Scene 6. "征示" 就
   是 "预示" 的意思。埃德蒙·斯宾塞（Edmund Spenser）曾写过 "夜鸦"："这讨厌
   的信使报告的尽是祸事 / 是死亡、愁苦和坏消息。"*The Faerie Queen*, Book II, Canto
   VII, 23。

8. 线的长短、粗细不一，而丝绸的底布或用彩花细锦缎（丝和金线混织的塔夫绸），
   或用凸花厚缎——这种布料与锦缎类似，但花纹凹凸更明显，是用花布织机织造的。
   华盖为薄绸材质这一细节来自爱德华·霍尔。

9. David Starkey, *Six Wives: The Queens of Henry VIII*（2004），pp. 240, 241; Cavendish,
   Wolsey, p. 79.

10. Cavendish, *Wolsey*, pp. 80, 81, 82.

11. British Library Cotton MSS Vitellius B XII.

12. 克莱门特原名朱利奥·迪朱利亚诺·德美第奇（Giulio di Giuliano de'Medici）。

13. Hall, *Chronicle*, p. 758. Cavendish, *Wolsey*, p. 90, 书中记录查尔斯·布兰登说的是：
    "只要我们中间还有红衣主教，英格兰就不会有欢乐。"

14. *CSPS* 4, Pt I（373）.

15. Cavendish, *Wolsey*, pp. 178, 179. 威廉·莎士比亚后来在《亨利八世》第三幕第二场
    中对此进行了演绎，剧中沃尔西警告克伦威尔："但如果我服侍神 / 有我服侍王一
    半的殷勤，他便不会在我这把年纪 / 让我袒露在仇敌前。"我也很喜欢沃尔西在同
    一场戏中的独白：

    > 别了！漫长的一别，告别我一切的伟大！
    > 这就是人：他一朝展开
    > 希望的柔嫩枝叶；又一朝开出花来，

果实累累是他红熟的荣誉；

第三天降下霜来——是致死的，

而当他想着，好人哪，别担心

他的伟大正成熟，掐掉他的根，

他就坠落如我坠落。我曾经冒险，

无数个夏天如淘气的孩子

浮水于荣耀的海中，

却从未探入过深渊：我的满胀的骄傲

终于破裂，如今也离弃了我，

劳力让我疲惫衰老，被扔给

那狂暴的洪流——那必将永远掩埋我的

这世界的浮华与虚荣啊，我恨你：

我感到我心重又打开。哦，苦哇

那可怜人就是终日巴结王公贵族那家伙吗！

在我们渴想的微笑

在王公甜美的面庞和其败亡之间的

痛苦和恐惧多乎战争、多乎妇人之争：

他一旦坠落，就坠落如路西法，

再无指望。

他曾委托人给自己建造过一座宏伟的坟墓，后来被亨利八世劫掠，除了石棺和底座，大部分都不在了。1808 年，这些残余被迁往圣保罗大教堂，用以安放纳尔逊勋爵（Lord Nelson）的遗体。

第二十章　玛格丽特·道格拉斯回归

1. *L&P* 4（5794）. 在 1528 年 11 月 25 日的一封信中，玛格丽特·都铎也表明，安格斯伯爵"不容我唯一的女儿陪伴我、安慰我，其实就算留她在我身边，他也必不会失信"；William Fraser, *The Douglas Book*, Vol. 2（1885）, p. 289。

2. 同上。

3. *The Great Wardrobe Accounts of Henry VII and Henry VIII*（ed Maria Hayward）（2012），p. 197.

4. *CSPS* 4（445）.

5. 自然，人们对于教宗权威的本质和范围的认知也存在一些分歧。教宗制的弱点在15世纪初曾经促生了一系列调解理论，认为权威不在教宗一人而在整个议会。事实上，亨利八世早先攻击路德、吹捧教宗权威时，（后来为天主教殉道的）托马斯·莫尔曾表示过反对。但这些都是解读层面的细小差别，而全盘否定教宗权威则完全是另一回事。

6. Eamon Duffy, 'Rome and Catholicity', in *Saints, Sacrilege, Sedition: Religion and Conflict in the Tudor Reformations*（ed E. Duffy）（2012），pp. 195–211.

7. Starkey, *Six Wives*, pp. 409, 410.

8. 亨利八世1522年曾经向查理五世展示过这张上了漆的圆桌，漆画当时看上去还很新，但漆画可能早在1516年对会堂和"圆桌"（le Round table）进行维修时便已经完成。见Jon Whitman, 'National Icon: The Winchester Round Table and the Revelation of Authority' in *Arthuriana* 18, No. 4（winter 2008），p. 47。

9. Scarisbrick, *Henry VIII*, p. 272.

10. 此人名叫理查·鲁斯（Richard Roose），帝国使节尤斯塔斯·沙普依和剥夺令都称其是个厨子。后来有人描述称鲁斯是厨子的朋友，但这似乎有误。见William R. Stacey, 'Richard Roose and the Parliamentary Use of Attainder in the Reign of Henry VIII' in *Historical Journal* 29, 1（1986），n. 13, p. 3。

11 同上，第1—15页。

12. 'The Chronicle of the Grey Friars: Henry VIII' in *Chronicle of the Grey Friars of London*', Camden Society old series, Vol. 53（1852），pp. 29–53.

13. 关于另一些曾因下毒被活活煮死的人，同上，见附录，pp. 99–104。

14. *CSPV* 4（682）.

15. Lacey Baldwin-Smith, *Treason in Tudor England*（2006），p. 21.

16. *CSPS* 5, Pt II（739）. 关于法兰西王后的重要性，参见 *CSPV* 4（694），*CSPS* 4, Pt II（765）。

17. 灵感来源于她昔日的女主人奥地利的玛格丽特那句："要怨请便，勃艮第万岁！"（*Groigne qui groigne: vive Bourgoine!*）

18. *L&P* 6（1199）.根据大卫·洛德斯（David Loades）的说法，她顶替了珀金·沃贝克的遗孀凯瑟琳·戈登夫人；参见 *Mary Tudor: A Life*（1992），p. 71。凯瑟琳的第三任丈夫于当年过世。

19. *L&P* 5（498）.

20. Campbell, *Henry VIII*, p. 207.

21. 11月14日，二人彼此做出承诺，随后又发生了性关系。根据教会法，婚姻已经成立（如果此前尚未成立）。

22. Ives, *Anne Boleyn*, p. 161; Bernard, *Anne Boleyn*, p. 66（i.e. in front of a priest）.

23. *L&P* 8（1150）.

24. *L&P* 6（720）.

25. *Chronicle of King Henry VIII of England: Being a Contemporary Record of Some of the Principal Events*（ed Martin Andrew Sharp Hume）（1889），p. 135.萨福克公爵夫人，法兰西王后玛丽于1533年7月21日入土。

26. 几年前，菲茨罗伊将安妮送他的一匹西班牙驯马转送给自己的一个仆人——他认为这匹马是个二流货色。"马很难骑，体格更是糟糕。"见 Murphy, PhD diss., op. cit., p. 146; HMC Longleat Miscellaneous Manuscripts XVII, f. 98。

27. Charles Wriothesley, *Chronicle of England during the reign of the Tudors, 1485—1559*（ed William Douglas Hamilton），Vol. 1（1875），p. 18.

28. *CSPV* 4（694）.

29. Society of Antiquaries, London, MSS 129, f. 8.金环一直留在王室财产目录上，直到1547年被护国公萨默塞特公爵"取得"。

30. 加冕典礼的详细描述，见 *L&P* 6（601）。

31. *L&P* 6（585）.

32. 同上。

33. *Two Chronicles of London*（ed C. L. Kingsford）（1910），p. 8.

34. Wriothesley, *Chronicle*, pp. 19, 20.

第二十一章　恐怖统治开始

1. 亨利·考特尼之母是约克的伊丽莎白的妹妹凯瑟琳。

2. *L&P* 6（1111）（1112）（1125）.

3. Diane Watt,'Elizabeth Barton', *Oxford Dictionary of National Biography.*

4. *L&P* 6（1207）.

5. 新年礼物的清单上有玛格丽特·道格拉斯的名字,故而1月1日时她已在宫中。

6. *L&P* 7, Appendix 16 March.

7. *L&P* 6（1528）.

8. 后来人们发现赫西勋爵（Lord Hussey,其妻子在玛丽宫中服侍）便是如此。

9. Stanford Lehmberg, 'Parliamentary Attainder in the Reign of Henry VIII' in *Historical Journal* 18（1975）, pp. 681, 682. "亨利八世在位初期,剥夺财产和公民权利令的使用非常谨慎。国会一纸法令就能判人死刑的事从未有过。……脱离罗马令情况发生了戏剧性的改变。""最重要的事件是1534年改革国会针对伊丽莎白·巴顿（Elizabeth Barton）及其共谋发布的剥夺令。""法令的目的明显在于政治而不是财政,因为这些罪犯都没什么财产;这是第一道处理宗教异见者的法令,第一道通篇都是宣传、鼓动的法令,第一道通报全国的法令,第一道明确死刑判决的法令,第一道由都铎的王发出、将罪犯送上绞刑架的法令（事实上判决费希尔的厨子理查·鲁斯的法令才是第一道）,是都铎的王第一道针对渎职发出的剥夺令,第一道要求上缴叛国印刷材料的剥夺令。"

10. *CSPS* 5, Pt I,（90）: "国王开始怀疑自己情妇怀孕的说法,于是他对宫中另一位相当俊美的年轻小姐又旧爱复燃了,而且越爱越深。听说此事后,国王这位情妇想要把这个姑娘打发走,但国王相当难过,还给她送去一封信,大意是:他为她所做的应当叫她满意;如果能从头来过,他必然不会做这么多。她应当想想自己的出身,还有如此等等许多事。但他没有太过坚持:国王毕竟是个玲珑的人,这姑娘又相当机敏（astuce）,对于应当怎样待他清楚得很。"

11. Dowling, *Fisher*, p. 161.

12. *CSPS* 4（445）.

13. *L&P* 8（666）.

14. John Guy, A Daughter's Love: *Thomas and Margaret More*（2008）, p. 259.

15. 梵蒂冈档案馆保存有一份1588年制作的《保罗三世讨伐英格兰国王亨利诏书》副本（*Copia bullae Pauli III contra Henricum regem Angliae, quem totumque regnum ecclesiastico interdicto supponti, mandando cunctis ut contra eum arma capiant*），起首为"那些坚持不易的人们"（*Eius qui immobilis permanes*），日期为"罗马圣马可教堂，我主道成肉身第一千五百三十五年九月首日"（*Datum Rome apud Sanctum Marchum anno incarnationis dominice millesimo quingentesimo trigesimo quinto anno tertio calendas septembris*），也即1535年9月1日（签名为AA Arm. Arc. 1588）。

16. *L&P* 11（48）. 玛丽·谢尔顿是约翰爵士和安妮·谢尔顿夫人（Lady Anne Shelton）之女，是玛格丽特（玛奇）·谢尔顿（Margaret/Madge Shelton，娘家姓帕克）的小姑子；参见Warnicke, *The Rise and Fall of Anne Boleyn*, p. 46. 有人认为她本人也有一个叫玛格丽特的姐妹，但证据不足；参见Paul G. Remley, 'Mary Shelton and her Tudor Literary Milieu', in *Rethinking the Henrician Era*（ed Peter C. Herman）（1994），pp. 40–77。更多关于玛格丽特·谢尔顿和玛丽是姻亲关系的说法，参见Heale, 'Women and the Courtly Love Lyric', in op. cit., pp. 296–313。

17. Heale, 'Women and the Courtly Love Lyric' in op. cit., p. 301.

18. *CSPS* 5, Pt I（142）.

19. *L&P* 10（141）.

20. 凯瑟琳下葬时的身份是亚瑟王子的遗孀而非王后，担任主殡礼人的是一名年轻的王室成员——法兰西王后的次女埃莉诺。今天的彼得伯勒大教堂每年仍会为凯瑟琳举行祷告，西班牙大使馆也仍然年年为之献上纪念花圈。

21. Kaem*CSPS* 5, Pt II（29）.

22. George Wyatt, son of Sir Thomas Wyatt; *CSPS* 5, Pt II（29）.

23. *L&P* 10（199）.

24. 亨利八世与克利夫斯的安妮结婚后一度不举，这可能也是担心婚姻合法性的表现。参见Retha Warnicke, *The Marrying of Anne of Cleves*（2000），pp. 162, 167。

25. *CSPS* 5, Pt II（84）.

第二十二章　安妮·博林的垮台

1. 博林夫人即伊丽莎白·伍德（Elizabeth Wood），她是詹姆斯·博林爵士（Sir James

Boleyn）之妻。

2. *L&P* 11（48）.

3. Nicola Shulman, *Graven With Diamonds*（2011）, p. 144.

4. *L&P* 10（601）.

5. *L&P* 10（782）.

6. 亨利八世后来告诉简·西摩，是干涉政治问题断送了安妮。

7. *L&P* 10（699）.

8. 当时有见证人在场，但托马斯·霍华德仅仅向玛格丽特承认在复活节次日将此事告诉过威廉·霍华德的妻子玛格丽特·加米奇（Margaret Gamage）。威廉和玛格丽特给长女起名道格拉斯——用的是女儿教母玛格丽特·道格拉斯的名字。她后来与莱斯特伯爵罗伯特·达德利结婚，但婚姻从未获得过法律承认。

9. *L&P* 10（908）.

10. *L&P* 10（798）.

11. *L&P* 10（793）.

12. Ives, *Anne Boleyn*, p. 325.

13. L&P 10（956）; R. B. Merriman, *The Life and Letters of Thomas Cromwell Vol. 2*（1902）, p. 12.

14. 1932年，曾有200余人站出来供认自己绑架了著名飞行员查尔斯·林德伯格（Charles Lindbergh）襁褓中的孩子。

15. 诺里斯在嘉德骑士中任黑杖官（Black Rod）。*L&P* 10（878）.

16. *L&P* 10（793）.

17. 这些朋友包括威廉·佩奇爵士（Sir William Page，克伦威尔的朋友）和弗朗西斯·布赖恩爵士（Sir Francis Bryan，宫中打倒安妮所必需的保守派为其提供支援）。

18. 法官名叫约翰·斯佩尔曼（John Spelman）。女官是温菲尔德夫人（Lady Wingfield）。温菲尔德夫人可能察觉安妮有一些小过失。现存的一封王后写给温菲尔德夫人的信表明，王后一直对温菲尔德夫人保持高度戒备。

19. 温菲尔德夫人于1534年过世。后来宫中一位名叫朗瑟洛·德卡莱斯（Lancelot de Carles）的法兰西人用韵文写的一则故事可能便源于关于这位夫人的各种谣言。故事的主角是一名妇人，其兄弟指责她放荡，她却坚称自己并不比宫中那些人糟糕，而且比睡过斯米顿、诺里斯和乔治·博林的王后还要检点些。兄弟将这事说给两个朋友听，二人又告诉国王。这则故事的灵感明显源于对安妮之疯狂放荡的指控——作者描述了他认为事情"必然"是怎样的，故事里兄妹间这场口角比将死之人的自白要生动得多。但一些历史学家把德卡莱斯的故事当成事实，照单全收。这些人认为故事里的妇人就是伍斯特伯爵夫人。

20. 参见约翰·赫西（John Hussey）写给莱尔勋爵（Lord Lisle）的一封信。他信中提到"还有一名侍女"。这位不知名的侍女可能是玛格丽·霍斯曼（Margery Horsman）；参见 Ives, *Anne Boleyn*, p. 332。

21. 此人为安妮·布雷（Anne Braye），科巴姆勋爵乔治·布鲁克（George Brooke, Lord Cobham）之妻。

22. 有人称1535年夏天一些妇女反对安妮·博林时，罗奇福德夫人简也在其中，但证据相当薄弱；参见 *L&P* 9（566）and n。同样值得指出的是，罗奇福德夫人在丈夫死后的确得到了克伦威尔的宽大对待（诋毁她的人曾对此大加利用），但在处死叛国贼后照料其妻子的举动并不罕见。亨利七世间珀金·沃贝克的遗孀、亨利八世间白金汉公爵的遗孀、玛丽一世年间的萨福克公爵哈里·格雷均受到照顾。其他"证据"参见 John Guy's review of Alison Weir's *The Lady in the Tower*, *Sunday Times*, 1 November 2009。几年后的一场丑闻让简成了许多人毁谤的对象——都铎时期的许多女性都不幸遭过毁谤。

23. 此人是斯佩尔曼。

第二十三章　爱与死

1. Shulman, *Graven With Diamonds*, p. 196.

2. *L&P* 2, August 1536（203）.

3. 同上。

4. *L&P* 11（41）.

5. 那年的某个时候，宫中新接收了一套表现七宗罪的华丽的挂毯。亨利八世恰恰选在此时重金购买表现罪恶对人的欺骗和误导的艺术品，此举十分引人注目。Campbell, *Henry VIII*, p. 226。

6. *L&P* 10（908）.

7. 有目击者回忆称，曾看见他从窗口露出头来，但他是否能看见安妮，人们不得而知。参见 Shulman, *Graven With Diamonds*, p. 202。

8. 梵蒂冈档案馆的一份手稿表明，法兰西的罗马教廷使节听说二人已经成婚：原因可能即在此。ASV, Serg. *St Francia*, Vol. 1B, f. 40r: '*Al Signor Protonotaro Ambrogio: se non che hiersera venne un corriere d'Inghilterra, che porta per quel ch'io ne intendo come quel Re ha pigliato per moglie quella dama che vivendo anche l'altra, mostrava che più gli piacesse, ne per anchora ho saputo altro particolare. Da Lione alli X di giugno 1536*' 。

9. Linda Porter, *Mary Tudor: The First Queen*（2007）, p. 123.

10. 令其地位变得更为有利的是，查尔斯·布兰登和法兰西王后玛丽的最后一个儿子已于1534年过世。仍然活着的只有夫妇二人的两个女儿弗朗西丝和埃莉诺。

11. *CSPS* 5, Pt II（61）.

12. *CSPS* 7, Pt II（71）.

13. *L&P* 11（40）.

14. Helen Baron, 'Mary（Howard）Fitzroy's Hand in the Devonshire Manuscript' in *Review of English Studies* 45, No. 179（August 1994）, p. 327.

15. Remley, 'Mary Shelton' in op. cit., pp. 53, 54.

16. Lehmberg, 'Parliamentary Attainder in the Reign of Henry VIII' in op. cit., pp. 691, 692. 不到4年时间，霍华德家族便报仇雪恨：1533年后发出过无数剥夺令的国会也向克伦威尔发出了剥夺令。

17. *L&P* 11（147）.

18. 第三版继承法案没有提到玛格丽特·道格拉斯。在这版法案中，亨利八世称自己随后会为伊丽莎白指定继承人。

19. *L&P* 11（293）.

20. *L&P* 11（294）.

21. *L&P* 11（994）.

22. *L&P* 11（1373）.

23. *L&P* 11（202.37）; Blaauw, 'On the Effigy ...' in op. cit., pp. 30, 31, 32. 虽然有1542年大卫爵士的遗嘱可以证明（他确实留了一笔钱），但他本人1535年已经过世。

第二十四章　三个妻子

1. *L&P* 12, Pt I, p. 81, Pt II, p. 280.

2. Leanda de Lisle, *The Sisters Who Would be Queen*（2009）, pp. 11, 12. 弗朗西丝的几个兄弟都死于成年前。弗朗西丝的相貌可以通过其在威斯敏斯特修道院墓上的雕像判断。简·格雷是随简·西摩起的名。

3. 传记作者金伯莉·舒特（Kimberly Schutte）称玛格丽特·道格拉斯同弗朗西丝一道坐在第一辆车中，这一说法是错误的。见*L&P* 12, Pt II（1060）。

4. *L&P* 12（1023）; Wriothesley, *Chronicle*, p. 70. He died on 31 October.

5. 玛格丽特·道格拉斯的诗歌手稿的墨迹又粗又脏，开篇召唤家人和朋友来听她的计划。

> 你们既已聚集，
> 皆我友人皆我所请，
> 亲爱的父尤其是你，
> 血浓于水乃我至亲，
> 耐心侧耳而听，
> 便是我所求所乞，
> 我最后这话会表明，
> 我遗嘱的全部。

她已下定决心，这些人无法拦阻，因为她预备的辩护同高高的伦敦塔、同"紧锁的大门"一样有力。她做的决定等于自杀，她又求父亲原谅自己：

> 所以亲爱的父亲啊我求你
> 我的死你要承受忍耐
> 莫要忧愁白了头
> 我的罪却求你宽待。

她说自己之所以求死，是因为依然爱着那个为自己而死的男人，这太痛苦了，她也想随他而去：

> 莫叫我离开他身旁
>
> 就是那因我而死的。

书中还记录了托马斯·霍华德的墓志铭（后来她将此书传给了自己的儿子）：

> 而当你经过我的坟墓
>
> 记得这是你同伴的安息之土
>
> 因我爱得至深，虽我一无是处。

原诗末行为"但我爱得亦苦"（But I louyd eke）。Remley, 'Mary Shelton' in op. cit., p. 52。

6. 亨利八世原本将墓选在威斯敏斯特修道院，并于1518年（或者是1519年）启动建设，他断断续续地付过一些钱，直到1536年才停止；不少雕刻师参与建设。1526年，亨利八世见证了他在威斯敏斯特修道院圣母堂建造的那座高大宏伟的圣坛的完工，他与安妮·博林的恋爱也是在这一年开始的。

7. Kevin Sharpe, *Selling the Tudor Monarchy*（2009），p. 137.

8. 同上，第136页；Ives, *The Reformation Experience*, p. 199。

9. 亨利七世曾在遗嘱中安排人为自己画过一幅像，放在坎特伯雷，像上还要以瓷釉写上"求圣托马斯为我代祷"的字样。

10. 修士名叫约翰·福里斯特（John Forrest），圣像上的人是德费尔·加德兰（Derfel Gadran），此人据说是亚瑟王的一位勇士。

11. 改革者名叫约翰·兰伯特（John Lambert）。

12. *CSPS* 6, Pt I（166）.

13. 当时是在赫特福德郡的罗伊斯顿（Royston）的王室猎舍；参见《牛津国家人物传记大辞典》中"爱德华六世"相关内容。

14. 玛格丽特和詹姆斯四世、玛丽·都铎和路易十二都是如此"偶遇"的。

15. *L&P* 15（22）.

16. Warnicke, *The Marrying of Anne of Cleves*, p. 141.

17. 胆固醇过高可能导致阴茎毛细血管堵塞，进而影响性功能。肥胖也可能带来荷尔蒙的变化，导致睾丸激素水平降低。先前未曾有人将肥胖和亨利八世的不举联系起来，但这多少可以解释他没有生育更多子女的原因。

18. http://www.bl.uk/ onlinegallery/sacredtexts/henrypsalter.html. 亨利八世在圣咏集中的一系列肖像是让·马拉德（Jean Mallard）1540年绘制的。我提到的这一幅将他描绘成正在弹琴的大卫王。这一比较意在取悦国王，因为他自视为大卫的后人——同这位《圣经》中的王一样：他也既是武士，又是乐手，还是个虔敬的君主。

19. 二人是在萨里的奥特兰兹宫（Oatlands Palace）举行的婚礼。见《牛津国家人物传记大辞典》。

20. 玛格丽特·都铎10月18日于梅斯文城堡（Methven Castle）过世。她曾做出安排，确定女儿也可得到自己的财物，但她死后次日詹姆斯五世发出相反的命令，"将其财物悉数锁上，以供他用"; *L&P* 16（1307）。她被葬在珀斯的加尔都西会修道院中。不幸的是，同丈夫詹姆斯四世一样，她的遗骨也未得安息。1559年，新教改革者们毁掉坟墓，又烧掉她的遗骨。

21. Charles de Marillac; Starkey, *Six Wives*, p. 651.

22. 不过，这位名叫亨利·马诺克斯（Henry Manox）的音乐教师并未夺去凯瑟琳·霍华德的"童贞"（虽然她已经许了他此事）; Starkey, *Six Wives*, p. 669.

23. *L&P* 16（1334）.

24. 国王的外甥女玛格丽特·道格拉斯则会被送去诺福克公爵家族所在的肯宁霍尔。*L&P* 16（1331）。

25. *L&P* 16（1332）.

26. *L&P* 16（1333）; *State Papers During the Reign of Henry VIII*, 11 vols.（1830—2）, Vol. 1, p. 694.

27. *State Papers During the Reign of Henry VIII*, Vol. 1, p. 694.

第二十五章　亨利八世末年

1. *Hamilton Papers*（ed J. Bain）, Vol. 1（1890）, pp. 337, 338. 其中包括旗手奥利弗·辛克莱（Oliver Sinclair）。

2. George Douglas, report: *Hamilton Papers*（ed J. Bain）, Vol. 1（1890）, pp. 339, 340.

3. 此人是玛乔丽·布鲁斯（Marjorie Bruce）。

4. 这是约翰·诺克斯的说法。

5. Sir John Haywood, *The Life and Reign of King Edward VI*（1630）, p. 196.

6. *L&P* 18, Pt I（210）, Pt II（202）（257）（275）（281）。人们对于苏格兰总管及其假定继承人阿伦伯爵的合法性存在一些怀疑——后者后来还成了妨碍亨利八世计划实施的对头。

7. *L&P* 19, Pt I（522）："伦诺克斯（Lenaxe，原文如此，疑误——译者注）伯爵若照国王的期望完成上述约定，而玛格丽特小姐和伦诺克斯伯爵见过面后又愿意如此行事，那他不仅会同意二人结婚，在未来也会不忘记伦诺克斯伯爵的殷勤事主。"

8. 伦诺克斯伯爵马修·斯图亚特引用皮斯科蒂的罗伯特·林赛（Robert Lindsay of Pittscottie）的话，见《牛津国家人物传记大辞典》。

9. *L&P* 19, Pt I（799）。

10. *L&P* 19, Pt II（201）。玛格丽特·道格拉斯的丈夫已经回苏格兰为国王办事了。亨利八世提到了她，却没有提到她的两个表妹弗朗西丝和埃莉诺。

11. 达恩利勋爵亨利是随国王起的名字，当时他6个月大。玛格丽特的第一个儿子已经夭折。

12. *L&P* 21, Pt I（969）。

13. William Thomas quoted in John Strype, *Ecclesiastical Memorials Relating Chiefly to Religion*, Vol. 2, Pt I（1822）, p. 13.

14. British Library Harleian MSS 5087 f. 11; Chris Skidmore, *Edward VI: The Lost King of England*（2007）, pp. 38, 39.

15. 博热的安妮也曾任法兰西的查理八世的摄政，当时亨利七世正流亡法兰西。

16. Starkey, *Six Wives*, pp. 752–764.

17. 感谢汤姆·弗里曼允许我阅读他当时尚未出版的新颖论文——我的评论正是基于其论文中对福克斯记录的这则故事的观点。

18. 威廉·赫伯特是亨利七世护卫的远亲。

19. 感谢约翰·盖伊提醒我注意亨利八世的遗嘱没有提及斯图亚特一家，而非对这家人下了禁令。

20. *L&P* 21, Pt II（181）.

21. 此人是英格兰派往苏格兰的一名探子，根据这则故事，亨利八世极力维护此人的名声，以至于"（国王对玛格丽特的）喜爱自那之后就少了几分，而在他死时就表现出来"。British Library Cotton MS Caligula B VIII, ff. 165–168。

22. 她珍藏着国王的一块像牌，一直到死。其遗嘱的在线版见 National Archives Prob 11/60；并请参见本书附录三。

第二十六章　伊丽莎白遇险

1. Thurley, *Royal Palaces*, p. 236.

2. 吉罗拉莫·卡尔达诺（Girolamo Cardano）描述其双眼为灰色：*Opera*, Vol. 5（1663），pp. 503–508。

3. *L&P* 19, Pt II（201）.

4. David Starkey, *Elizabeth: The Struggle for the Throne*（2000），p. 39.

5. "Bede"是"祷告"的意思，源自古英语的同义动词"bidden"。

6. 根据天主教的传说，西翁修道院应验过谨行托钵僧威廉·皮托（William Peto）的一次预言。1532年，皮托当着亨利八世的面布过一次道，他将亨利八世比作亚哈王（King Ahab）。亚哈的妻子耶洗别（Jezebel）除尽了耶和华的真先知，代之以事奉巴力（Baal）的异教徒祭司，很明显这是在说博林是英格兰的耶洗别。皮托又警告国王，称他要是继续像亚哈一样行事，他的尸首也会蒙羞受辱，就像在战场上受伤而死的以色列王一样（亚哈死后，狗来舔他的血）。后来人们传说，亨利八世的棺木运到西翁修道院后因尸体腐烂产生气体而爆裂，血滴了出来，有狗来舔。

7. Jennifer Loach, 'The Function of Ceremonial in the Reign of Henry VIII' in *Past & Present* 142, I（1994），p. 63.

8. Francesco Cagliotti, 'Benedetto da Rovezzano in England: New Light on the Cardinal Wolsey-Henry VII Tomb' in *The AngloFlorentine Art for the Early Tudors*（eds Cinzia Maria Sicca and Louis A. Waldman）（2012），pp. 177–293. 感谢圣乔治礼拜堂档案馆和分会图书馆的克莱尔·赖德博士（Dr Clare Rider）提供信息。

9. Strype, *Memorials*, Vol. 2, Pt II（1822），pp. 292–311.

10. Nicander Nacius, quoted in Susan E. James, *Kateryn Parr: The Making of a Queen* （1999）, p. 88.

11. 雕刻家尼古拉斯·贝林·德莫代纳（Nicholas Bellin de Modena）后来拿着爱德华六世的薪水在威斯敏斯特修道院继续参与亨利八世的陵墓工事，但他的工作没能完成，因为"威斯敏斯特修道院的（新）教士"都是圣像破坏者，这些人一次又一次地将他赶出去，说他是个教宗党。[Judith M. Walker, *English Literary Renaissance* 26, issue 3（September 1996）, n. 17 p. 520.] 爱德华六世在自己的遗嘱中要人留出一部分钱来将陵墓建成。然而陵墓工事再也没有推进过，而后来伊丽莎白一世将威斯敏斯特修道院剩下的一切都迁去温莎。最终根据1646年长期国会（Long Parliament）的指令，拆毁了未完工的亨利八世陵墓，铜像被卖掉，以供给温莎驻军的花销，国会同时下令"毁掉一切可能用于迷信活动的画像"。查理二世年间，至少有一部分陵墓重见天日，但后来发生了什么，人们不得而知。（Windsor Chapter Acts, 31 May 1661.）两座9英尺高的青铜烛台最终来到根特的圣巴芬大教堂（St Bavon's Cathedral in Ghent），爱德华七世后来命人照此制作的烛台今日还立在圣乔治大教堂高高的圣坛上。两座大型天使雕像的由来也曾引发人们的争论，雕像可能是亨利八世墓的原物，也可能是复制品，1994年雕像被苏富比（Sotheby）卖出。同样是在爱德华六世统治期间，礼拜堂的圣物都被运走，或是被卖，或是被毁。其中似乎包括亨利六世的帽子和马刺（1534年的一份清单中曾提到的两件物品），还有他的一小段床架，在来他的圣陵朝拜的人们眼中都是圣物。*The Inventories of St George's Chapel, Windsor Castle, 1384—1667*（ed Maurice Bond）（1947）, pp. 284-6。不过，和亨利八世一样，爱德华六世也在遗嘱中命人将陵墓造得"更堂皇些"。*Literary Remains of King Edward the Sixth*（ed J. G. Nichols）（1857）, p. 576。1598年，保罗·亨兹纳尔（Paul Hentzner）曾描述过陵墓，但约翰·斯皮德（John Speed）却记录称，1611年陵墓已经不在。陵墓似乎是废坏后被移除了。爱德华四世的陵墓也遭到破坏：1642年内战期间，有人抢走了挂在墓上的锁子甲和军旗。感谢克莱尔·赖德博士提供的信息。

12. *CSPS* 9 pp. 46, 47.

13. Ives, *The Reformation Experience*, p. 181.

14. Stow, *Survey of London*, p. 54.

15. De Lisle, *Sisters*, p. 37.

16. Chronicle of the Grey Friars, p. 55.

17. J. L. McIntosh, *From Heads of Household to Heads of State*（2009）, Appendix A. 翌年，亨利八世的遗孀凯瑟琳·帕尔曾对自己的骑兵统领说，分发给支持护国公治国的人们的所有土地到国王成年时都要收回。此话表明，这些人的行为存在道德问题。

18. Janet Arnold, 'The Coronation Portrait of Queen Elizabeth' in *Burlington Magazine* 120（1978）, pp. 727–741.

19. 约翰·阿斯特利是1540年前来到伊丽莎白宫中的。McIntosh, *From Heads of Household*, p. 89。

20. *Original letters*（ed Ellis）, Vol. 2, p. 150.

21. Susan James, *Catherine Parr: Henry VIII's Last Love*（2008）, p. 323.

22. 凯瑟琳·帕尔的神父约翰·帕克赫斯特（John Parkhurst）用拉丁语为她写了墓志铭，仿佛出自小女孩之口："何等艰辛／甚至付出生命／我的王后母亲生下／襁褓中的我，这旅人／睡在大理石下／若那残暴的死曾容我／活得长久些／我至善的母亲的德行……会因我而得复生／别了，不论你是谁。"

23. *Elizabeth, Selected Works*（ed Steven May）（2004）, p. 113.

24. 出自17世纪意大利作家格雷戈里奥·莱蒂（Gregorio Leti）笔下。

25. *Katherine Parr: Complete Works and Correspondence*（ed Janel Mueller）（2011）, pp. 623, 624, 625.

第二十七章 玛丽遇险

1. 1550年2月。

2. *Literary Remains of King Edward the Sixth*（ed Nichols）, p. 227.

3. *CSPS* 9 , 7 November 1549.

4. 人们常将这次拜访的时间说成1550年。这是对原始资料的误读。根据资料描述，翌年2月是爱德华六世在位的第四年——从1550年1月开始计算，故而"翌年"前的11月属于1549年。*HMC Report on the Manuscripts of Lord Middleton preserved at*

Wollaton Hall, Notts.（London 1911），p. 520。

5. 对弗朗西丝外貌的描述依据的是其墓上的雕像，而非依然不时被人误以为表现弗朗西丝和阿德里安·斯托克斯的那幅画像，事实上画中的人是胖胖的戴克勋爵夫人与其子。

6. Queen's College Oxford MSS 349.

7. 弗朗西丝同女儿们的关系十分亲近，简的意大利语教师米歇尔·安吉洛·弗洛里奥记录过这一点。

8. 圣体匣（monstrance）之名来源于拉丁语的"monstrare"（展示）一词。外形如烛台，主体常是阳光四射形态，极为华丽，太阳的中心嵌一块水晶或玻璃，用以展示圣体。

9. hrionline/i563 edition, Bk 12, p. 1,746.

10. 亨利·格雷在爱德华的日记中被称作"哈里"，我也效法爱德华——单纯是为了避免文中出现更多的"亨利"。

11. De Lisle, *Sisters*, pp. 26, 27.

12. *CSPS* 10, 14 January（1550—2）. 伊丽莎白也同新政权有些摩擦。约翰·达德利试图得到哈特菲尔德——这处庄园先属于伊丽莎白的曾祖母玛格丽特·博福特，1547年赐给了她。他未能遂愿，很大程度是因为16岁的伊丽莎白已经成年，依照法律对其地产拥有所有权。

13. Diarmaid MacCulloch, *The Boy King: Edward VI and the Protestant Reformation*（2002），p. 134. 作者的参考资料是"极少量的存世书籍"。王室图书馆的中世纪藏书也被无情地清理了。

14. British Library Add MSS 10169, f. 56v.

15. Henry Machyn, *The Diary of Henry Machyn*（ed J. G. Nichols）（1848），pp. 4, 5.

16. 萨默塞特公爵于1552年1月22日被处死。

17. 伦诺克斯伯爵与吉斯的玛丽这位王室客人的关系相当微妙。吉斯的玛丽先前去了法兰西看望同太子订婚的女儿，同时也在计划以摄政王的身份回苏格兰。在此期间，伯爵亲族中的一人因为密谋杀害一个小姑娘（在她爱吃的炸梨里下毒）遭到逮捕。人们说伯爵是想借着除掉苏格兰女王玛丽为自己坐上苏格兰王位扫清障碍。伯爵为此深感不安，甚至提出放弃自己对苏格兰王位的继承权。虽然气氛紧张，但这餐饭最终平安无事地吃完了。*CSPS* 10, June 1551, and *England's Boy King: The*

Diary of Edward VI, 1547—1553（ed Jonathan North）（2005）, n. 3, p. 82。

18. John Aylmer, *An harbrowe for faithful and trew subjects*（1559, reprinted 1972）, margin ref: 'The pomp of English ladies abated by the queen's example.'

19. *CSPV* 1534—54, pp. 535-536.

20. *CSPD* 7 April 1552.

21. 占星家是吉罗拉莫·卡尔达诺，爱德华的老师约翰·奇克爵士对此人十分敬佩。

22. Diarmaid MacCulloch, *Thomas Cranmer: A Life*（1996）, p. 509; Mark Nicholls, *A History of the Modern British Isles 1529—1603*（1999）, p. 138.

第二十八章　最后的都铎王

1. 此时爱德华六世已经停止了写日记的习惯。

2. Barrett L. Beer, *Northumberland: Political Career of John Dudley, Earl of Warwick and Duke of Northumberland*（1974）, p. 109; 还可参见 Gilbert Burnet, *The History of the Reformation* Vol. 1（1841）, p. 453.

3. *Original Letters*（ed Ellis）, Vol. 2, pp. 145, 146n. 信没有注明日期，大卫·斯塔基认为是写于2月圣烛节前后; Starkey, *Elizabeth*, p. 108。甚至可能还要早一点。参见 *England under the reigns of Edward VI and Mary*（ed Patrick Fraser Tytler）（1839）, Vol. 1, pp. 161, 162。

4. *Diary of Edward VI*（ed North）, p. 128.

5. 一份匿名法语资料显示，爱德华六世是在自己福音教派的老师约翰·奇克爵士和听他告解的托马斯·古德里奇（Thomas Goodrich）力劝下做此决定的。

6. 'The *Vita Mariae Angliae Reginae* of Robert Wingfield of Brantham'（tr. and ed D. MacCulloch）in *Camden Miscellany XXVIII*, Camden fourth series, Vol. 29（1984）, p. 247.

7. 埃莉诺的症状类似肾结核。

8. 根据爱德华六世的设想，未来国王的母亲会担任总管，一直到儿子长到18岁。然而，她做任何事都必须首先取得议会核心成员的准许（班子成员由爱德华六世确定）。国王满14岁后，其赞同也成为必需。遗嘱还附带一条规定：若爱德华六世死时没有男性继承人，弗朗西丝会出任总管，直到男性继承人出世。但国王明显认为出现这一情况的可能性不大，因为他并没有进一步提到议会准许云云。

9. 威廉·帕尔之妻名叫伊丽莎白·布鲁克（Elizabeth Brooke）。见 Conyers Read, *Mr Secretary Cecil & Queen Elizabeth*（1955），pp. 94, 95。在后来的供状中，约翰·达德利称这一决定是他和萨福克公爵哈里·格雷、彭布罗克伯爵威廉·赫伯特和北安普敦侯爵威廉·帕尔共同做出的。

10. 吉尔福德的教父迭戈·乌尔塔多·德门多萨（Diego Hurtado de Mendoza）1537年6月至1538年8月底在英格兰。玛丽·都铎在1537年3月当了达德利一个儿子（可能是吉尔福德）的教母。亨利·达德利很可能是弟弟，因为他娶的妻子没那么有名。

11. 据说她还懂另外四种语言。

12. Commendone, in C. V. Malfatti, *The Accession, Coronation and Marriage of Mary Tudor as Related in Four Manuscripts of the Escorial*（1956），p. 5; de Lisle, Sisters, pp. 68–70. 这是埃里克·艾夫斯与我意见一致的一处。

13. Richard Grafton, *Abridgement of the Chronicles of England*（1563）in *The Chronicle of Queen Jane, and of two years of Queen Mary*（ed J. G. Nichols）（1850），p. 55.

14. *CSPS* 11, p. 35.

15. 那年夏天，约翰·达德利曾表示对国王的健康状况稍有担心。

16. *CSPS* 11, p. 35.

17. McIntosh, *From Heads of Household*, pp. 150, 151, 155. 达德利还做了极大的努力以平息其他争端。例如为了弥合因处死萨默塞特公爵而与克兰默大主教间产生的裂痕，他做了计划，要释放关在塔中的护国公的遗孀。

18. *The Discovery of Muscovy, from the Collections of Richard Hakluyt*（1889），openlibrary.org, pp. 17, 18.

19. 这一清单极长而且错综复杂，但依然值得记录：哈里·格雷同意将12岁的次女凯瑟琳嫁给威廉·帕尔的外甥——15岁的亨利·赫伯特勋爵（彭布罗克伯爵威廉·赫伯特之子）。小女儿玛丽·格雷时年9岁，生得异常矮小，也同亲族里的一个中年人（威尔顿的格雷勋爵, Lord Grey of Wilton）定了亲。此人是个武士，在战场上负过伤，1547年曾被一个苏格兰人用长矛刺穿过上颚，导致面孔残损。在小姑娘眼中，威尔顿的格雷勋爵的模样必然相当吓人。然而人们却认为他是"王国最好的兵"。约翰·达德利最小的儿子亨利·达德利要娶哈里·格雷的外甥女中唯一到了适婚年龄的玛格丽特·奥德利（Margaret Audley），此人虽非王室成员，却继承了大笔财富。借此，两个家族的关系会更紧密。他的女儿凯瑟琳·达德利——也是12岁——要嫁给亨利·黑斯廷斯，这个10多岁的男孩是亨廷登伯爵之子——福音派的亨廷登一家与格雷一家比邻而居。男孩的母亲是爱德华四世的兄弟克拉伦斯公爵的女儿的后裔，尽管男孩不是都铎家族的人，他却有性别优势。几周之后人们又安排了另一桩婚事。前一年夏天，吉尔福德·达德利曾向坎伯兰伯爵有着王室血统的女儿玛格丽特·克利福德求亲，伯爵拒绝了。但不可思议的是，此时他却同意与达德利家结亲，只是女儿的结婚对象成了约翰·达德利上了年纪的哥哥安德鲁·达德利爵士。

20. *CSPS* 11, p. 55. 关于法官们的赞同是否出于自愿存在争议。参与此事的法官们后来回忆称，他们一致认为15岁的国王尚未成年，因而其父亲的遗嘱仍然有效。法官们又强调，当时爱德华六世以国玺承诺，即便他们因听从他的命令而犯下叛国罪也会得到赦免，他们这才让步。所以当玛丽当上女王后，这些人想要显出当年是被迫为之的样子便情有可原了。

21. 根据英格兰法律，半血兄弟姐妹无权彼此继承。 见 n. 23, http://www.somegrey matter.com/rossoenglish.htm. 不过正如埃里克·艾夫斯曾告知我的，这只适用于资产所属的父亲或母亲，与半血关系的另一方无血缘关系的情形。伊丽莎白和玛丽都是亨利八世的女儿，因此这一法律对其并不适用。爱德华六世以非婚生为理由排除二人会更为稳妥。

22. www.tudorplace.com.ar/documents/EdwardWill.htm.

23. McIntosh, *From Heads of Household*, p. 162.

24. 同上，第163页。

25. *CSPS* 11, p. 70.

26. 此人是贵族安托万·德诺瓦耶（Antoine de Noailles）。

27. *The Discovery of Muscovy, from the Collections of Richard Hakluyt*, openlibrary.org, p. 23. 此处伊迪斯·西特韦尔（Edith Sitwell）的《王后与蜂巢》(*The Queens and the Hive*) 中的一段话给了我灵感。

第三部分　日暮：都铎女王

第二十九章　九日

1. 从没有人见过理查德·戴维提到的手稿，而且我发现在一本一年后出版的书中，他对简进行了另一番描述。参见Leanda de Lisle, 'Faking Jane' in New Criterion（September 2009）, the paperback UK edition and US hardback of de Lisle, Sisters。

2. 简的法兰西盟友后来宣称，在听到爱德华六世的决定后，简曾说她认为玛丽才是应该当王的。但简在位期间和此前都没有文献提到这一点。

3. 爱德华六世在位期间，新教徒的主要"掌舵人"都是外国人，包括约翰·加尔文（John Calvin）、殉道者彼得（Peter Martyr）、海因里希·布林格，"还有诸如此类的其他老奸巨猾的家伙"，一本小册子作者写道。作者还表示："我巴不得你们同汉斯和雅各布一道喝醉了留在斯特拉斯堡。……我巴不得你们留在瑞士。"Duffy, *Saints, Sacrilege, Sedition*, p. 19。

4. *CSPS* 11, 7 and 10 July.

5. Tracy Borman, *Elizabeth's Women: The Hidden Story of the Virgin Queen*（2009）, p. 133.

6. 伊丽莎白的老师罗杰·阿斯卡姆宣称，自己早就在帮伊丽莎白预备治国，但阿斯卡姆一方面夸大了一些福音派女性（简·格雷也是个福音派）的成就，另一方面又忽略了保守派的成就。年轻的简·菲查伦夫人（Lady Jane Fitzalan）便是被忽略的人之一。这位不大出名的贵族是第一个将欧里庇得斯（Euripides）的戏剧译为英语的人，其翻译成果还成为现存第一部出自女性之手的英语戏剧作品。关于伊丽莎白和玛丽所受的教育，参见Aysha Pollnitz, 'Christian Women or Sovereign Queens? The Schooling of Mary and Elizabeth' in *Tudor Queenship: The Reigns of Mary and Elizabeth*（ed Anna Whitelock and Alice Hunt）（2010）, p. 136。

7. *CSPS* 11, 11 July.

8. *CSPS* 11, p. 83；王冠是7月12日由国库总管温切斯特侯爵威廉·保莉特（Lord Treasurer William Paulet, Marquess of Winchester）呈给简的（British Library Harleian MSS 611, f. 1a）。

9. Wriothesley, *Chronicle*, Vol. 2, p. 87.

10. Alan Bryson, ' "The speciall men in every shere": The Edwardian regime, 1547—

1553', PhD diss., St Andrews（2001）, p. 280.

11. 在自己的平民仆役的劝说下，信新教的牛津伯爵约翰·德维尔将手下支持格雷的绅士们关起来。这当中有几个戈尔丁家族的人，其中一个后来还做了玛丽·格雷和托马斯·凯斯结婚的见证人。关于牛津伯爵参见《牛津国家人物传记大辞典》，关于玛丽·格雷的婚姻参见我的《王者姐妹》一书。

12. 在此人们附和了简是"耍新把戏立的女王"这一说法。Oxburgh Hall, Bedingfield MSS in Porter, *Mary Tudor*, pp. 208, 209。

13. De Lisle, *Sisters*, p. 121.

14. 亲戚为斯罗克莫顿夫人（Lady Throckmorton）。其父尼古拉斯·卡鲁爵士（Sir Nicholas Carew）曾是萨福克公爵查尔斯·布兰登的盟友。她一度寡居，后来同弗朗西丝的鳏夫阿德里安·斯托克斯结婚。

15. 女官为斯罗克莫顿夫人。

16. *Narratives of the days of the Reformation*（ed J. G. Nichols）（1859）, pp. 151, 152, 153, 226; Estienne Perlin, *Description des Royaulmes D'Angleterre et D'Escosse 1558*（1775）, pp. vi, vii; *CSPS* 11, p. 113; *CSPD, Edward VI and Mary I*（ed C. S. Knighton）（1998）, p. 344.

17. Julius Ternetianius to Ab Ulmis; *Original Letters Relative to the English Reformation*（ed Hastings Robinson）, Vol. 1（1846）, p. 367.

18. N. P. Sil, *Tudor Placemen and Statesmen: Select Case Histories*（2001）, p. 86.

19. *CSPS* 11, 4 September.

20. 伊丽莎白后来也在同样的场合穿过同样的礼服，这强有力地表明玛丽的衣着确实就如当时人们所记录的那样。J. R. Planché, *Regal Records: or a Chronicle of the Coronations of the Queen Regnants of England*（1838）, p. 6。有传说称她戴了一项巨大而沉重的王冠，甚至得用手扶着，但这是后来的人们为反对玛丽而做的不实宣传。

21. Malfatti, *The Accession, Coronation and Marriage of Mary Tudor*, p. 67.

第三十章　反叛

1. *CSPS* 11, 19 October 1553.

2. 同上。

3. 提亲那天是 10 月 10 日；参见 Porter, *Mary Tudor*, p. 276。

4. Anna Whitelock, *Mary Tudor: England's First Queen*（2010），p. 224.

5. *CSPS* 11, 28 November 1553.

6. 罗伯特·温菲尔德（Robert Wingfield）在《英格兰女王玛丽的一生》（*Vita Mariae Angliae Reginae*）一书中提出格雷一家"无辜"的说法。这一说法忽视了人们试图阻挠玛丽继位的宗教动机。相反，据说在 1553 年 5 月，弗朗西丝曾对简的亲事表示反对，但约翰·达德利对她的丈夫承诺"其家族会获得几乎难以想象的巨额财富和荣誉"，从而说服了后者。换言之，他被收买了（这一政权也曾试图收买玛丽）。还有人进一步宣称，婚礼之后，约翰·达德利曾企图给哈里·格雷下毒——人们也猜测他曾给爱德华六世下过毒。这样做可以为吉尔福德扫清障碍，使他得以同简一道加冕，如此，达德利所谓的让儿子当上国王的野心便能实现了。（见《王者姐妹》第 126、第 127 页）

7. 他们是西班牙的腓力王子（Prince Philip of Spain，即腓力二世）和威廉·奥兰治（即威廉三世）。

8. 这一时期的一本腰带祷告书（通常认为属于伊丽莎白，后来在其母博林的家族中代代相传）包含了"一份爱德华六世最后祷告的手抄稿"（简的祷告书中可能也有类似的东西）。书有着金色珐琅的外壳，封皮是经典式样（而非黑天鹅绒的），曾经属于凯里家族——玛丽·博林的长子亨利·凯里（Henry Carey）此时在伊丽莎白宫中当差。Hugh Tait, 'The Girdle Prayer Book or "Tablet"' in *Jewellery Studies* 2（1985），p. 53。

9. 火刑并不常见，1537 年亨利八世烧死过一名犯叛国罪的贵妇，1538 年詹姆斯五世烧死了玛格丽特·道格拉斯的一位姑母。

10.《王者姐妹》第 139 页。这位归附天主教的人叫托马斯·哈丁（Thomas Harding）。

11. 这位宫务大臣是约翰·盖奇爵士（Sir John Gage）。

12. A. F. Pollard, *Tudor Tracts*（1903），p. 190.

13. *The Chronicle of Queen Jane*（ed Nichols），p. 49.

14. John Foxe, *Acts and Monuments*（ed Stephen Reed）（1838），Vol. 6, Bk 10, pp. 1418–1419.

15. *Narratives of the days of the Reformation*（ed Nichols），p. 161.

16. Pollard, *Tudor Tracts*, p. 190.

17. *The Chronicle of Queen Jane*（ed Nichols），p. 49; John Ponet, *A Shorte Treatise of Politike Pouuer*（1556）in Winthrop Hudson, *John Ponet*（1942），p. 134.

18. 简也从未将自己获死归咎于父亲。这完全不同于约翰·福克斯1570年出版的书中一封伪信的说法。在信中简宣称自己是无辜的，从而暗示自己的不幸是父亲导致的。吉尔福德也在祷告书中写下一封致简的父亲的绝笔信，但在信中他对自己的命运依然颇为乐观，这表明信应当是怀亚特叛乱失败前、11月吉尔福德获判叛国罪之后所写。信中说："您忠诚而顺服的儿子祝阁下您在此世日子长久，满有欢欣安乐——我愿自己有多少，也愿您有多少；更愿您在来世有永恒的喜乐。您最谦卑的儿子绝笔，G.达德利。"雅尔·米勒（Janel Mueller）认为签名后的花体字是代表"王"（rex）的字母"r"，但我并不这么认为。原因有三：首先，如果表示"王"的意思，应该用大写的"R"；其次，如此他的签名应当是吉尔福德·R；最后，7月19日之后，他必然不会再如此签名。感谢大英图书馆的安德烈亚·克拉克就抄本提供的建议和意见。米勒还提到一处有趣的细节，即祷告书中的一些祷词出自天主教殉教者托马斯·莫尔和约翰·费希尔之手，是二人在伦敦塔中写下的。

19. *The Chronicle of Queen Jane*（ed Nichols），p. 55.

20. 同上，第56、第57页；*The Literary Remains of Lady Jane Grey*（ed N. H. Nicolas）（1825），pp. 58–9。这位伦敦塔中的中尉是约翰·布里奇斯爵士（Sir John Bridges）。

第三十一章　婚姻和子嗣

1. 除了送信，哈里·格雷还派去了约翰·哈灵顿，约翰·哈灵顿的同名的儿子是伊丽莎白一世的教子。

2. 上一年3月20日前某天，查尔斯·布兰登的遗孀（弗朗西丝的继母萨福克公爵夫人）凯瑟琳·威洛比（Katherine Willoughby）嫁给了自己的礼仪官，绅士理查·伯蒂（Richard Bertie）。弗朗西丝与她很亲近，很可能还是在她的建议下出嫁的。当年晚些时候，凯瑟琳·威洛比流亡到欧洲。斯托克斯约比弗朗西丝小18个月。关于二人成婚的时间，参见PRO C 142/128/91在弗朗西丝身后对其所做的调查；我一度以为她是1555年结婚的，因为1554年女王赠予她土地的记录上没有提到结婚一事。

3. 不幸的是，弗朗西丝结婚一事后来也成了女性无法控制性欲这一古老偏见的证明。1727年，汉斯·埃沃斯（Hans Eworth）为板着脸的戴克勋爵夫人和她那没长胡子的21岁儿子所画的肖像被人错误地认为是弗朗西丝和斯托克斯夫妇的画像（事实上夫妇二人年龄相近）。画中这位夫人同晚年的亨利八世有些相似，历史学家们后来对这一点大加利用，开始传说弗朗西丝不仅淫荡，而且在残暴和野心上也不输亨利八世。事实上，斯托克斯只比弗朗西丝小约18个月。关于弗朗西丝的情况参见附录四。

4. english history.net/tudor/marydesc.html.

5. *The Chronicle of Queen Jane*（ed Nichols），p. 166; tudorhistory.org/primary/janemary/app10.html.

6. *CSPS* 13（37）.

7. *Narratives of the days of Reformation*（ed Nichols），p. 289.

8. Loades, *Mary Tudor*, p. 239.

9. *The Chronicle of Queen Jane*（ed Nichols），p. 163.

10. Ives, *The Reformation Experience*, p. 213.

11. 同上，第205页。

12. 安妮·培根夫人（Lady Anne Bacon）这样的新教徒也在其女官之列。

13. 到1559年，在萨塞克斯，有14%的遗嘱使用了新教用语，在1560年，在肯特，在遗嘱中使用新教用语的比例是10%，这些数字背后有一群狂热的信徒。见Sue Doran, *Elizabeth I & Religion*（1994），p. 48.

14. 被烧死和死在狱中的加起来总共是312人。

15. 修士名叫约翰·福里斯特，行刑的人们对其大加嘲弄并未令拉蒂默感到困扰，他曾写信给克伦威尔表示："如果您乐意我照着惯常的样子在福里斯特受刑时扮演傻瓜，我情愿自己的舞台离福里斯特近些。"

16. 约翰·福克斯给女王、伯利勋爵、枢密院和教会委员们都写了信，力劝他们对两个佛兰德的再洗礼派教徒从轻发落。但他的努力白费了，1575年7月22日，二人在史密斯菲尔德被烧死。

17. 被亨利八世烧死的不超过76人；见Thomas Freeman, 'Burning Zeal' in *Mary Tudor:*

Old & New Perspectives（ed Susan Doran and Thomas Freeman）（2011），p. 180。

18. *CSPV* 13（884）.

19. PRO C 142/128/91. 当月弗朗西丝产下一女，并起名伊丽莎白，这一耐人寻味的举动表明此刻人们认为未来何在。弗朗西丝先前三个女儿的名字都与王室有关：简·格雷随的是简·西摩王后（1537年），凯瑟琳·格雷随的是凯瑟琳·霍华德王后（1540年），给玛丽·格雷起名则是在第三次继承法案确定玛丽·都铎为爱德华六世继承人之后。因而伊丽莎白·斯托克斯很可能是随伊丽莎白·都铎起的名字。这孩子在襁褓中便夭折。

20. 我咨询过的一些医生表示，自身免疫性甲状腺疾病颇为常见，在妇女中尤其如此。这种疾病有家族遗传性，我相当怀疑伊丽莎白也患过此病（详见后文的讨论）。'Thyroid Dysfunction and False Pregnancy' in *Western Journal of Medicine*（January 1992），p. 89。症状与怀孕类似的疾病可能是脑下垂体良性肿瘤，这种病要罕见得多。关于玛丽患有良性肿瘤这一说法，参见 M. Keynes, 'The Aching and increasing blindness of Queen Mary' in *Journal of Medical Biography* 8/2（2000），pp. 102–109。还有人认为她患有卵巢癌，但这不太可能，因为此病会相对快速地致人死亡。

21. 查理五世在尼德兰的帝国是其经祖母（勇敢的查理的女儿玛丽）继承的前勃艮第公爵领地，但不包括勃艮第省本身（该省已归入法兰西）。他扩张了帝国版图，统一了17个省，囊括了今天的荷兰、比利时、卢森堡以及法兰西共和国北部的大部分，甚至扩展到德意志联邦共和国西部：这是一片经济发达、人口稠密的区域。

第三十二章　一星微火

1. Starkey, *Elizabeth*, p. 78.

2. *Elizabeth I: Collected Works*（ed Leah S. Marcus, Janel Mueller and Mary Beth Rose）（2002），pp. 43–44.

3. 当时是1556年12月1日。

4. 为1559年11月伊丽莎白在布罗克特庄园（Brocket Hall）向费里亚伯爵讲述此事时所言。

5. *CSPV* 6（884）.

6. 同上。

7. *CSPS* 13（339）.

8. R. A. Houlbrooke, *Death, Religion and Family in England 1480—1750*（1998）, p. 6.

9. 见注12。

10. *CSPV* 6（884）.

11. 'The Count of Feria's Dispatch to Philip II of 14 November 1558'（ed and tr. Simon Adams and M. Rodriguez–Salgado）in *Camden Miscellany XXVIII*, Camden Fourth Series, Vol. 29（1984）, p. 332.

12. 同上，第330页至第333页。

13. *CSPV* 6（884）.

14. 'The Count of Feria's Dispatch to Philip II of 14 November 1558'（ed Adams and Rodriguez）in op. cit., p. 335.

15. *CSPV* 13（884）.

第三十三章　有妇之夫

1. Glyn Parry, *The Arch-Conjurer of England, John Dee*（2011）, pp. 48, 49.

2. *CSPV* 7（10）.

3. 见《王者姐妹》第224页。

4. Dale Hoak, 'The Coronations of Edward VI, Mary I, and Elizabeth I, and the Transformation of the Tudor monarchy' in *Westmintser Abbey Reformed*（ed C. S. Knighton and Richard Mortimer）（2003）, pp. 139, 140, 141.

5. 论文是曾做过简·格雷老师的约翰·艾尔默所写，由约翰·戴（John Day）于1554年4月出版。

6. *Elizabeth I: Collected Works*, p. 58.

7. *CSPS* Simancas 1（29）.

8. *CSPS* Simancas 1（27）.

9. 在父亲查理五世治下，腓力的帝国在尼德兰境内部分已经得到扩张和统一，见本书第三十一章注21。

10. *CSPS* Simancas 1, p. 45; de Lisle, *Sisters*, p. 187.

11. Richard Rex, *Elizabeth I*（2003）, p. 55.

12. 他的头盔被对手的长矛刺中碎裂，也刺穿了他的右眼和右侧的太阳穴。

13. British Library Harleian MSS 4712.

14. Richard Rex, *The Tudors*（2011）, p. 165. 对与之类似的表演进行了比较。

15. *CSPF* 1559—60, p. 370.

16. Ives, The Reformation Experience, pp. 143, 46.

17. *CSPS* Simancas 1, 11 September 1560（119）.

第三十四章　危险表亲

1. *CSPS* Simancas 1, 11 September 1560（119）.

2. 同上。

3. 同上。

4. 这一事实导致一些人开始支持亨廷登伯爵，此人是新教徒，是爱德华四世的兄弟克拉伦斯公爵的后代。

5. *CSPS* Simancas 1（120）.

6. 出自1566年她对国会关于她婚姻问题的回应。

7. 玛格丽特·道格拉斯小儿子的名字随新晋法兰西国王查理九世。

8. 达恩利勋爵是英格兰和苏格兰两大王国的男性王位继承人中最年长的，其两边的继承权分别来自母亲和父亲。

9. *CSPF* 5（412）. 同她有直接联系的包括伦诺克斯伯爵一位在法兰西的兄弟和西班牙的简·多默（Jane Dormer），后者为腓力二世的密友费里亚伯爵之妻，是英格兰人。

10. 使节是萨瑟兰伯爵约翰·戈登（John Gordon, Earl of Sutherland）。

11. *CSPF* 5（26）.

12. 同上。

13. *CSPF* 5（26）（332）.

14. 塞西尔这样做的直接原因与罗伯特·达德利有关，达德利先前曾向西班牙人承诺，称只要腓力二世支持自己与伊丽莎白一世的婚事，他便会确保女王派出一名代表参加特兰托公会议，讨论教会改革问题。一系列对天主教徒行巫术的审判所引发的关注败坏了西班牙使节的名声，也给一切天主教徒抹了黑，从而令达德利感到困惑。

15. *CSPS* Simancas 1（144）（153）（154）（155）（156）.

16. British Library Add MSS 37749, ff. 41, 50, 58.

17. *Miscellaneous State Papers from 1501 to 1726*（ed Philip Yorke, Earl of Hardwicke）（1778）, Vol. 1, p. 172; British Library Add MSS 37740, f. 63.

18. British Library Add MSS 37749, ff. 43, 59.

19. De Lisle, *Sisters*, p. 206.

20. British Library Add MSS 37749, ff. 41, 50, 58. For more details see de Lisle, *Sisters*.

21. 更多关于此及此外尚有何人同这桩亲事有关的情况，参见《王者姐妹》第17至第19章。

22. *CSPS* Simancas 1, p. 214.

23. *CSPF* 5（26）.

第三十五章　王室囚徒

1. *CSPS* Simancas 1（144）.

2. *A Collection of State Papers relating to Affairs in the Reigns of King Henry VIII, King Edward VI, Queen Mary and Queen Elizabeth from the year 1542—1570, Left by William Cecil Lord Burghley*（ed Samuel Haynes）, Vol. 1（1740）, p. 378.

3. British Library Cotton MS Caligula B VIII, ff. 165-8, 184-5. 感谢约翰·盖伊提醒我注意到这一手稿。关于玛格丽特·道格拉斯的情况请参见附录三。

4. *CSPF* 5（26）; *CSPD* 1547—89, March 1562（48）.

5. *CSPF* 4（980）; *CSPF* 5（168）.

6. *CSPF* 5（59）（168）; *CSPD* 1547—80, 14 May, 12 and 19 June, 1562; *CSPD* 1547—80, 20 September 1560.

7. *CSPF* 5（181）.

8. *CSPF* 5（168）.

9. *CSPF* 5（34）.

10. Glyn Parry, *Arch-Conjurer*, p. 61.

11. *CSPF* 5（26）（34）（412）.

12. Norman Jones, *Birth of the Elizabethan Age: England in the 1560s*（1995）, p. 38. 托马斯·毕晓普曾提道，玛格丽特·道格拉斯引述过那则关于达恩利勋爵会成为英格兰和苏格兰的王的预言。*CSPF* 5（26）。

13. *CSPF* 5（26）.

14. *CSPF* 5（121）（223）.

15. 在给玛格丽特·道格拉斯列出长长的一串"罪名"过后，毕晓普最后还称她不是英格兰人，原因是她的母亲玛格丽特·都铎生她的时候是从苏格兰逃难来的。他还称，根据玛格丽特·都铎和詹姆斯四世的婚约条款，她也无权继承王位。这同样是胡说八道。婚约见 PRO E39/92/18 E 30/81；毕晓普的一系列说法见 *CSPF* 5（26）。

16. *CSPF* 5（912）.

17. 波尔兄弟是10月14日被逮捕的。见Parry, p. 61. 亨廷登伯爵是克拉伦斯公爵的玄孙，其血脉两度经女性传承。亚瑟为其曾孙，一度经女性传承。

18. *CSPS* Simancas 1, p. 296.

19. *Reports From the Lost Notebooks of Sir James Dyer, Vol. 1*（ed J. H. Baker）（1994）p. 82; Longleat PO/I/93.

20. Longleat PO/I/93.

21. Mortimer Levine, *The Early Elizabethan Succession Question, 1558—1568*（1966）, p. 28; HMC Salisbury Vol. 1（1883）, p. 396.

22. Longleat PO Vol. 1, ff. 92, 93.

23. De Lisle, *Sisters*, p. 245.

24. *CSPV* 5（934）.

25. 这一头衔通常是拥有兰开斯特公爵领地的王室子女的专属。

26. John Guy, *My Heart is My Own: The Life of Mary Queen of Scots*（2004）, p. 198.

27. 至少詹姆斯·梅尔维尔爵士（Sir James Melville）后来是这样回忆的。

28. 孩子是1564年7月生的，在塞西尔家受洗。见 John Nichols, *The Progresses and Public*

Processions of Queen Elizabeth, Vol. 1（1823），p. 149。

29. *Guy, My Heart is My Own*, pp. 205, 206.

第三十六章　煮豆燃萁

1. *CSPS* Simancas 1（286）.

2. *CSPS* Simancas 1（290）. 翻译时作者对一些用语和标点符号进行了现代化的处理。

3. 同上。

4. *CSPS* Simancas 1（144）. 玛格丽特·道格拉斯的丈夫伦诺克斯伯爵重回苏格兰还引发了贵族派系的重整：他的盟友们联合起来，对抗苏格兰女王玛丽同父异母的私生兄长，信仰新教且亲英的莫里伯爵。

5. *CSPS* Simancas 1（296）.

6. *CSPS* Simancas 1（314）; Charlotte Isabelle Merton, 'The Women who Served Queen Mary and Queen Elizabeth', PhD diss., Trinity College, Cambridge（1992）, pp. 64, 66.

7. Kristen Walton, 'The Queen's Aunt; The King's Mother: Margaret Douglas, Countess of Lennox, religion and politics in the Scottish Court, 1565—72'（unpublished）, p. 3.

8. *CSPS* Simancas 1（357）.

9. 亚瑟·波尔和埃德蒙·波尔。波尔两兄弟一直到死都被关在塔中。

10. *CSPS* Simancas 1（365）.

11. *CSPS* Simancas 1（405）.

12. *CSPS* 1（409）.

13. *CSP* Scotland 2（477）.

14. "暗杀达恩利勋爵的人"指萨伏依公爵的使者西格诺尔·迪莫雷塔先生（Signor di Moretta）, *CSPV* 7, 1558—80, 20 March 1567（384）。

15. 参见Linda Porter, *Crown of Thistles: The Fatal Interitance of Mary, Queen of Scots*（2013）.

16. De Lisle, *Sisters*, pp. 264, 265.

17. 大卫爵士的女儿安（Ann）嫁给亚瑟·霍普顿爵士（Sir Arthur Hopton）; Blaauw, 'On the Effigy ...' in op. cit., p. 26。

18. *Notes and Queries*, Eleventh Series, Vol. 5（January–June 1912）, p. 82; Eighth Series,

Vol. 8（February–August 1895），p. 233.

19. British Library Cotton Titus MS No. 107, ff. 124, 131.

20. 同上。

21. 凯瑟琳·格雷的衣服和一本祷告书连同一个柜子一直存留到20世纪。但房子在第二次世界大战期间遭到轰炸，此后这些物件都不见了。这些物件如果确实属于凯瑟琳，就表明霍普顿一家几乎将之奉为圣物。同样值得注意的是，十年后欧文爵士出席了玛丽·格雷的葬礼。感谢卡罗琳·布卢瓦（Caroline Blois）就凯瑟琳·格雷的祷告书和服饰提供的信息。关于玛丽·格雷的葬礼参见《王者姐妹》及注释。

22. *The Literary Remains of Lady Jane Grey*（ed Nicolas）.

23. *Andy Wood, Riot, Rebellion and Popular Politics in Early Modern England*（2002），p. 73.

24. 议会代表发出请愿书，请求女王结婚并指定继承人，参见1566 Levine EESQ pp. 184, 185。Susan Doran, *Monarchy and Matrimony: The courtships of Elizabeth I*（1996），p. 87。

第三十七章　玛格丽特·道格拉斯离场

1. 这些只是"伦诺克斯之心"总共28个图案和6处铭文中的一部分。

2. *CSP* Scotland 3（110）.

3. 1562年，查尔斯·斯图亚特曾同母亲一道在希恩被关过一段时间；1565年母亲被囚伦敦塔期间，儿子则被交由一位名叫约翰·沃恩（John Vaughan）的官员照料。*CSPD* 1（25）。

4. *CSP* Scotland 5（21）.

5. *A Collection of Letters and State Papers*,（comp. Howard），p. 237.

6. *CSP* Scotland 5（21）. 当时与玛格丽特有联络的人包括罗斯主教约翰·莱斯利（John Lesley）和基尔塞斯领主（Laird of Kilsyth）。

7. Letter dated 3 December quoted in Kimberly Schutte, 'A Biography of Margaret Douglas, Countess of Lennox（1515—1578）: Niece of Henry VIII and Mother-in-law of Mary Queen of Scots' in *Studies in British History*（31 January 2002），pp. 229–230.

8. HMC Salisbury Vol. 13, Addenda, p. 123.

9. 事实上博斯韦尔伯爵仍然活着，人在丹麦。

10. *CSP* Scotland 5（210）.

11. 罗伯特·达德利曾同玛格丽特·道格拉斯的教女道格拉斯·谢菲尔德（Douglas Sheffield，名字是随教母玛格丽特起的）有过一段情，时间长达几年。此教女的父母是玛格丽特旧时的密友威廉·霍华德勋爵（Lord William Howard）夫妇，勋爵现在已是埃芬厄姆伯爵（Countess of Effingham）。罗伯特不答应娶她，因为不知女王发现后会有何反应，甚至已经生下一个儿子后，他依然不愿同她结婚。二人的情事此时已告结束。

12. 关于玛格丽特死亡的日期我了解各种说法，3月10日是她碑上所写的日期，她的遗嘱是3月11日封存的，与此也是相符的。

13. 玛格丽特的遗嘱可在英国国家档案馆下载：National Archives, Prob. 11/60。

第三十八章　童贞女王

1. *Queen Elizabeth I: Selected Works*（ed Steven W. May）（2004），p. 12.

2. 1532年的《真理之杯》一书中表明了亨利八世的观点。

3. 1566年晚些时候；Jones, *Birth of the Elizabethan Age*, p. 119。

4. Ives, *The Reformation Experience*, p. 235.

5. *CSPS* Simancas 1（286）.

6. Duffy, *Saints, Sacrilege, Sedition*, p. 240.

7. Ives, *The Reformation Experience*, p. 250; Doran, *Elizabeth I and Religion*, p. 65.

8. Doran, *Elizabeth I and Religion*, p. 53.

9. Merton, PhD diss., op. cit., p. 119.

10. Patrick Collinson, 'Religion and Politics in the Progress of 1578' in *The Progresses, Pageants and Entertainments of Queen Elizabeth I*（ed Jayne Elizabeth Archer, Elizabeth Goldring and Sarah Knight）（2007），p. 138.

11. 同上。

12. *Queen Elizabeth I: Selected Works*（ed May），p. 12.

13. 伊丽莎白一世似乎曾想要毁掉罗伯特·达德利的婚姻，她劝道格拉斯·谢菲尔德宣称他先前已经同自己结婚，但这一招失败了。关于达德利失宠的时间参见 Simon Adams on Robert Dudley, etc. in the *Oxford Dictionary of National Biography*。

14. 参见附录五。

第三十九章 争端的女儿

1. 暗杀当时，在代尔夫特的王子寓所里有一名年轻的英格兰上尉，他是自愿支持这些新教徒叛乱者的许多英格兰人中的一个。午餐时，奥兰治的威廉携家人出现，上尉一见他便跪下来。奥兰治的威廉伸出手，在上尉的头上放了片刻，便转过身去，走上通往自己房间的楼梯。与此同时，有人走上前来，举起一支手枪对着王子开了三枪。前两发子弹射穿他后又射进楼梯间的墙里，第三发子弹留在他的胸骨下。奥兰治的威廉被人抬到隔壁房间，然后死在那里——他泪流满面的妻子守在一旁，绝望地想替他止血。谋杀他的人被带到众人面前折磨致死：人们用烙铁烧掉了他的手，又拿钳子撕掉了他身上6块肉，接着将其车裂。Lisa Jardine, *The Awful End of William the Silent*（2005），p. 50。

2. 自1563年起，他一直努力要实现这一目的。

3. *CSP* Scotland 15 August 1584.

4. 同上。

5. 同上。

6. 同上。

7. *Lettres, Instructions & Memoires de Marie Stuart, Reine D'Ecosse*（ed Alexandre Labanoff）（1844），Vol. 6, p. 125.

8. J. Lynch, 'Philip II and the Papacy' in *Transactions of the Royal Historical Society*, Fifth Series, Vol. 11（1961），pp. 23, 24.

9. Anne Somerset, *Elizabeth I*（1991），p. 518.

10. See Penry Williams, 'Anthony Babington' in *Oxford Dictionary of National Biography*.

11. Stephen Alford, *The Watchers*（2012），p. 213.

12. 同上，第235页。

13. Harris D. Willson, *King James VI and I*（1956），p. 73.

14. *Lettres, Instructions & Memoires de Marie Stuart, Reine D'Ecosse*, (ed Labanoff), Vol. 6, pp. 474–480.

15. Guy, My Heart is My Own, p. 4.

16. The Hon. Mrs Maxwell Scott, *The Tragedy of Fotheringay* (1895), pp. 417–423.

17. *CSPS* Simancas 4 (35).

第四十章　无敌舰队

1. Lynch, 'Philip II and the Papacy' in op. cit., pp. 37, 38.

2. 同上。

3. *Captain Cuellar's Adventures in Connacht & Ulster, 1588* (ed Hugh Allington), p. 49.

4. 勇敢的兰开斯特王后，安茹的玛格丽特后来被威廉·莎士比亚斥为"母狼"，威廉·莎士比亚说她是"妇人皮囊虎狼心"，因为她取得了疯狂丈夫的军队的政治领导权。

5. http://www.lukehistory.com/ballads/tilsbury.html, Thomas Deloney；伊丽莎白一世在画像中常常骑着白马，虽然并无文字记录提到她的坐骑这一细节。

6. 这位元帅是约翰·诺里斯爵士（Sir John Norris）；http://www.lukehistory.com/ballads/tilsbury.html, Thomas Deloney。

7. James Aske, 'Elizabetha Triumphans' in Nichols, *Progresses and Processions of Queen Elizabeth*, Vol. 2, p. 570.

8. 莱昂内尔·夏普博士（Dr Leonel Sharp），此人记录的蒂尔伯里演讲最为知名。

9. Anna Whitelock, 'Woman, Warrior Queen' in *Tudor Queenship* (ed Hunt and Whitelock), pp. 173–191.

10. 这并非伊丽莎白一世的原话，但有证据表明它是对原话的精准表现。同时代的德洛尼（Deloney）写过一个韵文版本："接着我们高贵的女王开了口：我忠诚的国民和朋友，/我希望最坏的今日已见，你们要我坚持作战。/但若是敌人果真攻击你，莫要叫你的胆气离弃你。/因为你们众兵之中，亦会有我同往，/好做你们的喜乐、你们的向导、你们的安慰，甚至在你们之前迎敌而上。"

11. R. Leicester and Miller Christy, 'Queen Elizabeth's Visit to Tilbury in 1588' in *English*

Historical Review 34（1919），p. 47.

12. Susan Frye, 'The Myth of Elizabeth at Tilbury' in *SixteenthCentury Journal* 23, No. 1（spring 1992），p. 98.

13. *Captain Cuellar's Adventures*（ed Allington），pp. 49, 52.

14. Queen Elizabeth I: Selected Works（ed May），p. 181.

15. John Clapham, *Elizabeth of England*（ed E. Plummer Read and C. Read）（1951），p. 97.

第四十一章 日暮

1. Simon Adams, *Leicester and the Court*（1988），p. 149; Frederic Gerschow, 'Diary of the Duke of Stettin's Journey through England in 1602' in *Transactions of the Royal Historical Society* 6（1892），p. 25.

2. Godfrey Goodman, *The Court of James the First*（from the original manuscript），2 vols.（1839），Vol. 1, pp. 96–97.

3. 根据1571年的《叛国法案》，讨论王位继承问题属于叛国罪。

4. R. Doleman, *A Conference About the Next Succession to the Crowne of Ingland*（1594），Pt II, p. 183.

5. 同上，第二部分，第196页。

6. André de Maisse, *A Journal of all that was Accomplished by Monsieur de Maisse, Ambassador in England from King Henri IV to Queen Elizabeth, Anno Domini 1597*（ed and tr. G. B. Harrison）（1931），pp. 25, 26, 29.

7. 同上，第82页。

8. Merton, PhD diss., op. cit., p. 127.

9. De Maisse, *Journal*, p. 115.

10. Sir John Harington, *A Tract on the Succession to the Crown, ad 1602*（1880），p. 106.

11. Sir John Harington, *Nugae Antiquae, being a miscellaneous collection of original papers, with notes by Thomas Park FSA*, 2 vols.（1804），Vol. 1, pp. 179, 180.

12. 关于写这出戏的究竟是威廉·莎士比亚还是另有其人，人们有过一些争论（我相信作者是威廉·莎士比亚），关于这些人想要推翻的究竟是伊丽莎白一世或者仅仅是她的议员们，也存在不同看法（对此我的观点是，君主们都明白如果议员被推翻，那么就很容易导致自己倒台）。参见 Jason Scott–Warren, 'Was Elizabeth I Richard II?: The Authenticity of Lambarde's "Conversation" ' in *Review of English Studies*（first published online 14 July 2012）。

13. Gerschow, 'Diary of the Duke of Stettin's Journey through England' in op. cit., p. 15.

14. De Lisle, *After Elizabeth*, p. 42 and notes.

15. Henry Howard to Edward Bruce, in Goodman, *The Court of James the First*, Vol. 1, p. 97n.

16. De Lisle, *After Elizabeth*, p. 43.

第四十二章　空王冠

1. Harington: *Nugae Antiquae*, pp. 321, 33.

2. Harington, *A Tract on the Succession to the Crown, ad 1602*, p. 45.

3. HMC, *Calendar of the Manuscripts of the Most Honourable the Marquess of Salisbury ... Preserved at Hatfield House, Hertfordshire*, Vol. 12, pp. 583–587; *The Letters of Arbella Stuart*（ed Sara Jayne Steen）（1994）, p. 121.

4. 使节名叫乔瓦尼·卡洛·斯卡拉梅利（Giovanni Carlo Scaramelli）。

5. *CSPV* 9（1135）.

6. William Camden, *The History of Elizabeth, Late Queen of England, 3rd edition*（1675）, Bk IV, p. 659.

7. De Lisle, *After Elizabeth*, p. 160.

8. *CSPV* 9（1143）.

9. *Queen Elizabeth I: Selected Works*（ed May）, p. 235.

10. De Lisle, *After Elizabeth*, p. 105.

11. 此人是诺丁汉伯爵夫人（Countess of Nottingham）凯瑟琳·霍华德。

12. De Lisle, *After Elizabeth*, pp. 106, 107.

13. *Records of the English Province of the Society of Jesus*（ed Henry Foley）（1877）, pp. 54, 57.

14. De Lisle, *After Elizabeth*, pp. 114, 144.

15. *CSPV* 9, p. 558.

16. Catherine Loomis, 'Elizabeth Southwell's Manuscript Account of the Death of Queen Elizabeth（with text）' in *English Literary Renaissance*（autumn 1996）, p. 486; E. Arbert, *English Stuart Tracts 1603—1693*（1903）, p. 4.

17. *Queen Elizabeth I: Selected Works*（ed May）, p. 10.

18. John Manningham, *The Diary of John Manningham of the Middle Temple 1602—1603*（ed Robert Parker）（1976）, pp. 208, 209.

19. Hall, *Chronicle* Vol. 2, p. 145; *CSPS* Simancas 1（144）; Manningham, *Diary*, p. 209.

20. Sir Roger Wilbraham, *The Journal of Sir Roger Wilbraham for the years 1593—1616*（ed Harold Spencer Scott）in Camden Miscellany 10（1902）, p. 55; de Lisle, *After Elizabeth*, p. 140.

21. John Lane, *An Elegy Upon the Death of Our Most High and Renowned Princess, Our Late Sovereign Elizabeth*（1603）.

后记

1. 受理查三世学会（Richard III Society）委托，马克·兰斯代尔（Mark Lansdale）和法医心理学家朱利安·布恩（Julian Boon）用了十八个月的时间，对国王一生的各项记录进行分析，二人得出结论：理查三世并无太多今天的心理学家会用以确认精神变态的表现（这类表现包括自恋、欺诈，以及在亲密关系中缺乏同理心）。相反，该研究主张，理查三世的表现更像一种被称为"不确定性难容"（intolerance to uncertainty）的常见心理综合征，不确定性难容者"常表现出许多积极的品格，比如强烈的是非观、对所信任同僚的忠诚、对法律程序的信仰等——这些在理查三世身上都有体现"。二人称其分析表明，理查三世不大可能在塔中杀害两个侄子（其中一个本该继承王位）。二人认为，"他大可以选一个隐秘稳妥的地方除掉他们"。

2. 我关于伊丽莎白一世从玛丽一世身上取得经验的言论多受朱迪思·M.理查兹（Judith M. Richards）的启发。见'The Two Tudor Queens Regnant', *History Today*, Issue 53（December 2005）, p.7–12。

注　释

3. Anne McLaren, 'Memorialising Mary and Elizabeth' in *Tudor Queenship*（ed Hunt and Whitelock）, pp. 11-27.

4. 彼得罗·托里贾诺建造的文艺复兴式圣坛（是爱德华、亨利七世和伊丽莎白共同的安息之处）在内战期间被拆走，台阶被夷平，"镀了金的华美铜屏风"被卖给补锅匠。亨利七世命令人制作的装饰有"故事、圣像、纹章和徽记"的精美染色玻璃也被砸烂，换成白玻璃。新的染色玻璃是20世纪末、21世纪初所装。中央东侧窗上所绘的圣母马利亚还令人想起今日的亨利七世礼拜堂最初的名字。

5. 圣母堂重建期间，亨利七世掘出葬于堂中的瓦卢瓦的凯瑟琳的遗骨。他对自己有瓦卢瓦的血统相当自豪，还称将自己的墓选在威斯敏斯特修道院的一个很大原因便是自己的祖母安息于此。她的遗骨被松松地裹上礼拜堂屋顶的铅皮，放在亨利五世的墓碑边，直到亨利七世死时仍未入土。然而令人震惊的是，接下来的两百年间，人们依然任她留在地上的一口棺木里，棺木上松松地盖了几块木板，甚至骸骨自腰部以上都暴露在外。1669年，日记作者塞缪尔·佩皮斯（Samuel Pepys）花了一点小钱就买到了她的一个"吻"以庆祝自己的生日。在18世纪，有人描述她依然未得掩埋的遗骨只"穿了薄薄的衣服，身上的肉像从鞣制过的皮革上刮下的碎屑一般"［John Dart, *West-monasterium*,（1723）Vol II p.38］。最终是维多利亚女王（Queen Victoria）将她葬在她如今安息的地方。

6. 除了欧文·都铎，灰衣修士地还葬着许多其他著名人物，其中包括尚多斯（Chaundos）、康沃尔（Cornewall）和彭布里奇（Pembridge）家族的成员（这些人可能都资助过修道院）。修道院解散后，著名骑士理查·彭布里奇爵士（Sir Richard Pembridge）的墓碑被迁至赫里福德大教堂（Hereford Cathedral）的中殿，今天还能看见。葬在灰衣修士地的其他人的遗骨似乎下落不明。欧文·都铎的墓穴据说一度位于修道院教堂北侧的礼拜堂（也可能是捐建教堂）。曾对赫里福德做过深入研究的奈杰尔·贝克博士（Dr. Nigel Baker）认为，欧文·都铎及其他人的遗骨可能仍在灰衣修士地遗址。遗憾的是，修道院残余的一切已经被清理殆尽，无法确定教堂的具体位置。此地没有开展过太多考古工作，不过，在1918年，该遗址的部分土地被改成供人耕种的土地，松土的过程中发现了一些"粗糙的石制地基"和修道院屋瓦的碎片。1933年挖排水沟的过程中发现了三具骨架，但没有记录其所在的精确位置。三具骨架都没有被斩首。今日的灰衣修士地遗址差不多盖满了房屋，均于1971年建造。感谢赫里福德郡议会赫里福德郡考古协会（Herefordshire Archeology, Herefordshire Council）的梅利莎·塞登（Melissa Seddon）。

附录一　詹姆斯四世遗体的下落

1. Ulpian Falwell, *The Flower of Fame*.

2. *L&P* 1（2469）.

3. Stow, *Survey of London*, pp. 258, 259.［还需注意的是，1532年詹姆斯五世曾要人归还其父亲的遗骨。见 Hester Chapman, *The Sisters of Henry VIII*（1969），p. 146。］

附录二　亨利八世和玛格丽特·道格拉斯的争执之谜

1. 那年，玛格丽特·道格拉斯和丈夫在弥撒捐献上花了大笔的钱，请神父们为炼狱中的灵魂祷告，这表明夫妇二人是保守派，但亨利八世也在遗嘱中留了钱请神父为自己的灵魂祷告。*L&P* 21, Pt II（181）。

2. British Library Harleian MS 289, ff. 73–75.

3. 伦诺克斯伯爵的报告全文见 British Library Cotton MS Caligula B VIII, ff. 184–185。

4. British Library Harleian MS 289, ff. 73–75.

5. British Library Cotton MS Caligula B VIII, f. 165. 'The Political Life of Margaret Douglas, Countess of Lennox, c.1530—1538', by Morgan Ring, Gonville and Caius College（2012）.

6. From John Gough Nichols, *The Herald & Genealogist* 8（1874），accessed online at archive.org.

7. 玛格丽特·道格拉斯的遗嘱在线版: National Archives Prob. 11/60。

8. Stow MSS 956. 人们常说这幅亨利八世的画像曾属于安妮·博林，但它的底本是霍尔拜因1536年画的肖像（这是反驳此说的唯一事实）。文字内容是理查·克罗克（Richard Croke）根据12首圣咏改写的八音节四行诗（12首圣咏分别是7首忏悔诗和第18/19、12/13、42/43、105/106和138/139首），还有一首以同一格律写就的《求造物者圣神降临》（*Veni Creator*）。尽管12首圣咏都是英文的，但克罗克是从拉丁语

注　释

的武加大本（Vulgate）直译过来的，并没有表现出任何改革的意思。这些诗很像对英文祷告书赞美诗的延伸和变化。并请参见Tait, 'The Girdle Prayer Book or "Tablett" ' p. 30（*Jewellery Studies*, Vol. 2（1985），pp. 29–57）。

附录三　吉尔福德和简·达德利

1. 他们是西班牙的腓力王子（即腓力二世）和威廉·奥兰治（即威廉三世）。
2. 最早出现的是朱利奥·拉维格里奥·罗索（Giulio Raviglio Rosso）和乔瓦尼·康曼多（Giovanni Commendone）二人的报告，吉罗拉莫·波利尼（Girolamo Pollini）的报告则晚得多。
3. 简曾在自己的祷告书中亲笔写下对吉尔福德的评价，见第三十章。
4. The Chronicle of Queen Jane（ed Nichols），p. 55.

附录五　鲜为人知的王位继承人玛格丽特·克利福德在1578年至1596年

1. *CSPV* 6, p. 107.
2. 此人要么是清教徒贝德福德伯爵之女、坎伯兰伯爵之妻玛格丽特·罗素（Margaret Russell），要么是其姐妹安妮［沃里克伯爵安布罗斯·达德利（Ambrose Dudley）之妻］，也就是说此人要么是玛格丽特·克利福德的继弟媳，要么是罗伯特·达德利的嫂嫂。*CSPS* 2（592）。
3. 这一观点的代表人物是后来的红衣主教威廉·艾伦（William Allen）。他曾在杜埃（Douai）建立过一所神学院，后来随着当地加尔文教派的发展，神学院于1578年3月关闭。
4. PRO Prob 11/88, ff. 217–218. 玛格丽特·克利福德逝世于1596年。
5. *CSPS* Simancas 2（593）. 这些威尼斯人听说人们指控玛格丽特·克利福德，称其想要毒害伊丽莎白一世。*CSPV*（774）。
6. Margaret Clifford to Francis Walsingham, undated: Sir Nicholas Harris Nicolas, *Memoirs of the Life and Times of Sir Christoper Hatton*（1847），pp. 146–147. 斯托说死刑是1580年11月执行的，但玛格丽特·克利福德1580年5月写这封信时医生已经被处死

了（我怀疑死刑是1579年11月执行的）。

7. 有些人说她的长子德比伯爵费迪南多（Ferdinando）"信三种教（新教、清教和天主教），而其余儿子什么都不信"。Doleman, *Conference About the Next Succession*, p. 253。文中提到的流亡的天主教徒教名叫理查·赫斯基斯（Richard Hesketh），此人在受审后被处死。

宗 谱

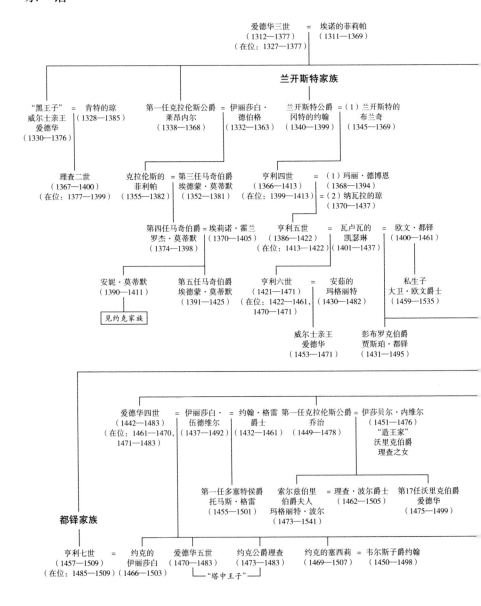

爱德华三世　＝　埃诺的菲莉帕
（1312—1377）　　（1311—1369）
（在位：1327—1377）

兰开斯特家族

"黑王子"　＝　肯特的琼　　第一任克拉伦斯公爵　＝　伊丽莎白·　　兰开斯特公爵　＝（1）兰开斯特的
威尔士亲王　（1328—1385）　莱昂内尔　　　德伯格　　冈特的约翰　　布兰奇
爱德华　　　　　　　　（1338—1368）　（1332—1363）（1340—1399）（1345—1369）
（1330—1376）

理查二世　　　　克拉伦斯的　＝第三任马奇伯爵　亨利四世　＝（1）玛丽·德博恩
（1367—1400）　菲利帕　　埃德蒙·莫蒂默（1366—1413）　（1368—1394）
（在位：1377—1399）（1355—1382）（1352—1381）（在位：1399—1413）＝（2）纳瓦拉的琼
　　　　　　　　　　　　　　　　　　　　　　（1370—1437）

第四任马奇伯爵＝埃莉诺·霍兰　亨利五世　＝瓦卢瓦的　　欧文·都铎
罗杰·莫蒂默（1370—1405）（1386—1422）凯瑟琳　　（1400—1461）
（1374—1398）　　　　　（在位：1413—1422）（1401—1437）

安妮·莫蒂默　第五任马奇伯爵　亨利六世　＝　安茹的　　私生子
（1390—1411）埃德蒙·莫蒂默（1421—1471）　玛格丽特　大卫·欧文爵士
　　　　　　（1391—1425）（在位：1422—1461，（1430—1482）（1459—1535）
　　　　　　　　　　　　　1470—1471）

见约克家族

威尔士亲王　　彭布罗克伯爵
爱德华　　　贾斯珀·都铎
（1453—1471）（1431—1495）

爱德华四世　＝伊丽莎白·　＝约翰·格雷　第一任克拉伦斯公爵＝伊莎贝尔·内维尔
（1442—1483）伍德维尔　　爵士　　乔治　　　　（1451—1476）
（在位：1461—1470，（1437—1492）（1432—1461）（1449—1478）"造王家"
1471—1483）　　　　　　　　　　　　　　　　　沃里克伯爵
　　　　　　　　　　　　　　　　　　　　　　理查之女

第一任多塞特侯爵　索尔兹伯里　＝理查·波尔爵士　第17任沃里克伯爵
托马斯·格雷　　伯爵夫人　　（1462—1505）爱德华
（1455—1501）　玛格丽特·波尔　　　　　　　（1475—1499）
　　　　　　　（1473—1541）

都铎家族

亨利七世　＝约克的　　爱德华五世　约克公爵理查　约克的塞西莉　韦尔斯子爵约翰
（1457—1509）伊丽莎白（1470—1483）（1473—1483）（1469—1507）（1450—1498）
（在位：1485—1509）（1466—1503）

"塔中王子"

　　　　　　　　　　　　　　都铎王朝

过去：兰开斯特家族和约克家族

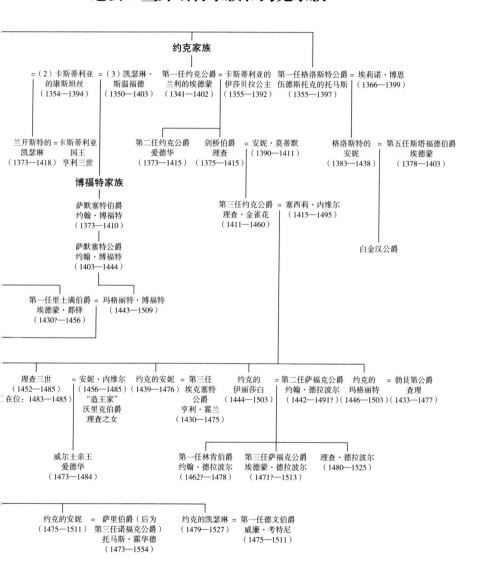

约克家族

=（2）卡斯蒂利亚 ＝（3）凯瑟琳·　第一任约克公爵 ＝卡斯蒂利亚的　第一任格洛斯特公爵 ＝埃莉诺·博恩
的康斯坦丝　斯温福德　兰利的埃德蒙　伊莎贝拉公主　伍德斯托克的托马斯　（1366—1399）
（1354—1394）（1350—1403）（1341—1402）（1355—1392）（1355—1397）

兰开斯特的=卡斯蒂利亚　第二任约克公爵　剑桥伯爵 ＝安妮·莫蒂默　格洛斯特的　第五任斯塔福德伯爵
凯瑟琳　国王　爱德华　理查　（1390—1411）　安妮　埃德蒙
（1373—1418）亨利三世（1373—1415）（1375—1415）　（1383—1438）（1378—1403）

博福特家族

萨默塞特伯爵　第三任约克公爵 ＝塞西莉·内维尔
约翰·博福特　理查·金雀花　（1415—1495）
（1373—1410）（1411—1460）

萨默塞特公爵　白金汉公爵
约翰·博福特
（1403—1444）

第一任里士满伯爵 ＝玛格丽特·博福特
埃德蒙·都铎　（1443—1509）
（1430?—1456）

理查三世 ＝安妮·内维尔　约克的安妮 ＝第三任　约克的 ＝第二任萨福克公爵　约克的 ＝勃艮第公爵
（1452—1485）（1456—1485）（1439—1476）埃克塞特　伊丽莎白　约翰·德拉波尔　玛格丽特　查理
在位：1483—1485 "造王家"　公爵　（1444—1503）（1442—1491?）（1446—1503）（1433—1477）
沃里克伯爵　亨利·霍兰
理查之女　（1430—1475）

威尔士亲王　第一任林肯伯爵　第三任萨福克公爵　理查·德拉波尔
爱德华　约翰·德拉波尔　埃德蒙·德拉波尔　（1480—1525）
（1473—1484）（1462?—1478）（1471?—1513）

约克的安妮 ＝萨里伯爵（后为　约克的凯瑟琳 ＝第一任德文伯爵
（1475—1511）第三任诺福克公爵　（1479—1527）威廉·考特尼
托马斯·霍华德　（1475—1511）
（1473—1554）

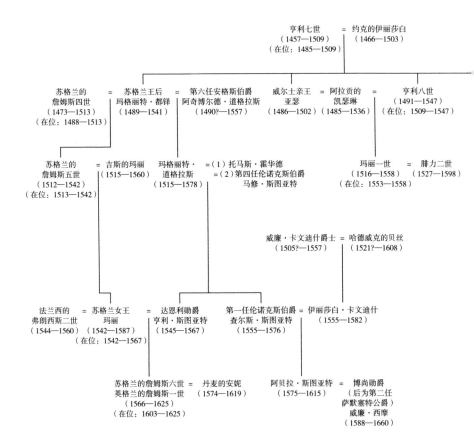

亨利七世　　　　＝　约克的伊丽莎白
（1457—1509）　　　（1466—1503）
（在位：1485—1509）

苏格兰的　　　＝　苏格兰王后　　第六任安格斯伯爵　　威尔士亲王　　阿拉贡的　　＝　亨利八世
詹姆斯四世　　　　玛格丽特·都铎　阿奇博尔德·道格拉斯　亚瑟　　　　凯瑟琳　　　（1491—1547）
（1473—1513）　（1489—1541）　（1490?—1557）　　（1486—1502）（1485—1536）　　（在位：1509—1547）
（在位：1488—1513）

苏格兰的　　　＝　吉斯的玛丽　　玛格丽特·　　＝（1）托马斯·霍华德　　　玛丽一世　　　＝　腓力二世
詹姆斯五世　　　　（1515—1560）　道格拉斯　　＝（2）第四任伦诺克斯伯爵　（1516—1558）　　（1527—1598）
（1512—1542）　　　　　　　（1515—1578）　　马修·斯图亚特　　（在位：1553—1558）
（在位：1513—1542）

威廉·卡文迪什爵士　＝　哈德威克的贝丝
（1505?—1557）　　　（1521?—1608）

法兰西的　　　＝　苏格兰女王　　达恩利勋爵　　　　第一任伦诺克斯伯爵　伊丽莎白·卡文迪什
弗朗西斯二世　　　玛丽　　　　亨利·斯图亚特　　　查尔斯·斯图亚特　（1555—1582）
（1544—1560）　（1542—1587）（1545—1567）　　　（1555—1576）
　　　　（在位：1542—1567）

苏格兰的詹姆斯六世　＝　丹麦的安妮　　　　阿贝拉·斯图亚特　　博尚勋爵
英格兰的詹姆斯一世　　（1574—1619）　　　（1575—1615）　　（后为第二任
（1566—1625）　　　　　　　　　　　　　　　　　　萨默塞特公爵）
（在位：1603—1625）　　　　　　　　　　　　　　　　威廉·西摩
　　　　　　　　　　　　　　　　　　　　　　　　　（1588—1660）

都铎王朝

家族：亨利七世的后代

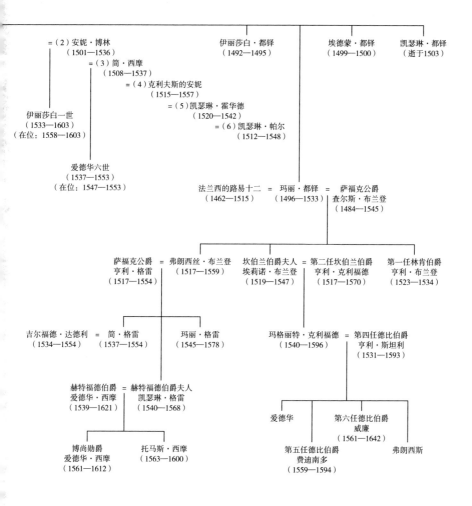

天喜文化